公安院校
知名教授学术文库
总主编：樊京玉　闫继忠

中国人民公安大学出版社
群众出版社

任克勤　著

被害人学基本理论研究

公安院校知名教授学术文库
公安院校青年学者学术文库
编辑委员会

主　任：樊京玉　闫继忠

委　员：（以姓氏笔画为序）

丁　宏　马金旗　王　立　王　周
伊良忠　刘　鹏　刘功华　刘茂林
刘瑞榕　李华振　李锦奇　吴钰鸿
张　斌　张兰青　张兆端　张宝锋
张高文　张惠选　周　彬　郝宏奎
韩　勇　韩　锋　程小白　管曙光

办公室：周佩荣　杨益平　曾　惠

被害人学基本理论研究

任克勤 著

前言

当今时代,有一句非常经典的话:你可以尽力保证自己一辈子不害人,但是谁也不能保证自己一生不被人害。被害人学(Victimology)是一门边缘学科,是刑事科学体系中的最新分支学科,是研究被害现象及被害规律的学科。世界公认,被害人学创始于20世纪40年代,60年代成为独立学科。它一经问世,即引起了国际社会的广泛重视,吸引了众多的犯罪学家、法学家、侦查学家、社会学家、心理学家,尤其是犯罪学和侦查学理论工作者和实践部门的高度重视,研究势头方兴未艾。这门学科同社会学、法学、公安学、犯罪学、心理学、伦理学、生理学、统计学等学科都有十分密切的联系,尤其是与社会学、法学、犯罪学、心理学的关系密不可分。我国被害人学研究始于20世纪初。在这以前,我国虽然没有被害人学的研究,但并不能说没有对被害人的研究,只不过大量的研究分散地包含在法学、犯罪学等相关学科之中。在早期的法律心理学教材中,有关于被害人心理学的内容,论述被害人心理活动的类型及其规律,在侦查学和其他法学的著述中也涉及被害人的研究。

人们常说,"不忘初心,方得始终"。我对被害人研究的动因是从侦查学角度开始的。在侦查学教学与研究中都会涉及被害人,"查案先查被害人"成为侦查活动的基本规律之一。我先是撰写相关论文,直至1985年,当时乐国安老师任教于中国人民公安大学,他提议创建中国"公安心理学"的观点深深地启发了我对公安领域心理学研究的兴趣。在乐老师的带领下,我和公安院校教师王庆明、金昌平、叶志平等人,先后合著完成《侦察心理学》《证人心理学》和《被害人心理学》三部书稿。其中《侦察心理学》和《证人心理学》于1987年同时在中国人民公安大学出版社出版,而《被害人心理学》书稿完成后,交给某出版社后被"不了了之",成了一桩憾事。因此,重新写一本关于被害人的著作始终是我忘却不了的一桩心事。

1988年6月,我写信给波兰著名被害人学家布鲁诺·霍利斯特教授请教被害人研究问题。很快,我荣幸地收到回信,他在信中热情地写道:"亲爱的同行,衷心感谢令人愉快的来信。我很高兴你对被害人学有兴趣。不久前,我刚完成《刑事被害人学》一书,它是一门研究犯罪受害者的科学。在该书中我反对与各种错误观点相联系的诸多谬论。"[①] 可见,霍利斯特主张从犯罪学、刑事法学角度研究被害人学。

为了填补我国刑事被害人学研究领域的空白,促进刑事被害人学研究,在30多年前,我撰写的《社会认知与上当受骗》一文发表在《中国人民警官大学学报》1987年第2期上。后又发表了多篇论被害人学的文章,较为全面、系统地论述了被害人问题。1989年,我国出版了三部被害人学的代表性著作:一部是我与汤啸天合著的《刑事被害人学》,在中国政法大学出版社出版,请罗大华教授作序。这是我国第一本刑事被害人学的专著,是被害人学研究的开端,首开我国刑事被害人学研究的先河;一部是赵可主编的《被害者学》,在中国矿业大学出版社出版;另外一部是张智辉、徐名涓编译的《犯罪被害者学》,在群众出版社出版。1997年,我又主编了《被害人心理学》一书,从全新的心理学视野研究被害人的心理问题,由警官教育出版社出版,也请了罗大华教授作序。《被害人心理学》出版后,受到广大读者的一致好评,获得了全国大学出版协会的"双效益奖"。

多年以来,我对被害人学探索的脚步从未停止,在被害人保护运动方兴未艾的今天,我对被害人基本理论研究的兴趣越来越浓厚。在我国被害人学研究蓬勃发展的几十年时间里,我又长期担任公安院校本科生"刑事被害人学"课程的授课任务。"教,方知学之不足",边教学、边研究,教学相长。2012年在全国多所公安政法院校开设"被害人学"课程,急需此门学科教科书的背景下,我完成了《被害人学新论》的写作,在广东人民出版社出版,并在半年内两次印刷。

---

① 笔者一直珍藏着这封用波兰文和中文混写的信。

饮水思源。我非常感谢罗大华①、乐国安②两位恩师当年为《被害人学新论》作序。罗大华教授当年在序言中写道:"《被害人学新论》一书从学科基础理论、基本原理、基本方法的角度对被害人的一些基本问题再一次进行深入的研究,以期在完善被害人学的理论体系方面尽些努力。这本被害人学专著,是我国被害人学领域的最新力作之一。我有幸先睹为快,我感到,本书的主要特点有:一是学科理论体系较完善,内容全面,范围广泛。二是立足现实,大胆创新。不少问题有新见解,有理论深度。三是重视实地调研,理论与实际结合紧密。本书既有丰富的实践资料,又有精辟的理论概括。在这部有创新力度的被害人学问世之际,我乐意为之推荐。"他呼吁"愿更多的人关心被害人,关注被害人科学研究"。现先生已离开我们,但他对学科的关注永远激励我们前行。乐国安教授,当翻看了该书稿的内容,便获得了亲切的积极的情绪体验:"这种亲切感不仅是因为自己在相当长的时间里一直对有关刑事案件中被害人问题研究的兴趣,更在于它的具体内容。克勤多年来,对有关被害人的问题做了大量研究,并且有相关论文和著作发表,这就为他写作这本书有了较好的前期准备。相对于已有的同类著作,该书内容颇为系统,被害人学基础理论的探讨,提升了本书的理论水准。对于被害要因、被害人过错等,该书也有很好的阐述。该书还较为详细地论述了不同类型的被害人现象。克勤在书中能较好地将心理学、社会心理学理论应用于被害人研究,如被害人心理阶段、被害人陈述、辨认、心理恢复等,彰显了作者较深的心理学功底。特别是该书的后几章,涉及被害人与侦查、被害预防、被害人司法保护、被害人救助等最新最贴近实际的内容,突显了它的实际应用价值。"他认为:"这是作者的一部力作,展示了作者深厚的研究功力。它的出版,不仅对进一步推动对被害人的研究有积极作用,而且对防止被害、保护被害人权益、刑事案件的侦查和审理等都有重要的现实意义。"我深知

---

① 罗大华,我国著名法制心理学家,曾任中国政法大学教授、犯罪心理学研究中心主任、特聘博士生导师。
② 乐国安,第十一届全国政协委员,中国心理学会副理事长,中国社会心理学会理事长,曾任中国政法大学教授,博士生导师,教育部心理学教学指导委员会委员。

拙作之不足，然而，对于老师的鼓励，我当作是一种继续努力的动力。

"十年磨一剑"。学海无涯，书山有路，科研无止境。从《刑事被害人学》问世至今30年过去了，我国被害人学研究又有了深度与广度的拓展，我国被害人学理论研究又提高到了一个新水平。然而，被害人学研究的不足之处也同样存在，主要体现在三个方面：一是基础理论较单薄，深度不够；二是实证调查欠缺；三是学科影响面不广，其原因是多方面的。

科学研究的方法是多学科知识的综合应用。有人认为，被害人学的学科理论基础不实，甚至说它不是一个学术话题。本书写作的初衷就是试图强化"理论""原理"意味，力求突出某些规律性的东西。因此，注重运用犯罪学、社会学、法学、心理学等多学科的理论来阐述被害人基本问题；用创新的勇气来总结被害预防的新经验、新对策，试图用实例验证被害人研究的新观点、新方法，以求将理论性、实用性和可读性融为一体。

对于《被害人学基本理论研究》的研究与思考，我一直朝着这些方面去努力：

一是应当构建一种相对完善的理论体系。《被害人学基本理论研究》，既要有被害人学的基础理论研究，又应当有分类应用研究，以及中外有关被害人的比较研究；在范围上既要有被害人整体研究，又要有被害人种类研究；既研究一般被害人，又研究特殊被害人；既体现法学的角度，又兼顾犯罪学的角度；既研究被害人被害预防，又研究被害后应对与救助等重要的理论与实践问题。

二是坚持理论思辨与专业实践紧密结合。"实践无理论则无灵魂，理论无实践则无生命。"多年来，我通过直接参与公安机关办案实践，进行实地调研，积累了较丰富的素材，有较深的实践体验，收集掌握了丰富的资料，这就为《被害人学基本理论研究》撰写奠定了坚实的基础。本书既有丰富的实践资料，又进行了深入细致的理论剖析。在研究方法上，以严谨的理论思辨为基本方法，并借鉴实证研究的素材。

三是力求内容开拓创新。尽管创新不容易，但是我还是要坚持自己的思考，讲一些新的观点。例如，被害阶段的理论；既是被害者又是犯罪者的双重性；一些新时期新的被害类型，如网络电信诈骗、传销被害人等特殊被害人,并且在研究中采用了大量的新鲜素材。

四是研究思路采取"双轨齐进"模式。为打破现有研究被害人学单一体系的局限性,本书既从传统被害人学的角度研究被害现象、被害人类型等,又从刑事程序的角度研究被害人的权利保障等问题,摸索被害人学研究的新途径。

五是在结构方面的特色。本书从总论、分论、对策三个角度展开研究。总论是探讨宏观问题,分论是分析被害人具体类型,对策是研究被害人预防、立法及政策等。

任何知识经验都是人类共同智慧的结晶,任何一项成果都不是某个人的"独唱"。它建立在许多人的思考成果之上,往往要借鉴参考许多前人的经验,同时也离不开实践的支撑。公安司法部门实践素材的收集、调研是本书坚实的实证基础,许多专家学者大量的前期成果,则提升了本书的理论含金量。在此,再次表示由衷的感谢。

诚如乐国安教授所说的,"应该说,被害人学实际上是多学科交叉的研究领域。因为这个学科的这种性质,决定了要对它进行全面而系统的研究是一件相当困难的工作"。被害人学研究涉及多学科知识,由于本人学识所限,本书难免存在诸多不足,恳请专家学者指正。

"江山代有才人出,各领风骚数百年。"在被害人学蓬勃发展的今天,期待广大同行及有关专家学者对拙著的赐教,更为期待的是有更多、更具创新的被害人学力作不断问世!

任克勤

谨识于 2017 年 11 月 19 日

目录

第一章 被害人学引论

- 002 第一节 被害人学科的内涵
- 016 第二节 被害人学与相关学科
- 019 第三节 被害人学的发展沿革
- 031 第四节 被害人学的研究功能

第二章 被害人学基础理论

- 038 第一节 生活方式暴露理论
- 043 第二节 日常活动理论
- 047 第三节 个人被害因素理论
- 049 第四节 被害人化理论
- 051 第五节 防卫空间理论

第三章 被害现象论

- 060 第一节 什么是被害人
- 068 第二节 被害人的基本分类
- 074 第三节 被害人与犯罪人的互动
- 094 第四节 无被害人犯罪

第四章 被害要因

- 100 第一节 被害社会要因
- 108 第二节 被害自然要因
- 116 第三节 个体因素与被害
- 123 第四节 被害性

第五章　被害人过错责任

- 130　第一节　被害人过错的形式
- 136　第二节　被害人过错责任界定
- 143　第三节　被害人责任形成阶段
- 145　第四节　被害人过错与刑事责任

第六章　被害阶段论

- 155　第一节　被害前的危机预警
- 161　第二节　被害中的临场应对
- 164　第三节　被害后的心理恢复

第七章　被害类型论（上）

- 171　第一节　女性被害人
- 185　第二节　未成年被害人
- 205　第三节　流动人口被害人
- 214　第四节　警察被害人

第八章　被害类型论（下）

- 222　第一节　暴力犯罪被害人
- 246　第二节　财经类犯罪被害人
- 266　第三节　交通事故犯罪被害人
- 273　第四节　电信网络类犯罪被害人

第九章　被害人与侦查

296　第一节　被害人在侦查中的地位
302　第二节　被害人报案与隐案
311　第三节　被害人的陈述
316　第四节　被害人的辨认

第十章　被害预防论

320　第一节　被害预防的地位
327　第二节　犯罪预防与被害预防
331　第三节　被害预防的重点
337　第四节　被害预防的类型

第十一章　被害人司法保护

345　第一节　被害人的诉讼地位
354　第二节　国外对被害人权利的保护
357　第三节　完善被害人诉讼权利的保护

第十二章　被害人与恢复性司法

363　第一节　恢复性司法的基本内容
369　第二节　恢复性司法的价值
373　第三节　恢复性司法与刑事和解

第十三章　被害人救助

- 384　第一节　被害人救助制度概述
- 400　第二节　被害人救助制度的法理基础
- 409　第三节　被害人救助制度的内容
- 420　第四节　被害人社会援助服务

- 424　**主要参考文献**

第一章 被害人学引论

第一节 被害人学科的内涵

第二节 被害人学与相关学科

第三节 被害人学的发展沿革

第四节 被害人学的研究功能

被害人研究是一门新兴学问。被害人学（Victimology）是一门年轻的边缘学科。世界公认，被害人学创始于20世纪40年代，60年代成为独立学科。引入我国则主要是80年代末期。这门学科涉及面很广，它同犯罪学、刑法学、诉讼法学、行政法学、侦查学、社会学、心理学、伦理学、生理学、统计学等学科都有十分密切的联系。本书从独立学科角度，结合法学、犯罪学、侦查学、社会学、心理学等学科来综合研究被害人学。

第一节 被害人学科的内涵

被害人学研究的主要对象是犯罪所侵害的被害人及其被害规律。正如波兰华沙犯罪问题研究所所长，罗兹大学法学院犯罪学、侦查学教授布鲁诺·霍利斯特教授所说，使用"刑事被害人学"一词区别这门学科与涉及一般被害人即涉及伤害或损害问题的其他学科。[1] 在本节，笔者就被害人学的概念、研究对象、研究方法、学科体系、学科地位等进行阐述。

一、被害人学的概念

被害人学有区别于其他学科的特定研究对象、范围，有特定的任务、明确的目的。被害人学的概念，自被害人学创立以来就存在着广义和狭义的两种观点。

---

[1] [波] 布鲁诺·霍利斯特.刑事被害人学的范围、任务及其目的.谢正权译.法学译丛，1986（1）：37.

广义被害人学概念认为,"被害人学意指一门关于遭受各种不同类型损害的、有关社会的各类被害人——个人或团体——的科学分支"。该观点是以色列法学家、律师本杰明·门德尔松（Benzamin Mendelshn）所倡。美国学者马文·E.沃尔夫冈的表述则是："被害人学是研究被害人及其被害过程、被害原因和被害结果的学科。"[1]因此,广义被害人学所指的被害人学是研究因各种外因遭受侵害的各种被害人及其被害的学科。广义的被害人学包括自然、社会、战争、犯罪、违法及被害人自身因素引起的各种被害,如受自然灾害侵害的受害者的受害人学。

这里所讨论的被害人（被害者）学,不仅限于个体（自然人）被害人,而且包括遭受犯罪侵害的法人、非法人团体、国家和整个社会的广义被害人（被害者）。

从中观角度分析,犯罪被害人是被害人学中所研究的一类特殊被害人,而不是被害人的全部。安德鲁·卡曼认为："犯罪被害人就是被非法行为伤害的人。""被害人学是一门研究人们因犯罪活动而遭受的人身、情感和经济伤害的科学。"[2]核心词是"被犯罪行为侵害的人"。

而狭义的被害人学,是从刑事法学角度研究刑事犯罪被害人及被害规律的一门学科,亦称"刑事被害人学"。

本书是从中观的犯罪学角度研究被害人,则范围恰当。由于简洁词汇之需,故犯罪被害人学有时也称"刑事被害人学""被害人学"。

二、被害人学的研究对象

任何一门学科,都有其特定的研究对象,即研究的客体。研究对象是学科的重要基石。只有明确界定一个学科涵盖的领域,它的独立地位才能够确立。一门学科的研究对象是区别于另一学科的根本标志,是一门学科存在和

---

[1] [德] 汉斯·约阿希姆·施奈德. 国际范围内的被害人. 许章润,等译. 中国人民公安大学出版社, 1992: 2、18.

[2] [美] 安德鲁·卡曼. 犯罪被害人学导论. 李伟,等译. 北京大学出版社, 2010: 1.

赖以发展的根基。被害人学的研究对象也是如此。一方面,它要表明其研究内容的特殊性,以区别于其他学科;另一方面,它又制约着一门科学的整体性和各构成要素的内在联系性。系统科学证明,整体由要素构成,要素的有机联系又反映了整体的性质。因此,要全面地阐述被害人学的研究对象,就要对其特殊性和整体性进行分析。就其特殊性而言,被害人学就是研究被害人及其规律特点,这就把它同研究犯罪的犯罪学、研究自然灾害受害者的受害人学等相关学科加以区别。

被害人学研究的内容是研究对象的具体体现。从整体角度来看,则应对被害人学的研究对象这一整体中包含的具体内容进行论述。[1] 概括地说,被害人学主要应研究下列内容:

1. 被害人学基础理论。包括被害人学基本概念、对象、意义、方法、体系、学科发展历史、国内外研究概况等。

2. 被害现象。包括被害特征,被害类型,被害人特征,被害人分类,被害人与犯罪人的关系,被害人的过错、责任等。被害人学创始人本杰明·门德尔松曾说:"正如医药治疗所有的病人和疾病,正如犯罪学研究各种各样的犯罪和犯罪人,被害人学也必须对所有的被害人表示关怀和关注社会所有的被害现象。"[2] 他强调要研究各种不同类型的被害人和被害现象。

3. 被害原因。被害原因是该学科的重要内容,是制定防范策略的基础。被害原因是多方面的,社会状态、自然环境、个体因素等都同被害存在着不同的联系,应当从不同的侧面揭示这些规律特点。

4. 被害类型。分类研究被害类型,是被害人学的本体内容,被害类型有一般类型,也有特殊类型。

5. 被害预防。分析易被害人群的构成,研究被害原因,制定相应的防范策略,进而减少被害、预防被害。

6. 被害人政策。广义的被害人政策,其出发点是为了有效地保护被害人

---

[1] 任克勤,汤啸天.关于刑事被害人学.社会公共安全研究,1989(2):31.
[2] Benzamin Mendelshn.Victmology and Contemporary Society's Trends, 1976, victmology1: 8-28.

的合法权益。主要有被害人的诉讼权利保障，被害的赔偿、补偿、援助等措施及方法等。

以上涉及的内容只是列举性质，而且各个部分之间有着继承性和有机统一的联系。

三、被害人学的研究方法

被害人学的发展并不是孤立的，它要广泛吸收犯罪学、法学、心理学、生理学、社会学等多门学科的最新成果，相互借鉴，取长补短，为我所用。

（一）被害人学研究的方法体系

被害人学具有独特的研究对象，也就有特定的研究方法。"方法是最重要最基本的东西。研究的严肃性如何，就完全依赖于方法，依赖于行为方式。"[①] 科学的研究方法，是认识研究对象、掌握客观规律的方式手段和途径的总和。

研究方法体系有三个层次，一是方法论，二是一般方法，三是专门方法。被害人学必须以辩证唯物主义和历史唯物主义的方法论作为理论基础，借鉴社会科学、自然科学的一般研究方法，综合运用本学科的专门方法来研究被害人的理论与实践问题。

（二）被害人学研究的具体方法

研究的具体方法有被害人社会调查法、经验总结法、案例分析法、比较研究法、移植借鉴法等。

1. 社会调查法。被害人学是一门社会科学。因此，研究被害人学必须深入地进行相关的社会调查。社会性调查在方法上，既要有分散性的个别调查，又要有集中性的有组织调查；在种类上，既要有典型个案调查、专题调查，又要有综合性的全面调查。对社会调查所获取的材料，要进行科

---

① ［苏］巴甫洛夫. 巴甫洛夫全集（第5卷）. 人民卫生出版社，1960：16.

学的分析研究。社会调查基本上是实证研究方法。思辨研究方法与实证研究方法，都是为了提示事物的特征和规律。一般情况下，两者的结论也具有某种一致性，逻辑判断往往也可以得到实证研究结果的支持。但是两类结论也有区别，二者之间既有互补性又有差异性。

根据调查对比发现，2010年，国家统计局广东调查总队在广东省133个市、县（区）对27200人开展的公众安全感和公安工作群众满意度调查，结果显示，安全感评分为89.8分。2016年上半年，依据广州市统计咨询中心调查，广州市公众安全感和治安满意度分别为94.5%和94.1%。本次调查显示，九成多(94.1%)受访者对全市社会治安感到满意。有近五成（49.1%）受访者认为广州市社会治安好于往年。九成多（94.6%）受访者对所在区的社会治安感到满意，中心城区的治安满意度明显高于外围地区。调查报告显示，2016年以来，九成多（94.5%）受访者感到在广州市生活是安全的。安全感是个体对自身安全状态的自我体验与经验性判断，与其周围环境及个体感受密切相关。就环境因素分析，多因素对公众安全感提升起到重要作用。2017年又发生了很大变化，九成广州人满意城市治安状况，公众安全感达94.5%。广州市近年来，以"平安广州"建设为抓手，一手抓突出问题整治，一手抓社会治理创新。据广州市统计局调查显示，截至2016年11月底，广州市案件类刑事警情同比下降13.8%，公众安全感达94.5%，治安满意度达94.1%。此类调查，信度较高，不足之处是没有直接对被害人进行项目调查。

2. 经验总结法。被害人学是一门实践性很强的科学，总结经验是最好的，也是最基本的研究方法。我国在预防被害方面积累了极其丰富的经验。通过总结、提炼、抽象、概括，上升为理论，丰富和完善被害人学。

3. 案例分析法。分析和总结成功的案例，是研究被害人学的重要方法。案例分析的具体方法，一是典型案例分析法，二是案件归类分析法。通过认识各类或者某一类被害的共性和个性，以充实和丰富被害预防方法。

4. 比较研究法。被害人学是世界性的学科，比较的方法也是多种多样的，有定性与定量的，有揭示规律性与描述现象的，有阐述历史进程与预测发展趋势的。近年来，对外国犯罪被害者学进行比较研究已有一些成果，这类研究仍需要加强。

5. 移植借鉴法。当代科学的发展趋势是既分化又综合，广泛移植借鉴相关学科的成果，被害人学也不例外。移植方法的应用十分广泛，一是同一学科中不同方法的移植，从而发现新方法；二是不同学科、不同理论方法的移植，从而产生新学科；三是不同学科、不同研究领域实验技术的移植，形成新的分支；四是一个学科领域移植到另一个学科领域，产生了新的领域，如"被害人心理学"等。

"这种从生物学的、心理学的、社会学的各个方面进行总体性的综合研究，正是以前的研究所缺少的。而这种新的研究态度一开始，就使有机地应用以前有关被害人学的诸成果、综合地使用资料成为可能，使没有理论的资料积累与不包含资料的空洞理论有机地结合起来，以新的姿态登上科学的舞台。"①因此，应当广泛地吸收和运用社会科学、自然科学、技术科学等其他学科的研究成果，特别是要重视现代科学、新兴科学研究成果的借鉴应用。

（三）被害人调查——被害人学研究的独特方法

调查研究是我们的谋事之基、成事之道。科学的社会调查研究是一种正确的社会信息的收集和处理方法。1930年5月，毛泽东同志在《反对本本主义》一文中开门见山地说"没有调查就没有发言权""不做正确的调查同样没有发言权""要了解情况唯一的方法是向社会做调查""调查研究就像十月怀胎，解决问题就像一朝分娩，调查就是解决问题"。被害人问题是一个复杂的社会现象，要了解和掌握它的规律特点，分析其产生的原因，以寻求对策，根本的方法就是对被害人及相关部门做实际调查。纵观世界各国对刑事被害人问题的研究，几乎都离不开被害人调查。被害人学本身就是一门经验性学科，大量调查资料是得出结论的基本前提。②被害人调查指的就是对被害人的被害原因、特性、规律、现象及有关的问题所做的实际调查、分析和研究工作。被害人问题的调查是社会调查的一个门类，同犯罪调查关系十分

---

① 张智辉，徐名涓. 犯罪被害者学. 群众出版社，1989：10.
② 王志强. 女性被害问题的实证分析. 江西公安专科学校学报，2007（3）：94.

密切。

1.被害人调查的内容。较早进行被害人调查工作的是日本的被害人学者。20世纪60年代后期，日本著名的被害人研究学者宫泽浩一写作了面向社会一般读者的《被害者学》一书，该书问世后曾引起社会广泛关注。日本警察科学研究所的研究人员，对各类犯罪的被害者作了大量的实地调查，进行实证主义的研究。宫泽浩一编的《犯罪与被害者——日本的被害者学》(共三集)收集了从1958年以来发表的有代表性的调查报告和论文，较为全面地反映了日本被害人学研究的水平。日本学者在研究中又提出了展望性任务，把实例性考察同潜在性分析研究结合起来。这种研究方法，能有机地应用从前有关被害人学研究的成果，综合使用实际调查得到的素材资料。美国于1972年开始组织实施以被害人为对象的调查,它是由美国人口普查局组织实施的。在1982年，由国会通过了《被害人和证人保护法》，开始关注联邦级的犯罪被害人问题。1984年，总统任命了一个联邦级的关于刑事被害人的"特别工作组"，工作组的综合调查报告得到了联邦、州和地方各级的响应，一些州的立法机关依据调查报告，对被害人予以有效的保护，提供赔偿，或授予法院特别权力判令罪犯赔偿被害人。有的还确认了"被害人权利法案"。被害人的调查成果直接为立法机关、司法机关提供了有益的建议。当然，还有更主要的一面，就是能更有效地减少被害的发生，控制和预防犯罪。

美国犯罪学家史蒂文·拉布在他的《美国犯罪预防的理论实践与评价》一书中认为："被害情况调查组织（NCS）对居民进行调查，以便测量社会中的刑事受害的程度……是一种更准确的社会读数，因为他们避免了官方记录的问题。"[①] 被害人调查涉及被害的性质，被害的时间、场所，被害人个人的生理、心理、遗传，被害人的家庭居住环境、文化程度、年龄、性别、职业状况、人际交往等。美国犯罪学家罗伯特·L.波恩在他的《犯罪学》一书中，较具体地介绍了美国学者在被害人调查方面所涉及的主要内容：一是刑事被害人的特性；二是被害人对犯罪的诱发作用；三是被害所发生的背

---

① [美]史蒂文·拉布.美国犯罪预防的理论实践与评价.张国昭，等译.中国人民公安大学出版社，1993：5.

景；四是被害人在被害后的司法地位；五是被害人的确切范围等。美国的另一些学者在调查被害人问题时，所涉及的内容主要有谁是被害人，易被害环境的研究，易被害时间的研究，被害人的报案情况，被害人同犯罪分子之间的关系等。日本学者则较注重从被害人个人的特性角度调查，即什么样的人容易成为被害人，并对杀人犯罪、性犯罪、财产犯罪等主要犯罪类型被害人的具体情况进行了调查，考察加害者与被害者之间的关系，对被害原因进行实证研究，还对中学生的被害情况进行了调查，另外还调查了交通事故被害人的情况。苏联的一些学者对被害人也作过调查，在这些调查中尤为注重侵害人身犯罪被害人的调查。

首次"国际犯罪被害人调查"（International Crime Victim Survey）是于1989年由荷兰司法部实施的，由美国、加拿大、澳大利亚、法国、德国、瑞士、荷兰、挪威、西班牙、比利时等15个工业化国家和地区参加。

国内同样对被害人有不少的实证分析。例如，1992年上海市对210名被害人的剖析，1993—1994年司法部对北京的被害人调查，2005年天津市社会治安综合治理委员会与天津市监狱局共同组织对被害人的实证调查分析，何泉生、张成河对北京146例杀人案件被害人进行的调查等。另外还有区域性、专题性的被害人调查。例如，2004年广东省澄海市警察学会对被害人"有案不报"进行了专题研究，课题组对364名受到不法侵害的被害人进行调查，深入到11个街道、镇，发放2000份无记名问卷，并同被害人直接交谈，回收有效问卷1860份。

在中国台湾地区，警方对台北市的被害人情况也作过调查，认为女性被害人的情况十分突出，在每1000位女性中就有14人可能成为暴力犯罪的被害人。在性骚扰、"妨碍风化"案件中，女性被害人的年龄以12~18岁最多，家庭妇女最容易成为性犯罪的侵害对象。

被害人调查包括两种模式：一种是城市调查，即选定某些城市进行，另一种是全国调查，即在全国范围内进行。我国被害人学研究正处于开创阶段，对被害人问题的调查，首先应从国情出发，由浅入深，从简到繁，从点到面，先开展城市调查，再进行全国调查，逐步深入全面展开。借鉴现有的经验和成果，目前进行城市被害人调查的内容是被害人主体的调查，被害时空的调查，被害人个性的调查，被害人与加害人的互动关系，被害人的报案，各类被害人的调查分析。

2. 被害人调查的价值。

第一，通过对被害人的调查，可以为潜在或可能成为被害者的个体或群众提供可操作性的帮助。通过对被害人的被害原因、被害特性、被害过程等诸问题的调查分析，社会可以对可能受犯罪侵害的对象提出警告，采取相应保护措施，通过各种途径减少被害事件的发生。作为个体或群体，了解被害发生的原因，则可以增强自我保护的能力，发挥自我防御功能，从而更有效地防范被害。

第二，通过对被害人的调查，可以为社会治安管理决策部门提供分析治安形势，了解公众安全感，制定决策的依据。

第三，通过对被害人的调查，还可以发现"隐案""漏案"，揭发出那些未报案的犯罪，这也是为了更好地维护被害人的正当权益。通过调查，则可以促使"隐蔽"被害人报案，破获积案和隐案。

第四，通过对被害人的调查，公安机关可以了解被害人对待犯罪和侦查的行为反应，据此充分发挥被害人在协助公安机关破案中的作用，并防止某些消极的负面效应。

第五，通过对被害人的调查，可以寻求解决被害人善后问题的处理方法，为有关援助立法创造条件。多方位地帮助被害人"诊治""治愈"由犯罪所造成的创伤，最大限度地维护被害人的权益，使全社会都来关注被害人问题。

对被害人进行调查，需采用多种科学的方法，如个案分析法、典型案例追踪法、观察法、普遍调查法、抽样调查法、问题调查法、问卷调查法、系统分析法、相关分析法、数理统计和计算机处理法等。

四、被害人学的学科体系

著名心理学家潘菽教授指出："科学知识的一个特点就是它是成体系的。科学的体系由它所研究的领域的全部反映所构成。一方面，各门科学所研究的客观领域各不相同，这就决定了不同科学有不同的体系；另一方面，科学知识只能是人对某一客观领域中的事物的主观反映结果。不同的人,即使都是有训练的科学家,也会由于反映的角度不同、观点不同、思想方法不同或知识背景不同等,而得到不同的反映结果。"[1]被害人学理论亦同样如此。

承认被害人学是一门学科,这是认识问题与分析问题的前提与基础。犯罪导致了被害的产生。社会的需要是推动科学进步的强大动力,预防与惩治犯罪的需要产生了犯罪学与被害人学。被害人学是一个严密的知识体系,有自己独立的完整的理论体系。被害人学的学科体系问题,是被害人学理论研究当中的重要内容,是被害人学基础理论研究的核心。被害人学研究取得的丰硕成果,为明确界定被害人学的学科体系,透彻剖析学科体系所包含的内在要素发挥了积极的作用,有利于被害人学的不断发展与完善。

关于学科体系,在国外的被害人学的论著中较少涉及。被害人学有一个完整而科学的体系。所谓完整的体系,是组成这门学科的各部分内在的相互联系的总和,反映着该门学科本身的结构规律性,它是被害人学研究对象的必要的具体表现形式,它制约着学科的性质和地位,从而决定着学科发展的广度和深度。被害人学科体系是被害人学内在规律与内部构成的反映形式。在基础理论的研究当中,一门学科的理论体系与学科的学科群体系不同,与其研究范围、各部分构成、各分支学科架构不同,与学科专著的编排体系不同。学科体系是一种相对确定的由若干要素组成的结构系统,而不能是无法穷尽的各个零碎部分的罗列。学科的体系是一种由不同类别组成的系统结构。社会科学和自然科学有所不同。社会科学体系中的组成部分可以根据它研究的具体内容、其特殊性进行划分。笔者认为,从学科研究对象出发,被害人学的学科体系应当分为基础理论研究、学术研究、应用对策研究、比较研究和发展研究五部分。[2]

(一)被害人学基础理论研究

基础理论研究是为了"探索未知",为了认识社会,为了发现和揭示社

---

[1] 潘菽.略论心理学的科学体系.中国社会科学,1986(4):138.
[2] 任克勤.刑事侦查学的学科体系之探讨.中国刑警学院学报,1999(2):8.

会现象及规律特点，它的作用在于解释说明社会现象，解决"是什么"，"为什么"的问题。它通过调查研究、收集文献资料、运用理性思维的方法对客观存在的事物进行抽象和概括，从而反映事物的内部矛盾和联系。基础理论是被害人学特有的基本理论或原理。

（二）被害人学学术研究

被害人学学术研究主要是对学科的知识形态进行深化研究。如果说，理论研究是为了"探索未知"，那么，学术研究则是为了"深化已知"，即用新的认识丰富与发展原有认识，它的作用在于进一步回答"为什么"的问题，揭示"之所以然"，如被害人学原理、被害现象、法理政策依据等。被害人学的学术研究任重而道远，其学科的完善，知识的创新、更新，都有赖于被害人学学术研究的深入进行。一门科学的学术研究除了运用抽象思维的一般方法外，更多地需要用历史的方法和逻辑的方法来建立理论体系，它的结果必须是新见解、新思想，对本学科发展有所贡献，对应用研究有较为直接的价值。被害人学也概莫能外。

（三）被害人学应用对策研究

被害人学应用对策研究是指预防的各种应用性的对策，它属于具体化的应用研究。应用研究主要是对社会中需要解决的实际问题进行研究，它是用所获得的理论来指导人们的社会实践，也就是解决"怎么办"的问题，如对杀人、盗窃、抢劫、诈骗等形形色色犯罪侵害的预防被害研究。因而，应用研究的目的在于改造现实，为社会的发展提供带有指导性的理论依据，具有可操作性。

（四）被害人学比较研究

比较是科学研究的一种纵横结合的研究方法。有比较，才有鉴别；有鉴别，才能建立起被害人学学科。比较研究是一种拓宽研究视野、扩大吸收知识面的研究。主要是研究古今中外被害人学的理论。通过横向与纵向的相互比较，以此借鉴不同时代和其他国家地区科学的研究成果，以丰富我国现代被害人学的内容，以更好地为实践服务。

（五）被害人学发展研究

科学研究不仅要反映现实，而且应当具有一定的超前性。发展研究部分是一种超前性、前瞻性的研究。被害人学的发展研究，主要是研究被害人学的发展趋势，对其理论和实践进行前瞻性的分析探索，从而为被害人保护服务提供超前性对策。这对于被害人立法政策完善尤为重要。

综上所述，基础理论研究求新，学术研究求深，应用对策研究求实，比较研究求广，发展研究求前。被害人学的基础理论研究与应用对策研究最为关键，是学科体系的核心。基础理论研究、学术研究、比较研究、发展研究是应用对策研究的重要基础和前提，应用对策研究又为基础理论研究、学术研究、比较研究和发展研究提供全新的资料和有价值的选题。当然，被害人学完整体系中的各要素将随着实践的深入不断丰富，以促进被害人学的发展与完善。

五、被害人学的学科地位

自 20 世纪五六十年代以来，被害人学作为一门学科形成大约有半个世纪，但中外学者对刑事被害人学的学科地位至今尚有争议。被害人学的研究始于德国。在 20 世纪 20 年代，以色列法学家、律师本杰明·门德尔松发表了《论被害人的人格》一文，首开被害人研究的先河。接着，德国学者汉斯·冯·亨蒂格（Hans Von Hantig，1887—1974）在美国于 1948 年发表了被害人研究专著《犯罪人及其被害人》。1954 年，德国精神病学家亨利·埃伦贝格（H.Ellenberger）又发表了《犯罪人与被害者之间的心理学关系》一文。本杰明·门德尔松、汉斯·冯·亨蒂格和亨利·埃伦贝格三人被誉为"被害人学之父"。另有说法认为，标志着被害人学诞生的三部代表作不包括埃伦贝格的文章，而包括沃塞姆于 1949 年发表的《炫耀暴力》（*The Show of Violence*）一文。他们从不同的角度对被害人的初步研究，都包含在犯罪学的内容之中，尚未形成自己独特的体系。

直到1956年,被公认为"被害人学创始人"的门德尔松又发表了《被害人学——生物、心理、社会学的一门新学科》一文,首倡使用"被害人学"(Victimology)一词,力主把被害人的研究从犯罪学中分离出来,将其体系化、学科化,同犯罪学、刑法学、刑事政策学等并列,使之成为一门独立的分支学科。这是在学术界第一次提出刑事被害人学应当是一门独立的学科的观点,从此为被害人学的发展与完善奠定了重要基础。之后,美国、波兰、德国、南斯拉夫、法国、以色列、日本等国的犯罪学家、社会学家和法学家也纷纷开始了对被害人学的研究,发表了一批有价值的论文和专著,相应的学术团体也建立起来,已经召开了多届被害人学国际研讨会。1968年,斯蒂芬·谢弗(Stephen Schafer)发表了第一本被害人学教科书《被害人及其罪犯》(*The Victim and His Criminal*)。

到20世纪60年代,被害人学作为一门学科已经初步形成。有观点认为,刑事被害人学是犯罪学的分支或一个组成部分。例如,有的日本学者将被害人学列为刑法学中"犯罪预防学"的一门,美国将其列为犯罪学中"犯罪现象的一个分支"。美国学者赫维茨(S. Harwits)在《犯罪学》一书中认为,"受害学,研究犯罪和受害者之间关系的科学",是犯罪学及其分支科学。另一种观点认为,刑事被害人学是刑事法律科学的分支,属于刑事政策学的范围。目前,有更多的学者则赞同门德尔松的主张:被害人学应当是一门独立学科。

从20世纪80年代以来,从笔者撰写《刑事被害人学》开始就一直认为,被害人学有别于犯罪学和其他刑事法律科学,应当是一门独立的学科。这主要是因为:

(一)具有独立学科的独特内容

被害人学同犯罪科学、刑事法律科学不同。简要地说,犯罪学"是有关犯罪行为、犯法者、社会的消极行为以及对此行为监督的知识的有机综合。犯罪学研究的对象主要有三个基本概念:罪行、罪犯和对犯罪的监督。受害者的利益,对这个基本概念来说是次要概念"。①尽管犯罪学也要研究被害问题,但只是在涉及犯罪侵害对象时,才对此加以研究。同样,刑事法律科学是以研究刑事法律现象为本质特征的,同以研究被害人为中心的被害人学亦有根本区别。因此,被害人学所研究的对象同犯罪学、刑事法律科学有并列和相互联系的关系,并不从属于犯罪学或刑事法律科学,是一门独立学科。

(二)具有独立学科的形式条件

被害人学具备了构成一门独立学科的基本条件。②通常认为一门独立的学科必须具有以下条件:

(1)有自己的学科发展史,包括研究的实践及理论知识体系。如果从犯罪的角度而言,被害问题是伴随着犯罪的出现而出现的,对此进行研究探讨的历史则更为长远。刑事被害人学的学科历史虽然短暂,但对被害人问题的研究则具有漫长的发展历史。从门德尔松、亨蒂格等人创立该学科以来,这门学科已具雏形。近年来,世界范围内对刑事被害人学的研究已初具规模,成果丰硕。

(2)有与其他学科相区别的研究对象、范围、任务等。

(3)有自身独特的理论结构、逻辑体系。

(4)有建立该学科的现实基础,即该研究具有社会需要的现实意义。

综上所述,笔者认为,被害人学是一门以社会学、心理学、法学为基础的综合性独立学科。被害人学归属社会科学,是同社会学、心理学、法学等并列的一级学科。它的二级学科有刑事被害人学、民事被害人学、被害人心理学等。英国学者詹姆斯·迪南所著《被害人与恢复性司法》一书提出,"被害人学领域内有三个主要分支学科——实证主义被害人学、激进主义被害人学、批判主义被害人学"。③在此不详述。

---

① [德]孔德·凯塞尔.犯罪学.赵可译.西北政法学院科研处,1976:16.
② 任克勤,汤啸天.关于刑事被害人学.社会公共安全研究,1989(2):31-32.
③ [英]詹姆斯·迪南.被害人与恢复性司法.刘仁文,林俊辉,等译.中国人民公安大学出版社,2009:26.

第二节
被害人学与相关学科

被害人学要发展，就要重视其与犯罪学、刑法学、刑事诉讼法学、侦查学，以及社会学、心理学、生理学等学科的联系。尤其是同刑事科学的关系。刑事科学分为刑事事实科学、刑事规范科学。犯罪学、刑事被害人学、侦查学是刑事事实科学，刑法学、刑事诉讼法学、刑事政策学是刑事规范科学，它们共同构成刑事科学各要素。被害人学既大量吸收相关学科的最新成果，又以自己的研究成果推动相关学科研究的深化。

一、被害人学与犯罪学

恩格斯指出："蔑视社会秩序的最明显最极端的表现就是犯罪。"[①] 犯罪学是专门研究犯罪一般规律的科学，其研究的重点是犯罪的原因、性质和预防。犯罪学以犯罪人为研究对象，其研究方法是由因（犯罪）及果（社会危害）的正向研究法；而被害人学与之相反，其是以犯罪的被害人为研究对象，在研究方法上是从果（被害事实真相）探因（为什么会被害）的反向研究法。

可以说，被害人学与犯罪学是研究对象不同、研究目的同一对应性学科。"当犯罪学仅仅研究犯罪的加害者而忽视犯罪被害者，它是不完整的。从这个意义上说，成熟的被害人学研究，纠正了过去犯罪学片面的罪犯本位理论，充实了现代犯罪学对犯罪事件的动态关系研究，增强了犯罪科学的综合性研究，促进了犯罪学成为一门完整的学科。"[②]

---

① 马克思恩格斯全集（第3卷）.人民出版社，1957：416.
② 陈谦信.刑事科学各要素视野中的被害人学研究的意义.福建警察学院学报，2008（4）：51.

二、被害人学与刑事法学

刑事法学，主要包括刑法、刑事诉讼法和刑事政策学。从刑法学的角度来看，一方面，被害人学研究要以刑法学确认为犯罪侵害的行为为限，不能把非犯罪侵害也网罗进来；另一方面，被害人学关于被害人受害时主观意志状态的研究，对刑法学中犯罪构成的确认也能提供有益的帮助。"犯罪的形成既离不开犯罪人，也少不了被害人。刑事法律关系应当是由国家、犯罪人、被害人三个主体构成的'三元结构模式'，被害人在刑事法律中应当具有真正独立的法律人格。刑事被害人只有在刑法理论，尤其在犯罪构成理论中受到重视和保障，刑事法律才能真正体现以人为本的刑事法律理念。"[①]

从刑事诉讼法学的角度来看，被害人正确履行权利和义务是保证诉讼顺利进行、有效惩罚犯罪的重要方面。如何在诉讼过程中加强对被害人的保护，是两门学科共同关心的问题。但是，对被害人的保护又不能仅限于诉讼过程中保护。刑事政策学（Criminal Policy）是广义犯罪学的一部分，属于犯罪预防学的分支。刑事政策学要研究立法政策、司法政策和刑事社会政策。如何加强对被害人的诉讼外保护、支持、援助等，又恰好是刑事政策学的现代课题之一，同时也正需要依靠被害人学的研究来完成。

三、被害人学与侦查学

侦查的起点往往从查清被害人开始。侦查学是研究如何揭露、证实犯罪的对策科学。由于绝大部分刑事案件都有被害人，因此，侦查学必须研究侦查活动中的侦查人员如何取得被害人合作，被害人学的研究将会使侦查部门更清楚地了解被害人的类型、特征，发挥其在侦查中的作用，有力地推动侦查工作取得高效能。

[①] 朱瞳.犯罪构成理论面临被害人视角的新挑战.浙江警察学院学报，2010（3）：69-70.

四、被害人学与社会学

社会学是一门研究社会良性运行和协调发展的条件与机制的综合性科学。为能保证社会的良性运行,社会学的研究也必然会涉及刑事被害的问题,但是社会学对这类偏离行为的研究及对社会控制措施的筹划主要着眼于宏观。被害人学着眼于被害微观的深入剖析,力图揭示被害与其他社会现象之间的因果联系,以及被害者自身的特点、变化规律、对社会的影响等问题。

五、被害人学与心理学

人是社会的人,被害具有复杂的社会因素。被害人学既同普通心理学有密切的联系,又同普通心理学的诸多分支息息相通。可以说,没有心理学的被害人学不是完整、科学的被害人学。不了解普通人的心理现象、过程及其实质,被害人的心理也无从探讨;反之,刑事被害人学的研究成果,又可直接推动心理学及其诸分支学科的理论建设。《被害人心理学》的诞生,就是最好的例证。[①]

六、被害人学与经济学

被害人学同经济学也有关系。对被害进行考察的眼界已经不再局限于社会危害的范围,而需要针对具体情况核算刑事侵害所造成的经济损失。被害人学的研究,也在赔偿、补偿等问题上涉及经济政策。此外,为防范被害总要耗费一定数量的人、财、物,那么这种保障性投入的最佳值,便需要被害人学和经济学共同研究。

总之,被害人学,是一门独立的学科,但不是一门孤立的学科。科学总是以高度分化又高度综合的格局向前发展的。研究被害人就是从特定角度来

---

① 曹中友.被害者心理.湖北省新闻出版局,1989;任克勤.被害人心理学.警官教育出版社,1997.

研究社会现象，为强化社会控制，为预防不法侵害献计献策。因此，被害人学就不可避免地与各种不同学科相联系。

第三节 被害人学的发展沿革

被害人学，是一门年轻的学科，但具有非常旺盛的生命力，呈现出良好的发展趋势。

一、学科的创立发展

被害人学的研究要晚于犯罪学的研究。18世纪中叶，犯罪学已开始研究犯罪行为，19世纪末进而研究罪犯的人格。被害人学是一门年轻的学科，然而作为犯罪被害人问题的研究却历史久远。自有犯罪之始就有被害人出现。对犯罪被害人的早期研究，只是在对惩罚犯罪研究的同时，注意到了对被害者的损害给予赔偿。例如，古典学者吉米·边沁（1748—1832）曾提出，作为一种附加的惩罚和对于犯罪的威慑，应给予被害人以赔偿。到实证派学者拉斐尔·加罗伐洛（1852—1934）时，赔偿已成为制裁违法者的强制性"社会防卫"方法。至后萨拉·马盖尔·福利（1894—1958）则认为赔偿应着力于罪犯和被害人的和解。以上研究都没研究犯罪人与被害人的相互作用等问题，更没有把被害人作为社会现象进行专题研究。

如前所述，被害人的研究始于德国。在20世纪20年代，以色列法学家、律师本杰明·门德尔松发表《论被害人的人格》一文，首开被害人研究的先河。40年代被害人学才被作为一门独立的学科开始进行研究。[1] 接着德国学者汉斯·冯·亨蒂格于1948年发表了被害人研究专著《犯罪人及其被害人》。1954年，德国精神病学家亨利·埃伦贝格又发表了《犯罪人与被害者之间的心理学关系》一文。这些从不同角度出发的对刑事被害人的初步研究，都包含在犯罪学的内容之中，尚未形成自己独特的体系。

直到1956年，被公认为"被害人学创始人"的门德尔松又发表了《被害人学——生物、心理、社会学的一门新学科》一文，首倡使用"被害人学"一词，力主把被害人的研究从犯罪学中分离出来，将其体系化、学科化，同犯罪学、刑法学、刑事政策学等并列，使之成为一门独立的分支学科。这是在学术界第一次提出刑事被害人学应当是一门独立的学科的观点，它为被害人的发展与完善奠定了重要基础。

20世纪60年代以后，美国、波兰、德国、南斯拉夫、法国、以色列、日本等国的犯罪学家、社会学家和法学家也纷纷开始了对被害人学的研究，发表了一批有价值的论文和专著，相应的学术团体也建立起来。一般认为，60年代被害人学作为一门学科已经初步形成。

二、国外研究的概况

（一）国外被害人学的基本观点

美国犯罪学家罗伯特·L.波恩在《犯罪学》一书中，较为详细地介绍了世界上一些有影响的学者关于被害人学的基本观点。[2]

1. 被害人对犯罪事件发生的诱发作用。汉斯·冯·亨蒂格指出，在刑事案件中，被害人对犯罪行为的形成和发生可能起着决定性的作用。马文·E.沃尔夫冈通过进一步的研究证明，在一些凶杀案中，被害人起了加速犯罪的作用。原因是被害人先用身体抗衡，先出示和使用武器。米查尔·弗纳（Michael Fooner）认为，由于人们没有采取必要的措施保护自己的钱物，

---

[1] 任玉芳.刑事被害人学.中国人民公安大学出版社，1997：18.
[2] [美]罗伯特·L.波恩.犯罪学.刑侦研究，1986（4）：42-43.

而为犯罪创造了机会。

2. 被害人的特性。在汉斯·冯·亨蒂格的早期研究当中，他认为青年人、女人、老人、智能缺陷者、酒精中毒者、移民、一些少数民族团体、痴呆者易成为刑事被害人。他又发现那些精神沮丧者、好猎奇者、好色者、不道德者、贪吃者、孤单者、抑郁者、受痛苦者、冷酷无情者，以及失去权势者易成为被害人。

3. 被害人的分类。一是依被害人的生理特点，将被害人分为少年、女性、老年人、智力低下或有其他精神缺陷者；二是被害人的心理特征，将被害人分为抑郁的、贪婪的、轻浮的、孤独的、贫困的、暴君型的等；三是依被害人的罪责大小，将被害人分为完全无罪的、罪责与加害人相等的、罪责较加害人小的、罪责较加害人大的、自己应负完全责任的等。日本学者的分类方法颇有独到之处，如他们将被害人分为典型的被害者(指已经受到犯罪之害)，潜在的被害者(指尚未受到犯罪之害但有可能受害)，成为犯罪者的被害者(主要指不幸沦为罪犯的卖淫妇女)。

4. 被害发生时的情景。相关研究表明：①被害者在公共场所的时间，特别是晚上在公共场所逗留的时间长短与被害的可能性有直接的关系；②人们成为被害者，特别是盗窃的被害者可能与其家中无人的时间长短成正比。这两个观点在许多研究中得到统计资料的证明。

（二）几个国家的主要研究概况

在被害人学研究领域中，开展得较广泛的、较发达的国家，是美国、德国、以色列、日本、苏联等。

1. 美国。美国是对刑事被害人研究开展得较广泛的一个国家，也是刑事被害问题极为突出的一个国家。美国的有关研究主要体现在以下方面：

（1）谁是被害人。对谁是被害人的研究多采用调查统计方式。调查统计的内容包括被害人的年龄、性别、种族、被害性质、被害人与犯罪的关系、被害人自我防卫情况。

（2）易被害的环境。据美国学者研究，在城市中被害的可能性显然比乡村高。哈里耶斯认为美国南部的凶杀案比其他地区高。原因在于这个地区的人对待暴力方面的看法。在这一地区军人传统比其他地区强烈。[①]美国的另一些调查研究表明，伤害个人的犯罪事件多发生在公共场所或无人居住的建筑物附近。如果罪犯和被害人相互认识，则案件多发生在被害人家里；如果罪犯与被害人不相识，则后者常在室外被害。

（3）被害时间的研究。美国有的调查指出，大量的个人被害案件发生在夜间，而盗窃、偷窃常发生在白天。美国联邦调查局1973年公布了一项调查结果表明，对个人人身的伤害案件，在夏季发生得最多，除抢劫以外，对个人财物的侵害也多发生在夏季。对这种情况的传统解释是：之所以在夏季多发生凶杀、强奸这类对个人人身伤害的案件，是因为炎热的夏季人们不仅穿得少而且多在户外活动。凶杀性暴力案件多发生在12月。美国警察部门对2400多个城镇进行的调查表明，季节对犯罪有微妙的影响，5月似乎是犯罪最少的月份。

（4）对报案情况的分析。美国司法部于1972—1976年对八大城市的被害人调查表明，下列变量同报案率的高低有关：①经济损失的程度。②被害是否既遂。③罪犯是否使用武器。在抢劫并对被害人造成伤害的案件中，罪犯使用了武器，报案率为70%；没使用武器，则报案率只有59%。④案件的性质。⑤被害人的年龄。年轻被害人报案率约为33%，老年被害人报案率则达50%以上。⑥报案的动机。调查表明，向警察报案的主要动机是为了向保险公司索取赔偿，这在许多商业性单位的失窃案中的确如此，因为它们的财产大都投过保险。然而个体被害人的理由并非如此。从另一方面而言，被害人不报案的原因也是多种多样的。无法报案，没有证据，或犯罪事实不算严重。其他不报案的理由：认为警察局不会接受，报案不方便，这是个人的事情，担心因此受到报复等。研究还认为，由于不报案可能会使犯罪增多。

（5）被害人与犯罪之间的关系。例如，相互之间是否认识；年龄关系；种族关系；被害人的自我防卫等。

1968年，美国学者斯蒂芬·谢弗教授主编了第一部被害人学的教科书。设在华盛顿的韦斯吉出版公司主办的《国际被害人杂志》，于1976年创刊，

---

① [美]K.D.哈里耶斯.犯罪和审判的地理学（英文版），1974.

内容主要包括：被害人研究和被害人的理论、概念、方法、实践四个方面的问题。具体的问题有：被害人赔偿、暴力犯罪中的被害人、犯罪中的被害人、强奸案件被害人、印第安人被害人问题等。①本杂志由E.维安洛教授（E.Viano）任主编。1981年，美国总统罗纳德·里根宣布4月8~14日为被害人权利周。

1966年在美国首次进行了全国规模的被害调查；1976年创办了《被害人学：国际杂志》；1979年成立了世界被害人学协会；1989年进行了第一次国际犯罪被害调查；1994年中国参加了第二次国际犯罪被害调查，出版了大量被害人学专著。

1967年，M.艾米尔在一篇论述强奸犯罪的重要论文中，根据实际调查论述了强奸犯罪中被害人所起的推动作用问题。1969年，V.德弗朗西斯发表了《保护成年人性犯罪的儿童被害人》。1971年，J.M.麦克唐纳发表了《强奸：犯罪人与其被害人》。1975年，A.W.伯吉斯和L.霍姆斯特龙发表了《强奸：危机被害人》一书。1977年，D.查普尔、R.盖斯和G.盖斯编辑发表了《强奸：犯罪、被害人与犯罪人》一书，收录了若干重要的有关强奸犯罪被害人学的研究。1979年，M.J.麦克德莫特发表了《美国26个城市中的强奸被害》。1982年，C.迪安和M.德布鲁因-科普斯发表了《强奸犯罪与后果》。

2.德国。德国学者汉斯·约阿希姆·施奈德是被害人学研究的著名学者。联邦德国明斯特大学犯罪学系，成立于1971年，汉斯·约阿希姆·施奈德1975年发表了一本颇受记者欢迎的专著：《被害人学：罪犯的科学》。1979年在德国明斯特召开的第三届国际被害人学研讨会上，施奈德当选为世界被害人学会首任主席。

3.以色列。以色列是研究被害人学的主要发源地之一。在20世纪20年代，以色列法学家、律师本杰明·门德尔松发表了《论被害人的人格》一文，首开被害人研究的先河。在以色列，被害人的发展要归功于著名被害人学专家艾斯利尔·德雷普金（Isreal Drapkin），他组织了第一届国际被害人学研讨会，于1973年9月2~3日在耶路撒冷召开。德雷普金在犯罪学方面著述甚丰。

---

① [波]布鲁诺·霍利斯特.比较犯罪学.高明，王政，等译.辽宁人民出版社，1989：169.

30多年来,以色列被害人的研究主要是设在耶路撒冷的希伯来大学犯罪学研究所。该所成立于1959年,主要从事跨学科研究,研究人员有心理学家、社会学家等。研究项目有被害人学、罪犯对被害人的态度、被害人补偿。①

4. 日本。世界上第一个被害人学研究所于1969年在日本创办。日本对被害人学的研究始于东京医科大学中田修教授在《犯罪学杂志》1958年第24卷6号上发表的介绍"被害人学创始人"门德尔松的《被害人学——生物、心理、社会学的一门新学科》一文。1959年,法务综合研究所的远藤辰男教授,在《警察学论集》第12卷11号上发表了《关于围绕被害人的人际关系》。1960年《犯罪学杂志》又陆续发表了有关的论文。1961年,山冈一信在《警察学论集》第14卷10号上发表了《以人为客体的犯罪之被害人》。

1963年,日本著名被害人学专家宫泽浩一发表在《综合法学》第65号上的《被害者学》一文,系统地介绍了各国被害人学研究的成果。1966年,宫氏在《法学研究》第38卷8号上发表了《被害人学的基础理论》,使被害人学系统化。1967年,他又发表了面向一般读者的《被害人学》,引起轰动,日本的研究迅速达到国际水平。在这期间,其他专业科研机构也对此作了大量的调查。1968年以后,宫泽浩一编的《犯罪与被害者——日本的被害者学》(共三集)收集了60年代以来发表的有代表性的论文,较为全面地反映了日本被害人学研究的全貌和水平,受到国际被害人学领域高度评价。

5. 苏联。被害人学研究在苏联也取得了相当大的突破。依据苏联法律,被害人的概念只包括自然人。专家们普遍认为,有必要研究被害人人格问题,有必要研究导致被害人遇害的条件问题。在被害人学研究的问题上要进行专门的犯罪学统计探讨,有必要研究被害人在犯罪过程中自我人格和自我行为的作用,以及他们的人格与行为与诱导犯罪是否有联系。要求在审判过程中要加强对被害人的保护,对在审判过程中配合不当的被害人采取正

---

① [波]布鲁诺·霍利斯特.比较犯罪学.高明,王政,等译.辽宁人民出版社,1989:206.

确的预防措施。①

（三）国际被害人学会

世界性被害人研究团体是国际被害人学会（World Society of Victimology，WSV），我国不少学者加入了国际被害人学会。

1973年9月，因门德尔松的倡导，在以色列耶路撒冷召开了第一届被害人学国际研讨会，该会的召开标志着国际被害人学会的成立。国际被害人学会是一个专门研究刑事被害人问题的国际性民间组织。

1976年在美国波士顿召开了第二届研讨会，着重研究了该学科的研究范围和前景。1979年第三届研讨会在德国明斯特召开，讨论了进一步完善和促进国际性被害人学会的组织建设问题，德国学者汉斯·约阿希姆·施奈德是学会倡导者，当选为世界被害人学会首任主席。1982年在日本召开了第四届研讨会，着重讨论了东西方共同关心的被害人学的有关议题。1982年国际被害人学会出版《国际被害人学评论》。②第五届研讨会于1985年在南斯拉夫的萨格拉布召开。第六届研讨会于1988年在以色列的耶路撒冷召开。第七届研讨会于1991年在巴西的里约热内卢召开。第八届研讨会于1994年在澳大利亚的阿德莱德召开。第九届研讨会于1997年在荷兰的阿姆斯特丹召开。第十届研讨会于2000年在加拿大的蒙特利尔召开。被害人学国际研讨会每三年召开一届。

世界被害人学会主席先后有德国的汉斯·约阿希姆·施奈德、克罗地亚的塞帕罗维齐、日本的宫泽浩一、澳大利亚的萨姆纳、加拿大的欧文·沃勒等。

国际被害人学会的宗旨是：①在全世界范围内，促进对被害人问题的研究，维护被害人的根本利益；②鼓励对被害人学进行跨学科的比较研究；③促进开展国际的、国家间、地区间、团体间及个人之间有关被害人问题的协作。

---

① ［波］布鲁诺·霍利斯特．比较犯罪学．高明，王政，等译．辽宁人民出版社，1989：239.
② ［波］布鲁诺·霍利斯特著．比较犯罪学．高明，王政，等译．辽宁人民出版社，1989：318.

三、国内研究的现状

对我国被害人学的研究成果的系统整理,有的学者提出了被害人学的萌芽、形成、发展、反思和成熟的"五阶段说"。[①] 也有的提出"三个阶段",一是研究的起步阶段,二是平稳发展的奠基阶段,三是繁荣发展阶段。[②] 笔者亲身经历并参与了我国被害人学的研究演进过程,认为应当分为三个阶段:

(一)起步萌芽阶段(20世纪80年代初至80年代中期)

我国被害人学研究始于1984年。在这之前,我国虽然没有被害人学的研究,但并不能说没有对被害人的研究,只不过大量的研究分散地包含在法学、犯罪学、侦查学、犯罪心理学等相关学科之中。中华人民共和国成立之前,我国著名社会学者、犯罪学家严景耀先生曾在研究犯罪的过程中涉及了被害人的问题。近年来,我国学者对被害人也作过不少研究,如罗大华等编著的《犯罪心理学》(1983年群众出版社出版),在被害人、公诉人、辩护人心理一节中就专门论述了被害人心理活动的类型及其规律。

自1984年起开始陆续发表被害人学文章。陈浩然在1984年6月15日《天津法制报》上发表了《被害人学》一文,介绍了学科的性质、国外研究简况。同年9月12日,陈浩然、郭建安又以同样标题在《中国法制报》上介绍了被害人学。甘肃省社会科学院赵可1984年发表了《试论犯罪行为的受害者》。张卫平以《一门新兴的学科——被害者学》为题在《法学季刊》1984年第4期上发表了论文。王淑贤的《对强奸案件被害人陈述的初探》论文在《法律科学》1984年第4期发表。1986年,方强在其所著的《法制心理学》一书中,对被害者心理学进行了积极的探索,为后来学者研究提供了有益的启迪。

起步萌芽阶段的基本特征是:介绍国外研究资料多,开拓性的研究少;分散的研究多,系统的研究少;综合在相关学科中的研究多,自成体系的研究少;个体式的研究多,协作攻关研究少。

---

① 田思源. 犯罪被害人的权利与救济. 法律出版社,2008:145.
② 赵国玲. 中国犯罪被害人研究综述. 中国检察出版社,2009:2-8.

（二）创立与平稳发展阶段（20世纪80年代末至90年代末期）

结合被害人研究的实际，笔者的《什么样的人容易被盗》一文发表在《科学与生活》1987年第2期。1987年，笔者的《社会认知与上当受骗》一文发表在《中国人民警官大学学报》1987年第2期。后又与汤啸天合写《试论刑事被害人学》发表在《中国人民警官大学学报》1987年第4期。我们强调，刑事被害人学是一门独立学科，阐述了刑事被害人学的研究对象及现实意义，后再合写《略议刑事被害人的过错》发表于《侦查》1987年第3期，收入中国人民公安大学图书馆编《警察研究》1988年第3期，系统地论述了被害人过错，引起了学界的广泛关注。

1987年，王建民的《论刑事被害人的陈述》一文发表在《政法论坛》1987年第4期。1987年，杜茂筠写的《论被害人的陈述》发表在《宁夏社会科学》1987年第4期。

1988年，笔者在《江西公安专科学校学报》发表的《论刑事被害人在侦察破案中的作用》一文，较为全面系统地从侦查角度论述被害人在侦查中的作用问题。与汤啸天合写《关于刑事被害人学》发表在《社会公共安全研究》1989年第2期；与汤啸天合写《刑事被害人学理论体系的构想》发表在《公安学刊》1989年第1期，这就将创立具有中国特色的被害人理论体系的任务摆上了日程。笔者的《试论假刑事被害人的类型及其心理成因》发表在《四川公安管理干部学院学报》1989年第3期，是国内较早对假被害人研究的文章。

此后还有很多有关被害人学的著（译）作、论文，其中具代表性的有张智辉、徐名涓编译的《犯罪被害者学》（群众出版社1989年出版），汤啸天、任克勤著《刑事被害人学》（中国政法大学出版社1989年11月出版），赵可主编《被害者学》（中国矿业大学出版社1989年11月出版），曹中友所著《被害者心理》（湖北省新闻出版局1989年印）。1989年出版的魏平雄教授主编的《犯罪学》教材中也设专章论述了"被害人"问题。

以笔者与汤啸天所著的《刑事被害人学》、赵可主编的《被害者学》、张智辉、徐名涓编译的《犯罪被害者学》，以及仲慧编的《被害人学研究文集》等为代表的一批相关成果的问世，标志着我国被害人学研究进入创立与平稳发展阶段，大大缩小了我国被害人学研究与世界被害人学研究的差距。

1990年，笔者撰写的《诈骗及其对策》（陕西人民出版社出版）一书也设专章论述了"诈骗犯罪被害人"问题，从诈骗犯罪被害人的概念、类型、被骗要因、行为反应、赔偿补偿和双重性等方面进行具体探讨。

国外丰富的研究资料在国内学术界产生了较为广泛的影响，如美国学者弗利·戴维斯著《救救被害人》（高琛、黎琳译，警官教育出版社1990年出版），以及许章润等人翻译的德国学者汉斯·约阿希姆·施奈德主编的《国际范围内的被害人》（中国人民公安大学出版社1992年出版）。

笔者写的《论刑事被害人的错觉现象》发表在《中国人民警官大学学报》1992年第2期，《试谈开展刑事被害人问题的调查》发表在《广州市公安干部学院学报》1994年第1期，《试论女性被害人及其损害赔偿》发表在《政法学刊》1997年第4期。

同时，亦出现多学科综合研究的著作，笔者主编的《被害人心理学》（警官教育出版社1997年出版），是国内迄今为止第一部正式出版、系统研究被害人心理的著作。目前尚未见到关于被害人心理学的其他专著。

董鑫著《刑事被害人学》（重庆大学出版社1993年出版）、郭建安主编《犯罪被害人学》（北京大学出版社1997年出版），其研究方法的实证性提升了我国被害人学研究的科学程度。任玉芳著《刑事被害人学》（中国人民公安大学出版社1997年出版），作者从《法制日报》《人民公安报》等众多的报纸、杂志上广泛收集各种典型案例，深入公安实战部门收集各种犯罪侵害的实例，共达数百例，是本书的一大特色。汤啸天等著《犯罪被害人学》（甘肃人民出版社1998年出版），将我国被害人学研究又作了广度的拓展。20世纪末期，我国被害人学理论研究提高到了一个新水平。

（三）兴盛繁荣阶段（进入21世纪以来）

21世纪以来，被害人学的研究进入纵深开拓，全面系统，团体协作，集体研究，众多成果反映出我国被害人学研究的基础理论、被害现象论、被害原因论、被害场论、被害人援助补偿等研究内容丰富，体系日益完善。不仅有理论工作者的研究，而且有公安司法实践部门参与研究，特别是参与司法实践的力度明显,取得了积极成效。赵可等著《犯罪被害人——一个被轻视的社会群体》由群众出版社于 2002 年出版,以通俗易懂的方式介绍了被害人学。

值得关注的是,自 21 世纪初以来,成果集中在被害人的刑事程序保护、被害人视野中的刑事和解、被害人援助、被害人的权利与救济、被害人国家补偿制度、被害人分类研究,注重以实证分析的方法进行开创性的研究。提出了我国刑事被害人救助政策、补偿立法的建议,有的还拟制建议稿。

可喜的是,在公安刑事侦查与技术领域,也出现了对被害人学的应用研究。譬如,杨玉章著《三定侦查法:犯罪心理画像实证研究》(群众出版社 2008 年出版)。他将侦查经验中的种种机缘结合在一起,再加上心灵深处始终不能忘却的"数千名被害人",杨玉章总结出自己刑侦工作经历、规范侦查行为的想法,并撰写发表了《刑事案件侦查中的被害人研究》一文。①

2015 年以来,我国著名主任法医师闵建雄承担的中央级公益性科研院所基金项目"被害人学在命案现场分析中的应用",发表了一系列文章,分别进行学科介绍和被害人个体身份与命案现场的关系论述,以及阐述被害人生活背景对命案现场分析的价值和作用等。在侦查技术领域对被害人学的应用进行系统研究,具有积极的意义。②陈冬梅撰文《被害人研究在刑事侦查中的应用》(2010)用知名被害人案件和不知名被害人案件的侦破过程来说明被害人研究对侦查破案的作用,并通过引用相关的案例来加以验证。研究的步骤主要为收集现场信息、现场分析、调查被害人的相关信息、划定犯罪嫌疑人范围。

近年来较有影响的成果非常之多,尤其是赵国玲主编、中国检察出版社 2009 年出版的全面整理我国被害人学研究成果的《中国犯罪被害人研究综述》,全面系统地概述了被害人基本问题、被害人与犯罪人的关系、被害人的诉讼地位和权利、暴力犯罪等被害人研究成果。该书对我国 30 年来被害人学研究成果作了较全面的总结与评析,介绍了被害人研究的兴起与发展,

---

① 郝宏奎.侦查论坛(第七卷).中国人民公安大学出版社,2008:106.
② 闵建雄.被害人学在命案现场分析中的应用(Ⅴ).刑事技术,2015(4).

被害人研究的基本内容，被害人研究的贡献、反思及前瞻。介绍了犯罪被害人基本问题研究，被害人与犯罪人的关系研究，被害性与被害预防研究，被害人的诉讼地位和权利研究，被害人援助制度研究，被害人国家补偿制度研究，被害人保护视野中的刑事和解研究，被害人保护视野中的恢复性司法研究，被害人过错研究，以及在类型篇中的未成年被害人研究、女性被害人研究、暴力犯罪被害人研究、财产与经济犯罪被害人研究和无被害人犯罪研究等。美国学者安德鲁·卡曼所著《犯罪被害人学导论》（北京大学出版社2010年出版）对被害人与犯罪人、与刑事司法官员和机构、与政策制定者、与新闻媒体、与社会运动组织，以及与推销安全产品和服务的企业之间的紧张关系进行了讨论。

此外，我国台湾学者这方面的研究亦有特色。例如，我国台湾学者中对被害人学研究得最早的是张甘妹教授，其著作《犯罪学原论》（台北汉林出版社1976年初版），有专门的第十一章"犯罪被害人之研究"，包括犯罪学与被害者学关系、研究概况、概念、分类、犯罪被害者特性、犯罪被害之补偿立法、被害者学展望等。张甘妹教授在同笔者的交流中同样也涉及被害人研究内容。① 另有许启义先生编译的《犯罪被害人的权利》，而单独的被害人著作是张平吾先生所著《被害者学》（台湾三民书局总经销，1995年出版）。

我国被害人研究的学术团体是中国犯罪学研究会被害人学专业委员会。

在理论研究的同时，我国的政法公安高校，如中国政法大学、中国人民公安大学、广东警官学院、湖北警官学院、西南政法学院等院校先后为本科生、研究生开设"被害人学"课程。李伟主编的、中国人民公安大学出版社2010年出版的《犯罪被害人学》，是国内第一部作为高等教育精品教材的被害人学教科书。李伟于2014年在北京大学出版社出版的《犯罪被害人学教程》，秉持教材编写的基本要求，突出以下特点：第一，既充分阐述了基

---

① 1998年5月，笔者应邀访问台湾大学，张甘妹教授当时与笔者交流了关于被害人学的研究，并赠予笔者《犯罪学原论》（增订10版）一书，其著作涉及被害人研究内容。张甘妹教授是我国台湾学者中对被害人学研究得最早的学者之一。

础理论，又介绍了该领域的最新研究成果。第二，既保证了学科体系的完整，又重点突出。第三，突出实践特色。犯罪被害人学的许多内容都与司法工作和社会福利、社会工作密切相关，本教材紧密结合当前实践，以犯罪被害人学理论阐释来解决司法制度和社会福利、社会工作中存在的问题。第四，为了方便学生和读者进一步扩展相关知识，每章后都附有延伸阅读的文献。笔者 2012 年在广东人民出版社出版的《被害人学新论》同样作为公安院校本科教学用书。

第四节 被害人学的研究功能

众所周知，一门学科只有社会需要，才能具有生命力，也才有进行研究的必要。被害人学的产生和发展是现代科学发展的必然趋势，也是法学、犯罪学、社会学不断分化壮大的结果，更是社会生活实践的需要。被害人学应运而生，标志着被害人学研究的价值。这门学科具有强大的生命力，并显示出其理论价值和实践应用价值。显然，要加强被害人学的研究，必须充分认识其研究的功能，即社会价值。

一、被害人学研究的理论意义

学科研究之理论意义主要是体现这门学科自身的发展，以及对其他学科繁荣发展的促进作用。

（一）被害人学对犯罪学的作用

犯罪与被害是矛盾的统一体。被害人学是犯罪学研究的重要补充，两门学科互相促进，相辅相成，有助于丰富犯罪学理论。如果说通过研究犯罪人来预防犯罪有实际应用意义的话，那么，从被害人学的角度研究被害，达到防范犯罪、减少被害的目的，其针对性、主动性和有效性则更强。因此，被害人学是对犯罪学研究的有力支持和必不可少的补充。正如波兰犯罪和刑事侦查学教授布鲁诺·霍利斯特所说，"犯罪行为是加害人和被害人之间直接或间接的相互作用的一种结果"。被害人学的研究离不开对犯罪人行为的研究，离不开对被害人在受害前、受害过程中、受害后的行为表现的分析，离不开分析影响被害人心理的各类相关因素，如政治、经济、法律、文化、年龄、性别、体质等。所有这些都直接地充实了犯罪学、犯罪心理学理论。被害人学是以被害人为中心，多角度、多侧面地研究被害原因、被害过程、被害人特征、被害与加害的关系、被害预防、被害人的诉讼地位及权利等的专门权利，它可以从被害人的角度深化、支持犯罪学的发展完善。

（二）被害人学有助于法律学科体系的完善

被害人学是法学门类中法现象学的组成部分。我国法学各个方面的研究成果可以说是硕果累累，而被害人学研究成果仍显得薄弱。当然，在法学的许多分支学科的专著或教材中都有章或节或在相邻学科中列有专题对被害人予以论述，但毕竟不是作为独立的一个分支学科来研究的。而正式出版的被害人学学术著作尚少见到。被害人学借鉴了心理学、社会学的基本理论。因此，被害人学的研究会推动法学理论向广度和深度发展。譬如，被害人应激心境的研究，可以丰富心理状态的内容；被害人与犯罪人心理冲突的研究，可以充实社会心理学人际交往的理论，对广义的犯罪心理学也是一种发展。因此，被害人心理学的研究有助于法学体系的完善。

（三）被害人学对刑事科学的作用

被害人学作为其中的一个重要组成部分和独立学科，通过自己的研究，既可以为刑事科学研究提供新的素材和依据，又可以丰富和完善刑事科学的理论体系。例如，被害人学可以从各个不同侧面促进犯罪社会学、犯罪心理学、侦查学、刑法学、刑事诉讼法学等相关学科的繁荣和发展。

(四)被害人学可以促进多学科的繁荣

由于当代科学发展的趋势是各学科之间相互渗透,相互影响,高度分化,又高度综合。被害人学必然要移植和借鉴心理学、社会学、生理学、经济学、统计学等多学科的研究成果与方法;同时,它又会反作用于这些学科,为它们的研究提供丰富的资料。譬如,关于被害人心理的研究,无疑会充实社会心理学,促进心理学科与社会实践的紧密结合。

二、被害人学研究的实践价值

被害人学是一门应用学科,具有为现实生活服务的功能、价值,被害人学把如何预防被害,如何为被害人提供帮助视为己任。被害人学是以研究被害人为中心的。它把如何防范被害,如何赔偿被害损失等实际课题作为自己的主要任务。为防止被害提供特定的帮助,以发挥其他刑事法律科学所不能替代的作用。

(一)被害人学的研究可以为潜在被害人提供特殊帮助

为预防和减少受害提供科学方法。任何犯罪行为的发生,任何人被害都同社会的、心理的、生理的原因有着直接或间接的关系。通过对被害人特征、被害原因、被害过程等方面的研究,对于预防被害有重要的实际意义。通过对被害人的研究,分析其被害的原因,可以对预测未来可能被害的人提出警告,采取保护措施,减少犯罪与被害人之间联系的机遇,使可能的被害人脱离危险,通过各种途径降低被害的可能性和可能造成的损失。

被害的发生同被害人与加害人的心理矛盾冲突有直接或间接的关系。对有可能成为被害人(潜在被害人)的个体来说,通过研究被害前的心理危机,认识和掌握被害行为发生的心理规律,增强自身的防御机制,提出和采取自我保护、防患于未然的对策,以预防被害。

(二)被害人学的研究可以加强被害预防

通过对被害过程中心理状态的研究,为被害人面临侵害时提供特殊的帮助；想方设法摆脱受害，减少损失；通过对被害后的心理特点的分析，进行"愈后心理帮助"，使被害人减轻心灵创伤。通过研究被害预防促进犯罪预防，可以说它是最初研究被害人学的首要目的。对有可能成为被害人的个体来说，认识掌握被害发生的规律，亦可以增强自身的防御机制，增强警觉性，采取自我保护措施，减少和避免被害。减少犯罪的途径有相辅相成的两条，即预防犯罪和预防被害。只有将两者有机地结合在一起才能真正地减少犯罪。仅强调犯罪预防而忽略被害预防，其预防犯罪的效果是极其有限的，被害预防可以最大程度地发动群众的力量来减少犯罪的发生。这也是为什么被害人学的研究会受到各国学者的重视并得到广泛传播的主要原因。

（三）被害人学的研究可以帮助公安机关提高侦查效率

犯罪与被害是一个问题的两个方面，对被害人的研究，有助于查明犯罪嫌疑人，能为侦查破案提供依据。还有助于隐案的解决。在公安司法实践中，被害人的作用与地位不容忽视，它在侦查活动系统中是一个重要主体，与侦查主体、犯罪主体、作证主体缺一不可。有学者认为，犯罪被害人研究在公安机关刑事侦查中的意义[1]在于，犯罪被害人是侦查人员在刑事犯罪现场最先接触的对象，在犯罪嫌疑人还无法确定的情况下，对犯罪被害人的调查就成为首要的侦查手段。因此，对犯罪被害人的研究在侦查中起着非常重要的作用。被害人学在公安实践中的作用表现为：被害人陈述是通过感知、记忆过程形成的，被害人学对被害人陈述的研究，有助于获取被害人真实可靠的陈述，为侦查破案提供依据；被害人学还要研究"被害隐案"，分析被害人不报案的心理因素，以采取有效的对策；对被害人进行被害原因分析教育，反思被害教训，以维护自身利益，防止再次遭受侵害。

（四）被害人学的研究可以帮助司法机关客观公正地进行刑事诉讼

从司法公正的角度说，对被害人的分析，探求犯罪人与被害人的人际关

---

[1] 李雪花，郭锐.犯罪被害人研究在公安机关刑事侦查中的意义.大江周刊（论坛），2011（1）.

系，有助于查明谁是真正的罪犯，谁是真正的被害人，以判明其法律责任和诉讼地位，更有效地为公安司法实践服务。被害的心理起因、行为的过错与否、情节的严重与否，均能为司法机关准确地定罪量刑提供有力的依据，同时也能更好地保障被害人的诉讼权利。被害人在刑事诉讼中处于当事人之首，其地位和权利保障如何，不仅直接反映出一个国家法治文明的程度高低，而且反映出国家诉讼程序是否公正。对被害程度、被害原因的分析，对被害人有无过错的判断，能反映出社会危害性的大小，为司法机关准确定罪量刑提供有力的依据，以做到定性准确，量刑恰当。

法国哲学家史埃尔·勒鲁曾说过："平等创造了司法和构成了司法。"在刑事诉讼全球化过程中，有关人权的保障得到越来越多国家的关注。我国也在这一潮流的带动下于1996年、2011年对《刑事诉讼法》进行了两次修正，大幅度提高了人权保障水平，把被害人确立为刑事诉讼中的当事人，同时增加了被害人某些权益，对国家法治文明建设起到推进作用。

（五）被害人学的研究可以从整体角度研究犯罪原因

通过被害调查评估犯罪水平和趋势。通过分析被害原因深化犯罪原因的研究，有效地预防和控制刑事犯罪。在某些犯罪中，被害人本身则是犯罪的诱发因素，如不法侵害、引诱、挑逗、防卫挑拨等。有的被害人是从害人开始而以害己告终。从这个意义上说，研究被害人，有助于更全面、更深刻地研究犯罪原因。长期以来，传统的犯罪学往往只注重从犯罪人本身分析犯罪原因，忽视了从犯罪对立面——被害人这一角度来系统地认识犯罪原因的多重性、复杂性、隐伏性。因此，在预防控制犯罪方面仅仅是单向的，缺乏相对应的手段与方法。对于刑事被害人的研究，一定能使我们在预防控制犯罪方面开拓纵深，进一步清除可能滋生和诱发犯罪的客观条件。

（六）被害人学的研究有益于被害赔偿服务

被害行为发生之后所涉及的赔偿被害人损失的范围、数量、赔偿方式等问题，可以提供更为具体而切实有效的办法。国外被害人学的研究已经领先，我国相关实践亦在起步。通过研究被害人赔偿和服务，保护被害人的权益，促进消除和减轻被害人所受的损害。应当说，在强调犯罪嫌疑人的人权不受侵犯的同时，应更加强调被害人的人权不容侵犯。

总之，被害人学的创立与兴起并不是偶然的，它是社会进步与科学发展的必然产物，并将在实践的基础上进一步向前发展。

第二章 被害人学基础理论

第一节　生活方式暴露理论

第二节　日常活动理论

第三节　个人被害因素理论

第四节　被害人化理论

第五节　防卫空间理论

被害人学基础理论，或者被害人学理论，有的称犯罪被害原因理论，是阐述被害现象发生的原因的各类学说。任何学科都有理论范式，有它赖以存在、发展的理论根基，即基础理论。只有理论的深厚，才会有应用的价值。基础理论处于宏观层面，最直接指导被害人学科研究。被害人学应当重视基础理论研究。但是，目前，这方面的成果非常单薄。台湾地区学者张平吾著《被害者学》一书中对被害者学理论内容进行了系统研究，国内外学者也有一些不够系统的理论研究。被害人学主要的理论范式有生活方式暴露理论、日常活动理论、个人被害因素理论、被害人化理论、防卫空间理论等。

第一节
生活方式暴露理论

被害人学基础理论又称"被害者学理论"，首要的理论是被害人生活方式暴露理论，由美国犯罪学家迈克尔·亨德兰等人创立。该理论认为，不同的生活方式蕴含着不同的被害风险，经常和具有犯罪特性的人交往，那么此人暴露在危险情境中的机会越多，被害的可能性越大。生活方式是指个人的日常生活活动，包括职业活动和娱乐休闲活动。个人生活方式的差异导致接触交往的情境也有所不同，此种不同决定个人被害危险性的高低，即个人因居住地点及个人属性的不同影响个人被害可能性的大小。

一、生活方式暴露理论的内涵

生活方式暴露理论全称即"个人生活方式暴露理论"（A Lifestyle Exposure Model of Personal Victimization），由迈克尔·亨德兰（Michael

Hindelang）等人创立。迈克尔·亨德兰在美国从事被害者调查，于 1978 年在《个体犯罪被害人——对一个个体被害理论的实证研究》中提出，"个人被害——生活方式暴露理论"。此理论在于说明一个人之所以招致被害，是因其本身具有某些特性，导致被害危险性增加，甚至成为犯罪的被害者，其理论重心在于生活方式，生活方式与个人被害有着极其密切的关系。

迈克尔·亨德兰指出，生活方式不同，与具有某种特性的人在特定时空点上相遇的机会也有所不同，因而导致某些特性的人在某些时空点上易成为被害对象，亦即不同生活方式，蕴含着不同被害危险，常与具有犯罪特性的人接触交往，其暴露于危险情形的机会越多，被害的可能性也就越大。因此，生活方式暴露理论指出，生活方式除直接影响个人暴露于危险情境的机会外，亦间接通过加害者与被害者之间的相互接触，而影响被害可能性的大小。

二、生活方式与相关因素的互动关系

1. 年龄。个体在社会化过程中，其学习机构自家庭亲子关系开始，然后是学校与同辈团体。成人后，其生活方式取决于教育、职业与经济等活动，在此社会化过程中，随着年龄的增长，必须面临各种危机及适应问题。个人遭遇危机情况包含下述四个要素：危险事件、脆弱情境、突发因素、行动危机情境。由于年龄不同，面临生活方式不同，因而产生不同生活危机及调适问题。

2. 性别。性别差异可能影响生活方式。男女生活方式的差异现象又可能导致其被害危险性的大小。

3. 收入。个体收入与生活方式息息相关，收入的多寡，会影响居家环境、休闲活动等选择性，且一个人的社会地位的高低大抵反映在经济结构中。

史密斯于 1982 年利用英格兰中部一个社会居民的被害者调查资料发现，对于生活方式有关变项（如年龄、社会阶级等），在区别被害者与非被害者上有相当程度的关系，尤其以休闲活动情形影响最明显。其研究结果发现，以妓院、舞厅及游乐场所作为休闲活动者，被害者中占 40%，而非被害者只占29%；经常去酒吧、咖啡厅者，被害者中占34%，而非被害者中只占18%。

此外，根据国内外实证研究亦发现，民族、职业、婚姻状况及教育程度不同，对被害危险性亦有相当程度的关联，值得深入研究。

三、生活方式与被害互动关系

迈克尔·亨德兰等人均认为，个人被害的可能性必须具备下列条件：

1. 双方角色。必须有加害者与被害者，且二者生活步调在特定的时空上须有互动机会。

2. 行为互动。加害者与被害者必须有所争执或对抗，使加害者以为被害者是下手适当目标。

3. 主观因素。加害者必须有所企图，且有能力去实施恐吓威胁等暴力方式，或者欺骗方式以逐其所求。

4. 客观条件。情境必须相当有利于犯罪，使加害者认为在此种情形下，能诉诸暴力威胁手段来达成其犯罪之目的。

上述为个人被害的促成条件，凡符合此四个条件者，被害可能性自然较大；生活方式在此理论中之所以重要，即因它与暴露在危险情境的机会有关，个人被害并非呈现概率式的均匀分布，而是集中在某特定时间、特定地点及特殊环境中，而加害者也倾向于具有某些特性，即潜在被害者与加害者间，常存有某种特殊关系，由于生活方式不同，加上特殊地点、时间及情境下而与特定类别的人互动接触结果，遂会产生各种不同被害可能性。2009年，有精神病医生对江苏扬州市五台山医院精神鉴定所鉴定的97名被强奸的"精神发育迟滞"女病人进行了统计调查，发现一半的受害者受到过多次强奸。对此，学者开出了这样的"药方"，按"生活方式暴露理论"，一个人之所以被害，是因为其经常处于容易被害的环境中，所以要改变女精神病人的生活环境，让其有工作岗位、有正当稳定的收入和作息时间，脱离危险人群。

四、生活方式与被害互动关系八项命题

（一）生活方式与被害互动关系八项命题的内容

迈克尔·亨德兰等人提出八项命题，借以说明暴露被害与特殊生活方式间有连带关系：

（1）个人被害可能性与其暴露在公共场所时间多寡成正比，特别是夜晚的公共场所。

（2）个人置身公共场所可能性随其生活方式的不同而有所差异，尤其是夜晚较为明显。

（3）类似生活方式者，其彼此接触互动机会较多。

（4）个人被害的可能性，要看其是否具有与加害者相似的生活方式。

（5）个人与其家人以外成员接触时间多寡，随其生活方式不同而异。

（6）个人被害的可能性，随其与非家人接触时间的多寡而变化，尤其是盗窃罪。

（7）生活方式不同与个人阻绝和具有犯罪特性的人接触能力的差异有关联，即个人越常与有犯罪特性的人接触，其被害的可能性也就越大。

（8）生活方式差异与个人成为被害的方便性、诱发性及易于侵害性的差异有关。

（二）基于生活方式与被害互动关系八项命题的表现

个人生活方式暴露理论的主要内容，在于基本资料背景不同的个人，因角色期望、社会结构及生活调适之不同而形成不同的生活方式，而不同的生活方式决定了暴露于被害危险情境的高低。

例如，章某颖绑架案在庭审消息披露中有一个细节，犯罪嫌疑人克里斯滕森在参加为章祈福的公开活动时，曾向人描述"最完美的受害者的特征"到底应该有哪些，并称在同一晚上，他还在现场物色下一个受害者。

正如前文所述，被害人学中的生活方式暴露理论认为不同的生活方式蕴含着不同的被害风险，经常和具有犯罪特性的人交往，那么此人暴露在危险情境中的机会越多，被害的可能性越大。实证研究也证明，出入娱乐场所等

公共场所的时间与频率和被害率成正比。而以家庭为活动中心的人被害风险最低，较少以家庭为活动中心的人被害风险最高。所以，在安全这件事上，家庭真称得上无与伦比的避风港。

生活方式暴露模式告诉我们，要加强个体和易被害人群体的宣传预防教育，强化社会预防机制的建立。社会应当提供有效的安全信息。当前地域差异、城乡差别巨大，使得不同地域间人们对于安全的认知也有天壤之别。大城市的初来乍到者，如果得不到有效的安全提示，经常可能还没出火车站就被骗。高校开学季，很多家长自己都没出过远门，更谈不上对孩子在异地的安全能有所指导。对于热衷出入娱乐场所的人，不能简单否定其生活方式，粗暴干涉，而应当尽到告诫义务，设立安全提示。

所谓"完美受害人"特征是存在的，核心问题是个人防范意识薄弱。"完美受害人"经常承受二次伤害；社会要有足够的安全告诫提醒和风险管制措施。章某颖绑架案犯罪嫌疑人作为一个少见的极端人格犯罪人，他是怎样想的，未经调查，无法判断。甚至我们有可能永远也搞不清楚，他到底是怎么想的。但是通过一些警务工作经验总结，结合被害人学研究结论，仍然可以得出，暴力犯罪受害人自身容易招致犯罪侵害的被害因素，一般包括：虚弱者、老幼妇残。群体中的弱者，是所有掠食者优先选择的对象；财色外露，财和色，就是受害人的广告；特殊生活方式；社会边缘人，特殊工作者，厌恶庸常生活、热衷冒险的人，性工作者、拾荒者、流浪者、夜场黑保安……如果你经常出现的场所时段和一些犯罪高发的场所时段高度重合，那么受害概率必然会高得多；喜欢挑事，主动惹祸。基于自身特殊的性格因素，如鲁莽、残暴、粗心；隐忍，如在性犯罪中受害人的隐忍，导致加害一再发生；缺少防范意识，对社会和人性阴暗面缺少认知，把自己的安全随时托付给别人。如果说这世上真有"完美受害人"的话，那并不是指虚弱到无力反抗的人，而应该是指那些毫无防范意识的人。

第二节
日常活动理论

日常活动理论（Routine Activity Theory），同样是从人们的生活方式角度研究被害性问题。其理论模式是美国犯罪学家劳伦斯·柯恩（Lawrence Cohen）和马库斯·费尔森（Marcus Felson）于1979年提出的。

一、日常活动理论内涵

劳伦斯·柯恩和马库斯·费尔森将日常活动定义为不断出现而普遍性的活动，可供一般人或个人基本的要求，无论是发生于生物或文化上的需求均是。

日常活动应包括正式工作形态及食、性、休息、社会互动、学习等不同方式。柯恩和费尔森认为，在社会中总有人有理由进行故意伤害他人身体或夺取他人财产的掠夺性犯罪活动，掠夺性犯罪的数量和分布，不仅与犯罪人的行为有关，而且与潜在被害人每天的日常活动密切相关。例如，在震惊全国的河南平舆黄某系列杀人案中，作案人黄某就是在其日常活动范围内的网吧、游戏机室挑选中学男生，并以交流游戏技能名义将被害人诱骗至家中折磨杀害。

日常活动理论是环境犯罪学当中产生的重要理论，同时也是被害人学的基础理论。主要研究、观察身边环境的状况对犯罪者选择犯罪行为的影响，研究的主要目的在于探求犯罪和预防对策。就发展历史而言，日常活动理论是在生活方式暴露理论基础上发展起来的。1978年美国学者迈克尔·亨德兰、高特夫·弗莱德森和加罗法洛提出了生活形态暴露理论，旨在说明某人之所以可能招致被害，与其"生活形态"的某些特色有关。日常活动理论的主要内容是意图将生活方式暴露理论具体化。1979年，美国犯罪学家劳伦斯·柯恩和马库斯·费尔森共同撰写了论文《社会变化和犯罪率趋势——以日常活动为视角》，正式提出了日常活动理论。他们认为，犯罪的动机和犯罪人可说是一个常数，每一个社会总有某些人会因特殊的理由（需要、贪婪、报复等）而犯罪。因此，直接接触暴力性犯罪的总数和分布与被害人和犯罪人的日常活动及生活形态有关。日常活动理论的中心假说为，"违法犯罪在特定时间与地点发生的可能性，可以被认为是可能的犯罪人与合适的目标在缺失监管之时交互发生作用"。因此，可以从以下几个要素来评估特定犯罪侵害发生的可能性。

二、日常活动理论四因素

劳伦斯·柯恩和马库斯·费尔森在探讨日常活动理论与被害人时，进一步以下述四个因素来探讨被害及其日常生活工作之间的关系：

（一）暴露

日常活动理论实证研究的前提是被害者是否暴露于危险情境，日常活动理论将暴露定义为潜在犯罪者可看见或可身体接触情形，如工作地点是否较具公开性，且每星期是否与较多的人互动等。由此可对被害人被害风险进行评估。对被害人被害风险进行评估的主要目的在于：一为判断案件性质提供信息；二为分析、推断是否存在引发犯罪的中间因素。在对被害人被害风险进行评估时尤其要注意从其家属、朋友处了解被害人的性格特点。在犯罪学理论中，一个人的性格特点被归类为生活方式所致的被害风险，如果一个人具备某些个性特点，属于容易形成危险的生活方式而被害的个性特点。在我国侦查实践中，有侦查人员在调查中自觉引入被害人被害风险评估，并收到了良好的效果。

（二）抑制要素

抑制要素是指能预防或阻止潜在被害人遇害的保护因素，包括人与物在内，如警察等"保护者"。以工作者为例，如果工作人员较常在外活动或出远门，则抑制要素缺失，其被害的危险性便增加。但是，如果存在有力监控者，即使存在适合的犯罪目标和犯罪主体，犯罪也未必发生。因为有力监控者可以对潜在的犯罪嫌疑人起到威慑作用，减少被害。

（三）对危险的认知

此概念是指在工作场所是否有潜在性犯罪者在场，工作者是否较常接近潜在性犯罪者。如果较多与潜在性犯罪者接触，其被害的可能性便增加。例如，2012年8月26日凌晨2时许，作案人谭某新从酒吧喝酒后回家，途经广东省罗定市市政广场，发现被害人李某嫦（女，16岁）、陈某（女，15岁）坐在广场旁的一块大石头上面聊天，遂上前对两名少女进行言语调戏，但被陈某辱骂。谭某新离开广场，回到离广场仅相距几百米的家中。他想起平时遭人看不起，以前的女朋友又甩了自己，现又被十几岁的小女孩辱骂，越想越愤怒，于是从厨房拿起一把菜刀回到市政广场找李某嫦与陈某。当谭某新来到现场时，发现两名夜不归宿的女子已躺在石头上睡觉，便用菜刀先后将二人砍死，随后又对两名死者的尸体进行了猥亵，然后逃离现场。在该案中，作案人与被害人经由各自的日常活动（酒吧喝酒后回家和户外聊天）（凌晨2时许市政广场旁）相遇，作案人感觉机会合适（出现了合适的犯罪目标，缺乏有力的监控者），顿生歹意对被害人进行调戏，后经中间因素的催化（犯罪嫌疑人被被害人辱骂，进而联想到过往的情感经历），作案人对被害人进一步实施了杀害行为。李某嫦与陈某就是对危害没有应有的认知。

（四）吸引

吸引则指犯罪标的物的合适性，在日常活动中如果经常将钱财暴露，较常将被害标的物暴露，其被害的可能性便增加。

日常活动理论中所谓犯罪标的物的合适性，是指如价值（人或标的物在物质上或形式上对犯罪者的诱惑力如何），标的物的可见度，可否接近及标的物的惯性如何等；所谓足以遏制犯罪发生之抑制者不在场，并不单指警察人员不在场等，乃泛指一般足以遏制犯罪发生的控制能力的缺乏，诸如青少年犯罪时，成年人不在现场，或报警器失效，或警察不在场等。

此理论认为，上述几个基本要素在特殊时空下聚合，方足以防止犯罪侵害发生，这些要素缺一不可。易言之，一个案件在特殊时空发生的可能性，应视上述几个要素聚合的可能性而定。

三、日常活动理论运用

被害人的日常活动导致了他与犯罪人在同一时空下的接触或造成财物无人看管的情形，此时便给犯罪人创造了犯罪侵害的机会。此理论指出，非法活动依附于日常合法活动所建构之社会体系中。因此，社会结构改变，非法活动也会随之改变，如现代化、城市化，往往导致个人暴露于危险情境的可能性大增。近年来，随着社会流动人口的增加，案犯与被害人之间呈陌生关系的案件显著增多，由于这类案件案犯与被害人之间的关系发生了重大变化，运用传统的社会关系排查法或因果关系调查法往往收效甚微。被害人学上的日常活动理论对这类案件的发生具有较强的解释作用，运用日常活动理论可以帮助侦查人员深入理解这类案件发生的原因及模式，进而指导侦查人员有针对性地开展调查活动。

用日常活动理论，可将作案人与被害人之间呈陌生关系的案件发案模式分为三种：遭遇模式、挑选模式和搜寻模式。运用日常活动理论的重点在于通过已知的案发环境和被害人因素推断作案人可能的日常活动及活动区域，为进一步侦查创造条件。这类案件的调查策略包括对案发环境进行全面、仔细分析，建立被害人遇害前行踪表，注意对被害人被害风险进行评估。[①]

在日常活动理论的基础上，美国犯罪学家费尔森和克拉克又提出犯罪搜寻理论。该理论认为，每一个犯罪嫌疑人都会在个人活动的中心范畴（如家、学校、工作场所或娱乐场所），以及活动路径寻找合适的标的物。例如，谭某新一案便是典型。

一般而言，夜晚缺乏有力监控因素的公共场所蕴含了更多的犯罪机会，被害人于此环境内遇害，侦查人员可联想日常活动的遭遇模式进行分析。例如，在前述罗定市市政广场双尸命案中，侦查人员分析认为处于这一特定时空环境（凌晨2时许，空阔无人的市政广场）的被害人较易招致犯罪的侵害，作案人应是途经此地时见有机可乘，才临时起意实施了犯罪。据此，侦查人员从该特定时空环境推断案犯可能的日常活动应为从附近的网吧、酒吧、大

---

① 艾明.论日常活动理论在刑事侦查中的应用.中国刑警学院学报，2014（1）：3-6.

排档消遣后返回居住地,并将上述三场所列为重点走访场所,最终从某酒吧处获取了作案人的重要信息。

认真研究被害人遇害前的日常活动,对被害人遇害前24小时或48小时内的日常活动进行定时定位,从中发现被害人被挑选、跟踪的处所,将该处所至被害人遇害地点的沿线区域作为重点调查区域。例如,2012年1月17日中午,石家庄市某区"神话"夜总会迎宾小姐席某玲(暂住于该市桥东区某宿舍区)被人发现遇害于某区铜冶镇"石家庄工业职业技术学院南校区"西500米麦地南侧渠沟内。经现场勘查,判断该女子系被人勒颈造成机械性窒息死亡,现场为抛尸现场。通过向被害人单位同事了解,被害人于1月14日凌晨1时30分左右离开单位独自下班回家。侦查人员分析了被害人从工作单位到暂住地的路线,调取了沿途的监控录像,发现被害人当时乘坐出租车到宿舍区门口,到门卫处叫门,接着大门打开,出租车进入小区。跟随出租车进入小区的还有一辆可疑的北斗星汽车,该汽车在小区内停留12分钟后驶出小区。通过走访小区保安和居民,证实该北斗星汽车不是135宿舍区居民所有。通过以车找人,侦查人员最终抓获作案人田某旭、杨某。两个犯罪嫌疑人交代,他们驾驶北斗星汽车尾随下班的被害人至小区内,用事先准备好的毛巾、胶带、铁链等将被害人绑走并实施抢劫杀害行为。

第三节
个人被害因素理论

英国犯罪学家史帕克斯·理查德(Sparks Richard)曾对某些人何以重复性被害因素加以研究,并创立个人被害因素理论。

一、个人被害因素理论内涵

个人被害因素理论是通过独立的一个个因素解说被害因素原因的理论。

这一理论对某些个体或个人重复被害加以研究，帕克斯·理查德认为，有些人之所以会重复被害，其间必然有许多被害倾向，亦即有许多导致被害之相关因素，他认为这种因素包括个人特性、社会情境、居住环境及被害者与加害者的关系等。

二、个人被害因素构成

根据帕克斯·理查德归纳出的个人遭受重复被害的原因多是由于个人具有诸多被害因素，亦即有许多导致被害之相关因素，他认为这种因素主要包括：

（一）鼓动因素

鼓动因素（Precipitation or Provocation），即促成或挑衅，激发或挑惹因素。认为一个被害者可能因其行为或言辞之激发、挑惹而激起或鼓励加害者的犯罪行为，即被害者的言行引起加害者的情绪而产生加害行为。

（二）煽动或加害因素

煽动或恶行加害因素（Instigation or Perpetration），即被害者积极主动地激发加害者从事犯罪行为，或被害者从事对某人不利的犯罪行为而导致加害者实行加害行为。

（三）促进因素

促进因素（Facilitation），即被害者因某些故意、鲁莽或疏忽行为而陷入被害情形。

（四）弱点或诱发因素

弱点或诱发因素（Vulnerability or Invitation），即被害者因其属性或身体上、行为态度上或社会环境（如社会地位）上有某些弱点而极易陷入被害的危险情境，如老弱妇孺、心智缺陷、受教育程度较低者，极易成为被害对象。弱点因素主要有生态弱点、地位弱点和角色弱点。

（五）合作因素

合作因素（Cooperation），即被害人是经由两相情愿的犯罪而成为共犯，如赌博、嫖妓、吸毒、传销、非法集资等。

（六）吸引因素

吸引因素（Attractiveness），即被害者本身有足以导致加害者犯罪的明显标的；如状似富有的住宅，显露财富，麻木不仁，漫不经心，较易导致被盗。

（七）机会因素

机会因素（Opportunity），即被害者不幸陷于某种有利于犯罪之情境，本身即具有让歹徒可乘之机，如汽车被盗的前提是本身拥有汽车，而且不保管好。

（八）免罚因素

免罚因素（Impunity），即被害者不愿报案，或破案率低，使歹徒认为无刑事追溯处分的压力，肆无忌惮地对被害者施以恐吓等暴力。

从被害情形产生的实际情况分析，某一个、几个因素可能会同时发生作用，并不一定是单个因素导致，其具有交叉或重叠性。

第四节

被害人化理论

日本学者宫泽浩一提出了被害人化理论。被害人化是指个体、法人遭受犯罪行为侵害，继而被害后果不断恶化的过程。宫泽浩一将这个过程划分为第一次被害人化、第二次被害人化和第三次被害人化三个阶段。

一、第一次被害人化

第一次被害人化是指个体、法人遭受犯罪行为侵害的过程。在第一次被害人化中,导致被害的因素有人口统计、心理、被害人与加害人的关系等因素。第一次被害人化的具体形式千差万别,很难以统一的范式表示。职业、社会地位等因素既可能增加个体的被害性,也可能降低被害性。

二、第二次被害人化

第二次被害人化是指被害人或其亲属在参与刑事诉讼的过程中,或者在被害后受到社会或其亲属、朋友的不良反应和态度,加深其被害后果的过程。这次过程是被害人因受犯罪行为侵害而引发的第二次被害,又被称为"再次被害"或"再度被害"。

根据宫泽浩一的论述,第二次被害人化的具体体现是:第二次被害人化,是在刑事诉讼过程中的再次被害;是在犯罪行为发生后,社会对被害人及其亲属的不良影响和态度造成的;亲朋好友对被害人的不良影响,会对第二次被害人化产生影响;个人的社会地位会对第二次被害人化产生影响。社会地位较低者更容易陷入第二次被害人化。

三、第三次被害人化

第三次被害人化是指经过两次被害人化的被害人,自我消沉、自暴自弃、自我毁灭,以及由被害人向犯罪人转化的过程。第三次被害人化的原因,主要是由于某种原因使被害人未能得到必要的支持、公正的待遇,并可能产生情绪压抑、报复的现象。

被害人化理论的积极价值,使我们认识到,被害后果并不仅仅随着犯罪的结束而停止,如果对被害人和被害后果没有给予应有的重视和科学的解决,这种后果会进一步恶化。[①]该理论较完整地探讨了被害后果进一步恶化的原因，隐含着社会需要建立相应的被害救助机制的理念。

第五节
防卫空间理论

防卫空间理论（Theory of Defensible Space）是通过环境设计预防犯罪理论的重要组成部分。通过环境设计预防犯罪是指通过适当的环境规划设计、管理、强化环境的防护能力，减少犯罪的机会。该理论亦被视为被害人学的基本理论。

一、防卫空间理论的内涵

美国现代犯罪学家纽曼（Oscar Newman）在其1973年所著《防卫空间——透过都市环境设计改良预防犯罪》一书中，将"防卫空间"定义如下，"为一种机械式（含实体或形式之阻绝体）犯罪预防措施之代名词，以产生影响或促进监控力量（结合环境与居民控制力量）之机会为重点，它是一种借由横阻措施与犯罪之前，促使加害者提升暴露之机会，以及强化加害者被逮捕观念之一种犯罪预防措施。换言之，防卫空间是一种借由社区住宅环境的改善或重新设计方式，以达到减低犯罪行为发生为目标，其实体阻绝物包括利用高耸的围墙、铁丝网及强化之门窗等物，形式阻绝物则包括建筑物前有宽阔开放的出入口、阶梯、步道、低矮之灌木或矮墙、24小时便利商店、供

[①] 李伟.犯罪被害人学.中国人民公安大学出版社，2010：96.

居民乘坐的椅子等，如在银行、邮局或宿舍四周有 24 小时监控存在，均是良好的监控防卫力量"。"可防卫空间理论"发表 30 年来以环境设计防止犯罪的思想一直影响着城市设计，社区规划，学校、办公室和其他建筑的设计实践。J. 雅各布（Jane Jacobs）是第一位提出实质环境设计可以影响安全感的学者。她认为，最安全的地方是居民可以自然监视的区域。譬如，通过窗户居民可以看得到发生活动的大街是安全的，那些由于街道太宽而导致居民看不到街对面闲逛者的街道是不安全的。她认为，从减少犯罪角度来说，公共空间和私有空间应该明显地区分开来，公共空间应安排在交通集中的地方等。纽曼扩展了雅各布的想法，并提出了可防卫空间理论。值得注意的是，在可防卫空间理论中的每一个基本要素并不完全是实质环境，它们受到了其他非实质环境的影响。其核心要素有领域感、自然监控、邻里关系、合法行为的支持、形象与维护。[1]

二、可防卫空间理论核心要素

以被害预防为视角，在社区环境设计的改良领域中，防卫空间主要包含以下几个要素。

（一）领域感

领域性是人们最为熟悉之物理环境与犯罪行为之间的关系。纽曼亦指出，领域感是社区居民对获取该区有边界之某一特定区域之能力而言，在此特定区域中的居民对该区域支持和保护，对该社区具有某种程度的认可。如果使用者拥有空间的领域感，那么他很有可能去盘问那些空间中的陌生人。提高领域性的一个设计措施就是入口控制。它可以明确哪些是公共空间，哪些是私人领地，这可以减少犯罪活动的机会。现在的防范策略是在建筑入口安装保安系统并限制出入口，目前最普遍的是安装门窗的锁具、安全警报系

---

[1] 刘成. 可防卫空间理论与犯罪预防性环境设计. 华中科技大学学报，2004（12）：88.

统和闭路电视系统。但是目前我国各地在封闭阳台外安装铁栅栏的做法已经矫枉过正了。提高领域性的另一策略就是在场地设计中提高居民对空间的拥有感。它可以降低空间中不同人群之间的冲突，这就是空间分级系统。良好的分级系统应该是从私密空间到半私密空间，再过渡到更开放的空间。这种空间分级可以通过场地设计来达到，这包括使用象征性的障碍物、区别场地的不同标高或铺地形式不同。但是领域性不仅与设计有关，可能更重要的是受到居民因素的影响，如居民在这里居住的时间，以及居民与该空间所形成纽带关系的程度。一般来说，居民住的时间越长，对空间的归属感就越强。在上海的例子中发现，建成使用时间少于3年的社区，其居民的安全感要明显低于建成使用时间长于3年社区中的居民的安全感；相反，那些业已形成了对空间的归属感的地方，即使不具备可防卫空间特征，犯罪活动仍会很少，甚至没有。譬如，那些受人尊敬的学校、教堂、庙宇、大楼、纪念碑等地方，即使它们远离人们的视线，犯罪活动也会很少。所以，重要的是人们对空间的社会态度，而不是设计特征。

（二）自然监控

自然监控是指个人观察居住环境、公共场所的能力，以及进入该建筑物后，被居民观察的可能性，因一般的被害情形大多发生在较隐秘的场所。因此，如果能让居民有较宽阔的视野，对私有领域外的地区有较佳的观察及监控能力，便可有效阻止加害行为，并减低居民对犯罪的恐慌感。自然监视是通过提高环境的可见性来减少犯罪的机会，它使公共空间中的陌生人处于住户或是人们的监视之下。这可以通过合理的开窗、保证足够的照明，以及良好的道路与建筑布局等来实现。在一个社区，只要安装上路灯，或者警察公开巡逻的频率增加，就会明显地减少犯罪的发生。1916—1939年任美国联邦最高法院法官的路易斯·布兰代斯，在担任法官之前，多年来为投资者利益奔走呼号，这种真切体验使其在传世之作《别人的钱》中，写下了"阳光是最好的防腐剂，路灯是最好的警察"这一经典名句。据《扬子晚报》2016年11月24日报道，《案发前一晚路灯不亮，老警察靠此线索破凶案》一文，南京市江宁区淳化街社区民警管某明接到反映：路灯在案发前一晚突然不亮了。淳化社区是一个城乡结合社区，面积3万平方千米，常住人口1万多人，流动人口还有8000多。在当地原先有一家企业，老板是四川人，有两兄弟在这家企业打工。这兄弟俩素来不和，哥哥觉得弟弟给自己安排的工作岗位不好，两人发生口角，哥哥砍了弟弟胳膊一刀。警方在调查处理时，弟弟主动提出不予追究，警方依法对哥哥取保候审。没想到几个月后弟弟突然报警，说哥哥失踪了。"当时人一直找不到，我们都怀疑是弟弟把哥哥杀害了，但没有证据。"办案人员就多次走访当地群众。管某明注意到，到企业的宿舍有一条必经之路，路两边有新装的路灯。"哥哥是晚上失踪的，凶手一定不想被人看到。"接下来，管某明把走访的重点放在了路灯上。最终，有一位居民向管某明反映：这些路灯本来好好的，就是在案发前一天晚上突然不亮了。果然，侦查技术人员在一个路灯的灯泡上提取到了弟弟的指纹。原来弟弟对哥哥一直怀恨在心，就花钱在老家雇了两个人来杀哥哥。在案件发生前，其实两名杀手已经来过江宁一次，但是作案没有成功。砍人事件发生后，弟弟又催促二人赶紧动手，还将路灯的灯泡拧松，故意让路灯不亮，好隐瞒杀手的行踪。最终，两名杀手在弟弟的暗中帮助下，在哥哥的宿舍将其乱棍打死，又丢弃到偏僻处的水沟里。弟弟还亲自打电话报警称哥哥失踪，企图迷惑警方。

纳沙（Nasar）和琼斯（Jones）的校园调查报告显示，大学生感到环境安全而提到最多的实质要素就是光线（40.6%），最不安全的实质要素就是黑暗（29.6%）。这与先前的一系列校园调查一致，光线和开敞空间都使大学生感到安全，其中光线的影响力最大。伴随着科学技术的发展，视频监控设备飞速发展，立体化防控体系构建，极大地完善了自然环境的治安监控水平。

随着科技的进步，自然监控发展成人工科技监控。2015年4月，中共中央办公厅、国务院办公厅印发《关于加强社会治安防控体系建设的意见》，提出了健全社会治安防控运行机制、编织社会治安防控网等目标任务，其中对加强社会治安防控网建设的开展更是做了浓墨重笔的描述。2015年5月，九部委出台《关于加强公共安全视频监控系统联网应用工作的若干意见》，对当前形势下制约立体化社会治安防控体系建设发展的诸多问题进行了分析,并极有针对性地给出了指导意见。根据央视综合频道播出的《辉煌中国》系列纪录片第五集报道:中国已经建成世界上最大的视频监控网——"中国天网",视频镜头超过2000万个,并利用人工智能和大数据进行警务预测,在中国不仅全面普及,而且水平位居世界前列。以下是全国监控摄像头数量统计详情:以每千人具有的视频监控数量作为目标,2016年全国监控摄像头数量密度最高的城市是北京市,每千人具有摄像头数量59个,但仅仅相当于英国平均水平(75个)的80%、美国平均水平(96个)的60%。二三线城市摄像头覆盖率更低,据不完全统计,我国二线城市的摄像头数量在5万~10万个;三线城市则在5万个以下。就摄像头密度而言,二三线城市的摄像头密度远远低于10个/千人。较低的人均安防设备数量,以及安防地区开展的不均衡为国内提供了充足市场,我们认为国内安防市场未来仍有较大进步空间。具体数据如表2-1所示。

表 2-1

城市排名		摄像头数量(万)	城市面积(平方千米)	摄像头面积(个/平方千米)
1	深圳	40	1953	205
2	上海	100	6340	158
3	杭州	40	3068	130
4	厦门	15	1699	88
5	北京	115	16410	71
6	重庆	29	4403	66
7	莱芜	10	2246	45
8	广州	30	7434	40
9	南京	22	6597	33
10	苏州	27	8488	32
11	天津	35	11946	30
12	成都	31	12390	25
13	武汉	20	8494	24
14	青岛	25	11282	22
15	长沙	26	11819	22
16	济南	16	8227	20
17	昆明	20	11262	18
18	合肥	18	11408	16
19	大连	17	13237	13
20	宁波	12	9816	12

近年来，广州市通过建设新型城市管理和社会治安防控体系，实现路面"双抢"、盗窃等案件发案率下降30%以上，运用视频监控技术破案率提升至30%以上；实现平安校园、平安社区、平安乡村、平安交通、平安电力、平安金融、平安医院、平安能源等行业和领域技防全覆盖；切实提升全市社会面管控及维稳处突能力、城市现代化管理水平及人民群众安全感满意指数。为进一步建设平安城市，广州将打造"高标准"城市智能化视频系统。2016年在城市主干道等地新建1.6万个及升级改造1.37万个高清一类视频图像采集点，并引导社会完成17.3万个二类视频图像采集点的建设任务，且通过升级视频联网管理平台和城市视频专网，实现城市重点目标监控覆盖达到80%以上的目标。城市监控系统是社会立体化防控系统中的重要环节，监控系统的立体化建设将成为趋势。2017年10月5日凌晨3时48分许，珠海市斗门区新青工业园某酒店停车场发生一宗特大盗窃案，报案人阳先生停放在该停车场的玛莎拉蒂小轿车被砸破车窗，放在车后尾箱的250余万元现金被盗。该案涉案金额大，又正逢国庆中秋期间。接报后，珠海警方高度重视，市公安局主要领导亲临一线指导侦破，斗门分局快速反应，迅速会同市局相关部门成立联合专案组全力开展侦破。专案民警对案发现场进行了仔细勘查，迅速调取停车场周边视频监控，同时及时询问报案人阳先生，通过排查，发现该起案件为两名男子所为。经民警进一步侦查，确定该案系由报案人阳先生的侄子阳某民指使、另外两名男子直接实施的特大盗窃车内财物案件。警方立即对阳某民等嫌疑人开展侦查，及时破案追回赃款。

从治安防范角度，通过构建动态、静态相结合，空中、地面相结合的前端立体化防控网络，配合解析中心强大的数据提取、分析、碰撞技术，整个城市的视频应用将变得越来越智能，为预防被害，及时挽回损失和破获案件提供强大科技支撑。

（三）建筑物外观与环境

有些建筑物因设计不当或为节省经费，常常在外观上出现平庸、暗淡，或平民区的烙印，呈现出缺乏人性的设计，使居住在该地区之居民无法对其居住环境产生归属感及安全感，甚至加以鄙视、退化、漠不关心及采取破坏行动。此类建筑使人对它缺乏信心及安全感。因此,要让居民对自己所居住建筑物有归属感及认同感,首先居民应该有依其需要而参与住宅建筑设计的机会。纽曼亦指出,"要使居民居住得较为舒适,应该减少将贫民区改建成人口密集的高楼大厦,而应多建筑一些三楼以下之住宅,有着较开放的空间与居住环境,则被害机会有效降低"。①对场所环境的印象也是减少犯罪机会的重要因素。

"破窗理论"认为,当实质环境不文明的现象越来越多时,居民会察觉到当地存在着更多的问题,降低对整个社区的信心,于是潜在的犯罪者就有可能乘虚而入。社区环境的文明程度,包括社会和实质环境两个层次。从社会层面上说,乞丐、流浪者、无业游民等扰乱了正常的社会秩序。从实质环境上说,垃圾、涂鸦、废弃的房屋、残破的建筑、黑色广告和肆意破坏留下的痕迹等都是环境不文明的体现。这些不文明的标志倒不一定真的会引起犯罪,但它们却传达了一种当地社会状况不佳的信号,使居民感到恐慌。珀金斯(Perkins)证实,环境衰败与对犯罪的恐惧感之间的关系,即使在控制了社会与人口的各统计特征以后也依然显著。所以环境维护非常重要,它表明这个环境依然是有价值的。然而,有的地方虽有很多破窗子和毁弃的房屋,可是犯罪活动却很少发生,这又是为什么呢?周围环境主要指的是土地使用方式。纽曼早期的文章中并没有提到这一点,但是在他后来的工作中发现,土地使用方式可以影响可防卫空间。周围环境主要指两方面:周边的土地使用和周围场所活动的影响,以及特定的设计方式保护一个场地的程度。通过环境设计抑制犯罪与真正的犯罪活动减少之间的关系是非常复杂的,越来越多的人站到了可防卫空间理论的条件论中。我们应该有这样的信念:如果可防卫空间理论确实产生了作用,那么必然是通过环境设计带动了人们行为的、社会的和对空间的态度的改变。将地区的共同利益结合并调动了起来,才使得可防卫空间理论真正取得了效果,减少了犯罪活动。从浙江省慈溪公安局《浅谈村居形态与农村预防犯罪》一文统计,91起入户抢劫案件,只有1起发生在封闭式居民小区内,有77起发生在开放式民居,占84.6%。这就

---

① 张平吾. 被害者学. 三民书局总经销,1996:138.

是说，封闭式居民小区具有强大的预防被害的功能。[①]

（四）连接区域之安全性

纽曼就是在"自然监控"的基础上创造了"可防卫空间理论"。可防卫空间理论（Crime Prevention Through Environmental Design，CPTED）——论如何通过空间设计来减少犯罪，如何通过环境设计来预防犯罪——是一门学科，它研究如何正确设计通过直接影响人类行为而减少犯罪的物理环境。这方面研究的重点是，环境的哪些设计特征可以促使居民能自觉地对居住环境进行非正式控制与防卫，促进社会交往，连接相关区域，邻里守望，借此降低犯罪率，提高安全感。纽曼指出，住宅区的安全性可以透过邻近区域或出入口地方的选择规划来配合，使居民对邻近地区亦能有安全的监控能力，并得到更多的安全感。例如，邻近地区有出入频繁的停车场，车道，车及过往行人很多等，有较多人参与监控，以降低被害可能。因此，防卫空间概念不仅应兼顾自己住宅区环境特性，亦应考虑到与邻近地区居住环境互动关系。犯罪是一个社会问题而不是技术问题，仅仅通过监视系统和隐藏受害目标从来都不能真正解决问题。应该提倡一种结合社会、设计和经济的综合措施。

此外，被害人学理论还有暴力循环理论，此理论认为犯罪行为常与日常生活压力息息相关，而且其产生具有阶段性，一而再地循环出现，除非犯罪加害者接受各种治疗，学习如何消除生理及心理上的压力，否则该行为必然会重复出现。一是分析暴力行为发生的阶段，包括引发、发生与后悔、和解及蜜月阶段；二是暴力行为三个循环阶段，以及连续循环现象。此理论常被用来解释家庭及婚姻暴力行为。此外，诸如无助学习理论、特质理论等，这些理论是从宏观视野来阐述被害机制的。而各类不同的具体被害人亦有其相应的解释类型被害的理论。

[①] 邱佩佩. 浅谈村居形态与农村预防犯罪. 浙江警察学院学报，2011（2）：73.

第三章 被害现象论

第一节 什么是被害人

第二节 被害人的基本分类

第三节 被害人与犯罪人的互动

第四节 无被害人犯罪

对被害人、被害事实的研究是被害人学科研究的重要内容。被害人学所指的被害现象，是被害人、被害事件的总和与概括。被害现象在宏观上是抽象的整体，在微观上是具体的人和事。[①] 刑事诉讼活动是一个体系，由侦查主体、公诉主体、审判主体、犯罪主体（作案人）、作证主体（证人、知情人）和被害主体（被害人）等组成。被害人是其中的关键要素之一。

第一节
什么是被害人

被害人学是以被害人为研究对象的，被害人是被害人学的逻辑起点。因此，对被害人基础理论进行研究，必须首先弄清被害、被害人的概念。

一、被害构成

什么是被害？什么情形才是构成被害？这是被害人学的基本理论问题。被害人学所指的"被害是一种因虐待、折磨、破坏、寄生和不公平而导致的人际关系的不对称状态"。[②] 被害，就是合法权益遭受犯罪行为的侵害状况。刑事被害构成要件，就是指构成被害必须同时具备的主客观条件：

（一）被害主体

被害主体是指承受犯罪侵害的对象，包括自然人、社会组织（单位、法

---

① 李伟. 犯罪被害人学. 中国人民公安大学出版社，2010：26.
② [美] 安德鲁·卡曼. 犯罪被害人学导论. 李伟，等译. 北京大学出版社，1997：29.

人与其他非法人团体）、社会、国家、物体、信息等。

（二）被害主观要件

被害主观要件是指不同被害人不同情境下的心理状态。

（三）被害客体

被害客体是指犯罪所侵害的对象，具体可以表现为生理的、心理的、情绪情感的、财物经济的、名誉的等基本权利，表现为有形与无形的形态；直接与间接状态。

（四）被害客观要件

被害客观要件是指具有直接因果关系的由犯罪行为造成的，被害人遭受侵害的后果，包括直接与间接的侵害后果。被害后果从广义上说，可以分物质性被害、精神性被害及其他被害形式。物质性被害，主要是人身、财产的被害；精神性被害主要是心理被害、"再度被害"表现出来的人格被害；其他被害形式主要是指个人信息被害，由被害所诱发的转化，即成为违法犯罪行为人。

二、被害人的含义

什么是被害人？"被害人"（Victim）一词在法学、犯罪学和侦查学上均没有统一的界定。生活中，所有受各种各样侵害的人都称"被害人"，也称"被害者"，或称"受害人""受害者"。然而一般来说，属于民事受害范畴的称"受害人""受害者"。属刑事被害范畴的称"被害人""被害者"。

（一）被害人的法学定义

被害人就是正当权利或合法利益遭受犯罪行为侵害的人。它同刑事被害人的区别在于刑事被害人是受刑事犯罪所直接侵害的对象。主要的、典型的被害人是指被害的个体自然人，被害人学是以被害人为研究对象的。因此，对被害人基础理论进行研究，必须首先弄清被害人的概念。《法学辞典》解释：被害人是正当权利或合法利益遭受犯罪行为或不法行为侵害的人。①

按被害性质，被害人可以分出刑事被害人、民事被害人、行政被害人等子项；按被害对象，又可分出包括自然人、社会组织（单位、法人与其他非法人团体）、社会、国家、物体、信息等子项。仅在我国，目前已出现了"被害者学""犯罪被害人学""刑事被害人学""被害人学"等多种提法。"犯罪被害人"不同于"刑事被害人"，"犯罪被害人"是犯罪学的概念，"刑事被害人"是刑法学、刑事诉讼法学的概念。

被害人应当包括刑事被害人（遭受犯罪行为侵害）、民事被害人（遭受民事违法行为侵害）、行政被害人（遭受国家行政机关及其人员违法行政管理行为侵害）等。而且，自然人可能成为被害人，法人和非法人团体，甚至于社会、国家也同样可以成为被害人。自然人、法人、团体是具体的被害人，社会、国家等是犯罪的"无形被害人"或者"抽象被害人"。

有学者认为，我国的被害人主要分为三类，一类是刑事案件被害人，另一类是交通事故被害人，再一类是火灾被害人。这个观点笔者不敢苟同。②

我国学者所研究的被害人，主要是刑事或者犯罪被害人，而不是民事被害人、行政被害人；主要是公诉案件被害人，而不是自诉案件被害人；主要研究自然人被害人，当然，也不是不研究法人、非法人团体、社会、国家被害人。

被害人中的自然人被害人是最重要的研究类型，是被害人学研究的重点。本书亦不例外。

被害人所遭受的侵害，可能是物质的，也可能是精神的，还可能是肉体或生命的，但是，不管所受侵害形式有多大差别，只要其受法律所保护的正当权益遭到了侵害，他就是被害人。总之，正当权利和合法利益遭受犯罪行为或违法行为侵害的人就是被害人。

此定义可简写为：

---

① 法学辞典（增订本）．上海辞书出版社，1984：312．
② 麻国安．青少年被害人援助论．中国人民公安大学出版社，2005：9．

被害人是遭受 { 犯罪行为 / 不法行为 } 侵害的 { 自然人 / 组织（法人、其他团体）、国家（社会） }

（二）广义与中义的被害人

在被害人学中，被害人又有广义、中义和狭义之分。例如，被害人学的创始者门德尔松是以广义的被害人作为研究对象的，波兰著名被害人学家布鲁诺·霍利斯特是以中义被害人为研究对象的。我国有的学者也持广义被害人的观点。

广义说，被害人是因任何原因遭受伤害、损失的各种被害人。

《联合国犯罪被害人及权力滥用被害人司法基本原则宣言》（Declaration of Basic Principles of Justice for Victims of Crime and Abuse of Power）规定："犯罪被害人，系指个别或集体因违反会员国现行刑法或禁止滥用职权犯罪之法律之作为或不作为而受生理上或心理、情绪上之伤害或经济之损失或基本权利上之重大损害之人。"《宣言》关于犯罪被害人之认定，不受加害人是否被发觉、逮捕、起诉或判罪之影响，亦不受加害人与被害人间有无亲属关系之限制。犯罪被害人一词包括直接被害人之近亲属或其所扶养之人及为救助危难中之被害人而受伤害之人。《宣言》认定的是广义的被害人，既有犯罪被害人，也有"权力滥用被害人"。

中义的被害人即是犯罪被害人。至少有以下三种人可以构成犯罪行为的侵害对象而成为被害人：

一是直接或间接受到犯罪行为侵害的自然人（个体被害人）；

二是直接或间接受到犯罪行为侵害的单位、法人或非法人团体（团体被害人）；

三是直接或间接受到犯罪行为损害或直接威胁的自然或社会、国家。

21世纪以来，全球的犯罪特点，尤其是恐怖主义犯罪、严重暴力犯罪、经济犯罪、计算机犯罪、毒品犯罪等严重，提醒我们必须开阔视野，将国家与整个社会纳入被害人学的研究范畴。国家被害是社会被害的基础，社会被害是国家被害的扩展。法国学者雷纳尔说："国家是白领犯罪最突出的被害人""我们必须对国家蒙受了巨大的损失这一事实予以关注。实际上，国家因诈骗行为的存在而损失大量金钱，国家机构因此而成为被害人"。研究单位、法人、社会、国家被害人，则体现被害人研究的社会性，从而发挥民众、社会团体、政府预防被害的作用与功能，丰富被害人学的科学体系。

（三）狭义的被害人

狭义的被害人观点，即认为被害人主要是指刑事被害人，因为主要的、大量的、典型的还是受犯罪行为所侵害的自然人（即个体被害人），以及群体被害人。

首先，从独立学科分类的角度出发，笔者认为对个体被害人的研究应当而且可以成为一门独立的学科。随着被害人学研究的深入发展，探讨团体被害、单位被害也可以作为专门分支进行研究。其次，从我国传统的观念出发，我们通常所讲的被害人，就是指受刑事犯罪侵害的自然人。

因此，本书所研究的被害人，就是从相对广义即中义角度出发的，主要是指受到违法犯罪行为侵害的自然人和某些被害人单位、法人或者非法人团体。此外，需要说明的是，本书中所说的被害人，有时与"受害人"是同一含义，相当于英文"Victim"。

三、被害人的基本特性

被害人的特性，有共性与个性之分。被害人的共性是根本属性。

（一）被害性

被害性是被害人首要的基本特征。它是由被害人生理、心理、精神等各种要素构成的客观实在条件。被害性是一种隐伏着的可能性。具体来说，被害性又可划分为被害的诱发性、易感性和受容性。

1. 被害的诱发性。它指被害人由于自身刺激的言论、行为、状态而招致犯罪人对其实施犯罪行为的驱动性。被害人诱发性的致害因素，对犯罪人形成、强化、实施其犯罪决意往往具有诱发、推动的作用。所以我们可以说有些被害事件在很大程度上是由被害人自身招致而来的。

2. 被害的易感性。它指被害人在犯罪侵害前容易接受犯罪人的诱导或容易成为犯罪人选择为侵害对象的特征。被害的易感性既反映了被害人容易成为犯罪人所选择之侵害对象的特点，又反映了其易于接受犯罪人诱导从而步入犯罪情境或犯罪易于实施之场所的特点。

3. 被害的受容性。它指被害人在遭受犯罪人侵害时的一种顺应状态。被害的受容性分为自觉性受容和被迫性受容两种。前者是指被害人担心、害怕眼前的既得利益可能丧失而自愿受容的情形；后者是指被害人屡次控告无人受理或受理后处置不当而不得已受容的情形。[1]

也有的学者将被害性划分为被害的倾向性、敏感性和受容性。被害人被害的倾向性是被害人具有的认同与容忍，敏感性则是一种感知与知觉。[2] 不同的生理、心理、精神等各种要素的不同，被害人又有各自不同的特性。

（二）互动性

互动性是指在被害情境中，被害人和犯罪人相互联系、相互影响而使被害实现的特征。被害的互动性是将被害和犯罪不看作是绝对静止的概念，而是将它们置于社会互动中进行分析。研究表明，犯罪不仅仅是犯罪人单方面的一元活动，更重要的是犯罪人与被害人双方的互动结果。

实证研究表明，我国属于典型的熟人社会，亲朋好友之间的资金借贷活动，古已有之，于今为盛。[3] 非法集资一类的犯罪，多发于熟人之间，犯罪嫌疑人多为本地人员。犯罪嫌疑人为本地熟人，就必然意味着加害人与受害人是熟人关系。例如，在备受关注的浙江东阳吴某案中，向吴某提供资金的11位受害人，就是跟吴某保持着多年的密切往来关系。这些人不仅不属于社会公众，而且是职业高利贷经营者。又如，在浙江温州张某己集资诈骗案中，受害者均系张某己亲友或有私交的客户，而非社会公众。再如，在湖北

---

[1] 宋浩波. 犯罪学原理. 中国人民公安大学出版社，2001：217.
[2] 莫洪宪. 刑事被害救济理论与实务. 武汉大学出版社，2004：32.
[3] 刘练军. 关于集资诈骗犯罪"受害者"的六点疑问. 澎湃新闻，2017-6-30.

咸宁王某明集资诈骗案中,受害者中大部分都是王某明的亲友,以及公司内部员工。大量集资诈骗犯罪案件表明,有相当比例的受害者与集资人之间,属于亲属、同事、同学、战友、朋友等熟人关系。

一般来说,没有犯罪人,也就不会有被害人;反之,在某种意义上说,没有被害人也就不会有犯罪,更无所谓犯罪人;在某些特殊情况下,甚至可以说,被害人"塑造"了犯罪人。国外一些被害人学研究专家认为,犯罪人可以通过自己的选择或基于某些生理、心理和社会因素,决定自己的行为方式而不去实施犯罪,但是,如果他周围的环境对他形成了"诱饵"的氛围,从而刺激了他的犯罪欲望,那么,行为人就极有可能实施犯罪。而被害人作为犯罪人犯罪意识形成的外在因素之一,时常不知不觉地扮演了"诱饵"的角色。互动性揭示了被害人在犯罪发生前和犯罪过程中的辩证角色和不可忽视的地位。

(三)可责性

可责性又称归责可能性,它是指被害人对于自身的被害往往也具有一定伦理、道德责任,甚至法律责任,因而也常常具有某些应当受谴责或可以被指责之责任的特性,具体表现在以下两个方面:

1. 被害人故意性的致害因素大多具有应当受谴责的责任。例如,被害人首先无端地对犯罪人发起攻击、侮辱、谩骂、殴打、讽刺、挖苦、嘲笑加害人等。这些故意性的致害因素,极易诱发伤害、杀人等暴力犯罪的发生,其被害人的责任程度较大,因而大多具有应当受谴责的责任。

2. 被害人过失性的致害因素往往也具有可责性。例如,在有些被害案件中,被害人接受诱惑;面临被害情境而不图摆脱;轻浮、草率;女性的服装过于奇异、身体过于暴露;对被害隐患虽已觉察但未能及时予以消除;等等。对于这些过失性的致害因素,被害人本可以设法消除却未予及时消除,从而导致了被害的发生,被害人应负有一定的责任。

四、刑事被害人与其他被害人

列宁曾说过："要正确地认识事物，就必须把握、研究它的一切方面。一切联系和'中介'。"① 同刑事被害人相邻相关的被害人有民事被害人、行政被害人、社会被害人，研究其相互间的关系可以看到：

（一）刑事被害人与其他被害人区别的主要标志

1. 所受侵害的性质不同。刑事被害人受犯罪行为的侵害，由刑事法律规制。而其他被害人则是指受违法行为侵害。

2. 被置于不同法律规范调整的法律关系中。刑事被害人主要被置于刑法、刑事诉讼法调整的法律关系之中；民事被害人主要被置于民法、民事诉讼法调整的法律关系之中；行政被害人主要被置于国家行政法规调整的法律关系之中。

3. 权利与义务的不同。

（二）不同被害人之间可以兼容互相转化

在刑事诉讼过程中，被害人在提起附带民事诉讼时就同时兼备了民事被害人的身份。同样，民事诉讼中的被害人（原告）也可能转化为刑事被害人。例如，民事案件在诉讼或调解过程中，因矛盾突然激化而导致的刑事案件。

---

① 列宁全集（第4卷）.人民出版社，1984：453.

第二节
被害人的基本分类

分类研究是认识事物的科学方法，有助于从整体和宏观把握事物的规律，从而更好地提出解决问题的办法。分类就是根据不同的标准，对被害人所作的群属归属。分类能使人们不囿于对被害人的单个、分散的研究，而从大类的角度综合研究，以抽象出共同的规律、特点。最早对被害人研究进行分类的是以色列律师本杰明·门德尔松，依被害人的罪责大小，将被害人分为完全无罪的、罪责与加害人相等的、罪责较加害人小的、罪责较加害人大的、自己应负完全责任的被害人等。

对被害人的分类是一件非常困难的事，有多少版本的著作、教材，就可以说有多少种分类，不同的学者分类的角度不同。最早对被害人进行分类的是被害人学的创始人，本杰明·门德尔松、汉斯·冯·亨蒂格、埃伦贝格等，在早期研究中，从性别和年龄的角度将被害人分为女性被害人、老年被害人、青年被害人等。不同类型的被害人遭受被害的可能性、被害状况、被害性质，被害心理，以及其与犯罪人的关系、被害后果等都有各自的特点。[①]

科学的分类，能为被害人学的研究提供理论指引，提供方法基础，能使人们跳出对被害人的单个、分散的研究，而从类别的大范围进行综合研究，以抽象出共同的规律、特点。分类研究，反过来也可以使人们对特殊类型被害人的研究更专门化、具体化，从而达到有效地预防被害的目的。[②] 有的从刑法角度，有的从犯罪学、社会学角度分类，有的综合分类[③]，等等。在此，笔者采取复合分类法，从刑法依据、犯罪学角度对被害人分类，以把握各种被害的共同属性，把握不同类型被害特征，有针对性地探讨预防方法。

---

① 任克勤，汤啸天. 刑事被害人学. 中国政法大学出版社，1989：18.
② 任玉芳. 刑事被害人学. 中国人民公安大学出版社，1997：9.
③ 赵国玲. 中国犯罪被害人研究综述. 中国检察出版社，2009：234.

一、既然被害人与潜在被害人

根据被害人是否已经被害的状态分类,可分为既然被害人和潜在被害人。

(一)既然被害人

既然被害人是指已经遭受到某种犯罪行为侵害或正在受到某种犯罪行为侵害的人,即实际的被害人。例如,因爆炸、纵火、抢劫、凶杀、盗窃等犯罪侵害,在人身、财产和精神上已受到损失、损害的人。既然被害人,又分直接被害人与间接被害人,原始被害人与附属被害人。

(二)潜在被害人

潜在被害人的研究是被害人学的重点之一,也是研究内容当中最富有直接应用价值的。潜在被害人是指其本身已具备了某种可能被害的因素和条件,但尚未发生被害的事实,即实际上并没有受到某种犯罪行为侵害的人。潜在被害人又称"状态性被害人"。

潜在被害人有两个特点:一是本身已具备了可能被害的因素,如刺激性、疏忽性、脆弱性、易感性、被迫顺从性等;二是其所处的客观环境和外部条件,有可能使其受到某种犯罪行为侵害,如社会环境、自然条件等。潜在被害人又可以划分为本身不存在被害要因的潜在被害人和本身存在被害要因的潜在被害人。如与他人有严重利害冲突、积怨甚深的人,若不设法化解矛盾就有伤害的可能;富有者若防范不严,就有可能遭受盗窃、抢劫之险等。

潜在犯罪人与潜在被害人之间往往存在着一定的关系,研究二者的关系,正是为了消除可能被害的因素。对潜在被害人的防范,是一种具体的、积极的预防。潜在被害人是被害人学研究的特殊性所在。

二、真实被害人与虚假被害人

根据是否确实已被害的性质分类,可分为真实被害人和虚假被害人。

(一)真实被害人

真实被害人是指确已受侵害,承担侵害后果的人。被害人知道侵害事实,并立案的显性型案件。其中有原始被害与附属被害两个层次。被害人对受害知而不举,或实已受害但不知的为隐性型,如犯罪隐案、犯罪黑数。

(二)虚假被害人

虚假被害人是指未受侵害却报称受害的人。虚假被害人往往出现现象的反常性、陈述的矛盾性,一般可分为三类:

1. 恶意的虚假被害人。出于隐瞒不可告人之违法动机,自行伤害嫁祸于人的人,如有的人由于自己的失误造成的损失,借机嫁祸于人,报称是犯罪侵害所造成,更有的自伤后报称犯罪侵害,特别是有的人伪造假案。

2. 善意的虚假被害人。主观并无恶意,因错觉误称受害。

3. 妄想的虚假被害人。此即所谓"被害妄想者"。

三、无责被害人与有责被害人

根据被害人对被害的责任程度分类,可分为无责被害人和有责被害人。

(一)无责被害人

无责被害人是指对自身的受害不负任何责任的人,或称一般被害人,即被害人所遭受的侵害,完全是犯罪人这一外因造成的,自身没有责任。这类被害人又称无辜者,无辜的被害人、理想的被害人、典型的被害人,占绝大多数。

(二)有责被害人

有责被害人是指对自身被侵害应负一定责任的人,又称过错性被害人、有罪性被害人。这类被害人的受害是因自身的过错、违法犯罪行为触及了他人的利益,导致他人实施侵害,形成了侵害者易位的特殊情形。

四、不同犯罪性质侵害的被害人

这根据犯罪行为的性质分类,可分为不同犯罪行为侵害的被害人。例如,按《刑法》所规定的分类,按犯罪性质把被害人分为:

(一)暴力犯罪被害人
这是指犯罪分子使用暴力,致使公民的生命、健康遭受损害的被害人,主要是杀人、伤害、抢劫、强奸、绑架人质等犯罪侵害的人。

(二)财产经济类犯罪被害人
这是指遭受盗窃、抢劫、抢夺、诈骗等犯罪行为侵害,造成个人、集体财物、经济利益损失的自然人或单位。

(三)性犯罪被害人
这是指性权利被侵害,在人身、人格、精神上受害的人。主要是女性遭受强奸、被强迫卖淫等侵害。

(四)人格、名誉遭受侵害的被害人
这是指个人的人格、名誉受犯罪行为侵害,使被害人在身体健康和精神上、财产上受损害。人格、名誉是自然人民主、人身权利的主要内容。

五、偶然性被害人与条件性被害人

根据被害人和加害人在被害发生中的人际关系分类,可分为偶然性被害人与条件性被害人。

(一)偶然性被害人
偶然性被害人是指被害人受害是因某一偶然的机缘而出现的,被害人无法预料,也无法抗拒,又称机会性被害人。偶然性被害人与加害人之间,可

以是毫不相识，没有任何联系，只是两者相遇在特定环境下致使犯罪侵害出现，如犯罪分子在追捕中，随机劫持人质拒捕，"人质"就是偶然性被害人，也可以是两者处于共同的生活、工作环境，是一般的相识，因某一特定的原因使犯罪侵害出现，如相识的同事、邻里之间因某一小事发生冲突，引发的伤害等犯罪侵害。

（二）条件性被害人

条件性被害人是指因自身原因引发侵害的被害人，又称必然性被害人。这类被害人多是出现在与加害者关系密切的人之中。在双方的密切来往中，一方的行为有损于另一方，另一方在忍无可忍的情况下，或因一时冲动，用犯罪的行为报复，造成犯罪侵害。还有一种情况发生在亲缘关系当中，其中一方处于明显的弱势，则会遭受家中强者的侵害，这主要表现在家庭中的各种侵害中。

六、单一性被害人与复合性被害人

如果依据被害人遭受犯罪侵害的次数，可分为一次性被害人、重复性被害人和多次被害人，或者依据遭受犯罪侵害的个数，分为单一性被害人，被害人只有一人，或者性质只有一类。与此对应的是复合性被害人，遭受两种以上犯罪侵害的,承担多重被害后果的是"复合性被害人"和"多重被害人"。另一层意思是涉及众多被害人的则称之为"涉众型被害人"。

七、涉众型犯罪被害人

涉众型被害人的"涉众"，其所指的"众"就是指涉及众多的被害人，涉及众多不特定的被害群体。涉众被害，既可能是人身的，也可能是财产的，还可能是人格尊严、心理创伤的，有的则是多元兼有。

"涉众型"犯罪案件，一般是指经济犯罪中被侵害对象众多，在一定地域时空范围内涉及面广的案件，较为常见的有集资诈骗案、非法吸收公众存款案、系列合同诈骗案、非法经营案，以及特定类型职务类犯罪案件等。涉众型经济犯罪指的是侵害不特定的受害者的利益，破坏社会主义市场经济秩序的经济犯罪，主要包括非法吸收公众存款、集资诈骗、组织领导传销活动、非法经营，以及带有涉众因素的合同诈骗等犯罪活动。因为该类犯罪的"受害者"往往属于社会上的弱势群体且数量众多，如果没有正当合理的渠道维护他们的合法权益，不仅会影响司法的权威，还隐含着影响社会安定的可能性。目前，立法对涉众型经济犯罪"受害者"身份未作出规定；在实践中各地司法机关无法可依，因此处理的方式多种多样：有的案件中"受害者"作为证人身份参与诉讼；有的案件中则被界定为被害人，还有案件是"受害者"群体推选出被害人代表参与庭审。①

涉众型犯罪被害人具有不同于普通犯罪被害人的复杂特征且人数众多，容易引发社会不稳定因素，目前的立法和司法现状难以有效应对这一特殊群体，许多案件的处理难以实现案结事了，被害人不断以上访甚至更为激烈的方式寻求救济，造成恶劣的社会影响，故而亟须寻求有针对性的解决方法以保障被害人权益。

例如，山东省博发油脂有限公司法定代表人郭某安在未经银行业监督管理部门批准，不具备吸收公众存款资格的情况下，于2012年4月和2013年2月先后在广州市成立山东省博发油脂有限公司广东分公司等两间公司，以高额利息回报为诱饵，采用派发传单、打电话的方式吸引社会不特定公众投资两公司。2012年3月至2015年5月间，共吸收被害人周某玲、黄某钦等借款1.3万次，金额为6.6亿元。据了解，报案的被害人为600余人。2014年9月25日，广州天河警方接受害者报警，迅速地控制了位于广州CBD的深圳某基金管理有限公司广州分公司财务电脑。经警方调查，2011年，原广州市某银行工作人员卢某（男，45岁，广州市人，深圳某基金管理有限公司法人、总经理）在深圳市注册成立"某基金管理有限公司"。卢某先后代理发行数个基金理财产品，并拉拢杨某等一批原银行工作人员到其麾下效

---

① 蒋萌. 关于涉众型经济犯罪"受害者"身份认定问题的探析. 山东审判，2016，32（5）：61-64.

力。卢某伙同杨某等人打造一个专门瞄向高端投资客户钱包的"进取九号私募基金"项目,吹嘘该项目有价值高达 3 亿余元的土地、物业作为抵押,同时许诺投资人每投资 100 万元以上 3~24 个月可对应获得 6.5%~14% 的年化收益。为募集更多的资金,该犯罪团伙不惜开出每笔 2%~2.5% 的高额提成,卢某等人累计募集资金高达 6 亿余元,累计拉进来的投资人数也多达 600 余人。

此外,还有依被害后果的承担方式,分为直接被害人与间接被害人。直接被害人是学科研究的重点,而间接被害人同样不应忽视。有的以侵害的目的物分为人身健康和生命受损害、性权利受损害、财产受损害三大类,这种分类与不同犯罪行为的被害人的分类是同类中的不同研究角度。还有的从被害人心理特征进行分类,有心理特征正常被害人、有心理弱点的被害人和虚假被害人等。① 值得注意的是,从侦查的角度可以将被害人分为知名被害人和不知名被害人。

对被害人的分类,既有助于对被害人深入研究,目的在于探求被害原因,确定侵害人、被害人双方责任的大小、过错的程度,以利于公正审判,定罪量刑,保证公正执法,也可为预防犯罪与被害提供方法依据,同时还能为被害人学分支学科的创立奠定坚实的基础。

第三节
被害人与犯罪人的互动

近年来,犯罪人与被害人的关系越来越受到学者们的关注,犯罪人与被害人的关系,主要表现在:一方面,加害人与被害人是刑事上的对立者,

---

① 任克勤. 被害人心理学. 警官教育出版社,1997:5-6.

这是普遍性观点；另一方面，加害人与被害人的相互关系在一定条件下也可以互相转化，即存在一种"被害人化"问题。被害人在犯罪的产生、进程和发展中扮演着重要的角色。在犯罪发生过程中，被害人对犯罪有着重要的制约或推动作用。

一、犯罪与被害的对立统一

20世纪40年代初有关学者提出了加害人与被害人的关系。被害人学的创始人之一汉斯·冯·亨蒂格认为，被害人"影响和塑造了"他的罪犯，"犯罪人和被害人之间确实存在着互动关系，互为诱因"。①他认为，"在大多数情况下，犯罪都是对另一个人造成了伤害。除了直接针对假定的被害人，假如国家、秩序、健康等的重罪之外，总是存在着犯罪人和被害人两方"。②这种互动论的观点已经为很多人所接受，有的学者甚至将被害人提到了更高的地位，如世界被害人学会首任主席、德国著名犯罪学家汉斯·约阿希姆·施奈德曾经提出了一个命题："无被害人即无犯罪。"③这个命题是从被害人的角度提出的，是对无犯罪人就无被害人的命题的反证。实际上，二者是互为因果的。这个命题侧重于强调从被害人方面来预防犯罪行为的发生，即从被害人方面完全杜绝犯罪人实施犯罪的可能性，那么犯罪人也就不存在了。在这种情形下，犯罪人的存在也就失去了前提条件；反之，也是一样。

（一）被害前加害人与被害人的关系

在这个层面上，我们可以把社会中所有人分为三大类：

第一类是犯罪人群和潜在犯罪人群。在这个人群中情况有所不同：一是有些是有犯罪记录的，他们曾受过刑事处罚，其中一部分人已改过，

---

① 汉斯·冯·亨蒂格. 犯罪人及其被害人（英文版）. 1948：383.
② 同上.
③ [德]汉斯·约阿希姆·施奈德. 国际范围内的被害人. 许章润，等译. 中国人民公安大学出版社，1992：4.

不再犯罪，并已开始融入正常的社会生活之中，但是还有一些人不思悔改，还在继续从事各种犯罪；二是有些不止一次地犯罪，但未被发现，而且还在继续的；三是游走在犯罪边缘的；四是已卷入纷争，有可能采取非法手段来解决矛盾的。

第二类是被害人群和潜在被害人群。所谓被害人群，是指已经受过各种犯罪行为侵害的众多人。所谓潜在的被害人，是指虽然尚未受到犯罪行为的侵害，但其所处的地位和状态及其某些作为极有可能受犯罪行为侵害的人。具体而言，潜在的被害人的自身因素可归纳为以下三类：状态性的被害因素，是指被害人的个人素质、自然特征、日常活动，如被害人的年龄、性别、财产、独处等；行为性的被害因素，这是由于被害人自己的行为造成的，如轻浮、暴虐、道德败坏等；心理性的被害因素，如被害人贪图小便宜导致受骗等。

第三类是处于正常生活状态的人，也就是除上述两类人之外的其他所有人。

(二) 被害发生时加害人与被害人的关系

第一，绝大多数被害人是无辜被害的，即被害人只是在加害人实施犯罪行为，并使其合法权益受到侵害时，才与加害人有了相互之间的联系和侵害与被侵害的关系。

第二，有些被害人是有因被害的。也就是说，他们的被害是一定的主客观原因及其他各种原因互相作用的结果。

第三，有些被害人是有罪被害人。他与加害人的关系是由于他首先实施了加害行为，被加害的人反抗后，发生了被害与加害的角色转换。

第四，有少数被害人与加害人的关系是执法者与犯罪人的关系。

第五，有一些被害人与加害人的关系是"黑吃黑"的关系，即被害人和加害人都是犯罪人。

(三) 被害后加害人与被害人的关系

被害人被害后与加害人的关系是指在犯罪行为发生后被害人所采取的与犯罪人相关的态度与措施，以及犯罪人对之的反应。大量实例证明，在许多犯罪案件中，加害人的犯罪行为深受被害人的影响。尤其是在暴力、杀人、盗窃、强奸、诈骗等犯罪中，被害人的心理、言辞、行为等因素与加害人犯罪行为的实施关系颇大。从一定意义上说，被害人激发或促进了加害人犯罪动机的形成，并助成了犯罪行为的实施。犯罪与被害是对立统一关系，是一对矛盾体，二者相互依存、相互制约。

二、犯罪人与被害人的互动模式

被害人学的创始人之一汉斯·冯·亨蒂格指出，被害人"影响和塑造了他的罪犯"，犯罪人与被害人之间确实存在着互动关系，互为诱因。门德尔松将被害人与犯罪人的关系称为"伙伴"关系，提出了著名的"刑事伙伴"或"犯罪搭档"范畴。这种观点已在世界范围内被广泛接受，但被害人在互动关系中如何被害，除了犯罪人和被害人本身的特征和特殊性外，还与社会环境、被害时的具体时空等条件有密切联系。有学者认为，加害人的加害与被害人的被害并不总是同步发生的事情，被害人被害的实现有其相对独立的演变规律。因此，对于被害人的被害不能简单地作为加害的"伴生现象"加以解释，有必要探寻经典犯罪原因理论中针对被害人被害现象的阐释意义和价值。[1] 被害人与犯罪人之间的关系是一种互相影响、彼此作用的互动关系。"所谓被害人与犯罪人的互动模式，是指被害人与犯罪人各自以其被害原因和加害原因为作用力，相互影响、彼此互动，对推动互动进程共同发挥作用的模式。"[2] 从犯罪与被害的实际情况来看，被害人与犯罪人的具体互动形态可分为几种基本类型。[3] 根据这些条件和联系，可以将被害人与犯罪人的

---

[1] 赵国玲.预防青少年网络被害的教育对策研究.北京大学出版社，2010：237-238.
[2] 张绍彦.犯罪学.社会科学文献出版社，2004：107.
[3] 前三种互动模式，源自美国犯罪学家玛丽·C.森斯托克，杰西·利昂：老年犯罪被害人：被害人学理论的修正、完善。转引自[德]汉斯·约阿希姆·施奈德.国际范围内的被害人.许章润，等译.中国人民公安大学出版社，1992：99-101.

互动过程分为以下五种模式。

（一）可利用的被害人模式

可利用的被害人模式，双方没有长时间的互动关系，被害人是完全被动的，几乎是在无意识的状态下受到犯罪侵害的。由于被害人的人格特征、行为方式、家庭资产和相貌打扮等诱发性特征，被犯罪人所利用，导致自己在无意识下被害。老年被害人和性犯罪被害人中有属于此种模式的。虽然由于被害人的因素诱发、推动或导致犯罪行为的发生，但从整个犯罪原因上，仅属于犯罪条件，而非犯罪原因。不是被害人造就了犯罪人，而是犯罪人造就了被害人。

该种模式又称为"单向利用"模式，即犯罪人单方面地利用被害人某些无意识的易致被害因素实施其犯罪行为的互动模式。也就是说，从犯罪人的视角看，犯罪人认为被害人具有某些可以加以"利用"的特征；或者被害人在自身毫无察觉的情况下实施了使犯罪人感到诱惑的行为。故此，该种模式的最大特点在于被害人无意或根本没有意识到自己行为的诱惑性或过失性，在一种自己并不自省的情况下被犯罪人利用而成为被害人。

可利用的被害人模式又可分为两种互动基本形态。

第一，被害人没有实施任何具有引诱、刺激、暗示性质的行为，仅是由于自身的生理、社会等因素导致遭受犯罪侵害。

第二，被害人的行为或举动在客观上可能刺激、引诱、催化了犯罪人的犯罪心理，而被害人在主观上根本毫无引诱和刺激对方的意欲，被害人也对此毫不知情。实际上，犯罪人能够感受和了解到被害人无意识行为产生的犯罪"可利用性"，这是犯罪人利用被害人，也是犯罪人与被害人之间的一种社会互动。例如，集资诈骗犯罪要得逞，离不开犯罪者与受害者的互动，而且这种互动作为，是出于受害者的自主决定和自愿自为；否则，犯罪嫌疑人在刑法上所犯的，就不是集资诈骗罪，而可能是抢夺罪、侵占罪、敲诈勒索罪等犯罪。

"社会互动是指社会上个人与个人、个人与群体、群体与群体之间通过信息的传播而发生的相互依赖性的社会交往活动。人与人之间的互动是以信息传播为基础的。"① 在一些特定的情况下，被害人虽然没有明显的意图引发犯罪人的犯罪意愿，但是行为人在客观上的行为方式可能会给一些犯罪人特别是正在寻求某种机会的犯罪人一种刺激，所以在某种特定的情形下，被害的可能性会明显增加。

（二）冲突模式

冲突模式是指被害人与犯罪人之间长期积累的社会互动的有利与不利因素都达到冲突临界点，容易产生角色易位现象，并不断发展成为一方最终成为被害人的社会互动过程。② 现实生活中家庭暴力所引发的犯罪就属于这种情况。应该说，在冲突模式之下，被害人与犯罪人之间冲突的原因是他们彼此之间在生活中长期往来，并由此酝酿和积累了矛盾和纠纷，犯罪往往是犯罪人与被害人之间矛盾和纠纷尖锐化和极端化的表现。加害人与被害人之间有着长时间的互动关系，一方侵害，另一方被害，但角色常常互动。"在真正的冲突模式中，罪犯与被害人之间常常互换角色，被害人有时扮演了犯罪的角色；反之亦然。双方既是被害人，又是犯罪人。因此，要分清这类关系中的责任，即便可能，也困难重重。而且，试图通过追溯过去来推定谁首先实施了推动行为，也是徒劳无益的。"在此模式中，被害人的过错程度也相应较大。

有一些国外的学者曾经对冲突模式下犯罪人和被害人之间的心理关系进行考察，他们考察的结果认为，具有特定亲密关系的人之间的心理关系往往表现出特定的心理趋向，"爱之深，恨之切"，当两个人比较好的时候可能达到一种亲密无间的程度，一旦反目所表现出来的那种仇恨、那种报复心理可能也非常明确，所以在夫妻、情人之间和家庭的相关人之间类似的案件应该说占有相当比例，故而冲突模式也是犯罪人和被害人之间一种比较典型的互动模式。

---

① 郑杭生.社会学概论新修.中国人民大学出版社，1998：163.
② 黄富源，范国勇，张平吾.犯罪学概论.台湾"中央警察大学"印行，2006：446.

（三）被害人催化模式

被害人催化模式又称"单向诱发"模式、"被害人推动"模式。在该种模式中，被害人因实施了某种行为而促使、引诱、暗示或激惹犯罪人实施了针对自己的犯罪行为，而使自己成为被害人。犯罪行为不过是对被害人"催化""刺激"或"推动"行为的一种还击或过当反应，其发生恰好是被害人的此类行为在当时条件下合乎规律的结果。被害人的"催化"行为包括引诱、暗示、挑衅、激惹甚或加害对方等。总之，这是属于足以刺激对方不适当地采用侵害行为作为反应的行为。①

由于被害人先前存在具有一定伦理、道德责任或法律责任的不道德的言行或不法的挑衅行为，犯罪人本是正常的社会心理从而逐渐演变为犯罪心理，诱使其用犯罪行为进行反击。被害人的言行在这个互动过程中起着不断推动和强化犯罪人犯罪动机并实施犯罪行为的作用。此模式的犯罪人主观恶性较上述第一种模式犯罪人的主观恶性要小，被害人往往有过错，具有可责性。

可以说，"被害人催化"或"被害人推动"（Victim Precipitation）范畴是由马文·E.沃尔夫冈教授在 *Patterns in Criminal Homicide* 一书中提出来的，以取代含义较为狭窄的"被害人挑衅"（Victim Provocation）范畴，并为学界所广泛采用。根据"被害人推动"这一范畴，在许多案件中，被害人是犯罪行为的主要促成者，一个犯罪行为的直接、积极的推动者。或者说，被害人促成了犯罪，引发了犯罪，推动了犯罪，激发了犯罪。至少可以说，被害人的行为能够被犯罪人理解或者误解为对于犯罪行为的赞成或者准允。② 现实生活中有很多被害人在被害发生的过程中均起到了一定的催化和刺激作用，如流连酒吧、夜店等娱乐场所的女性，服饰暴露、性格过分开放，在一定程度上对犯罪人起到了性诱惑的作用；在一些侵财犯罪中，被害人无意之中炫耀财富和出手阔绰；在伤害案中，被害人出言不慎，在一定程度上也诱

---

① 许章润.犯罪学.法律出版社，2004：153.
② ［德］汉斯·约阿希姆·施奈德.国际范围内的被害人.许章润，等译.中国人民公安大学出版社，1992：434.

惑和刺激了潜在犯罪人。有些特定的情况下被害人往往表现出首先拔刀相向，或者首先采用武力，或在愤怒的情况下谩骂、攻击，这些都可能使犯罪向恶性方向发展。

（四）犯罪人主动进攻模式

在一些犯罪与被害中，常常是犯罪人有预谋、有计划、有目的地对被害人进行侵害。此种模式，被害人常以无辜的被害人居多。

（五）被害人承诺模式

"安乐死"问题，就属于被害人承诺的损害之一。强奸不满14周岁的幼女，即使得到被害人的承诺，亦不影响该行为成立强奸幼女罪。由此可见，基于被害人承诺的行为并非完全是成为刑事违法性的阻却事由。

从上述加害人与被害人的互动模式可以看出，被害人不仅仅是消极客体，而应该将加害人与被害人两方面都是互为客体而行动着，被害与犯罪不能简单地被看作一种静止的量，犯罪化过程（变为犯罪人）和被害化过程（变为被害人），是作为相互作用的过程进行研究的。从互动的模式中，我们能感受到被害人的因素对犯罪发生所起的重要作用。透过被害人与加害人的关系，我们认识到如果被害人具有一定的防范意识，保持足够的警惕性，犯罪或许不会发生，某人也许就不会成为被害人。[①]

三、斯德哥尔摩模式

这一模式源起于1973年瑞典首都斯德哥尔摩发生的一起银行抢劫案。在这起抢劫案中，两名恐怖分子将银行部分雇员扣押在银行金库内，令人惊讶的是人质中有一名女性竟然与一名恐怖分子产生了爱情。此后，这种被害人与加害者之间由开始的敌对、冲突转为彼此赞赏和喜爱的情感，并结成友好关系的情况，被称为"斯德哥尔摩综合征"，又称为"斯德哥尔摩效应"。

---

① 张旭.漫谈犯罪被害防范.山东警察学院学报，2010（4）.

(一)斯德哥尔摩模式的含义

斯德哥尔摩模式是指被害人基于生命、安全、前途、声誉等方面的严重威胁而出现了创伤性的心理倒退,从而使其与犯罪人之间的关系由敌对转为融洽的一种"不打不成交"的特殊的作用模式,又称"变敌对为融洽"模式。[①] 这是犯罪被害者对于犯罪者产生情感,甚至反过来帮助犯罪者的一种情结。这个情感造成被害人对加害人产生好感、依赖,甚至协助加害人。斯德哥尔摩综合征,是指犯罪的被害者对于犯罪者产生情感,甚至反过来帮助犯罪者的一种情结。美国历史上有一个非常有名的事件,年仅 26 岁,美貌如花的阿弗顿·伯顿疯狂迷恋"最臭名昭著的连环杀手"80 岁的查尔斯·曼森,并且在监狱中与后者举办了婚礼,正式结为夫妻。

西方心理学家认为,人质等被害人会对劫持者产生一种心理上的依赖感。他们的生死操在劫持者手里,劫持者让他们活下来,他们便不胜感激。他们与劫持者共命运,把劫持者的前途当成自己的前途,把劫持者的安危视为自己的安危。同时,人性能承受的恐惧有一条脆弱的底线。当人遇上了一个疯狂的杀手,杀手不讲理,随时要他的命,人质就会把生命权渐渐托付给这个歹徒。时间拖久了,人质吃一口饭、喝一口水、每一呼吸,他自己都会觉得是恐怖分子对他的宽忍和慈悲。对于绑架自己的暴徒,人质的恐惧会先转化为对他的感激,然后变为一种崇拜,最后人质也下意识地以为绑匪的安全就是自己的安全。这种屈服于暴虐的弱点,就叫"斯德哥尔摩精神症候群"。国外学者认为斯德哥尔摩综合征的形成条件在于:

第一,人质必须真正感到绑匪(加害者)威胁到自己的存活;

第二,在遭挟持过程中,人质必须体认出绑匪(加害者)可能略施小惠的举动;

第三,除了绑匪的单一看法之外,人质必须与所有其他观点隔离(通常得不到外界的信息);

第四,人质必须相信,要脱逃是不可能的。

[①] 张绍彦. 犯罪学. 社会科学文献出版社,2004:107-108.

（二）斯德哥尔摩综合征经历的历程

通常，斯德哥尔摩综合征会经历以下四大历程：

（1）恐惧：因为突如其来的胁迫与威吓导致现况改变。

（2）害怕：笼罩在不安的环境中，身心皆受威胁。

（3）同情：和挟持者长期相处体认到对方不得已而为，且并未受到"直接"伤害。

（4）帮助：给予挟持者无形帮助，如配合、不逃脱、安抚等；或有形帮助，如协助逃脱、向警察说情、一起逃亡等。

斯德哥尔摩综合征是存在的，并且可以由大量的案例证实，目前研究表明8%的人质可能出现斯德哥尔摩综合征。广义上的斯德哥尔摩综合征不单存在于绑架事件中，通常只要双方之间只要存在不平等的权利关系，在满足一定的条件下都有可能对主导者产生认同体验，如人质对于绑匪、遭受暴力的妻子对丈夫的认同，这些现象都可以认为是斯德哥尔摩综合征。对于绑匪和人质之间，当满足一定条件后，人质求生的动机会大于一切，包括对控制者的憎恨。为了取悦控制者，受害人往往会对其喜怒哀乐高度配合，结果往往出现受害者关心控制者高过了关心他自己。而对于遭受暴力的妻子与丈夫而言，施暴人往往会对受害人进行大量的负面评价，当这种负面评价听得多了，它就成了一种"被强加的自我定义"。逐渐地，妻子会认同丈夫对她的评价，她完全以从丈夫那里得到的爱的数量来评价自己。在她看来，丈夫是一位公正的评判者。她做的每一件事情都是为了吸引丈夫的目光，赢得丈夫的爱。如果丈夫实施了暴力，她认为是自己的失败。

斯德哥尔摩综合征不仅体现在单个的被害人身上，而且还渗透、影响特定的被害人群体，如特殊被害人群体、邪教群众等。他们多数过着群居生活（现在也有散居的，但是思想受到严格控制），许多人将自己的所有财产捐出，带领一家加入了邪教。许多人每天劳动十几个小时，超出了常人所能忍受的限度，由此陷入精神痴迷状态。作为一种特殊的被害人群体，邪教群众深受斯德哥尔摩综合征的影响和控制。在传销案件中，许多深陷其中的参与者，同样也是受斯德哥尔摩综合征的影响和控制。

例如，著名的洛阳地窖"性奴案"。2011年9月初，河南洛阳警方破获一起发生在地下4米深处的案件。河南南阳新野县人李某在长达两年的时间里，瞒着妻子秘密在外购置一处地下室，耗时1年开挖地窖并将6名歌厅女子诱骗至此囚禁为性奴。该案因一女子的举报电话而告破。洛阳警方从地窖中成功解救出4名歌厅女，同时还找到两具尸体。据洛阳警方介绍，23岁的女子小晴（化名）向当地公安机关报案称，其趁着被强行带出卖淫的机会，刚刚从"大哥"为她构建的一个地窖中逃离。在过去的很长一段时间里，她和另外5名姐妹被诱骗绑架后，沦为"大哥"的性奴。针对这一案件警方出击，解救了小美、丹丹、可可（均为化名）等女子。案发现场位于洛阳市西工区凯旋路附近的一个小区。被囚禁人员成功解救后，警方在9月6日及稍晚的时候，在囚禁女子的地窖中，又陆续挖出两具尸体。按照被解救女子的描述，洛阳市公安局刑事侦查支队很快锁定了洛阳市技术监督局执法大队工作人员李某为重大犯罪嫌疑人。案发仅48小时后，洛阳警方成功将试图外逃的李某抓获。李某祖籍河南南阳市新野县，现年34岁，几年前被安置在洛阳市技术监督局执法大队。经警方调查，李某已婚，且与其妻育有一子。据李某供述，他购置该地下室并开挖隧道、地窖一事，其妻完全不知情。李对其妻谎称，在外面找了一份"帮人看大门"的兼职工作。因此，每个月中，李某可以有近半个月时间与"妹妹"们在一起，而无须回家。李某在长达两年的时间里，以"包夜外出"为名，分别从洛阳市不同的夜总会、KTV诱骗了6名女子到洛阳市西工区凯旋路附近的小区。将这些女子绑架，并带到事先挖好的地窖中，长期囚禁，且进行性侵害直至发展到组织卖淫牟利。警方侦查后得知，被囚女子相互妒忌争风吃醋引发血案。李某在将6名女子诱骗、囚禁之后，强行与这些女子发生性关系，且平时对这些女孩"调教有方"，女子们不仅毫无反抗之意，反而相互妒忌。大约1年前的一个晚上，其中一名女子与另一被囚女子因争风吃醋发生打斗。李某协助后者将前者打死之后，将尸体就地掩埋。在此之前，为了"杀一儆百"，李某将一名"不听话"的女子芳芳（化名）打死后，也掩埋在女子们居住的"房间"角落里。民警在对被解救女子询问时发现，她们对被囚禁期间的描述反映出，李某对这些女子"照顾有加"。直至见到民警之前，这些女子甚至"忘记了恨"。最让民警们不能理解的是，被解救女子中，竟然有人在民警调查过程中试图袒护李某。事实上,全球各地"性奴案"屡屡见诸网络,可谓层出不穷,即便是在美国,类似的报道也不绝于报端,如美国加利福尼亚州安蒂俄克市58岁假释强奸犯绑架11岁少女,并逼其当了18年性奴的案件曝光后,变态色魔银铛入狱,此案曝光后震惊了整个美国。

(三)斯德哥尔摩综合征的学理解释

目前对斯德哥尔摩综合征的解释有替代性解释的说法。认知失调理论是在个体内层次上探求人内在的心理动因,而社会认同论则从群际互动中寻找事物产生和发展的动力机制。

1.认知失调理论。这是费斯廷格在1957年的《认知失调论》一书中提出的,认知失调论的基本要义为,当个体面对新情境,必须表示自身的态度时,个体在心理上将出现新认知(新的理解)与旧认知(旧的信念)相互冲突的状况,为了消除此种因为不一致而带来的紧张不适感,个体在心理上倾向于采用两种方式进行自我调适,其一为对于新认知予以否认;其二为寻求更多新认知的信息,提升新认知的可信度,借以彻底取代旧认知,从而获得心理平衡。该理论在性质上为解释个体内在动机的主要理论,故而被广泛用以解释个体态度改变的重要依据,认知失调论是动力心理学的一种新的观点。它假定,人有一种保持认知一致性的趋向。在现实社会中,不一致的、相互矛盾的事物处处可见,但外部的不一致并不一定导致内部的不一致,因为人可以把这些不一致的事物理性化,而达到心理或认知的一致。但是倘若人不能达到这一点,也就达不到认知的一致性,心理上就会产生痛苦的体验。简单来说,认知失调指逻辑上的不一致和态度行为上的不一致,减少失调可通过三种方式:① 改变自己对行为的认知;② 改变自己的行为;③ 改变自己对行为结果的认识。

当个体的自我感(Sense of Self)与他的行为之间存在着差距时,失调体验就会产生。人们一贯追求的是这样三种自我感知:一致、稳定和可预测性的自我感知,对自身才能的感知(即认为自己是聪明、能干的),最后是道德良善的感知。如果个体做了使自身感到震惊的事情(不符合一致性的感知),愚蠢的事情(不符合才能的感知),或者引发罪恶感的事情

（有悖于德行高尚的感知），就会产生失调体验，这种体验作为一种动力驱使个体采取行为降低失调感。因此，认知失调不是指我相信"×"，但是我说的却是"非×"，而是指我认为自己是道德高尚的人，却发现自己对另一个人说谎，这会使我有罪恶感，所以我会尽力让自己相信我说的话是真实的。或者是我克服重重困难竟然参加的是一个如此乏味的讨论，这是蠢人的行为，与聪明能干的自我感知不协调，为了扭转这种不协调，我会让自己相信这其实是一个很有趣的讨论。个体在一件事情上投入得越多，他就越相信这件事情是有意义的。无论是人质、犯人、受暴妇女还是极端教派的成员，他们在与控制者之间的关系中有多方面的投入，如情感投入、社会性投入、生活方式的投入。受害者在这种关系中的投入如此刻骨铭心，甚至改变了他们整个人生。如果受害者认为控制者是恶人，是令人憎恨的，那就意味着这些年来他们在一件无意义的事情上倾其所有（挑战了关于自身才能的感知），也意味着他们竟然和恶人维持着暧昧的关系（挑战道德良善的感知）。当个体感觉自己很愚蠢或者有负罪感时，就会体验到失调。为了避免失调产生的冲击，受害者宁愿相信控制者其实是个好人。他们只是因为心情不好才打了我（受害的妻子会这样想），或者是他们的经历悲惨，让人同情，是我们丑陋的社会对不起他们（人质会这样想）。

2. 社会认同论。按照杰克逊和史密斯的说法，社会认同最好从四个方面进行概念化，对社会团体间情境的觉察、内聚力、相倚信念，以及人格解体。社会认同在社会团体间的关系中所起的作用取决于哪一方面在起作用。杰克逊和史密斯指出在这四方面中含有两种基本的社会认同类型：安全和不安全。当群体内有很高的安全认同时，群体内的个体倾向于对群体外个体作出更好的评价，在比较群体内外的个体时偏见会少一点，同时不大可能信奉内群同质性；相反，比较高的不安全认同则与以下表现联系在一起：对内群有非常正性的评价，在比较内群和外群时会有更多的偏见，更多地感觉到内群同质性，如在绑匪与人质之间存在着很强的相互依赖。绑匪知道，如果没有人质，官方就会毫不犹豫地以暴力手段结束这种僵局；同时，人质也非常清楚，他们的性命完全掌握在绑匪手中。双方都依赖对方获得生存的机会，因为这意味着，无论是人质还是绑匪都要继续他们现在的境况，两者的利益都系于警察。人质与绑匪成为同一条船上的人,警察是他们共同的"敌人"。无论何时当我们认为自己隶属于某一群体时,就会产生对这一群体的认同。简言之,当人质将自身与绑匪感知为"我们"群体时,他不但会认同这一群体,而且对这一群体也会产生较高的评价,而作为外群体的警察则遭到人质的抗拒。人质即使在获释以后对绑匪的认同,以及对警察的敌意仍旧会存在,所以他们会提供给警察错误的信息,并且拒绝出庭指证绑匪。

因此,斯德哥尔摩综合征是真实存在的,正因为受害人处在那一种权利不平等的环境下,导致受害人产生了一系列病态的心理变化,进而产生了斯德哥尔摩综合征。

四、犯罪人与被害人的角色互换

被害人转化为犯罪人,是被害人被害后与加害人的关系极端形式。也有的称之为"被害人异化",它是被害人与犯罪人关系产生的质的改变,而质的变化,在时间上并无特定的界限,过程既可以是急速外显的,也可以是徐缓内隐的。按转化不同的内在原因,可将其分为四种基本类型。

(一)报复型

被害人出于报复的目的而实施加害行为。被害人遭到了侵害,被害意识的形成,或者说是被害人意识到自己被害之后,将会产生一种悲伤、痛苦、愤怒的情绪。而犯罪正是加害人对被害人实施的一种严重侵权活动,它给被害人造成一种身体或财产受损的局面,从而引发被害人产生一种痛苦的、愤恨的消极情绪。在对赔偿的问题不抱有希望的前提下,心理自然就会产生一种报复的念头,导致报复行为。

从其加害行为的时间上看,后者明显是在前者的加害行为之后;从地点看,可能是在原现场,也可能是重新选择地方;从行为的性质看,后者也是触犯刑律并应当受到刑罚处罚的行为;从其主观上看,是故意;从客观上看,其行为具有严重的社会危害性。

报复行为往往有长久性的特点。报复行动一旦发生,之前的犯罪人与被害人的角色就发生了转换或改变,这种角色的转换是有时间之分的。报复的犯罪角色转换往往是中长期的转换过程,这是由报复型犯罪的特点决定的。因此,报复型的角色转换,是原来的被害人被害以后,有预谋、有准备地对加害人实施的复仇行为,由此使原来的加害人变为被害人的过程。报复型的角色转换,双方既是被害人,又是加害人。这类被害人和加害人都是有罪的。虽然可以称他们为"被害人",实际上他们是犯罪人。

(二)防卫过当型

被害人防卫过当成为加害人。当被害人受到侵害时,本能的反应会促使他们去反抗以防止或减少受伤的程度。被害人处于危险的时候做出的反抗往往是惊人的,无论是力量或者是技能都比平时高,尤其是在生命遭到威胁的时候。被害人为了保护自己的人身或财产的安全,想尽一切办法来制止侵害,在这个时候意识上没有顾及太多,目的就是制止犯罪,这样就难免会出现防卫过当的现象,有可能犯罪的程度不是很严重,但却由于防卫过当而造成犯罪人的死亡。犯罪人与被害人的角色即时发生转换,犯罪人成为被害人,而被害人也因为一时的过失成了犯罪人,但是主要的责任还是归于之前的犯罪人实施的犯罪行为。因为自己的正当防卫行为明显超过必要限度而由被害人转化为加害人,但又不同于原来故意实施侵害行为的加害人。原来的加害人变为被害人在道义上属于咎由自取,而在法律上却是被害人。虽然按照刑法有关规定,对防卫过当者要追究刑事责任,但在量刑时,一般可以减轻或免除其刑罚。

对于被害人有责任的犯罪行为,法律虽然没有明文规定可以作为量刑的情节,但是1999年最高人民法院的《全国法院维护农村稳定刑事审判工作座谈会纪要》显示出将"被害人过错"与法定从轻处罚情节等量齐观的观点,很快被各级法院作为酌定量刑情节运用,且不局限于上述两类罪名和判处死刑的案件。

(三)未遂或中止型

这种情况一般发生在强奸、抢劫等案件中,犯罪人在停止侵害时受到被害人的暴力或工具的伤害，造成最初的犯罪人转换成被害人，而最初的被害人就成了犯罪人，这也是一种即时转换的情况，两者的角色一瞬间就转换了。最初的犯罪人有可能在实施犯罪之前良心发现，中止了犯罪侵害，而且实际上也没有对当事人造成任何损失的情况下，最初的被害人出于激愤的心情而教训犯罪人，一旦出手不慎，就会造成对方伤亡，两者角色就此转换。

（四）仿效型

仿效是被害人对犯罪行为产生认同，继而模仿实施的过程。仿效是在被害人对犯罪行为产生认同感的基础上出现的，具有不良个性倾向的人被害后出现仿效行为。不良个性倾向是推动其意识选择性畸形发展，产生模仿犯罪行为的内在动因。近几年，传销行为屡禁不止，也有这些因素的影响。有些人被骗入传销组织，于是如法炮制，把所熟识的朋友也骗入传销。

犯罪人与被害人的角色转换是一个过程，也是一种形态。犯罪人的角色与被害人的角色的特点决定了角色转换的过程。犯罪人与被害人的角色转换有正向和逆向之分。分清犯罪人和被害人的初始角色和最后角色，对处罚量刑有重要意义。

五、犯罪人与被害人角色互换之相关因素

犯罪与被害现象是被害人与犯罪人互动的结果。

（一）发生过程

以被害现象的发生过程为依据，被害人与犯罪人的互动关系表现为被害前、被害中和被害后的关系。

1. 被害前的关系。它包括二者是否相识，相识的程度、时间和关系性质。一是犯罪人与被害人不相识的关系；二是犯罪人与被害人相识不相知的关系；三是犯罪人与被害人相识又相知的关系；四是犯罪人与被害人有亲缘或婚姻关系。

2. 被害中的关系。它主要表现为犯罪行为发生过程中被害人对犯罪的反

应,以及犯罪人的行为基于被害人的反应而发生的变化。

3. 被害后的关系。这是指在犯罪行为发生后被害人所采取的与犯罪人相关的态度与措施,以及犯罪人对之的反应。

(二)相关因素

在这个过程中,同被害人相关的各种因素对转换行为的制约或推动就起着很大的作用。

1. 价值观对被害人的主导作用。价值观、人生观是人们行为的引导,正确的价值观和人生观使人趋善,行为合乎人们道德观,合乎法律;反之,不科学的价值观和人生观将人导向社会利益的对立面,行为往往超乎道德准则,乃至违法犯罪。

2. 犯罪人对被害人威胁的直接作用。被害人在被害后迫于犯罪人的威胁成为犯罪人的同伙参与犯罪。典型的例子是在拐卖妇女案件中被拐卖妇女被犯罪人强奸威胁后,加入犯罪团伙实施犯罪行为。在这种情况下,原来的被害人必须承担其转换为犯罪人之后所犯罪行的责任。

3. 媒体传播与社会舆论对被害人转换的催化作用。在有的情况下,各种社会舆论对被害人转换往往也发挥催化剂的作用。例如,美国 NBA 球星科比性侵犯案中,最终由于女原告不愿在正式庭审阶段出庭作证,科比逃脱了法律的制裁。而引发原告撤诉的直接起因是一份对原告合法权益"极端有害"的文件被法院工作人员"不小心"传到各大媒体的手中,科比的律师团也公布了她的名字,而媒体也进行了大肆宣扬,这些都对原告带来了巨大的伤害,她甚至因此受到死亡威胁,而这些精神上的伤害和难以承受的压力,使她最终决定不再出庭作证。法庭的失误和媒体的"逐猎"行为最终成全了科比逃脱法网。

曾在国内引起很大震动的新疆生产建设兵团 144 团蒋某珍杀人案就属此类。蒋某珍杀人前受到的侮辱、诬陷,显然是一种侵犯行为。而对于被害者来说,这无疑是受到了严重的"二次被害"并且无处申诉,假如处在如此情形下,有的被害人则会对加害人实施复仇。

六、被害人的特殊防卫权

犯罪人对被害人的互动关系更为经典地体现在特殊防卫权上。二者的转化关系极为明显。从特殊防卫权设定，其实质是犯罪人对被害人的互动关系、权利义务关系的定位。根据我国《刑法》第 20 条第 3 款的规定，特殊防卫权是指防卫人为了使国家、公共利益，本人或者他人的人身权利免受正在进行的行凶、杀人、抢劫、强奸、绑架，以及其他严重危及人身安全的暴力犯罪的不法侵害，对不法侵害者实施即使是造成不法暴力侵害者伤亡后果的损害行为，而享受不负任何刑事责任的一种权利。特殊防卫权具有以下三个特征：

（一）法定性

特殊防卫权基于法律的规定而享有，具有目的的正当性与行为的防卫性相一致的特性。保护某些正在遭受不法侵害的被害人，这是特殊防卫权的最本质特征。

（二）加害性

特殊防卫权采取的反击特定暴力犯罪的行为是以损害不法暴力侵害人的人身或财产等权益为内容，以暴力手段为主要方法，具有加害性特征。

（三）不可罚性

特殊防卫权体现了社会政治评价和法律评价的有机统一，具有不可罚性。

从主观上看，特殊防卫权的行使是防卫人面临暴力犯罪的不法侵害出于保护合法权益的目的，被迫采取反击的一种防卫行为，行为人（即防卫权利主体）不具有危害社会的主观罪过形式，他积极行使法律赋予的权利，显然没有主观恶性。从客观上看，正当防卫行为是与违法犯罪作斗争，而特殊防卫权的行使是针对某些特定暴力犯罪的。

特殊防卫权的三个特征是有机统一的，缺少其中任何一项都不是特殊防卫行为。同时，要防止由于不正确理解，导致滥用特殊防卫权的情形发生，而使加害人与被害人之间的角色发生互换，即加害人变成被害人，被害人变成加害人。以下是一个先是被害人后变成加害人的经典案例：

某年1月上旬，王某友等人在叶某朝开设的饭店吃饭后未付钱。数天后，王某友等人路过叶的饭店时，叶向其催讨所欠饭款，王认为有损其声誉，于同月20日晚纠集郑某伟等人到该店滋事，叶持刀反抗，王等人随即逃离。次日晚6时许，王某友、郑某伟纠集王某明、卢某国、柯某鹏等人又到叶的饭店滋事，以言语威胁，要叶请客了事。叶不从，王某友即从郑某伟处取过东洋刀往叶的左臂及头部各砍一刀。叶拔出自备的尖刀还击，在店门口刺中王某友胸部一刀后，冲出门外侧身将王抱住，两人互相扭打砍刺。在旁的郑某伟见状即拿起旁边的一张方凳砸向叶的头部，叶转身还击一刀，刺中郑的胸部后又继续与王某友扭打，将王压在地上并夺下王手中的东洋刀。王某友和郑某伟经送医院抢救无效死亡，叶也多处受伤。经法医鉴定，王某友全身八处刀伤，左肺裂引起血气胸、失血性休克死亡；郑某伟系锐器刺戳前胸致右肺贯穿伤、右心耳创裂，引起心包填塞、血气胸而死亡；叶某朝全身多处受伤，其损伤程度属轻伤。台州市路桥区人民法院经审理认为，被告人叶某朝在分别遭到王某友持刀砍、郑某伟用凳砸等不法暴力侵害时，持尖刀还击，刺死王、郑两人，其行为属正当防卫，不负刑事责任，判决被告叶某朝无罪。台州市中级人民法院经审理也认为，叶某朝在遭他人刀砍、凳砸等严重危及自身安全的不法侵害时，奋力自卫还击，虽造成两人死亡，但其行为属正当防卫，依法不负刑事责任。当前，各种暴力犯罪在一些地方较为猖獗，严重危害公民人身安全，也严重破坏了社会治安秩序，《刑法》第20条第3款这一新规定有利于鼓励人民群众同严重危及公民人身安全的暴力犯罪作斗争，弘扬正气，震慑犯罪，这是该款立法目的之所在。该款规定不同于一般的正当防卫，我们称之为"特殊防卫"，有人称其为"无限防卫"。它具有以下特点，特殊防卫的前提必须是严重危及公民人身安全的暴力犯罪。

首先，不法侵害行为是针对人身安全的，即危害公民的生命权、健康权、自由权和性权利，而不是人身之外的财产权利、民主权利等其他合法权益，对其他合法权益的不法侵害行为采取防卫行为的适用一般防卫的规定。这是特殊防卫区别于一般防卫的一个重要特征，如抢夺犯罪行为，所侵犯的客体是财产权利，对抢夺行为进行的防卫则不应当适用特殊防卫。

其次，针对人身安全的不法侵害行为具有暴力性，属于犯罪行为。这与一般防卫的只属不法性侵害有明显不同，如行凶、杀人、抢劫、强奸、绑架行为，均属严重犯罪行为。应当指出的是，对杀人、抢劫、强奸、绑架应作广义的理解，它不仅仅指这四种犯罪行为，也包括以此种暴力性行为为手段，而触犯其他罪名的犯罪行为，如以抢劫为手段的抢劫枪支、弹药、爆炸物行为，以绑架为手段的拐卖妇女、儿童行为。此外，针对人的生命、健康采取放火、爆炸、决水等其他暴力方法实施侵害，也是具有暴力性的侵害行为。

最后，这种不法侵害行为应当达到一定的严重程度。必须是严重危及人身安全，即这种危害有可能造成人身严重伤害，甚至危及生命。对一些充其量只能造成轻伤的轻微暴力侵害，则不能适用特殊防卫。因此，对行凶行为要注意区分危害的严重程度。该款规定的行凶行为仅指严重危及人身安全的非法伤害行为，如使用凶器暴力行凶，有可能致人重伤的伤害行为。根据该款规定，只要符合以上条件，则防卫人采取的防卫手段、造成的结果法律没有限制，即使造成不法侵害人伤亡的，依法也不属防卫过当，不负刑事责任。这是特殊防卫区别于一般防卫在防卫后果上的本质特征。这一规定，是针对这类严重危及人身安全的暴力犯罪具有侵害性质严重、手段凶残的特点作出的。对此类犯罪行为，防卫人往往处于被动、孤立、极为危险的境地，在这种情况下，如对防卫人限制过苛，则难以取得制止犯罪、保护公民人身权利不受侵害的效果，亦不利于鼓励人民群众同犯罪行为作斗争。本案中，叶某朝向王某友追索饭款是合理、合法的行为，王某友吃饭后不但不还欠款，在被合理追索欠款后，还寻衅报复滋事，在本案的起因上负有责任。叶某朝虽准备了尖刀随身携带，但从未主动使用，且其是在王某友等人不甘罢休，还会滋事的情况下，为防身而准备，符合情理，并非准备斗殴。斗殴是一种违法行为，其特征是斗殴参加人互相均有非法伤害的故意，双方均属不法行为。本案中，王某友纠集人员到叶某朝所开设的饭店滋事，并持东洋刀向叶某朝左臂、头部砍击两刀，属严重侵害他人人身安全的行凶行为。叶某朝在被砍两刀后，持尖刀反击，其间，向持凳砸自己的郑某伟反击一刀，并在夺过王某友的东洋刀后，停止了反击的防卫行为。这表明叶某朝是被迫进行防卫，其在防卫的时间、对象上均符合法律的规定。叶某朝在防卫行为开始前和开始后，身受犯罪分子行凶伤害致轻伤，能否认定王某友等人的行为系严重危及人身安全的暴力犯罪？首先，法律并未规定特殊防卫的行为人必须身受重伤、已被抢劫、强奸既遂等才可以进行防卫。因此，叶某朝身受轻伤，只要其受伤情形足以表明对方侵害的严重暴力性质，就符合法律规定。防卫的目的恰恰是使行凶、杀人、抢劫、强奸、绑架等暴力犯罪不能得逞。因此，即使防卫人根本没有受到实际伤害，也不应当影响特殊防卫的成立。本案中王某友等人手持东洋刀，且已砍在防卫人身上，如不对其进行有力的反击，如何制止其犯罪行为？因此，行为人放任，甚至不排除希望将对方刺伤、刺死，在适用本条款规定时，不应成为障碍。因为叶某朝在受到严重人身侵害的情况下进行防卫，是法律允许的，具有正义性，虽造成两人死亡的严重后果，但仍符合《刑法》第20条第3款的规定，故不负刑事责任。毫无疑问，《刑法》第20条第3款是人民群众同严重危害人身安全的犯罪行为作斗争的有力武器。但在实践中，此类案件往往情况复杂、造成的后果严重，因此要注意案件发生的前因后果，把握住正当防卫的正义性这一基本要素，排除防卫挑拨、假想防卫等情况，既要保护人民群众依法维护公民合法权利的行为，又要防止不法之徒假借防卫而犯罪，以体现《刑法》本条款的立法原意。从被害人与加害人转化的关系角度，深刻理解二者的性质。这也正是被害人学的价值所在。

第四节

无被害人犯罪

一般情况下，没有犯罪人就没有被害人，犯罪人与被害人互为存在的前提。但是，在现实生活中，有些犯罪则没有传统意义上的直接被害人或者被害人不明显，如在吸食毒品罪、赌博罪、卖淫罪中，吸食毒品者、赌博者和卖淫者是加害者，却没有对立者。如果再细分析，那么他们本人便是被害人。

也有一些犯罪，其显著特征是行为各方都是自愿同意，甚至是热忱参加的，没有人强迫他们去做他们不愿做的事情，即不存在典型意义上的被害人，这一现状的存在就促使我们思考"无被害人犯罪"问题。王恩海所著《无被害人犯罪研究》[①] 在探讨了无被害人犯罪概念的基础上，重点讨论无被害人犯罪的哲学、刑法学和现实基础，讨论了我国刑法规定的无被害人犯罪的范畴，并就其中有关犯罪非犯罪化的理由和前景进行了论述，由此说明无被害人犯罪客观存在的现象，以期引起刑法学界和实务界的关注和重视。

一、"无被害人犯罪"的基本含义

1965年，美国学者埃德温·舒尔首次提出了"无被害人犯罪"（Victimless Crime，Crimes without Victimless）这一概念，他指出："不论人们是否有强烈的需要，主要成年人之间据其自由意志积极交换的行为，是为了不为社会承认并被法律所禁止买卖的物品或服务，即可构成无被害人犯罪。"所谓无被害人犯罪，是不对法益产生侵害或危险的犯罪，换句话说，就是保护法益不明确的犯罪。[②] 无被害人犯罪其实古已有之，但是作为一个法律概念明确提出却是近些年的事情。无被害人犯罪是指违反宗教或者道德，出于人的本性或者基于行为人的自愿而实施的，没有对刑法所保护的法益产生侵害或威胁的犯罪行为。它包括没有直接被害人、被害人不明显或被害人就是自己的情形。

无被害人犯罪是犯罪学的新课题，而"无犯罪者被害"则是被害人学的新课题。譬如，吸毒行为，是本人自觉的行为。往往是被害人，又造成其他危害及损失。

二、无被害人犯罪的主要类型

无被害人犯罪的认定在不同国家有不同的范围。这主要与不同国家的民

[①] 王恩海. 无被害人犯罪研究. 法律出版社，2009.
[②] [日] 大谷实. 刑事政策学. 黎宏译. 法律出版社，2000：89-90.

主自由程度、文化传统观念等的差异有关。在王恩海所著《无被害人犯罪研究》一书中，分析了部分国家（地区）规定的无被害人犯罪，如堕胎，成年人之间相互同意的性行为，传播淫秽物品、色情文学作品，服用麻醉品（毒品），赌博等。各国常见的无被害人犯罪主要有以下几种：

（1）性相关行为，从广义上说，包括重婚、通奸、同性恋、卖淫、聚众淫乱、婚前性行为及传播淫秽物品、色情文学等；

（2）赌博；

（3）吸食毒品；

（4）安乐死；

（5）自杀；

（6）堕胎；

（7）流浪；

（8）高利贷；

（9）公开酗酒；

（10）偷渡。张昌荣先生认为，按照国际上的惯例，普通的偷渡人员是违法者同时也被作为受害者（被害人）。一定意义上，偷渡没有"被害者"，偷渡形式上是一种地下旅游交易，被贩卖的偷渡客在这个交易中是以消费者身份出现的。

通过分析，无被害人犯罪的范围均与道德存在联系，有时可以用道德犯罪来概括这类犯罪。无疑，就上述列举的行为中是否定为犯罪，我国持比较慎重的态度。

三、无被害人犯罪的基本特点

与其他犯罪相比，无被害人犯罪具有以下特点：[1]

（1）具有普遍性。无被害人犯罪比其他犯罪发生的频率高，普遍存在。

（2）难以发现，隐案多。

---

[1] 张远煌. 犯罪学原理. 法律出版社，2001：117.

（3）执法成本昂贵。

（4）具有持续性。

（5）具有诱发性。

无被害人犯罪往往具有较高的反道德性。一般而言，在文化传统比较浓厚的国家，以及社会本位思想占据主导地位的国家，其刑法中就规定了更多的无被害人犯罪的种类。因此，这类犯罪也可谓反传统道德、反社会、反伦理的犯罪。从犯罪学角度，也可以说无被害人犯罪被害人是社会、是国家。

四、无被害人犯罪的除罪化

被害人学的兴起，对于预防和打击犯罪来说具有不可估量的价值。但是在处理无被害人犯罪方面，却显得有点软弱无力。依照传统的被害人观念，无被害人犯罪无疑不存在所谓的被害人。虽然说这种行为可能使社会风气受到侵害，但是社会只是法益的承受者，而非具体的被害人。

我国台湾学者蔡敦铭教授在讨论法治与人权的问题时指出："社会控制的效果要靠合理的制裁。"[①] 只有合理的才会是有效的，而且任何制裁也都会有其天然的不可克服的副作用。刑罚作为最具强制力的法律手段更是如此。德国法学家李斯特就曾说过，因为刑罚"通过法益破坏达到法律保护"，所以刑罚是把双刃剑。[②] 因此对于刑罚制裁措施应当尽量慎用。

受无被害人犯罪国际化的影响，美国1962年的模范刑法典草案，即根据刑法的非道德化观念，主张将同性恋、卖淫及通奸等行为予以除罪化。1965年，修尔在《无被害人犯罪》中带头主张除罪化，从而真正开创了无被害人犯罪的先河。对于无被害人犯罪的非刑罚化处理措施，肇始于美国少年刑法中的"非干预处分"措施。体现了现代刑法对无被害人犯罪宽松的刑事政策精神。关于无被害人犯罪，欧陆国家也采取了比较宽松的刑事政策，甚至将其予以非犯罪化处理。欧陆不少国家对赌博采取事实上的除罪化的态

---

① 蔡敦铭. 法治与人权——司法批判. 敦理出版社，1987：191.

② 徐久生. 德语国家犯罪学研究. 中国法制出版社，1999：39.

度。在当今的德国，在轻微犯罪方面，尤其是无被害人犯罪方面，刑法的非犯罪化要求进一步得到实现。在我国的台湾地区，学界一般将广义的非犯罪化与广义的非刑罚化统称为除罪化。①

就目前我国刑法中规定的犯罪种类而言，也存在无被害人犯罪的条款，如赌博罪、聚众淫乱罪等。黄京平教授认为，"赌博罪"和"聚众淫乱罪"是我国刑法中典型的无被害人犯罪，两者都有必要非犯罪化。整体而言，我国也是严格限制对该类行为的刑事处罚的，一般是通过行政法中的治安处罚措施来实现的，这其实具有一定的合理性。

首先，社会的物质生活条件不断发展，促使国家更要注重保障公民的个人自由，限制国家刑罚权的恣意干涉，保障公民的民主自由，基于被害人同意的无被害人犯罪，只要其不足以妨害他人生活及国家整体利益，刑法就无介入的必要。

其次，这也是社会文化交流的需要。各国在相互交往中，兼容了其他民族的文化，使其文化不再过于保守，从而更容易接受对于无被害人犯罪的非犯罪化处理。

最后，这也是法律文化发展的结果。刑法作为最严厉的制裁手段，是其他法律的保障，即只有当其他法律对某种行为进行规制仍不足以制止时，才能动用刑法。我们认为，无被害人犯罪属于道德范畴。无被害人犯罪，应该首先尽量通过道德途径来解决，对于严重干涉其他公民自由民主权利的，可以用其他法律来解决，充分发挥刑法的最后性及补充作用。

王恩海所著《无被害人犯罪研究》一书中，从无被害人犯罪的刑法学基础角度提出了非犯罪化思想，分析了非犯罪化在我国适用的可行性。从法益保护思想，论述规范违反说—法益侵害说的对立，从刑法谦抑思想对我国的影响方面，以及无被害人犯罪的现实基础，如无被害人犯罪与宽严相济刑事政策，实现法律效果与社会效果相统一。

总之，随着社会民主程度逐渐提高，法律的宽容性会相应扩大。国家的司法资源是有限的，为防止立法过剩，无被害人犯罪应当及时予以非犯罪化。

---

① 林山田. 刑法通论. 台湾大学法律系发行，1998：90.

第四章 被害要因

第一节　被害社会要因

第二节　被害自然要因

第三节　个体因素与被害

第四节　被害性

意大利著名实证犯罪社会学派的代表人物菲利早就提出："犯罪是由人类学因素、自然因素和社会因素相互作用而成的一种社会现象。"① 犯罪与被害所引发的因素，亦被害要因，顾名思义，是指被害的主要原因；基本因素，也可称之为原因；致害因素，是指在被害人的言行及其周围环境中存在的诱发或者强化加害者的犯罪动机的事情和状态。"致害性是被害人本身的一种特性，是诱发犯罪人实施加害行为的一种主动诱使和强烈刺激的因素。"② 被害要因，不能仅仅理解为被害性，也不能仅仅局限于"被害场"。被害要因是导致被害的综合因素的集合体。被害不是各种因素的简单叠加和堆积，而是由与其密切相关的"因素群"的有机组合引起的。所谓"因素群"就是说，每个因素在引起刑事被害后果中所起的作用是分层次的，各个因素既相互联系，又具有独立性，各因素之间相互联系的密切程度不尽相同。被害要因，大致可分为被害人主体外因素和被害人主体因素。

第一节
被害社会要因

著名犯罪学家菲利指出："犯罪是多种原因的结果，这些原因总是连接成一个复杂的网络……"犯罪与被害是社会发展进程中的消极现象，与社会的制度、结构、组织、变迁、行为规范、生产力水平及阶级状况、社会控制等因素有着密切的联系。社会要因，包括大社会环境因素、微社会环境因素，如社会制度、政治体制、经济体制、社区、文化、经济、思想意识、风俗、

---

① [意] 菲利. 实证派犯罪学. 郭建安译. 中国政法大学出版社，1987：43.
② 曹建中，等. 论犯罪人与被害人的互动关系. 河北法学，1999（1）.

家庭、职业，等等。有的学者就此提出社会被害性问题，所谓的"社会被害性，是指在现代社会中存在的对个体被害性的助成机制，其本质是被害形成的社会因素"。[①]

一、社会转型与被害

社会转型，就是社会结构和社会运行机制从一种形式向另一种形式转换的运动过程，是一切社会形态的质变、飞跃。社会革命、社会发展进程中的重大改革和变迁等都可视为社会转型的形式。

（一）社会转型的主要表现

"社会转型"（Social Transformation）一词，来源于西方发展社会学理论和现代化理论，是对生物学"Transformation"概念的转用，西方社会学家借此概念来描述社会结构具有进化意义的转变。西方社会学家大卫·哈利生最早在《现代化与发展社会学》一书中，运用"社会转型"来论述现代化和社会发展。我国台湾地区社会学家蔡明哲在《社会发展理论——人性与乡村发展取向》中首次把"Social Transformation"译为"社会转型"，并提出了"发展就是由传统社会走向现代化社会的一种社会转型与成长过程"的思想。[②] 社会转型是社会从传统型向现代型转变的过程，是社会的结构性变革和整体性发展。我国正处于社会大变迁的转型时期，各种社会矛盾和消极因素综合作用，导致社会矛盾增多、价值观混乱、道德感低迷，以及失业和人口流动现象严重。由于社会控制力弱化等原因，以致犯罪率急剧上升，严重影响了社会的稳定与发展。

社会转型主要体现在三个方面：

一是体制转轨，即从计划经济体制向市场经济体制的转变。

---

① 宋践. 论社会被害性. 江苏公安专科学校学报，1998（2）：36.
② 蔡明哲. 社会发展理论——人性与乡村发展取向. 台湾巨流图书公司，1987：66、189.

二是社会整体的和全面的结构状态过渡，即结构转换、机制转轨、利益调整和观念转变，而不仅仅是某些单项发展指标的实现，在社会转型时期人们的行为方式、生活方式、价值体系都会发生明显的变化。

三是指社会形态变迁，即社会从传统社会向现代社会、从农业社会向工业社会、从封闭性社会向开放性社会的社会变迁和发展。社会转型往往会产生所谓"社会综合症候"，即社会发展中的非常态社会现象。具体表现为：

（1）社会分化的急剧加快。被西方学术界誉为"政治稳定设计师"的亨廷顿提出过一个著名的命题："现代化孕育着稳定，而现代化过程却滋生着动乱。"[1]社会分化的基本形式有两种：一是社会异质性增加，即群体的类别增多；二是社会不平等程度的变化，即社会群体间的差距拉大。

（2）社会价值观的冲突凸显。社会转型造成了主体利益和价值取向多元化的格局，不同利益主体形成不同的群体或阶层，在这些特殊利益主体之间必然形成不同的政治价值、伦理价值、人生价值，并由此发生冲突和对立，致使原来占主导地位的价值观淡化，个体主体本位意识凸显，极端个人主义价值观滋长蔓延。我国社会转型期引发犯罪侵害的原因是个多元化、多层次、多变量的错综复杂的动态系统，是社会综合作用的结果。

（二）社会转型与社会被害性

从社会学的角度看，刑事犯罪中有相当一部分的攻击目标是直接指向被害人的，但被害人绝不是孤立的个人，"在其现实性上，它是社会关系的总和"。[2]侵害的实质都是反社会的行为。被害即是与犯罪同生共存的对应现象，就如同其他任何社会现象一样，总是在一定程度上与其他事物彼此联系，相互依赖，相互作用，从而聚合成为刑事被害现象整体的各种因素的总和。苏联法学家B.H.库德里亚米夫认为，引起犯罪的诸因素可以分成两个部分，一些事物与犯罪有着非常固定的、本质的联系，诸如国家、阶级、阶级斗争等。

---

[1] [美]亨廷顿. 变迁中的社会政治秩序. 王冠华, 刘为, 等译. 生活·读书·新知三联书店, 1998：44.

[2] 马克思恩格斯选集（第1卷）. 人民出版社, 1972：18.

这些事物都是引起犯罪的根本因素，对犯罪的影响和制约程度是十分明显和强烈的。另一些事物与犯罪有着盖然性的联系，诸如性别、年龄、遗传、文化教育水平、季节气候、地理环境等。这些事物都属于引起犯罪的次要因素。这些次要因素一般都有不稳定性，它对犯罪的制约也具有偶然性，以及结构的可变性的特点。各种因素之间的联系也是有层次的、分等级的，我们要注意调查研究各因素之间联系的层次性和等级性，如果忽视和轻易否定任何一些因素，而独立强调某一些因素的绝对性，都是不妥当的，势必陷入形而上学的困境而不能自拔。[1]苏联学者的这一思想虽然是从犯罪学的角度阐述的，但我们认为，其有助于研究被害产生和存在的社会要因。

犯罪与被害的形成，有心理、行为、生理、环境和社会等多方面的因素。其中，社会结构的调整、社会转型，引起人们价值观念的变化。社会经济发展状态、社会风气、道德伦理、文化类型、就业水平、人口流动、社会控制效能，以及人口结构都对被害有一定影响。具体表现为：

（1）各种社会矛盾和消极因素综合作用。犯罪现象是受经济基础，即物质生产方式制约的，变革中的生产方式制约着犯罪侵害现象。

（2）分配不公、利益失衡、贫富差距拉大。这是转型期社会矛盾增多、犯罪多发的外在原因。而贫富差距的加大，无疑刺激了社会一部分公民的"不公平感"和"相对被剥夺感"，从而成为犯罪增长的主要原因。美国社会学家默顿的"相对剥夺论"理论认为，犯罪的产生是由于社会上形成了一项人人都去争取的目标，但一部分人并不具有争夺目标的机会和条件，这种人就有倾向去犯罪。舍勒认为，恶意犯罪起源于怨恨，而怨恨则源起于社会差异，也就是社会不平等。其与"不患寡而患不均"的思想不谋而合。

二、人口与被害

社会学认为，人口构成是指人口的性别、年龄构成和社会构成。任何国家都有犯罪人数或被害人数统计，一般统计以每万人中犯罪人数或被害人数

---

[1] 赤光.青少年犯罪原因探新.青少年犯罪研究，1986（5）：26-27.

为统计单位,即

$$犯罪率 = \frac{犯罪人数(个)}{人口数(万)} \qquad 被害率 = \frac{被害人数(个)}{人口数(万)}$$

我国由于人口基数庞大,尽管犯罪率很低,但绝对数显然很大。以男性对女性的性侵害为例,其发生的条件尽管纷繁复杂,形态多变,但总是在人与人的交往中产生的。在犯罪人与被害人条件相同情况下,在人口密集区的被害概率就要相对于人口稀疏区高。而且,人口越密集,信息的输出输入越频繁,人际传播速度越快。

人口流动对被害有极大影响。人口流动是社会进步、经济发展的必然现象,但随着人口的大流动,也带来了新的社会问题。在流动人口中,不少人正在努力从较低阶层向较高阶层流动,社会心理学上称之为"阶层流动心理"。人口流动本身无可指摘,可是它的副作用促使了"犯罪—被害"人数的增加。大量流动人口涌向城市,在食宿、交通等方面给城市造成了极大压力,而且使流动人口的自身安全系数大大下降。从概率上,常住人口是最大的被害群体。常住人口成为"谋财"的主要对象,流动人口是"害命"的主要对象。因而,我们在强调流动人口是主要犯罪者的同时,也不能忽视流动人口同样也是重要的被害人这一现象,预防被害要重视流动人口被害的研究。这一方面,本书在"类型论"中另作分析研究。

三、文化与被害

文化,在社会学上有狭义和广义之分。狭义的文化是指科学知识;广义的文化是指人类所创造的一切物质财富和精神财富的总和,即除了未经人工琢磨的自然物体之外,一切人为的与人类生活有关的物质和非物质要素。这里指的文化,是广义的文化。严景耀先生强调,文化对犯罪的影响至关重要。犯罪的内涵有其特定的文化背景。在社会变迁过程中,新旧文化的激烈冲突往往伴随着犯罪的高峰。文化影响着社会的"集体意识",从某种程度上来说左右着犯罪的内涵和外延。文化从当事人、犯罪成因、犯罪组织及犯罪技能等各个方面影响着社会中的"犯罪"。严景耀先生的《中国的犯罪问题与社会变迁的关系》一书，不仅反映了在民国时期中国的犯罪现象，更折射出"犯罪是文化的一个侧面"的深刻内涵，对于反省今天社会的犯罪现象仍有着重要意义。

在复杂的文化冲突中，相当数量的青少年成为被害人。由于现代文化与现代科技融为一体对社会成员具有极高的新奇性和诱惑力，凡"中毒"者无论是犯罪人还是被害人都是从好奇、尝试开始的。从他们主观上看，自身的责任是主要的，但是从社会环境来看，性信息泛滥，也的确为犯罪和被害提供了温床和条件。相对于淫秽书画、视听材料的制造、传播者而言，观看者就是被害人。青少年亚文化群体大多是无名帮伙或团伙，其成员很不固定。这些人由于身份相近、价值观念相同，聚集在一起倍感亲切，无所顾忌，所以往往只要其中有一个人走向犯罪就会使所有成员都堕落，即使发现较早挽救及时，也会成为有过错的被害人。

四、社会行为规范与被害

社会行为规范主要由制度、道德、宗教、风俗等构成。

（一）制度与被害

制度是人们社会行为的规范体系，是要求社会成员共同遵守的办事规程或行动准则。它作为一种社会行为规范体系，规定了人们办事的时候，必须这样办，而不能那样办，一旦违反则容易被害。制度不但规范人们的行为，使人们的社会生活纳入一定的轨道，以维护社会秩序，保障社会生活的正常进行。而且，制度还能调适人与人之间的关系，使每个人在社会组织和社会关系中所处的地位和角色都明确起来。这样就能避免因违反规章制度而遭受犯罪侵害。

（二）道德与被害

道德是人们共同生活及其行为的准则，是调整人的社会行为的规范体系,是由风俗习惯演化而来的。但是道德又不同于风俗,在人们的实际生活中"不从俗"是常有的事,但是"不道德"就要受到舆论的谴责。在预防犯罪侵害中,道德也是一条重要的防线。有不少被害人程度不等地具有道德缺陷。可以说,社会成员在道德品质方面的缺陷,就是引起犯罪侵害的大门。显然,加强自我道德防范的意识,对防止犯罪乘隙侵害具有重要意义。

在人类的实际生活中,家庭生活、职业生活与公共生活是三大主要方面,与此相应的有婚姻家庭道德、职业道德与社会公德。在实际生活中,婚姻家庭道德和社会公德方面的问题引起被害较为常见。在实际中,不少被害人是因为缺少职业道德或社会公德而招致刑事侵害的。

（三）宗教与被害

宗教是人类社会发展到一定历史阶段出现的一种文化现象,属于社会特殊意识形态。当今世界主要的宗教有:道教、基督教、伊斯兰教、神道教、佛教、犹太教、印度教等。宗教宣传积极向上的思想,可以使宗教信仰者做出有利于社会的行为,它可以使人断恶修善,惩恶扬善。从宗教与被害的关系分析,一是某些邪教组织往往冒用宗教名义,制造、散布歪理邪说,蛊惑、蒙骗他人,造成他人被害;同时,因信奉邪教组织的歪理邪说而走火入魔者,往往成为被害者。二是宗教极端主义危害。宗教极端主义往往与民族分裂主义和暴力恐怖主义相互勾结利用,为实现其政治目的,对宗教进行任意歪曲篡改,煽动宗教狂热,煽动教派之间、不同信仰之间、不同民族之间的仇恨,制造暴力冲突,严重危害国家安全与社会稳定。例如,2009年7月5日在乌鲁木齐发生的"7·5"事件,是一起境内外"三股势力"精心策划和组织的一起严重暴力犯罪事件,造成严重人员伤亡和财产损失,导致无辜群众被害。

（四）风俗与被害

风俗是一种社会现象,作为调整人们社会行为的规范体系,在社会生活的各个领域都发挥着作用。孟德斯鸠说,"一个良好的立法者关心预防犯罪多于惩罚犯罪,注意激励良好的风俗多于施行刑罚"。① 可以说,风俗的作用范围是没有任何一种社会意识形态和社会规范体系可以与之相比的。不能用法律调整的社会行为,风俗仍然可以发挥作用。风俗对社会行为的规范方式是无形的,但就其作用的性质可分为积极的、消极的、中性的三种。积极的风俗是符合社会发展的前进方向的,消极的风俗在特定条件下也偶有被害发生。

五、婚姻家庭与被害

幸福的家庭总是相似的,不幸的家庭各有各的不幸。家庭婚姻质量是男女双方在符合结婚条件的前提下结合的满意度。

爱情是"人们彼此间以相互倾慕为基础的关系"②,是一种高级的心理现象。由于我国现阶段不少地方,男女"法律上的平等还不是实际生活中的平等"。女性就更容易成为被害人,买卖婚姻、虐待等犯罪的被害人绝大多数都是妇女。一般而言,婚姻质量高,极少因对婚姻不满发生被害;反之,夫妻对婚姻不满意感越强烈,被害发生的可能性就越大。

婚姻质量低劣的"捆绑夫妻"不但会引起妇女被害,在一定条件下也会诱发杀夫案,严重的甚至有多人受害的惨案发生。笔者参与侦办的孙某丽被害一案中,主要是从查明被害人的婚姻关系入手而突破的。某日早晨,在佛冈县石角镇冈田村某菜地发现一具女尸。经警方查证被害人名叫孙某丽,是佛冈某厂工人。对现场周围搜索时发现被害人所骑自行车被放在距死尸50米左右的巷口龙眼树后,菜地边是抛尸现场。死者随身无财物,且在下班回家后死亡,衣服整齐,未被性侵犯。因此,警方怀疑被熟人勒颈致死的可能性较大,应重点调查与死者有关的熟人,如丈夫贾某乾等。经查,贾孙两人吵架,后双方父母之间也发生了冲突,成为贾杀人的导火索。最终贾把孙掐晕后用钢丝绳勒死移尸他处。经对某监狱在押女犯的犯罪动机调查,339

---

① [法]孟德斯鸠. 论法的精神. 张雁深译. 商务印书馆,1961:83.
② 马克思恩格斯全集(第30卷). 人民出版社,1974:339.

名女犯中有 80% 是买卖、变相买卖婚姻、包办婚姻、换亲。因婚前没有经过恋爱，双方互不了解，婚后没有培养起感情。在合法的婚姻掩盖下，同床异梦，忍气吞声，在无法解脱时就杀害他人。

我们在研究被害问题时，要注意从家庭范型入手：一是粗暴型家庭；二是生活残缺型家庭；三是错罪型家庭。这些家庭范型往往也会容易引发被害发生。

第二节
被害自然要因

人类社会的自然环境或地理环境包括地理位置、气候、地貌和各种自然资源，是指人类生存和发展所依赖的各种自然条件的总和。被害人学研究的自然环境是指构成人们生活和活动的自然条件的一部分，而不是指整个无限的自然界。犯罪人和被害人都生存在一定的自然环境中，被害同自然环境具有一定的联系是显而易见的。

一、时段与被害

人的社会生活必然要受自然规律的影响，人们的身心状态和周围的环境、时段有着密切的关系。广义的时段，有气候、季节、月份、日期、时刻等。

（一）气候、季节与被害

人的社会生活必然要受气候的影响，人们的身心状态和周围的气候有着密切的关系。作为社会现象之一的被害现象，也同样可以看出气候的影响。

有研究表明，在气温高的地方，暴力的犯罪及被害较寒冷地带为多，但财产被害未必较寒冷的地方少，这是因为气温高的地方，人口较多，接触频繁，纠纷增多，故受暴力的侵害也多。气温高的地方同样有衣食住行的需要，同样发生生计问题，所以财产被害，未必较寒冷的地方少。从寒冷的天气，转变为暖热之温度时，极易引起激情犯罪。在我国，当春去夏来时，凶杀、强奸、伤害等被害案件总是不断地发生。据英国的一份资料显示，全部犯罪次数的四季百分比是：春季为26.2%，夏季为31.7%，秋季为24.3%，冬季为17.9%。天气渐渐寒冷起来，激情性犯罪就开始减少，因此在寒冷的国家杀人犯罪较少，当寒暖、晴雨存在着显著变化时，盗窃犯罪增加，而杀人、伤害减少。气压的变化和犯罪心理也有关。一年当中，5月至8月强奸罪多，这同气候影响人的性欲生理有关。事实上，气候条件同被害的关系并不是绝对的，也不是完全不相干，而是在特定的条件下，与某种特定的犯罪被害有联系。气候往往制约、影响人们的生活和生产劳动，对被害及犯罪人的生理、心理活动也有影响。大量的被害实例表明，性犯罪、财产犯罪总是随着气候条件的变化呈现出在一定幅度内增减的规律性。

气候同季节是密不可分的。通常在研究二者与被害的关系时，大多数学者都认同季节与被害存在一定的影响，季节因素显然比气候因素更能说明问题。著名犯罪学家龙勃罗梭也用自己的统计来证明犯罪被害与季节的关系。季节本身对被害事实的发生不起作用，但如与犯罪人和被害人的具体情势即犯罪人或被害人在实施犯罪行为前或陷入被害情境前所处的各种情况相结合，则会对被害之发生起一定的条件作用。

被害调查证明，季节不同，被害性质、情况各不相同，就是说，被害类型在一定程度上因季节而异。人们普遍能意识到的是，性犯罪在春夏秋季突出，尤以夏季明显增多，而冬季则相对减少。财产的被害，秋季逐渐增多，冬季上升趋势尤其明显，而春夏季相对减少，这在我国东北城市表现得特别显著。在季节与被害的关系问题上，应当辩证地分析，季节是一个相关因素而不是决定因素。

（二）时间与被害

时间是客观的，又是主观的，客观性是指时间和空间都是客观存在的。主观性即是说人们把时间分为世纪、年代、年份、季度、月份、日、时、分、秒这一类的概念等。被害也是发生在一定时间之内的。一方面，犯罪人在实施侵害行为时要考虑到时间的因素；另一方面，被害人的活动同时间有某种关系。所谓被害时间，通常指的就是受犯罪侵害的时间，犯罪分子实施犯罪行为的日期和时刻。

1.日期与被害。调查资料证实，通常，节假日发案多，如春节、元旦、国庆、双休日发案多，某一地区性的被扒、被盗、被抢也增多。

2.时刻与被害。时刻是指时间进程中的某一点，所以比年度、季节、月份、日期的时间范围更小、更具体。有些被害行为多发生在正午时刻，有的被害主要是在黄昏发生，有的被害多发生在前半夜，而有些则发生在午夜。例如，某年8月25日凌晨3时许，广州某酒楼老板与一名年轻女员工驾车到广州市二沙岛附近兜风、聊天时，遭遇3名持刀歹徒抢劫。男事主惨被杀害，而女子受重伤，被害人驾驶的价值80万元的白色富豪小车被抢。凌晨3时，正是犯罪高发时段。

性犯罪的被害，多发生在夜晚12时至凌晨1时，因为在城市职工中，一些无家务劳动的女青年，多不愿待在家里，而乐意外出找朋友进公园、看电影、进舞厅，谈情说爱，如在偏僻处所，就极易被犯罪分子侵害。单身女工在上、下夜班时也容易在偏僻之处受到侵害。根据某市40起强奸案分析，发生在清晨1时至5时的2起；白天的4起；而发生在晚上12时至清晨1时的竟达34起，占总数的85%。例如，2017年7月22日晚上10时许，南昌市青云水厂北门口发生一起持刀抢劫案，南昌一18岁女子小罗（化名）回家途中被割6刀。当时小罗身上背着一个包，所处路段没有路灯，一男子见小罗只身一人便动了邪念。抢劫过程中，小罗被割6刀，左肩、左前臂、右前臂及左大腿均被割伤。出事的地点没有路灯，小罗也是在从药店回家的路上出事的。因此，夜间出门时最好有人陪伴，不要去黑暗的地方。如遇到抢劫，不要盲目反抗，保持冷静；必须反抗时，不要畏惧，保护头部和其他重要部位，尽可能地记住歹徒的体貌或作案工具和车牌号，及时报警。

依据一份未成年遭受性侵害行为的统计，被害人的被害时间特征从被害月份可以看出，被害人最多的是8月，有17人，占19.8%；其次是4月，有11人，占12.8%。如果按照季度来看，一季度（3月、4月、5月）遭受侵害的有25人（占29.1%），二季度（6月、7月、8月）遭受侵害的有28人（占32.6%），三季度（9月、10月、11月）遭受侵害的有11人（占12.9%），四季度（12月、1月、2月）遭受侵害的有14人（占16.3%）。可见二季度遭受侵害的被害人最多，但应该注意一季度遭受侵害的人数仅比二季度少3人，四季度和三季度遭受侵害的被害人明显少于前面两个季度。这说明这些遭受性侵的被害人在夏季受到侵害的最多，其次是春季，再次是冬季，最后是秋季。从被害时间来看，上午遭受侵害的被害人有9人，中午遭受侵害的被害人有4人，下午遭受侵害的被害人有20人，晚间遭受侵害的被害人有24人，凌晨遭受侵害的被害人有10人，不定时被侵害的有4人，其比例分别是10.5%、4.7%、23.3%、27.9%、11.6%、4.7%。可见被害人遭受侵害的时间集中在下午和晚间。[1]

居民住宅被撬盗的，主要发生在上午8时至10时，下午2时至4时，某市的2个区在6月所发生的这类案件中，在这段时间被盗的高达90%以上。无论是农村，还是城市，在这两个时间段，绝大多数人都上班、上学、下地劳动了，家中往往无人，即使有，也是老人或保姆在家，而且他们在这两段时间内外出办事、购物的也较多。据上海市近年来对新兴居民住宅小区的入室盗窃案件的统计表明，90%发生在白天，其中上午8～10时，下午3～5时，是发案高峰期。[2] 犯罪行为人抓住这一规律，都选择这两段时间作案。在偶然的情况下，犯罪分子可能会碰上有人在家，或者事主从外面回来，结果又容易引发从盗窃转化的杀人、抢劫。

---

[1] 徐剑.性侵犯罪未成年被害人实证研究——基于北京市未成年人遭受性侵案件的分析.青少年犯罪问题，2015（4）.
[2] 陈冬沪.新兴盗窃案的规律性及防范.社会防卫，1990（2）：35.

二、空间与被害

空间主要是指地域因素。空间环境与被害有一定的关系。空间环境是场所、地点的统称，一定的空间与被害的危险指数有相关的因素。地域因素在一定程度上影响被害率与被害类型。"地域的分布状态，往往影响到人类的性质和体格方面。"[①] 在严复所译的孟德斯鸠著《论法的精神》（中译本《法意》）[②] 中有这方面的论述。我们认为，犯罪案件的数量差异，在不同地域是客观存在的。在某一地域内犯罪的多少，主要是由经济社会状况、社会风气、社会控制效度所决定的，地域的因素至多只能对犯罪类型的差异有所影响。曾有人对我国近年来的犯罪类型地域分布做过一个概括："南黄、北武、东骗、西神"。意思是说，南方淫秽书画、录像流行较严重，北方暴力性犯罪较多，东部地区诈骗案件多，西部地区封建迷信多。这种概括尽管不甚准确，但说明，社会消极因素的分布同地区有联系。

我国台湾学者林纪东认为：

（1）在政治文化中心，尤其是经济活动繁荣的地域，财产犯罪多，暴力犯罪则以偏僻地方为多。

（2）在外国人、外乡人集居处或码头等地，犯罪较多，尤其杀人、伤害等更多；相反，在居住变动不频繁、定居较久的地区，则犯罪的较少。

（3）矿山区和工场地区，伤害的被害情况多见。因为在这里生活的人体力强壮，精力充沛，而其知识水平和体力不平衡，缺乏适当的控制力，再加上这些地区的人酗酒，容易使人兴奋，以致打架斗殴造成人身伤亡的被害发生。[③] 林纪东的结论表明，地理环境对犯罪与被害并不起决定作用。只是对被害的类型、被害在某一个时期发生的多寡有一定程度的影响。

---

① 李剑华. 犯罪社会学. 上海会文堂新记书局，1937：31.
② [法] 孟德斯鸠. 法意. 严复译. 商务印书馆，1909.
③ 刘灿璞. 当代犯罪学. 群众出版社，1986：196-197.

（一）深街小巷，荒郊旷野

在城市与农村，被害的特点各有不同，二者在受害的比例上历来就相差悬殊。最常见的与被害有关的空间，主要指一些复杂偏僻的场所。城市地区的被害，多发生在那些没有安装路灯的深街小巷、远离居民宅的场所、新建或拆迁中的楼房和临时工棚、公园中的假山、树林，以及车站码头附近的偏僻地段等。特别是流氓、抢劫、强奸等被害大多在这些空间范围内发生。犯罪分子往往较多地利用这类地理环境，客观上构成了城市地区被害类型的区域性。目前，我国城市居民的住房条件仍很紧张，处在热恋中的青年男女在找不到合适场所的情况下，选择了一些不当的处所，他们往往成为犯罪分子侵袭的对象。我国某大城市的一个公园，几乎每年都要发生妇女被强奸、侮辱、抢劫的案件。这些被害的发生都受制于环境的偏僻和光照的暗淡等自然性因素。[①] 在农村环境中，强奸、凶杀等较为多见；在城市以抢劫、诈骗、扒窃、入室盗窃、流氓侮辱等案件为多。在城市的商业区、农贸市场等闹市区，以偷盗、流氓被害多见。在住宅区多发生被盗案。农村地区除了村落分散外，还有山丘、树林、荒地、涵洞，以及纵横交错的沟梁河滩等人迹少至之处。

（二）高楼独宅，电梯楼道

城市的高楼和农村的独宅，在一定程度上有一个共同的特点，即犯罪分子作案时不易被人发现。居住在高楼或独宅、深宅小院的人在面临侵害时，大多数缺乏援救，往往陷入孤立无援的境地。通常情况下这类环境中发生的案件，城市的高楼以白天受害的多，甚至还有在电梯中、楼道里受害的。在一些独宅，除了被盗、被抢财产被害，还有遭到入室强奸、行凶报复伤害的。

奥萨夫·纽曼所著的《防卫空间：城市规划的防范》一书中指出：犯罪上升的部分原因是目前人为造成许多无人所属或无人问津的区域，便于犯罪的产生。因此，在城市的规划中，应当考虑如何增强人们对其周围环

---

① 现代世界警察，1985（2）：8.

境的占有感与责任感，这样就会有更多的人对周围环境起监督作用，从而可以减少被害。

（三）车站码头，车船旅馆

车站、码头、机场、车、船、旅馆，是人们旅行、外出生活工作的空间环境。这里主要发生财物被侵害案件。这些特定空间的人员十分复杂，都是匆匆过客。

（四）繁华闹市，嘈杂人流

在繁华闹市，由于人多、车多、货币流通量大，在客观上给犯罪提供了一种可能。有些人由于是外地来出差学习、旅游、参观、探亲访友的，人生地不熟，语言不通晓，如果缺乏应有的警惕性，往往容易被害。犯罪分子浑水摸鱼，作案容易，犯罪后也可混迹于人群中迅速逃遁。一般闹市区扒窃案最多，其次还有"拎包"、侮辱妇女和斗殴引起的伤害。

根据一份未成年人被害地点特征分析[①]，被害人被害的地点有加害人家中、被害人家中、被害人同学家中、教室、服装厂、酒店、休闲会所、旅店宾馆、理发店、饭店、出租房、车内、楼道里、楼道平台处、楼层楼顶、地下室、饭店前绿化带中、公寓附近、大桥桥洞、河桥附近土坡、老山、玉米地、菜地水沟内、胡同、回家的路上、路边、停车场附近、学校门前路边，等等。其中，发生在加害人家中受害的有21人，占24.6%；在被害人自己家中受害的有8人，占9.3%。

据媒体报道，中国留学生国外遇害事件频发。2017年，江歌在日本被刺身亡事件在网民的讨论声中甚嚣尘上。加拿大警方连续发布了多名中国留学生失踪的消息，其中包括多伦多大学的中国留学生 Juanwen Zhang（音译"章某文"）、16岁男孩 Ke Jaden Xu（音译"许某"）、一个住在 Bates Kenzie 的女留学生。目前除章某文一人已找到外，其余两人均下落不明。警

---

① 徐剑.性侵犯罪未成年被害人实证研究——基于北京市未成年人遭受性侵案件的分析.青少年犯罪问题，2015（4）.

方判断，这是一系列针对中国留学生的电话诈骗案。在中国经济社会迅速发展的时代，越来越多的中国父母把孩子送到国外接受教育。那么孩子在出国前是否了解当地的安全环境和法律？当自己的合法权益遭到侵犯时，是否知道维权途径？近年来，媒体报道的留学生出事新闻确实不少。据不完全统计，2016年以来，经由媒体公开报道的留学生海外安全事件已有32起。被抢劫、故意杀害、性侵等恶性事件偏多，占比超四成。从年龄来看，近六成受害者为22岁以下。回顾以往，这些惨案历历在目。2016年5月，在德国的中国女留学生李某洁，外出跑步时遭到一对德国情侣性侵后暴力致死。2017年6月，在美国留学的章某颖前往香槟市一家中介机构签约途中失踪，最后被确认已遭杀害。一名刚入学一周的17岁中国女留学生被美国伊利诺伊州大学春田分校54岁的华裔招生官杨某松实施三次强奸。杨某松后被判处6年半的监禁，外加5万美元罚款。留学生出国前需注意的事项：出国前了解我国驻外大使馆或者领事馆的地址和联系电话，抵达学校之后，第一时间了解校内的应急报警机关、急救或者医务室的地址和联系电话；有条件的话，尤其是新生，最好选择住在学校宿舍；如果选择在校外合租，必须谨慎选择合租人，合租期间相互谦让，千万不要发生激烈争执或者动武；尽量减少单独夜间出行，避开一些偏僻或者容易发生偷抢的街道，防范偶遇陌生人的问询和邀请，千万不要让陌生人随便入室或者吃陌生人给的食物；外出或者就寝之前检查电源、瓦斯开关，以及门窗是否上锁，出远门前请朋友、邻居代为留意房屋安全；钱财不可外露，也不要有攀比虚荣的心理，即便是已经熟悉的人也不要过多透露经济方面的信息，尽可能少带现金在身上；养成自我保护意识，购买意外保险，万一遇到危险情况，舍财保命。在海外应学会"远离风险、智慧避险、紧急脱险"。

三、研究时空与被害之意义

从被害时空方面入手对犯罪行为进行研究，能全面深入地查找被害规律，从源头上遏制犯罪发生。

（一）有助于完整掌握犯罪现象

犯罪行为在时间和空间上总是存在一定的内在规律，对被害时空分布的规律研究，可以帮助侦查部门查明犯罪行为发生的发案因由、作案手段等，对侦查起指导作用。

（二）有助于解决"犯罪黑数"问题

目前公认的最有效的解决犯罪黑数的方法便是以被害人为调查对象的犯罪调查方法——犯罪被害人调查。通过对被害人时空分布的研究，锁定在特定时间、特定地点可能的发案，可以发现已经发生而未上报的案件和提高办案过程中的调查取证效率，达到有效减少黑数的效果。

（三）有助于加强被害预防

20世纪20年代后，汉斯·冯·亨蒂格、门德尔松等学者发现被害人在许多犯罪行为的发生中起到一定的作用，具有不可推卸的责任。尤其是某些突发性、激情型犯罪，往往是被害人在不适当的时间、不适当的地点对犯罪嫌疑人进行错误的刺激而诱发的。

第三节 个体因素与被害

日本犯罪学家宫泽浩一在其所著的《犯罪与被害者——日本的被害者学》一书中认为，被害人的被害性是指在犯罪过程中与犯罪的发生有关的各种条件中属于被害人的各种条件的总括。被害性是被害人本身的一种特性，是诱发犯罪人实施加害行为的一种带有主动诱使和强烈刺激的因素，或者是犯罪人实施加害行为时可以利用和必须利用的有利条件。被害人学研究表明，易被害人群具有的，逐渐形成的显露或者强化可能导致加害的"致罪特征"或者"致罪性"，这些"致罪性"经过和加害人的加害因素的互动与结合，会最终形成被害的决定性因素。本节着重分析人的被害个体因素，以及它们与被害的关系。这里侧重从人的年龄、性别等方面进行关联分析。

一、年龄与被害

孔子说："三十而立，四十不惑，五十知天命，六十耳顺，七十从心所欲不逾矩。"孔子在此指明了一个人的年龄，是表明这个人一定社会化历程的社会能力和水平。

（一）年龄与被害数量

被害情况调查结果表明，年龄同被害的危险有明显的联系。据统计，在1000名中学生中，有176～181人成为犯罪的受害者，而在1000名35岁至65岁的人当中，只有72～74人是犯罪的受害者。[①] 美国的被害情况一再证明，年轻人始终有着较高的受害率。1978年和以前的调查结果一样，25岁以下的年轻人，特别是男性，无论是在暴力侵犯人身罪，还是盗窃个人财产罪方面，都有异常高的被害发生率；相反，35岁以上的人被害率就低得多。根据《美国新闻与世界报道》统计，在整个20世纪60年代到70年代初期，美国的犯罪人和被害人都呈现一种高峰现象，16～18岁为犯罪高峰年龄。而受害者，大多数也是年轻人。

（二）年龄与被害类型

1．杀人、伤害犯罪的被害人。我国某省一份关于凶杀案被害情况的统计显示，在凶杀案这一类型的被害人方面青壮年占大多数。根据日本著名被害者学专家宫泽浩一教授对婚姻诈骗案件被害人的调查，20岁左右的

---

① 金梅．如何保护你自己．法制文摘，1987（1）：39.

人在被调查的138例中占70%,25～35岁年龄段的人占30%。舒尔茨(SchultzH.)指出,性犯罪的被害少女多半都是在身体发育方面有超越年龄的成熟感,并且喜欢追捧与其年龄不相称的着装打扮的这类人。这些研究成果都表明,被害类型与年龄的关系既反映在被害人生理年龄的方面,也与被害人的心理年龄不无联系。

在我国,伤害犯罪与杀人犯罪的被害人大多为青壮年。根据资料数据显示,在伤害犯罪中,青壮年成为伤害犯罪及杀人犯罪的被害人绝非个别案例。处于青壮年阶段的人已迈入成年人的行列,有了一定的生活阅历,对是非善恶有了一定的认识,有一定的自制能力,价值观念已基本形成,但仍具有自尊心较强、易激动、较冲动、喜欢追求新鲜时尚的事物、对事情后果考虑不足、对自身身体条件等方面较自信从而安全防范意识不强、对犯罪警惕性较低的特点,因而较容易成为犯罪分子的侵害对象而成为刑事犯罪尤其是伤害犯罪和杀人犯罪的被害人。

2. 诈骗案件被害人。近年来,随着金融、通信业的快速发展,利用手机短信、固定电话、网络等通信工具和现代网银技术实施的非接触式电信诈

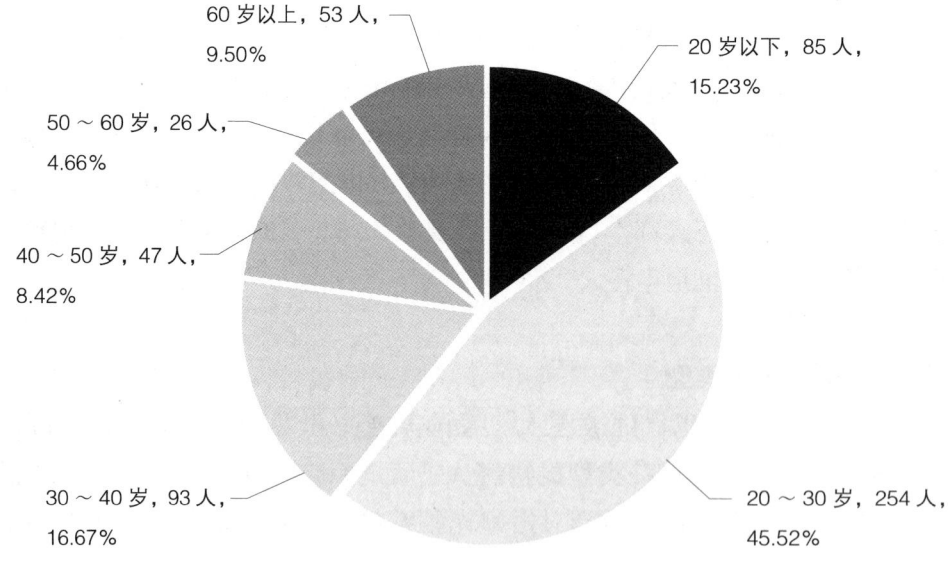

图4-1 被害人的年龄结构

骗犯罪活动呈多发、高发态势,而被害人主要是成年人。据广东省茂名市公安机关对 2017 年发生的 558 起电信诈骗案件,以及 558 名被害人的年龄结构情况进行了梳理分析:[①] 20 岁以下(青少年)的有 85 人,占比 15.23%;20～40 岁(青年)347 人,占比 62.19%;40～60 岁(中年)73 人,占比 13.08%;60 岁以上(老年)53 人,占比 9.50%(见图 4-1)。

根据广东省茂名市公安机关统计,青年(20～40 岁)占总数的 62.19%,通过回访部分被害人发现,很多年轻的被害人平时忙于工作而不看电视、网络等媒体的宣传报道,且与家人缺少日常的沟通交流,多为上班族、独居人群。目前多发的"冒充领导"的电信诈骗,犯罪分子也正是抓住上班族没时间接触电视新闻、微博网络等媒体的防范提醒这一薄弱环节,使得诈骗频频得手。60 岁以上的老年人占总数的 9.49%,老年人依旧是"高危"群体。冒充熟人、利用老年人心理弱点,多种因素决定了老年人成为犯罪分子实施诈骗的主要对象之一。

中国新闻网 2017 年 3 月 29 日报道,广东茂名警方在 23 日凌晨进行的跨省打击电信网络诈骗违法犯罪行动中,抓获的犯罪嫌疑人很多都是"夫妻档",其中的邓某明、杨某凤夫妻俩就骗取了一名澳门老妇人 4 万元。据了解,2017 年 1 月,62 岁的澳门女事主潘某芬在珠海接到一个自称是自己"老朋友"的电话,称其被珠海市警方拘捕,需要交纳保释金。听到"老朋友"被警察抓了,潘某芬心急如焚,随即在珠海市拱北工商银行分两次向指定账户汇款共 4 万元。据查实,自称是潘某芬"老朋友"的女子只是电信诈骗团伙中的"话务员"杨某英。诈骗成功后,杨某英当即通知犯罪嫌疑人邓某明、杨某凤取款。邓某明是茂名警方早已"挂号"的人物,此人曾经逃过 2016 年 11 月 15 日开展的广东"飓风 2016"行动茂名"326"专案的抓捕。掌握该情况后,侦查员从取款人入手,对团伙其他成员进行扩线,发现该团伙人员众多,分工明确,包括组织策划者、提供银行卡组、提供公民信息组、取款组、话务组。很快,一个特大冒充熟人电信诈骗团伙浮出水面。抓捕行动中,民警从二人身上搜出 300 多张银行卡。近年来,南通市共发生电信诈骗

---

① 广东省茂名市公安局提供统计分析数据.

案4000余起，不少老年人深受其害。老年人为何屡屡中了电信诈骗的招呢？经分析，首先，老人年纪大，与社会接触较少，思想单纯，对一些人或者事缺乏应有的分辨能力；其次，老人容易心软，骗子的嘘寒问暖会让老人觉得"别人对自己这么好，不买人家的商品，心里过意不去"；再次，老人获取外界信息的渠道有限，因此骗子容易得逞；最后，迷信高额利息，殊不知天上不会掉馅饼，自己辛苦攒下的养老钱就这样进了骗子的腰包。

3．少年儿童、中小学生是易被害的特殊人群。近年来，少年儿童被害、中小学生被害问题引起社会的广泛关注，应成为被害人学研究的重要任务之一。例如，2017年11月携程亲子园虐童事件爆了微博热搜，推孩子、喂芥末的视频在朋友圈里疯传。更令人触目惊心的是，类似的虐童事件已经发生过太多次了。仅仅2014年，针扎儿童的案例就在中国发生了19次。无法想象19次公开报道的背后，还有多少因威胁或忍气吞声而消失在大众视野中的针扎虐童事件。2015年12月，四平市红黄蓝幼儿园约30名幼儿遭老师针扎。2008年11月到2013年10月，西安枫韵幼儿园冒用其他医疗机构名义，在长达5年多的时间里，给孩子们喂了5.36万余片的"病毒灵"。5年多的时间里，这所幼儿园利用"保守秘密"和幼师的权威使得"服药门"事件隐藏得滴水不漏。2012年8月，河北廊坊市某幼儿园老板杨某杰多次强奸幼女5名，猥亵幼女7名。2011年11月16日，甘肃正宁县一幼儿园校车与卡车相撞，造成21人死亡、43人受伤。而这辆校车的载客量仅为9人。2011年9月13日，湖北荆州市紫荆花幼儿园的跟车老师、司机把校车上两个熟睡孩子遗忘，发现时孩子已停止呼吸。幼儿3岁到6岁，父母的替代关系——幼儿园老师的进入，往往是被师生关系主导的一种强弱关系。心理学研究表明，受虐儿童往往会出现智力发育迟缓、语言发展迟滞，以及学业表现失常。其中最主要的影响还是儿童对于社会的认知，受过虐待的儿童更容易把交往对象知觉为敌意的，也影响到他们对于他人情感的感知和推理。在情绪的表达上，调查表明受虐待的学龄前儿童对其他儿童的难过缺乏敏感性，受身体虐待的儿童对痛苦和不幸有不适当的反应，而不是对有关的情绪或悲伤的表达。自卑感、恐惧、无助、孤独可能会陪伴孩子的一生。我们都知道，儿童是善于模仿的群体，尤其是在幼儿教育阶段，孩子们并没有建立起自己的道德判断标准。此时幼师的虐待行为有可能成为日后孩子们模仿的暴力倾向。

二、性别与被害

性别是个体生理差异的最显著特征，性别不同，其生理机能及外在表现则不同，因而对被害也会有所影响。男女在生理、心理、社会角色方面的差异，会影响到各自在被害的数量、类型、表现形态等方面的不同。认识这一点，对于不同性别的人加强自身防范有着重要的意义。尤其是女性在性行为上具有承受性的特征，历来是犯罪分子性肆虐的主要对象。因此，根据不同性别研究防身自卫术，是有积极意义的。

两性被害在量上的差异，一是从整体上比较男女被害总人数的比例；二是从部分（即某一种被害类型）角度对男女被害人数进行比较。

对男女被害总人数的比较研究非常困难，究其原因，这种整体性的研究在资料统计上确有一定难度，许多案件被害的是一家人，而不是某一个人，究竟按性别统计，还是以受害家庭人口数统计，似乎没有明确的规定，故对被害男女总数的分析就缺乏量化的根据。司法部预防犯罪与罪犯改造研究所于1994年在北京市组织实施了我国首次国际犯罪被害人调查，调查规模为2000个样本。调查结果表明，在1989年至1993年的5年中，2000个样本中共有948人（占47.40%）遭受过一次或一次以上程度不同的违法犯罪行为的侵害，其中女性的受害率高达27%，高于男性的受害率（18%）9个百分点。性侵犯型受害率为7.60%，猥亵型受害率为1.80%，性骚扰型受害率为5.80%。性侵害的报案率仅有7.60%，在各类案件报案率中最低。女性的安全感远不如男性，28%的女性在晚上外出时感到不安全，而男性只有11%的人有这种感觉。[1]

然而，有的学者通过部分调查统计分析，认为男性被害人数总体上高于女性，如赵可主编的《被害者学》则认为"男性被害者在整个被害者的人数

---

[1] 郭建安. 犯罪被害人学. 北京大学出版社，1997：63-73.

的比例上，略高于女性"。依据是，在 261 起刑事案件 793 名被害者的统计资料中，男性被害者共计 417 名，占被害者总数的 52.60%。事实上，少量的统计也可能不足以反映整体状况。在还没有准确的统计数据证明男女二性被害人在总体比例上的差别时，在此且不妄论。但有一个结论是可以得出的，即某些类型犯罪侵害，男女被害数是有明显差别的。①

根据徐建华、宋小明的研究，男性也是主要被害群体。男性被害者占 68.99%，女性占 31.01%。男性成为"谋财"的主要对象，男女都成为"害命"对象。在不同类型的犯罪中，男性被害者所占比例达到 74.14%，近 3/4 的"谋财"型案件的被害人是男性。而在"害命"型犯罪当中，总体而言，被害人的男女性别差异相对较小，男性被害人所占比例为 56.21%，女性被害人所占比例为 43.79%。但是在被害人死亡的故意杀人和故意伤害案中，男性被害人所占比例非常高，分别达到了 72.73% 和 100%。在所有犯罪类型当中，除了入户抢劫和诈骗案的被害人女性所占的比例稍高于男性，分别占 54.24% 和 54.36%，以及抢夺案的主要被害人为女性外（占 82.54%），其他所有犯罪的被害人中，男性所占的比例都高于女性。而且故意伤害、抢劫摩托车，以及合同诈骗案的被害者全部为男性，盗窃汽车案男性被害者的比例达到 91.03%，敲诈勒索案男性被害者的比例达到 88.89%。② 也有特例。根据广东省茂名市公安机关对 2017 年发生的 558 起案件中被害人共 558 名，男性为 267 人，占 47.85%；女性为 291 人，占 52.15%。被害人男女比例不鲜明，女性略高于男性（见图 4-2）。③

---

① 任玉芳.刑事被害人学.中国人民公安大学出版社，1997：145.
② 徐建华，宋小明.珠江三角洲刑事犯罪人、被害人的人口特征分析.南方人口，2005（3）：36-43.
③ 广东省茂名市公安局提供统计分析数据.

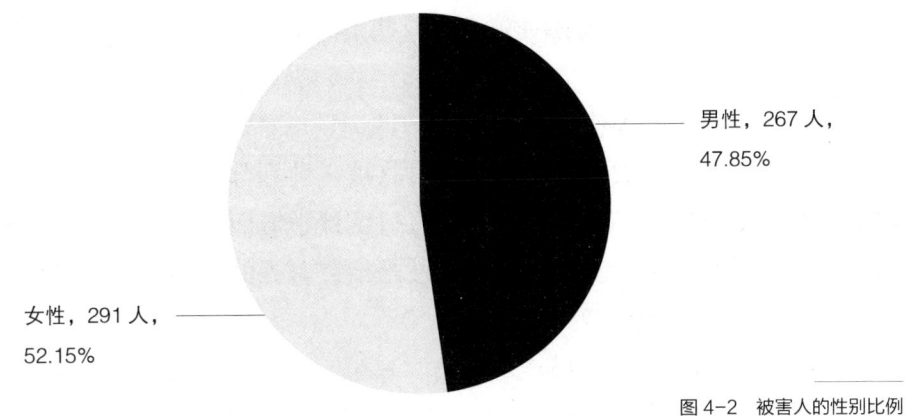

图 4-2 被害人的性别比例

第四节
被害性

侵害总是在加害人与被害人之间直接或间接的互动过程中发生的。为了预防被害，我们应当认真揭示哪些人具有被害性，从而易构成被害。

一、什么是被害性

在被害人学理论中，被害性的概念，众说纷纭，作为被害性理论的基本范畴，被害性也可称为被害诱因。被害诱因，有行为性的被害诱因，如挑衅、激怒等；有状态性的被害诱因，如心理素质差、漫不经心；也有心理性的被害诱因，如心理不成熟、逆反等。被害性不同于有罪性。被害性（Victimity），是由被害人学创始人门德尔松提出来的概念。他认为，被害性是某些社会因素所造成的所有各类被害人的共同特征。奥地利学者琼·格雷文认为，"被害性是一种由内在、外在两方面因素决定的，使人成为被害人的那种特性"。[①]从广义被害性而言，就是指在犯罪过程中与犯罪的发生有联系和相关的各种条

---

① [德]汉斯·约阿希姆·施奈德. 国际范围内的被害人. 许章润，等译. 中国人民公安大学出版社，1992：18.

件中,属于被害者的各种条件之总和。这些条件反映了被害人容易受害的特性。

(一)以主客观因素为依据

以被害人的主客观因素为依据,可将被害性划分为一般的被害性和特殊的被害性。一般的被害性是指被害人人口统计学方面的因素,包括年龄、性别、职业、社会地位等。特殊的被害性是指被害人的人格特性,包括鲁莽、残暴、粗心、自私等。

(二)以条件的作用为依据

以这些条件在犯罪发生中的作用为依据,可将被害性划分为被害的诱发性和被害的易感性。被害的诱发性是指来自被害人方面的,能够引发犯罪人实施犯罪行为的因素。被害的易感性是指被害人自身存在的、处于无意识状态的,容易受犯罪人侵害或能够强化犯罪人实施犯罪行为的因素。

被害者的被害性是加害人选择作案对象的心理基础。[1] 被害性的形式多样然而也有规律,可能被认识,通过减少被害人的被害性,从而预防被害。被害性特别是指被害者自身方面的特性,即被害的易感性和被害的诱发性。

二、被害易感性

易感性是指被害人自身存在的,处于无意识状态的,容易受加害人攻击的特性。被害易感性是促使犯罪发生的因素之一。被害易感性这个概念是日本学者首先提出来的,他们认为:"被害者的言行往往在一定程度上对犯罪的发生起着促成的作用。……例如,在日常纠纷中过激的言行,女性在与男性交往中举止轻薄,财物保管者的过分显露和漫不经心等,都可能强化加害者的犯罪意向,促使其作出犯罪的决断。"

结合我国的司法实践,我们可以看到被害易感性这一概念,是从被害人学的角度指出的,在被害人身上也会存在导致犯罪人加害的因素。例如,前

---

[1] 陈和华.被害性的心理学分析//犯罪学论丛(七).中国检察出版社,2009.

文案例，被害的酒楼老板与一名年轻女员工凌晨驾名车到二沙岛兜风、聊天，由于麻痹大意没有判断出被害危险的存在，没有意识到自己身处环境中的危险性，显然被害人的易感性比较大，结果遭到犯罪人杀害。而且驾驶名车，"显财露富"，也是无意识地被犯罪人跟随进入被害情境，最终遭到匪徒的抢劫。

被害人学的研究，从大量的社会生活现象和实例中抽象出被害者的被害易感性，并把这一理论传授给社会，公众会感到较易接受，也就能正确应用于自我防范。据美国学者罗伯特·L.波恩介绍，被害人学在早期研究中就认真注意过哪些人更容易成为犯罪被害人的问题。汉斯·冯·亨蒂格认为，青年人、女性、老人、智能缺陷者、酒精中毒者、移民、一些少数民族团体易成为犯罪被害人。精神沮丧者、好猎取者、好色者、不道德者、贪吃者、孤单者、抑郁者、多痛苦者、冷酷无情者，以及失去权势者也容易被害。[①]汉斯·冯·亨蒂格的这一论述虽尚不完善，但至今仍不失其现实意义。

三、被害诱发性

诱发性特征，亦称被害人的诱导性，是指在被害人或潜在被害人方面存在的引发犯罪人的犯罪行为从而使自己受害的行为因素，多指被害人方面在被害之前针对后来的犯罪人实施的挑衅性的或诱惑性的行为。例如，首先殴打、凌辱、虐待、诽谤、恶意竞争、非难或恐吓加害人或其亲属等人的挑衅性行为。笔者 2006 年暑期在广州市海珠区公安局，亲自参与了一起雇凶犯罪案件的侦破，其中被害者就有诱发性特征。事发某日晚 8 时 55 分，广州海珠区公安分局接报警称：在琶洲派出所辖区内新洲有一名男子倒卧在路边，浑身是血，生命垂危，后经"120"到场后证实死亡。经查，被害人陈某国自 2001 年开始在新洲市场开档经营河粉生意。侦查围绕被害人的社会关系展开。调查发现，陈某国夫妻与同在新洲市场做河粉生意的档口老板胡氏一直关系紧张，为争生意经常争吵。这是一起报复伤害案。经过证实，胡某被陈某国抢走不少生意，因而心生怨恨，通过"中介"找到曾某敏、肖某

---

① 杨放.关于犯罪被害人的若干问题的观点.刑侦研究，1986（4）：42.

等人报复陈某国。

被害人的行为在一定条件下可能成为犯罪的诱发因素,这是公认的。但是,从被害人的主观心理状态看,又可分为自觉诱发与非自觉诱发。自觉诱发是出于被害人的故意,如以"防卫挑拨"的方法故意激怒挑逗被激者。非自觉诱发是被害人在无意之中,或在根本意识不到的情况下对加害人起到了致诱的作用。无论被害人主观意识如何,其对犯罪的诱发作用均可视为"目标诱惑力",并以一定方式作用于社会。例如,盗窃犯潜入室内发现一伙人正在赌博,便产生了抢劫的恶念。从刑法学的角度看,故意诱人犯罪的被害人应当承担一部分刑事责任,即可以考虑在审判时减轻加害者的刑事责任。从防范角度,非自觉诱发犯罪是主要的、常见的,因为被害人根本就没有想到自己的言行会诱发犯罪。

四、易感性与诱导性的关联

"易感性"与"诱导性"是引起被害的两个条件要素。诱导性是来自被害者的,能够引起加害攻击的因素,它具有力的作用,单一地或者重复地刺激加害者的感情冲动,就会引起加害者的犯罪动机。被害的易感性是被害者自身存在的、处于无意识状态的、容易受加害者攻击的特性。它具有条件的作用,能够刺激加害者成功的信心,从而使自己成为加害者攻击的目标。

(一)诱导性情形

1. 被害人非法与不道德行为所致。例如,与人私通、幽会被他人抓住把柄,因而使他人萌发犯意借此要挟强奸;或是被害人在公园、草丛中有不轨行为被流氓犯罪分子撞见,以威逼要挟而被强奸。

2. 半推半就所致。被害人面临侵害时,由于各种复杂的情况,会出现"半推半就"的情形。之所以出现这种状况,也是由于被害人某些不良因素对犯罪人刺激所促成的。男女双方关系密切,有一定暧昧基础,"半推半就"的情况下发生的性行为总有一方占主导地位,倘"就"为主导,则不为强奸,若"推"占主导则为强奸。

3. 被害人品质沦丧,挑逗诱引或刺激对方而被害。这类被害人属于有过错的被害人。从某种意义上说,被害人是犯罪行为的酿造者之一。

(二)易感性情形

1. 被害人自身的疏忽防范松懈。例如,单身独居、居住分散、独身行走、处在经常有被强奸危险的时空环境中等。有的对简单的诈骗术没有防备之意。例如,在浙江丽水缙云,有一位天真的女士竟在一年内先后被骗子骗了118次,共被骗60多万元。可悲的是,被骗光所有积蓄后,她仍天真地以为对方会还她钱。骗子到案后感慨道:"她是除了我妈以外对我最好的人。"2015年一天,缙云的陈女士(化名)收到一条陌生人的好友申请,毫无戒备的她没多想便将他加为好友。不久"老板"称自己丢了手机和钱包,向陈女士借300元钱。善良的陈女士便大方地把钱借给了他。两天后,"老板"就把300元钱还给了她,并称为感谢陈女士借钱给他,他要帮陈女士赚钱,只要投资3000元,每星期能帮她赚400元。天真的陈女士见有这样的好事,就给了3000元。"投资"后第一个星期,"老板"果真给她打了400元。尝到甜头的陈女士对这位"好老板"更是深信不疑了。几天后,"老板"发来信息,称自己承包一个工程,需要买机器,但资金一时周转不过来,想借3000元。对"老板"信任有加的陈女士很快将钱打了过去。后"老板"以工人吃、住、买材料需要垫钱,员工开车把别人撞了需要赔钱,员工受伤需要住院等各种理由,先后分多次向陈女士"借"了共20多万元。这下陈女士不淡定了,开始向"老板"催要欠款。面对陈女士的催讨,"老板"表示各种抱歉,并称自己愿意先把自己的房子卖了把钱还上。见"老板"如此真诚,陈女士再次放下戒心。紧接着,"老板"又以卖房子需要公证费向陈女士"借"2万元。2016年9月,陈女士的丈夫有了察觉,而此时陈女士已先后118次"借"给"老板"60多万元。了解了前因后果的丈夫判断陈女士是遇到骗子了,决定到丽水人民医院找王某,医院称并没有这个叫王某的病人。9月21日,陈女士的丈夫到派出所报了案。①

---

① 重庆晨报,2016-11-18.

2.被害人的外在特征刺激引起。盛夏季节穿着裸露,打扮妖冶、轻佻,服装过分华丽奇异,也往往容易激起他人的犯意,招致被奸。一些女性追求时髦,穿着透明衫、超短裙、紧身裤,不分场合地点招蜂惹蝶,这都容易成为强奸犯乐于选择的对象。

3.被害人举止轻浮、轻率、生活不检点。这也是易受害的条件。女性与男性交往中的轻佻举止,可能强化加害者的犯罪意向,促使其作出犯罪的决策。

4.淫乱性的言行。犯罪学研究表明,淫乱性的语言容易挑逗、刺激对方的神经中枢,引起性冲动,产生性犯罪动机,尤其是对于道德品质不良,自制力弱的人则更易将动机转化为行为,从而实施性犯罪。

波兰著名学者、华沙犯罪问题研究所所长、罗兹大学法学院犯罪学和侦查学教授布鲁诺·霍利斯特认为:被害人学"不仅要调查生活在某种必然地使人们遭受暴力犯罪行为的威胁的现实中的人们的特征,而且要调查社会、经济及文化政策",考虑"被害人的特别不能自助(智力缺陷、未成年、身体和心理障碍)",甚至"其本身有挑衅行为"。被害人学"它必须着手系统地调查具有被害成为可能的人和情况的一切特征"。由此可以看出布鲁诺·霍利斯特是从被害人学的基本任务这一角度阐述揭示被害易感性之重要的,显然,他所说的"使被害成为可能的人和情况的一切特征"就是我们所理解的易受害人群和被害易感性问题。①

一个人易感性、诱导性越强,其被害的危险性就越大。从一定意义上讲,诱发性特征刺激了犯罪人加害自己,而易感性特征只是吸引了犯罪人加害自己。易感性特征在犯罪人实施犯罪的过程中只是一种条件,是以消极的不作为的形式出现的,而不是如诱导性特征那样以积极的形式促使犯罪人加害自己。分析被害人的"诱导性"与"易感性",目的在于从被害人的自身角度加强对犯罪的防范,提高警惕,以免被害。同时,也有助于司法机关准确定罪量刑,区分被告人罪责的轻重,做到公正处理案件。

---

① [波]布鲁诺·霍利斯特.刑事被害人学的范围、任务及其目的.谢正权译,路远校.法学译丛,1986(1).

第五章 被害人过错责任

第一节 被害人过错的形式

第二节 被害人过错责任界定

第三节 被害人责任形成阶段

第四节 被害人过错与刑事责任

被害人是形成犯罪结果的基本因素之一。大量实践证明，在许多犯罪行为中，加害人的行为深受被害人的影响。被害人的心理、言辞、行为等因素与加害人犯罪行为关系颇大。应当承认，被害人绝大多数都是无辜的，都是因在特定时间、空间条件下偶然与犯罪遭遇，或因被害人的某种特征、状态、所持财物与加害人的犯罪意图偶然一致才造成被害的。但是，也存在有过错的，甚至是有罪的被害人。其在诱发犯罪和加剧犯罪恶性程度方面都有着重要的作用，是被害人的过错激发或促进了加害人犯罪动机的形成，并促成了犯罪行为的实施，从这个角度上说，被害人是有责任的。

第一节　被害人过错的形式

　　犯罪与被害是一个问题的两个方面，任何犯罪总是在一定主观条件的作用下发生的。"被害人过错"曾是理论研究的禁区，似乎任何犯罪的罪过都完全在犯罪人一方，认为被害人无辜。笔者较早对此有过思考，司法实践中有时明知被害人有严重过错，明知这类被害人还会再诱发新的犯罪，但由于无法可依，也难以对其施行有力的矫治。[1] 有罪的被害者虽然为数不多，但由于他们自身在一定程度上具有使他人产生攻击自己的决心或使犯罪得以实施和完成的某种因素，所以对这类被害者的研究具有深远的意义，也是被害人学研究的重点之一。

---

[1] 汤啸天，任克勤．略议刑事被害人的过错．侦查，1987（3）：29.

一、何谓被害人过错

从过程因素、心理因素诸方面,被害人的过错特点表现在,它发生在犯罪发生前及犯罪发生过程中;它表现为客观行为的主观过错;它能诱发犯罪人的犯罪意识,产生侵害行为或能在犯罪过程中加剧侵害程度。自20世纪40年代初有关学者提出对于被害人与加害人的关系的问题以来,对于犯罪人与被害人的责任问题也逐渐引起了广泛的关注。被害人的过错,可以从不同角度理解,主要是指被害人在犯罪发生过程中主观上可能具有的故意或者过失责任。各国的学者都进行了大量的研究,并分别以不同的标准进行分类。

(一)责任论

根据美国学者罗伯特·L.波恩著《犯罪学》中介绍,伯特·凯乐威和约翰·胡德逊根据被害者在犯罪中的责任将被害者分为:①无责任的被害人;②惹是生非的被害人;③加速犯罪的被害人;④生理上虚弱的被害人;⑤社会适应性差的被害人;⑥自甘受害的被害人;⑦政治被害人。[①]

(二)参与论

根据学者艾才特·A.凡泰的观点,将被害者分为:①未加入犯罪的被害人;②潜在倾向性的被害人;③诱发犯罪的被害人;④参与犯罪的被害人;⑤假的被害人。

(三)罪责论

罪责论是日本被害人学学者的观点,它将被害者分为:①有罪性小的被害者——无知的被害者;②与加害者同样有罪的被害者——自发的被害者;③比加害者还有罪的被害者——诱发犯罪的被害者;④最有罪的被害者——以被害者的面目出现的犯罪者。

---

① 杨放.关于犯罪被害人的若干问题的观点.刑侦研究,1986(4):43.

（四）过错论

我国被害人学学者的主要观点如下：

1. 无过错的被害人。这是指被害人受侵害纯属犯罪人的原因，本身没有任何责任，又称无责任性被害人。

2. 有过错的被害人。它包括有意过错和无意过错的被害人。

笔者早在1987年就意识到被害人的过错及责任问题，同汤啸天撰文《略议刑事被害人的过错》在《侦查》第3期上发表。较为系统地探讨了刑事被害人过错的含义、主要表现形式。随后也有不少学者从过错、责任等角度研究刑事被害人的过错问题。被害人的过错问题与被害要因是既有联系，又有区别的两个问题。被害要因的个体因素，反映的是被害人主体自身具有的特性，而被害人过错强调、突出的是被害人主观方面的心理状态，具有主动性。应当肯定，被害人绝大多数都是无辜的受害者，有过错的只是小部分，但无论从刑事法学理论还是从司法实践需要来看，都应当重视有过错的被害人的研究。

二、被害人过错的特征

被害人学认为，被害人过错是由被害人在犯罪行为发生前、进行中或结束后实施的客观的对犯罪发生或者犯罪程度的严重性产生了实质影响，具有定罪量刑意义的客观事实。被害人的过错是指被害人在犯罪发生过程中主观上可能具有的故意或者过失责任，而这种责任对于诱发他人犯罪意识、激化犯罪人的犯罪行为有着重要作用。[①] 被害人过错，是被害人由于主观上的故意或过失，所实施的侵害犯罪行为人的相关利益或社会公共利益从而诱发犯罪人的犯罪意识、激化犯罪人犯罪的行为的否定性评价。被害人过错是一种事后的评价，如果犯罪没有发生就失去了评价被害人行为的现实意义。笔者认为，刑事意义上的被害人过错，具有以下三个特征：

---

① 帖华. 犯罪学中的被害人问题. 教科文汇, 2007（12）: 6.

（一）被害人行为的不正当性

不正当性是构成被害人过错的价值条件。被害人过错，是对社会公正、安定、秩序的违背。这种不正当性，可能表现为对有关法律、法规、规章制度的违反，也可能表现为对社会道德规范的违反。由于违法或违反道德的情形容易认定，因此其不正当性容易得到社会的认同。另外，通过对许多刑事案件案发前因的分析会发现，被害人先前行为的不正当性也可能表现为对人们日常遵循的习惯的违背，而这种情况容易被忽视。习惯也是一种社会调控手段，是对法律规范和道德规范的补充，对于调整社会生活、保障人们的利益、增进社会福利、维护社会的安定和秩序起到重要作用。因此，被害人的行为如果侵犯了某一特殊领域的人们普遍遵循的习惯，也应当属于被害人过错的范畴。但是，如果某种习惯与法律相左，那么判断是否构成过错应以法律为准。

（二）被害人行为与犯罪行为人犯罪行为的关联性

被害人行为与犯罪人的犯罪行为之间存在关联性，这种关联性是指被害人行为侵犯了与犯罪行为人相关的利益或社会公共利益，并导致犯罪行为人对被害人实施犯罪行为。这种关联性具体包括两个方面：首先是利益关联性。利益关联性是被害人行为构成过错的事实条件，即被害人行为侵犯了与犯罪行为人相关的正当利益或社会公共利益的事实必须是客观存在的。这种利益关联性包括直接相关和间接相关。直接相关指的是被害人的行为与犯罪行为人本人的利益有直接的利害关系，间接相关指的是被害人的行为与犯罪行为人的近亲属有利害关系或与社会公共利益有利害关系。也就是说，过错行为指向的对象并不仅限于犯罪行为人本人，还可能包括其近亲属或不特定的社会个体。其次是时间关联性。时间关联性是被害人行为构成过错的紧密性条件。时间关联性要求过错行为发生或过错状态的持续与犯罪发生之间的时间间隔较短。这种时间关联性会直接影响过错的认定。强调时间关联性很重要的原因是维护秩序的稳定性，社会秩序、人与人之间交往的秩序是社会稳定的前提。在现有秩序被被害人打破、尚未完全恢复时，犯罪人实施犯罪行为就与被害人先前行为有关联，在被被害人破坏的秩序得到修补或恢复后，犯罪人再对被害人实施犯罪就是其主动破坏社会秩序,那么被害人过错行为与犯罪行为就没有关联。

(三)犯罪行为的针对性

行为人实施过错行为的情形非常普遍,但只有当犯罪行为人的犯罪行为指向实施了不正当行为的人时,认定被害人过错才有意义。针对性其实可以包含于利益关联性之中,如果犯罪行为人的犯罪行为指向不正当行为人以外的人,那么根本就不存在利益的关联性。司法实践中经常出现预谋报复不正当行为人近亲属的案件,虽然不正当行为人侵害了犯罪行为人的利益,但是不正当行为人的近亲属是无辜的,因此不能认定被害人存在过错,而在量刑上从轻处罚。

三、被害人过错的主要类型

对刑事被害人的过错进行分类研究,可按不同标准进行。以过错产生的时间为标准,可分为被害前的过错、被害中的过错、被害后的过错;以过错的性质为标准,可分为犯罪行为、违法行为、违反社会公德行为;若以过错发生的数量为标准,可分为偶发性过错与惯常性过错;若以被害人过错形成时的主观状态作为划分的标准,可分为无意过错与有意过错两类。有的学者认为"众所周知,在一种情况下,有的人沦为被害人,没有附加任何来自自己方面的作用力;而在另一种情况下,有的人成为犯罪被害人,首先是因为自身行为对犯罪行为起了挑动作用"。[①] 美国学者马文·E.沃尔夫冈根据他对费城警管区内所发生的杀人案件的调查指出,直接促使犯罪人形成杀人动机的被害人的行为有:

(1)最初诉诸暴力;
(2)最初持有武器抵抗;
(3)落入强盗之类的重大犯人不得不杀害的状态;

---

① [俄]阿·伊·道尔戈娃.犯罪学.赵可译.群众出版社,2000:356.

（4）不贞行为；

（5）下流语言；

（6）不还借款。

我国有学者从新的角度进行研究，认为被害人过错有挑衅、激将、贪欲、报复、失态等，而对报复、失态的概括具有创新性。①

（一）被害人的无意过错

无意过错是指被害人由于疏忽大意、麻痹失慎等主观上的过失而使犯罪人得以乘隙作案，所以被害人的无意过错又可称为过失性过错。在我国，有过错的被害人中大部分是无意过错，过错发生的地点又以公共场所居多。无意过错者人数众多，其行为具有暴露性，可以说这是无意过错的两大特征。例如，携带大量现金及贵重物品外出乘坐车船时，因思想麻痹，只顾闲聊、玩耍或睡觉而被盗窃，被害人的过错完全是在无意识的状态下发生的，而其"露财"行为却完全暴露于公共场所之中。犯罪学研究表明，具有犯罪心理结构的人，只要有适当的机遇（侵害对象的出现和防范系统的削弱），犯罪动机就会迅速形成，并外化为犯罪行为。可见，尽管具有无意过错的被害人主观上并没有"引狼入室"或"引火烧身"的动机，但其暴露于公众的过失却在客观上起着启动犯罪的作用。例如，在旅馆、饭店等公共场所，被害人因取钱方式不当或在闲聊中"露财"，就会诱使具有潜在犯罪心理结构的人内部心理因素发生恶变，以致立刻导致侵害行为。这种"见财起意"式的侵害，往往是被害人在财物遭受损失之后才能明白防范中的失误。由于被害人的无意过错引起的受害是在其主观上缺乏警觉、防范松懈的状态下发生的，所以，往往具有报案不够及时，难以为侦查提供具体线索、证据等弊端。在实践中我们经常可以发现，具有无意过错的被害人所报案情的基本事实都是确实的，但在涉及其防范失慎等细节时又会有所隐瞒，或以其他客观理由来掩饰自己的过错，而侦查线索又恰恰集中在其有过错的环节中。

---

① 杨向华.论犯罪被害人的过错.山西经济管理干部学院学报，2006（2）：8.

（二）被害人的有意过错

有意过错是指被害人在主观上的故意心理支配下做出了错误行为而引起的被害，所以被害人的有意过错又可称为故意性过错。显然，被害人故意那样做的目的绝不是想给自己引来杀身之祸，而是满以为自己手段高明，可以占到便宜或发泄心中的怨恨。但是，事情的发展恰恰与其主观愿望相反，骗人者反被骗，害人者反遭人害。被害人的有意过错大多具有诱人犯罪或逼人犯罪等表现形式。

1. 引诱他人实施加害行为。诱人犯罪，往往始于害人终害己。作风放荡的女性具有极强的诱发犯罪作用，惯以色相引诱男性与其发生关系，然后向男方敲诈财物，遭到男方的报复。有的因为女方要价太高，男的实在无力允诺翻脸在激愤之下突发了杀人案件。有的女性勾引有妇之夫，当达不到目的时或者产生矛盾，便声言要告发，男方便有可能杀人灭口摆脱纠缠。勾引男性的女被害人之所以会遭到杀身之祸，是与其引诱过错分不开的。

2. 逼迫他人实施加害行为。逼人犯罪的情形主要是指被害人肆意对加害人进行诽谤、侮辱、伤害、虐待、敲诈、威胁、赖账等不法侵害或不作为，加害人在忍无可忍的情况下，以极端手段进行反抗、报复而形成的犯罪。由于综合因素的作用，有时无形之中"被害人"就起到了逼人犯罪的作用。

3. 故意违反法规制度的行为。例如，严重违反交通法规，导致交通肇事的发生，从而遭到车祸，是与其自身过错分不开的。

第二节
被害人过错责任界定

被害人学对于被害人的作用、责任，以及其具有挑衅性的心理和行为，使对被害问题的研究更加现实和完整。被害人学者选取被害责任作为研究切入点，尝试将被害人学研究成果吸收到刑法领域之中，提出了刑法领域中被害责任概念，并以被害责任为基础评价犯罪现象及现行刑事法体系。[①]为刑事法学研究提供了新思路。被害人不仅仅被看作一个被动的客体、一个无辜的角色，而且被认为是在起一定的积极作用或在一定程度上导致了自身的被害。

一、被害人责任的定义

1. 责任的含义。责任，有职责、义务之义。一是属于积极意义上的责难，即"分内应做的事"；二是消极意义上的，即"没有做好分内应做的事，因而应当承担的过失"，或者说因没有履行或没有完全履行自己的职责、义务所要承担的不利后果或者强制性义务。[②]我国著名刑法学家甘雨沛、何鹏教授认为，责任是"应为的义务"，即一定的人对一定的事的发生、发展、变化及其后果，负有积极助长的保证义务，或者对一定的"恶果或危害的负担者"，即一定的人，基于一定的原因，对一定事所造成的恶果或危害，须处于承担补偿或采取挽救措施的地位。[③]这种解释也是从积极和消极两个方面阐述的。

2. 被害人责任。被害人责任是指与侵害行为的产生或被害后果具有直接因果关系的行为或心理状态，包括违法或不道德的行为，也包括在特定的情境下与防止侵害发生和被害人自身被害这一目的相悖的不当行为和心理状态。这些不当的行为和心理状态的功能是使侵害人产生或强化了侵害被害人的动机。

关于被害人责任，有认同与否定两派之争。国外学者称之为"对被害人责难"与"为被害人辩解"，这是两种截然相反并对立的观点。我们认为，

---

① 王佳明. 互动之中的犯罪与被害——刑法领域中的被害人责任研究. 北京大学出版社，2007.
② 现代汉语小词典. 商务印书馆，1983：700.
③ 甘雨沛，何鹏. 外国刑法学（上册）. 北京大学出版社，1984：341.

被害人责任，就是被害人在犯罪过程中，应当对犯罪侵害事件的发生以致自身遭受的损害所负有的一定责任，这就是所谓的犯罪被害人的"有责性"。有学者指出，在某些情况下，是被害人首先发起了互动，引起或导致了实施者的犯罪行为；被害人的疏忽、轻率的行为或挑衅行为促使了许多犯罪的发生，被害人负有"功能责任"。

一般而言，在某些犯罪事件中，被害人的行为疏忽大意、不适当甚至具有诱发性，本来不幸的事件是有可能加以预防的，但被害人不是最大限度地降低他们所面临的危险，而是增加了这种危险。从这种意义上来说，这些被害人所遭受的人身或经济损害，部分是由于自身的原因所导致的。大量事实表明，被害人在与加害人互动过程中产生了不可忽视的作用，并作为产生犯罪的原因要素之一，被害人往往在犯罪事件中起到积极作用，可能直接成为暴力行为的起因，也可能作为一种生活经历对犯罪的产生具有间接的影响。在某些案件中，由于被害人具有不同程度的过错，就可能与犯罪人共同承担责任。

二、被害人责任的成立条件

被害人过错同样具有主客观相统一的特征，其基本构造也必须从主客观两个方面进行分析。[①] 被害人过错责任的成立，须具备以下几个条件：

（一）过错主体

过错行为的产生主体是被害人，行为本身必然由刑事被害人自己实施，他人无法替代。如果被害人有过错，但犯罪者却对其亲属实施犯罪，那么也不影响对犯罪者量刑的处罚。

（二）过错行为

被害人自身行为的不良性。被害人过错本身，必然是一种对社会公正秩

---

① 熊云武. 关于被害人过错的法理探析. 湖南公安专科学校学报，2007（5）：35.

序的违背，可能是对有关法律、法规、其他规章制度的显然向背，也可能是对社会公序良俗、道德规范的违反，这是其最为显著的表现。

（三）过错因果关联性

过错行为与犯罪者的犯罪行为或结果有密切的关联。双方之间存在关联，是不可或缺的条件。

（四）过错严重性

行为的过错性要达到一定的程度，要有量的积累，并非被害人的任何不良行为都是过错。不良表现要达到一定的程度，才能纳入刑事处罚的范围，才具有实际价值。当然这种定量的分析，在执法中有一定难度，需要具体问题具体分析。

三、被害人责任的类型

被害人责任与过错的关系分有意和无意两种，而具体的过错形成同样有不同程度。其过错大小同责任分担的程度有关。同时，在考量被害人过错对犯罪人定罪量刑的影响时，决不能孤立地看待，而必须将二者结合起来，在互动关系中正确认识被害人过错。

（一）被害人完全无罪责

被害人在犯罪的形成上完全处于无任何过错，对被害事实的发生，没有任何责任，完全是由犯罪人方面的罪过引起的。这种被害人称为无辜的被害人，又称"纯粹的被害人"。其在犯罪行为的产生、发展和造成危害结果的整个过程中始终处于被动、消极状态，而犯罪人是故意、主动而积极的攻击者。这类被害人多数是由于状态性被害要因而被害。他们无法预见犯罪行为的发生，无法制止犯罪行为的发展并有效地防止犯罪结果的出现。所以，犯罪人对于犯罪行为应当承担完全责任，则被害人在犯罪中完全无责任。

（二）被害人的罪责小于加害人的罪责

被害人在犯罪过程中有过错，要承担由此产生的犯罪后果的责任，但其罪责远比加害人小。虽然犯罪行为的发生与被害人的过错有直接关系，但被害人在犯罪事件中是以消极状态出现的，被害人的这些过错，一点都不能减轻加害人的罪责，因为被害人的这些过错有些是被加害人利用的，有些仅属于道德范畴，不在犯罪中起主要作用或决定作用，与加害人的犯罪行为有本质上的不同。因此，不能因被害人的过错而减轻加害人的罪责。

（三）被害人的罪责等同于加害人的罪责

这种情况是指被害人和加害人可能是因为利益冲突而相互伤害，二者都是犯罪者，又都是被害者，而且犯罪与被害的过程同时发生。被害人不同于加害人的地方就在于在犯罪的客观后果上他成了受害者。例如，盗窃犯罪分赃不均导致"火拼"，违法团伙之间相互斗殴，他们被害的责任和侵害对方的责任几乎是等同的，即被害人自发地参加了犯罪过程，被害人对犯罪行为的发生要负与加害人相等的责任。

（四）被害人的罪责大于加害人的罪责

一般来说，被害人虽然被害，但犯罪行为主要是由被害人的罪过引起的，其罪行比加害人要大。犯罪的主要责任在被害人一方，而加害人只负很少的责任。有学者把这种被害人分为具有诱发性的被害人和疏忽大意的被害人。例如，某人当众侮辱他人，被侮辱者气愤而伤害侮辱者，显然，侮辱者在犯罪中要负主要责任。在激愤状态下的犯罪者所实施的某些犯罪行为，应当由挑起该行为的人负主要责任，这种被害人往往是犯罪行为的挑起者。

（五）被害人罪责最大或负完全责任

这种情况的被害人是真正意义的犯罪者，即犯罪者被害的情况。所谓犯罪者被害，是指犯罪者在实施犯罪行为过程中，受到了被害者的反击而被害，在这种场合主要是指由于被害者的正当防卫而被害的犯罪者。学者们又将其划分成"有攻击性的被害人""虚伪性的被害人"和"想象性的被害人"。

有些犯罪者伪装被害人，为了达到陷害他人的目的而诬告他人，这种伪装被害人也是真正的犯罪者，他对于自己实施的诬告行为要负完全责任。

四、被害人责任研究的意义

被害人过错，是被害人由于主观上的故意或过失，所实施的侵害犯罪行为人的相关利益或社会公共利益从而诱发犯罪人的犯罪意识、激化犯罪人犯罪行为的否定性评价。被害人过错是一种事后的评价，如果犯罪没有发生就失去了评价被害人行为的现实意义。犯罪是犯罪人—侵害行为—被害人的集合体。某些被害人的过错是一个不可回避的现实问题，这种研究无论是对犯罪的侦查和预防，或者是对审判，都具有现实意义。

（一）研究被害人责任可使案件全貌得以完整体现

犯罪人虽然触犯了法律，侵害了被害人的利益，但一味地追究犯罪人的责任，反而会忽视案件的全貌，有些对犯罪人有利的证据难以被发现。作为司法人员无法对案件的事实有一个全貌的认识，对犯罪者犯罪行为的具体危害性，无法完全认识，可能导致没有对犯罪者正确定罪量刑。对于刑事关系双方而言，注意力往往集中在对方身上，而非首先探究自己的过错责任。通过研究被害人责任，则可以使案件的全貌得以完整地体现。

（二）研究被害人的责任有助于更好预防犯罪

在被害人有过错责任的故意伤害案件中，对被告人决定刑罚的时候，往往根据被害人过错责任的性质、程度而酌情掌握。如果被害人的过错责任很轻微，尚不足以对被告人伤害行为的主观原因及行为方式和手段产生影响，完全是由被告人的主观恶性所致。此种情况下，对被告人决定刑罚时，一般不考虑被害人的过错责任。如果被害人的过错行为已经对被告人行为的主观方面产生了影响，一般应当对被告人从轻处罚，如果被告人还具有其他法定的减轻处罚情节，应当减轻处罚，甚至免除处罚。

（三）研究被害人的责任有助于案件定性

在处理案件时不能轻视或无视被害人自身所应承担的责任。有时被害人与犯罪者之间并不是毫无关系的，这种关系可能是直接的也可能是间接的。被害人行为的性质和程度直接或间接地影响被告人主观因素、行为方式和手段，从而影响对被告人的定性。如果被害人的过错行为仅仅是违反社会道德行为，那么他的行为对被告人故意伤害行为的定性没有影响。如果被害人的过错行为是一种具有积极进攻性的，性质严重、程度激烈、危害较大的侵害行为，那么这种过错行为对被告人行为的定性就会产生举足轻重的影响。一种情况，被害人的这种行为，对于被告人的伤害行为来说，不是正在进行的，被告人行为的性质仍然是故意伤害；另一种情况，被害人的这种行为，是正在进行的。被告人是针对被害人正在进行的这种不法侵害而实施了对被害人的伤害，那么被告人行为的性质就属于正当防卫。

（四）研究被害人的责任有助于案件量刑

考察被害人的过错是影响对犯罪人定罪量刑的一个重要情节，具有十分重要的意义。英国近代启蒙思想家约翰·洛克（1632—1704）指出："法律充其量只保障公民的财产和健康不受他人的欺诈和暴力的侵害，而不能保障所有者自己不会对财产漫不经心或管理不善。一个人不论其愿意与否，谁都无法强迫他一定要发财致富或身体健康。不，上帝自己也不会违反人们的意愿来拯救人。"当立法者以保护受害者的名义对加害者实施严刑峻法时，别忘了有的受害者可不都是无辜的。现行刑法理论单纯地从犯罪人的角度研究犯罪，片面地以犯罪人的主客观事实为依据，分析其行为是否构成犯罪，以及该处多重的刑罚，而忽视了被害人应当承担的责任。在刑事审判实践中，人们往往强调的是查清犯罪事实，只重视对犯罪人方面的调查，常忽视或不重视对被害人方面的调查。有时，虽然也考察犯罪被害人的责任大小，但在量刑中却又忽视犯罪被害人对犯罪行为应当承担多大的责任。因此，影响了刑罚的合理性和公正性。在犯罪人和被害人共同导致犯罪结果发生的情况下，造成犯罪事件发生的责任应当在被害人和加害人之间进行分担，由犯罪人一人独自承担全部责任的做法是有失公平的。在被害人承担了一部分责任后，犯罪人所承担的事故责任将相应减轻，其行为的社会危害性也将相应减轻。考察被害人的责任，当然不是为了单纯地对被害人予以责难。对于责任的评价，并不是歪曲事实，而是使事实更加明朗，努力使其切合国家的刑法原则和刑事政策。

第三节 被害人责任形成阶段

犯罪人与被害人的相互关系是互补的合作者。被害人与犯罪人两方面都是互为客体而相互作用着的，被害人责任的形成过程，也就是犯罪化过程和被害化过程，作为社会化相互作用的过程。被害人责任的阶段具体表现在以下三个方面：

一、被害发生前

由于被害人各方面的原因促使或诱发犯罪人的犯罪。由于被害人具有某种特殊的观念、性格、气质及需要结构等，往往使其成为犯罪发生前的"潜在的被害人"，所以其对犯罪行为的产生负有不可推卸的责任。犯罪者因被害人的原因有预谋的或冲动犯案的，因犯罪者自己的原因而侵害被害人的，因被害人的贪财、轻信、疏忽大意等因素使犯罪分子有了可乘之机。例如，在诈骗犯罪中，被害人往往有贪利、轻信的过错，但由于这种过错是在犯罪人的诱导下产生，尽管被害人需要加强辨别、提高防骗的能力，但相对于犯罪人有意利用被害人的贪小便宜心理而实施诈骗而言，其过错是被动的、轻微的。

二、被害发生时

由于被害人心理等方面的原因使犯罪人能够轻易地达成犯罪目的。除有些被害人采取了强烈的反抗外,还有些被害人则由于事发突然而极度恐慌、不知所措、怯懦忍受、任人摆布,从而产生灰心绝望、不思反抗的心理。由于被害人对犯罪者表现出恐惧心理,从而极大地缓解了加害人作案时的紧张情绪,强化了其犯罪心理,坚定了其犯罪行为,从而在客观上推动或促进了犯罪行为即被害的完成。

三、被害发生后

在犯罪发生后由于被害人出于自己利益或心理因素的影响使犯罪行为得以隐匿。某些被害人的心理也影响着犯罪的产生或再犯的可能性。这种被害人因自己的心理因素或出于某种利益的考虑,在案发后不但不敢揭发犯罪事件的真实面目,甚至帮助犯罪人隐匿罪行,此类被害人表现多见于自卑感强或受损害程度不重,认为告发也没用,因此采取消极的态度。有时被害人可能会否认被害,拒绝公安机关的调查,不愿提供线索,有的甚至在法庭上拒绝作证或作伪证。特别是女性被害人,由于女性自身的性格弱点更使犯罪行为在某些时候不能被及时发现。这种心理阻碍了司法机关对犯罪分子进行及时、有效的打击,从而使犯罪分子逃脱惩罚并可能再度犯案。

正确认定被害人过错并对其刑法意义作出准确判断,要通过对案件被害人是否有过错、过错的程度如何、对犯罪发生的影响力大小,以及加害人对该过错刺激反应的强烈程度等进行综合分析。研究被害人责任问题反映了被害人在犯罪事件发生之前、发生过程中及完成之后的作用,揭示了被害人在具体的人际关系、具体的情境中的作用,有利于更好地贯彻罪刑相适应原则,有利于更好地保障人权,有利于更好地预防和减少犯罪。

第四节
被害人过错与刑事责任

在刑事法律关系中，犯罪者和被害人是一对矛盾结合体，犯罪者对被害人的侵害行为的程度，决定其自身受刑罚处罚的程度轻重，同时被害人过错行为，也影响对犯罪人的处罚轻重。被害人据此要承担的责任就是被害人过错责任。刑事被害人过错责任的承担，体现在对犯罪者从轻、减轻处罚的结果上。从域外法制的角度考察，有些国家已经将被害人过错责任明确地体现在刑法典中。例如，《俄罗斯联邦刑法典》第61条，将由于受害人的行为不合法或不道德而实施犯罪一项作为法定减轻处罚的情节。又如，《瑞士联邦刑法典》第64条规定，在出于值得尊敬的动机、行为人因被害人行为的诱惑、非法刺激或侮辱造成行为人愤怒和痛苦这三种情况下，法官可对行为人从轻处罚。我国香港特别行政区法律规定，被害人的挑衅可以成为谋杀罪的辩护理由，即"考虑到被害人挑衅被告人杀害他的，被害人本身有过错，因而受到挑衅者有部分正当理由"，等等，无疑为我国刑事法律吸纳被害人过错责任成为法定量刑情节提供了域外法律依据。

一、被害人过错对案件定性的影响

被害人在犯罪中的地位和所起的作用，可以影响某些类型犯罪行为的本质属性和犯罪构成，从而准确地划清罪与非罪、此罪与彼罪的界限。在存在直接被害人的刑事案件中，被害人过错行为的有无、性质、方式和程度对被告人犯罪的主观故意、作案手段、犯罪对象，以及行为后果有着直接的影响，从而影响对被告人犯罪行为的定性。一般而论，被害人违反社会道德规范、激化矛盾的过错行为，以及违反法律、法规的一般违法行为，对被告人犯罪行为的定性不会产生影响；而被害人违反法律、法规的犯罪行为，则会对被告人行为的定性产生重要影响，涉及罪与非罪、此罪与彼罪的认定。如正当防卫的被害人，因其存在先前的犯罪行为，只要正当防卫人的行为没有超过必要的限度，就不构成犯罪，而如果被害人实施的是言辞侮辱等不当行为，则不能对其进行正当防卫，否则将构成犯罪。准确判断犯罪被害人责任的有无及程度，在刑事诉讼的侦查、起诉和审判阶段都具有重要的意义。例如，"邓某娇案"。2009年5月10日晚，邓某大、黄某智等人酒后到巴东县野三关镇雄风宾馆梦幻娱乐城玩乐。黄某智强迫要求宾馆女服务员邓某娇陪其洗浴，遭到拒绝。邓某大、黄某智极为不满，对邓某娇进行纠缠、辱骂，在服务员罗某等人的劝解下，邓某娇两次欲离开房间，均被邓某大拦住并被推坐在身后的单人沙发上。当邓某大再次逼近邓某娇时，被推坐在单人沙发上的邓某娇从随身携带的包内掏出一把水果刀，起身朝邓某大刺击，致邓某大左颈、左小臂、右胸、右肩受伤。一直在现场的黄某智上前对邓某娇进行阻拦，被刺伤右肘关节内侧。邓某大因伤势严重，经抢救无效死亡；黄某智所受伤情经鉴定为轻伤。巴东县人民法院经审理认为，邓某娇在遭受邓某大、黄某智无理纠缠、拉扯推搡、言辞侮辱等不法侵害的情况下，实施的反击行为具有防卫性质，但超过了必要限度，属于防卫过当。被告人邓某娇故意伤害致人死亡，其行为已构成故意伤害罪。案发后，邓某娇主动向公安机关投案，如实供述罪行，构成自首。经法医鉴定，邓某娇为心境障碍（双相），属部分（限定）刑事责任能力。据此，依法判决对邓某娇免予刑事处罚。

二、被害人过错与收集证据要求

我国《刑事诉讼法》规定，侦查人员要收集证明犯罪嫌疑人有罪的证据，也要收集证明犯罪嫌疑人无罪和罪轻的证据。然而，在司法实践中，由于被害人过错责任在法律上没有明文规定，导致侦查机关对被害人过错的重视程度还不够，往往将工作重点放在对有罪证据的收集上，忽视对犯罪嫌疑人有利证据的收集。

只有全面、客观地收集各方面证据，才能在公平的基础上正确处理案件，有利于犯罪嫌疑人判刑后的教育改造，也有利于减少社会不安定因素。我国刑法规定的从轻情节在许多案件中都与被害人的责任有一定的联系。因被害人的过错和责任激起犯罪分子犯罪的案件，犯罪分子实施危害社会的行为是在被害人犯有过错的前提下产生的，其犯罪动机是通过犯罪行为的实施来惩罚对方，而不是主动侵害被害人。所以主观恶性和人身危险性较小，从而应该由法律来体现道义上的公正，这也符合刑罚的目的。在被害人的分类中，有过错的被害人和有罪的被害人都要对自己的被害承担一定的责任，责任的证明，就必须从收集证据来衡量。用证据表明加害人和被害人的责任轻重。

三、被害人过错对刑事责任分配的影响

在认识到被害人在犯罪实现中的作用之后，有学者认为被害人过错导致犯罪人的应受谴责性降低，并由此影响对犯罪人的量刑。英国学者马丁·瓦希克（Martin Wasik）认为，"被害人在罪行发生之前的行为，不论其是否应受谴责，只要该行为推动了犯罪人的暴力反应，那么犯罪人的应受谴责性就会得到适当的降低（幅度有时大、有时小）。尽管存在着对公民面对挑衅应该保持正常自我克制的强烈的期待，但是一旦人们面对这类行为而失去自我控制时，在不同的程度上，这又是可以理解的"。被害人过错之所以影响量刑是因为它使犯罪人犯罪行为的应受谴责性降低，并导致犯罪的社会危害性降低，信奉只有对犯罪的严重性产生影响的被害人过错才具有刑罚意义。

四、被害人过错对刑罚裁量的影响

根据我国刑法理论的罪刑相适应原则，对犯罪分子适用刑罚时，其所犯罪行和承担的刑事责任应相适应。被害人过错的存在，与犯罪嫌疑人实施犯罪行为具有一定的关联性，被害人过错达到一定程度，必然会影响对犯罪嫌疑人的量刑。而罪行本身的轻重是由犯罪的客观事实决定的，刑事责任的轻重虽然主要由犯罪的主客观事实决定，但许多案件（犯罪行为发生前后）表明犯罪人人身危险性的程度，能够说明刑事责任的轻重，却不能说明罪行本身的轻重。因被害人的过错引发犯罪分子犯罪的案件，犯罪分子实施危害社

会的行为是在被害人犯有过错的前提下产生的，被害人的过错促使其产生犯罪动机，而不是主动、有预谋地危害被害人，所以主观恶性和人身危险性较小，可以从宽处罚以体现法律和道义上的公正，这也符合刑罚的目的。在被害人推动形态和冲突形态中，有过错的被害人要对自己的被害承担一定的责任，从而表明犯罪人的责任相对较轻，相应地减轻犯罪人的刑事责任。在犯罪行为相当的情况下，"犯罪人主动攻击形态"比"被害人推动形态"的犯罪人的主观恶性和人身危险性大；"可利用的被害人形态"比"被害人推动形态"的犯罪人的主观恶性和人身危险性大。

影响犯罪嫌疑人量刑的这种过错责任，在我国刑法典有法律明文规定的和法律没有明文规定的两种。我国《刑法》第20条第2款规定：防卫过当应当负刑事责任，在处理时应当减轻或者免除处罚。也就是说，在防卫过当行为中，被害人的非法侵害行为是一种过错行为，其过错责任影响了对犯罪嫌疑人的量刑和处理，此即是我国刑罚典明文规定的情况。但其他大量的被害人过错责任，却没有反映，只是在司法实践中体现于酌定情节的范畴。由于酌定情节是根据立法精神，从审判实践中总结出来的，其本身没有法律明文规定，从而造成在实践中容易忽略的弊端。而在国外，这种被害人过错责任已明确体现在刑法典里，将其作为法定量刑的情节。

犯罪者对被害人侵害的程度，决定其自身受刑罚处罚的程度轻重；同时，被害人自身的责任，也影响对犯罪嫌疑人的处罚轻重。刑法学意义上的被害人过错，要考虑两点：其一，必须考虑刑法中确立被害人过错的实质意义；其二，必须考虑刑法学意义上的被害人过错同犯罪学意义上的被害人过错的区别。但是，被害人过错责任没有在我国刑法中有所反映，只是在司法实践中体现于酌定量刑情节的范畴。我们认为，被害人责任对刑事活动有很大的影响，从立法完善角度，被害人过错责任应当成为法定的量刑情节。

从立法现实角度，酌定量刑情节的范围与法定量刑情节呈反比例关系，即法定量刑情节越多，酌定量刑情节范围会相对缩小。而我国目前的酌定量刑情节过于宽泛，这对刑事法制并非一件益事。酌定量刑情节影响量刑，是法官自由裁量权在量刑中的具体体现，受法官的法律修养、法制意识等因素的影响。从我国的实际情况来看，法官个体素质的差异，导致实践中容易产生量刑偏差。因此，笔者认为，应根据需要和可能，缩小酌定量刑情节范围，对司法实践中经常使用、条件具备、时机成熟的酌定量刑情节，应尽快通过立法程序使之法定化。

五、国内相关法律规定之精神

（一）《最高人民法院关于常见犯罪的量刑指导意见》

最高人民法院 2017 年 3 月 9 日发布《最高人民法院关于常见犯罪的量刑指导意见》（以下简称《指导意见》），本指导意见自 2017 年 4 月 1 日起实施。《指导意见》进一步规范刑罚裁量权，落实宽严相济刑事政策，增强量刑的公开性，实现量刑公正。

1. 量刑的指导原则。量刑应当以事实为根据，以法律为准绳，根据犯罪的事实、性质、情节和对于社会的危害程度，决定判处的刑罚。量刑既要考虑被告人所犯罪行的轻重，又要考虑被告人应负刑事责任的大小，做到罪责刑相适应，实现惩罚和预防犯罪的目的。量刑应当贯彻宽严相济的刑事政策，做到该宽则宽，当严则严，宽严相济，罚当其罪，确保裁判法律效果和社会效果的统一。量刑要客观、全面把握不同时期、不同地区的经济社会发展和治安形势的变化，确保刑法任务的实现；对于同一地区、同一时期、案情相似的案件，所判处的刑罚应当基本均衡。

2. 量刑的基本方法。量刑时，应以定性分析为主，定量分析为辅，依次确定量刑起点、基准刑和宣告刑。

3. 常见量刑情节的适用。量刑时要充分考虑各种法定和酌定量刑情节，根据案件的全部犯罪事实，以及量刑情节的不同情形，依法确定量刑情节的适用及其调节比例。对严重暴力犯罪、毒品犯罪等严重危害社会治安犯罪，在确定从宽的幅度时，应当从严掌握；对犯罪情节较轻的犯罪，应当充分体现从宽。具体确定各个量刑情节的调节比例时，应当综合平衡调节幅度与实际增减刑罚量的关系，确保罪责刑相适应。

4. 常见犯罪的量刑。《指导意见》规范了 15 种犯罪判处有期徒刑、拘役的案件。其他判处有期徒刑、拘役的案件，可以参照量刑的指导原则、基本方法和常见量刑情节的适用规范量刑。各高级人民法院应当结合当地实际制定实施细则。

（二）《全国法院维护农村稳定刑事审判工作座谈会纪要》

最高人民法院曾在《全国法院维护农村稳定刑事审判工作座谈会纪要》中指出："对故意杀人犯罪是否判死刑，不仅要看是否造成了被害人死亡的结果，还要综合考虑案件的全部情况。对于被害人一方有明显过错或者对矛盾激化负有直接责任，或者被告人有法定从轻处罚情节的，一般不应判处死刑立即执行。"根据该《会议纪要》，对于因婚姻家庭、邻里纠纷等民间矛盾激化引发的故意杀人犯罪，适用死刑一定要十分慎重，应当与发生在社会上的严重危害社会治安的其他故意杀人犯罪案件有所区别。对于被害人一方有明显过错或者对矛盾激化负有直接责任，或者被告人有法定从轻处罚情节的，一般不应判处死刑立即执行。被害人过错责任应当使之成为法定的量刑情节，有学者建议对《刑法》第20条增设一款，即被害人有过错的，对被告可以从轻或者减轻处罚。

（三）被害人过错责任程度细化分类思考

被害人过错责任在量刑中究竟定于法定量刑，还是酌定量刑情节，如何进行细化分类，学界对此存在争议。现在绝大多数学者都认为在犯罪发生的促成因素中，被害人的过错不可忽视。例如，有的学者就曾指出，有过错责任的被害人在犯罪与被害关系中具有双重属性和双重身份——既是犯罪的主体又是被害的主体；既是犯罪的"积极对象"，又是被害的消极对象。从某种意义上来说，被害人就是犯罪的缔造者。[①] 从有真实、自然人的被害人的案件中可以看出，被害人过错责任是犯罪发生的一个重要因素，应该在量刑中予以充分体现，应当将被害人过错责任由酌定量刑情节上升为法定量刑情节。

1.被害人过错责任程度细化分类。按照被害人过错责任的程度，庄绪龙

---

① 宋浩波.犯罪学原理.中国人民公安大学出版社，2001：221.

从五个方面进行了分析。①

（1）被害人过错责任程度极为严重，对于犯罪行为负"完全责任"。这种情况其实就是正当防卫。在正当防卫中，最初的加害人着手实行犯罪行为，在犯罪进行的过程中被最初的被害人以正当防卫方式反击，由最初的真实的加害人转变为最终的被害人。在这种情况下，加害人与被害人的角色由于正当防卫行为因素的介入而完全转换，完全是"被害人"咎由自取，对于犯罪行为应该负完全责任。"被害人"具有强烈的可责性。

（2）被害人过错责任程度十分严重，对于犯罪行为负"重大责任"。在被害人对犯罪有重大责任的情况下，加害人的犯罪行为虽然是由于被害人的重大过错责任引起，但毕竟不是正当防卫。因此，要对加害人进行定罪量刑。这里，被害人的过错责任程度对加害人的量刑具有决定性的意义。被害人在加害人着手实行犯罪行为之前，往往因为故意或者重大过失而对加害人的合法权益造成严重的侵害，并且性质恶劣、情节严重，可责性大，最终促使加害人"忍无可忍"而以犯罪的形式爆发出来，主要有以下三种表现形式：第一，被害人以暴力侵害加害人的人身权利，激起加害人犯罪的；第二，被害人以卑劣的手段侵害加害人的合法权益，激起犯罪的；第三，被害人多次、长期严重侵害加害人的合法权益，加害人一再忍让、忍无可忍而实施犯罪的。这种情况最明显的是家庭暴力案件中妇女对具有重大过错的丈夫"以暴制暴"。

（3）被害人过错责任程度比较严重，对于加害人的犯罪行为负"较大责任"。在这种情况下，被害人往往自觉或者不自觉地参与了犯罪过程。有的学者将这种情况的被害人责任称为"对等责任"。也就是说，被害人被害的过程也就是被害人参与了加害人主导的犯罪过程，只是由于各种原因所囿，造成被害人自身的伤亡。这里被害人的过错程度较之"完全责任"和"重大责任"都要轻，可责性有所降低，所以是"较大责任"。

（4）被害人被害前的行为虽然对犯罪行为的发生有一定影响，但不是

---

① 庄绪龙.刑事被害人过错责任细化研究——兼评《人民法院量刑指导意见（试行）》之有关内容.贵州警官职业学院学报，2009（5）：48-53.

必然导致其发生，谓之"一般责任"。这种情况在现实社会中普遍存在，诸如邻里之间产生矛盾，加害人耿耿于怀以犯罪的方式报复被害人；同事、朋友或者一般的关系人之间因为日常的纠纷未能得到圆满的解决，日积成仇，进而酿成惨剧。在这样的前提下，加害人若是采用犯罪的方式宣泄对被害人的不满，被害人的可责性就大大降低，甚至根本就没有可责性。

（5）被害人"过错责任"与加害人的犯罪行为明显存在脱节，加害人的犯罪行为与被害人的"过错责任"没有明显的因果关系，为了方便论述，谓之"拟制责任"。这种"拟制责任"，指被害人本身的行为没有明显的过错或者说根本没有任何可责性，但是被害人客观上表现出来的行为往往会刺激、引诱加害人实施犯罪。一是"易感性责任"。被害人刻意或者无意炫耀财富的行为，这种刻意或者无意炫富的行为往往会诱使加害人对其进行财产犯罪，甚至由财产犯罪转化为人身权利犯罪；二是"诱导性责任"。被害人不当的言行举止行为会引诱加害人进行性犯罪，如强奸罪和强制猥亵、侮辱妇女罪等。常见的引诱加害人进行性犯罪的原因有被害人的言语刺激、举止轻佻、穿着过分暴露等。根据1999年到2002年犯罪调查统计资料，强奸犯罪人中70%左右的加害人认为被害人"对自己进行性挑逗"。[①]

2.被害人过错责任上升为"法定量刑情节"应该区别对待。从理论上审视被害人过错责任对量刑的影响，学界呈现出"一边倒"的趋势，强烈要求"去酌定化，要法定化"，要求立法正视被害人过错责任对量刑的影响；但是在现阶段的司法实践中，立法部门和司法实务界并没有"正视"这一问题，依然将其规定为"酌定量刑情节"，没有一定的区分标准。要使被害人过错责任成为法定量刑情节，必须解决好一个"度"的标准，即被害人过错责任有大有小、有轻有重，不能不加以区分。

有关资料表明，在盗窃、抢劫、诈骗、抢夺等一般性质的财产犯罪中，有接近50%的加害人"抱怨"被害人有意无意地炫耀财富，刺激加害人的犯罪动机；在强奸、强制猥亵、侮辱妇女等性犯罪中，高达70%的加害人

---

① 周路.当代实证犯罪学新编——犯罪规律研究.人民法院出版社，2004：259.

供述是在被害人向其暗示性诱惑的动机下实施犯罪的。[①] 数据表明，被害人自身自觉不自觉的行为往往会诱使加害人犯罪。从法理的角度讲，被害人的这种"拟制责任"与加害人的犯罪行为完全没有因果关系，犯罪的发生完全在于加害人自身的个体原因。所以，被害人的这种"拟制责任"根本就不是加害人犯罪的量刑情节。"拟制责任"是对"潜在被害人"尽到警示作用。

综上所述，从分析被害人过错责任的程度入手，提出五种类型的"过错责任"，并依据法理基础论证每一种"过错责任"的可责性程度，继而提出各种对策，使得不同程度被害人过错责任的可责性有据可依，继而可以考虑为以后的刑事立法所采纳：有区分、有选择地将被害人重大、较大过错责任上升为法定量刑情节；保留被害人一般过错责任为酌定量刑情节；将被害人的"拟制责任"排除在量刑情节之外，争取做到量刑准确和公正。

总之，探讨被害人对犯罪行为的发生、进程，是否有过错，是否应承担责任及责任大小，是非常重要和有价值的。因为追求"罪刑均衡"是刑事司法活动的永恒主题。必须强调的是，被害人有过错的研究还有待深化探索，诸如，被害人有过错一般的生成机理是什么，过错作用规律是什么，在刑事诉讼中从侦查环节开始掌握被害人是否有过错的情形，怎样才能更好地在日常活动中不断察知潜在的和现实的被害过错、认识过错及其诱因，并及时加以克服，从而提高自身的防范能力，避免或减少成为被害人的机会。

---

① 陈旭文．西方国家被害人过错的刑法意义．江南大学学报，2004（1）．

第六章 被害阶段论

第一节　被害前的危机预警

第二节　被害中的临场应对

第三节　被害后的心理恢复

研究被害人，既要研究被害人的类型，也要研究被害发展过程中各阶段的现象。被害发展过程中的现象表现出相对稳定的特点，呈现出规律性。笔者在《被害人心理学》一书中认为，被害心理规律是被害行为发生过程中侵害人与被害人之间心理相互影响的一种内在的必然联系。规律通过阶段表现出来，有被害前的危机、被害中的状态、被害后的应对。以往的研究多偏重现象揭示，不重视被害阶段分析，或只偏重外在表现，不注意重视规律与应对策略。研究被害阶段，则使被害人学的研究更具系统性和针对性。

第一节
被害前的危机预警

对被害人被害前的危机，可从被害发生的心理危机、潜在被害倾向性、人际冲突激化等维度进行分析，在此基础上提出预警要略。

一、被害前的潜在危机

潜在性心理危机是一种未外显的人际联系和心理矛盾。潜在性危机的特点，在于它是处在犯罪行为人的犯罪心理和被害人在被害前的心理之间发生联系和纠葛的，某种潜在的隐蔽状态，而不是现实的、显露的、直接矛盾的冲突。[①]

在大量的刑事犯罪中，我们都可以看到被害人与犯罪行为人之间存在的心理矛盾冲突。有些时候，被害人与犯罪行为人之间表面上似乎没有直接交

---

① 任克勤. 被害人心理学. 警官教育出版社，1997：33.

往,也没有矛盾冲突,但在心理上并不是完全没有接触,只是矛盾处在潜伏状态,这是一种不明显的、间接的心理纠葛。被害人与犯罪行为人之间之所以会产生间接心理纠葛,其原因在于社会认知与情感对犯罪行为人的影响,使潜伏的矛盾发生转化,如对他人的成功、富有由嫉妒、羡慕转为仇视、憎恨,正所谓"嫉妒羡慕恨",进而产生侵害行为,这多出现在侮辱、诽谤、伤害罪中。对这种间接的心理矛盾如果处理不当,往往会促成犯罪心理形成,结果导致侵害、被害的发生。

从被害人角度而言,被害前的心理危机往往同被害人个性心理特征中的消极因素有密切联系。例如,在诈骗者与被骗者的交往当中,存在心理变化规律:

物色——怀疑;

引诱——松弛;

行骗——受骗;

逃避——悔恨。

被害人疏忽大意、过于自信、缺乏自制力、丧失警惕、轻信他人、怯懦胆小、贪图享受、自私自利等,都可能是遭受侵害的隐性心理危机,亦可称之为"被害的易感性"。[①]

二、潜在被害人的被害倾向性

被害人,既有现实被害人,也有潜在被害人。潜在被害人存在的被害倾向性,往往是从潜在被害人演变、发展为现实被害人的重要条件。刑事被害的产生,与个体防范意识密切相关。刑事被害的产生,也与被害人的过错相关。我们在许多的犯罪与被害的案例中可以发现这样一些特点:被害人说了或者做了某些事情而促使犯罪人去犯罪;被害人对他人先采取了违法犯罪手段;被害人因故意或过失把自己置于危险情境之中,如被害人"显财露富"吸引犯罪人关注;由于个人的个性特点、社会地位或进入被害危险情境之中

---

① 任克勤.诈骗及其对策.陕西人民出版社,1990:58.

使自己成为被害人；在参与犯罪中成为被害人；被害人本身有违法行为使犯罪人产生侵害行为。这些特点往往成为潜在被害人的被害倾向性。被害人学理论认为，从某种意义上理解，一些犯罪行为的发生是由某些被害倾向性"促成"的。

"疏忽招致盗贼"（弗朗西斯·培根语）。被害倾向的形成与被害人的主观特征有密切联系。被害人学理论重视研究被害人的主观特征，按其对犯罪的发生所起的作用是否具有主动意识，以及其表现形式是积极的还是消极的，可以分为两类：诱发性特征和易感性特征。被害诱发性是在被害人方面存在的引发犯罪人的犯罪行为从而使自己受害的行为因素，多指被害人方面在被害之前针对犯罪行为人实施的挑衅性的或诱惑性的行为。诱发性特征的常见形式有举止轻浮、色情引诱；恶语相激、武力挑衅；仗势欺人、侵犯非难；张狂自大、自我炫耀等。诱发性特征在实际诱发程度上存在一定的差别，这种差别表现出不同程度的催化作用。其中一些具有强烈的诱发性，对犯罪生成的催化作用极强；而有一些则可能只具有轻微的催化作用，对犯罪生成的作用较弱，二者往往呈正比例关系。[①] 易感性是被害人自身具有的、处于无意识状态的、容易被犯罪人引入被害境遇从而使自己成为加害对象的因素。易感性主要表现为麻痹大意、财物显露、轻信他人、贪图小利等。与诱发性特征相比，易感性特征的催化作用要小得多。从一定意义上可以说，诱发性特征刺激了犯罪人的加害行为，而易感性特征吸引、诱惑了犯罪人的加害行为，本书的第三章有具体论述。

三、人际冲突矛盾激化

社会现象中，犯罪与被害是一类特殊的人际关系，反映出双方的人际交往。郭建安认为："犯罪人与被害人的人际关系是犯罪发生的作用原理。"[②] 笔者认为其有一定的科学依据，人际冲突激化，往往导致被害发生。

---

① 汪明亮. 犯罪生成模式研究. 北京大学出版社，2007：146.
② 郭建安. 犯罪被害人学. 北京大学出版社，1997：131–135.

（一）被害人与犯罪行为人的人际关系

社会心理学认为，人际关系的建立往往取决于一定的条件，概括起来主要有：一是人际间的相互吸引，如相互感知和理解、个人兴趣喜好等；二是在时间和空间上的接近，如距离的远近、相互交往的频率。对众多刑事犯罪的分析发现，在被害前，被害人与犯罪行为人之间存在着较为密切的人际关系，正是在双方的不断接触和交往中由于个性特征的差异或利益冲突等因素产生了矛盾，矛盾未能得到及时的、正确的处理，最终导致激化而引发犯罪的发生，导致侵害结果的产生。因此，在分析犯罪动机时，我们可从被害人与犯罪行为人的人际关系、社会关系、个性基础、角色基础等方面入手。

（二）被害人与犯罪行为人互动

"交往的相互作用"是社会心理学的一个术语，它体现那些同人们的相互作用和同直接组织他们的共同活动相联系的交往特点。人们在交往过程中，总是会产生相互的影响作用。社会心理学认为，有合作与竞争、和谐与冲突、顺利和反对、联合和分裂等。[①] 在犯罪产生之前，被害人与犯罪行为人的交往跟大多数人一样，交往双方都试图通过彼此的作用来影响对方的态度或改变对方的行为，使之符合自己的愿望。这一时期，双方的交往心理倾向可能表现为多种不同的程度：相见、相识、相知、相恨。譬如，集资诈骗的发生，集资人与投资者先是相互交往，都要争取盈利，后来因为造成直接经济损失，引起不满，报案要求追回损失。的确，唯有将集资诈骗行为人的行为置于与受害者互动的共生关系中，才能真正认识案件事实的真相。在集资诈骗犯罪的形成过程中，受害者的态度即便对最终的犯罪结果未起决定性作用，那也在很大程度上影响到实害后果的发生。德国犯罪学先驱汉斯·冯·亨蒂格曾指出："受害者必须被看作是决定性因素之一，犯罪行为人与受害者之间，通常建立着一种邪恶的共生关系。"没有集资诈骗犯罪受害者对其财产的交付行为，即受害者不自陷风险，所谓集资诈骗犯罪根本就不可能得逞。

---

① [苏]安德列耶娃.社会心理学.南开大学社会学系译.南开大学出版社，1986：176.

当犯罪发生时，会有不同的渐进表现形式，被害人与犯罪行为人的交往心理倾向则会由上述一种情况从不同的角度转变为强烈的对立冲突。因此，在个体心理发展和社会交往过程中形成的人际反应特质，是通过犯罪行为人与被害人在特定的人际关系和交往过程中的相互作用，对犯罪的发生方式和被害人在犯罪中的作用产生影响的重要因素。[①]

（三）人际冲突矛盾激化

被害人与犯罪行为人双方的人际关系是建立在一定情感基础之上的。双方关系的持续过程中，无论之前的相互情感的喜恶程度怎样，在犯罪时一般都转化为双方相互仇视或一方对另一方的仇视，从而出现矛盾激化，这几乎可以说是熟人之间发生暴力犯罪的普遍规律。

从犯罪心理学的角度考量，由于犯罪行为人的情感障碍，如情感亢奋、抑郁或病理性激情等原因，会导致其意志失控，进而实施犯罪。从被害人心理学角度，正因为被害人存在的某种心理缺陷，使加害人有机可乘。在人们的现实生活中，如何摒弃心理、行为方面存在的那些容易导致被害的潜在习惯，如不良行为，不良语言，不同于主流社会的生活方式、行为方式、习惯，在人际交往中注意形象，不因自己的主观过错诱发、激起犯罪或给侵害人可乘之机，甚至辅助、促进、强化犯罪决意，做到最大程度地减少被害，是每一个人都应该学习并自觉做到的。因此，研究被害人和犯罪行为人的内心情感变化，对于把握被害人与犯罪人行为之间互动关系的发展轨迹，尽力避免矛盾激化，无疑具有重要意义。

四、被害前的个体预防

预防被害同预防犯罪是一个问题的两个方面，有时预防被害更加体现了其主动性、针对性、有效性，而"防患于未然"，必须把握以下要略：

[①] 郭建安.犯罪被害人学.北京大学出版社，1997：135.

（一）良好的人际关系

注意积累社会经验，正确处理各种社会关系，营造良好的人际关系氛围。人总是生活在一定的社会关系之中，是否能正确地处理各种社会关系，是避免被害的重要因素之一。被害人作为社会个体在人际交往中与他人发生一定的心理联系，形成一定的人际关系，这种关系如果不正常、不协调，则会潜伏一定的被害隐患，在一定条件下可激发犯罪行为的发生。因此，个人要注意吸收知识，积累社会经验。社会经验越丰富，就能越全面、客观地认识事物，提高判断力，言行得当，建立良好的人际关系，降低被害概率。

（二）增强警觉度

提高观察能力和认知水平，清醒地、客观地评价自己周围的状况，保持一定的对可能招致被害的因素的警觉度。当社会处于重要变革、经济转型之际，要对社会现象的复杂性和潜在的危险性有足够的认识。应当科学判断、理智分析易被害时空、易被害因素，关注易被害人群。特别是对一些特定的时间、特定的地点、特定的人和事要有充分的认识，努力做到观察细微、认识全面、判断准确，要做好相应的心理防备，避免侥幸心理和盲目自信心理，切实做到"防人之心不可无"。

（三）降低被害倾向性

潜在被害人和犯罪被害人的产生，主观特征起到主导性的作用。预防被害就是根据易被害个人和群体方面存在的这些个性特征，采取各种有效措施，防止他们实际遭受犯罪侵害的各种活动。

第二节
被害中的临场应对

被害发生时,往往会出现不同的情形,产生不同的结果。有的因被害人未能反抗而被害;有的因对抗失利而被害;有的是被害人抗衡有力,损害轻微;有的被害人由被动转为主动,反击加害人;有的迫使加害人中止加害行为。[1] 在面临被害之际,被害人存在一些特殊的心理状态。[2] 行为人在面临被害过程中的心理是否正常,言行是否恰当,是考察被害人心理素质的重要指标。其行为举止的表现是显性的,它对于防御、反抗、减轻被害程度,或加速被害有直接的相关性。

一、避免特定情境中的分心

对于被害过程中的被害人而言,分心状态是消极且极为有害的心理现象,它使个体的注意力转移或不能充分地注意自身或物品的安全,以致造成被害的发生。分心状态表现为:①不确定性。主体不能把注意力集中在应该注意的对象上。例如,旅途中财物的主人应当注意认真照看好自己的行李物品,但由于注意力不集中,忽视了对财物的看管,结果造成了被害。②无关性。分心使人的注意力指向无关的事物,而忽视了对应该注意的对象的注意。特别是某些新异的刺激容易使人产生分心的状态。好奇心强者容易受外界刺激而产生分心。有些人被扒、被拎包、被抢夺,往往都是因为被害人将注意力指向无关事物上产生分心所致。③呆滞性。有时有些人仿佛会在某一时刻或一段时间,突然呈一种发愣、呆傻的现象,这就是注意力呆滞,

---

[1] 赵可,等.一个被轻视的社会群体——犯罪被害人.群众出版社,2002:235-242.
[2] 任克勤.被害人心理学.警官教育出版社,1997:35.

不能顺利地转移，对眼前应当加以注意的事物完全忘却了，对身边的事物竟然忘到了脑后，给盗窃、抢劫、抢夺等提供了条件。此外，随意性、漫不经心也是分心现象，同样是注意力不稳定，注意力没有指向应该指向的目标。

二、防止应激状态下言行失当

遭遇侵害，往往会出现"应激"状态，出现"应激"是被害人的一种重要的心理状态。应激在被害过程中的表现是显著的，它对于防御、反抗侵害、减轻被害程度，或加大、加速被害有至关重要的影响。[①] 心理学研究表明，人在应激状态下，容易出现思维混乱、行为不准确、理智感降低等现象。在开始出现被害情境时，被害人的情绪更多地表现为应激状态，这时其行为无论是积极主动的，还是消极防御的，从某种程度上都会招致被害程度的加深或者使犯罪易于实施。尤其被害人在面临犯罪侵害时会出现愤怒、恐惧等应激反应，被害人的愤怒就是一种积极主动的应激反应，它可能会使被害人产生强烈的攻击性反射，做出过激的行为，这往往会促使加害人的犯罪动机恶性发展，从而招致更为严重的被害后果。

有时，不恰当的情感表达更容易成为加速被害的因素。而屈服性恐惧则更是一种消极的应激反应，它使被害人产生被动的防御性反射，表现为束手无策、任人宰割，这却会促使加害人更加肆无忌惮地实施犯罪行为，加重被害后果。例如，2011年7月，粤北某市警方破获一起轮奸少女案，受害人是一名初一女生。某晚，无业人员阿强和4个朋友从一间网吧出来之后到某中学，将下自习的女生阿桂（代名）从学校劫持出去。阿桂面对着5个身强力壮的男生，心中无限恐慌，不敢作声，怕激怒对方，于是选择了沉默。她万万没有想到的是，正是因为她的默不作声，让她失去了最后一丝脱险的希望！被惊吓过度的阿桂完全失去了反抗能力，缩在墙角不敢吭声。此时，阿桂的电话响了，阿桂接起了电话，是学校一位老师打来电话急切地问她的方位，可已经慌了神的阿桂却丝毫描述不出所在环境，只能泣不成声。悲剧就

[①] 任克勤. 被害人心理学. 警官教育出版社，1997：38.

无可避免地发生了。

三、被害中的应对要略

被害中的应对要略，即临场应变、应对的具体策略方法。当被害正在发生时，被害人采取何种应对方法对保护自身安全是非常关键的。

（一）主观应对方面

要善于调节、控制自己的情绪，保持一种良好的心态和积极的情感。沉着和勇敢是对付犯罪人最好的武器，灵活应变是避免受害的灵丹妙药。尽量避免因应激过程中不恰当的情感表达激怒犯罪行为人，招致被害。例如，单个女子深夜不要独行，如因工作需要等原因无法避免夜间出行的，最好结伴而行，并提高警惕。不要选择小道，要走有路灯、行人多的大路。

（二）客观应对方面

当自己置身复杂的环境时，应保持注意力集中，审时度势，寻找有利于自己安全脱险的环境和时机。当面临危险，一定要沉着冷静，镇定自若，充分利用智慧摆脱危险境地。2017年4月13日凌晨，在杭州市余杭区崇贤街道的一个村道，刚下班的杨姑娘遭遇色狼欲行不轨。然而，随之而来的是一声惨叫，刚烈的杨姑娘竟然把色狼的舌头硬生生地咬了一截下来。色狼疼痛难忍，落荒而逃。杨姑娘立即打电话报警。等民警赶到现场时，她伸出手，被咬下来的舌尖还在她手里。余杭警方迅速开展侦查，根据案发现场周围调查访问和视频分析，锁定犯罪嫌疑人，并于5月5日下午在崇贤街一出租房内将犯罪嫌疑人抓获。

四、被害人自救与求助

众多的实例表明，被害人自救与求助作用明显。无论是被害前、被害中，还是被害后，自救与求助都是非常必要与重要的。

在意识到或者发现自己有可能遭受某种犯罪侵害时,应当采取积极态度。一方面,应当想方设法进行自救;另一方面,应当向社会和他人进行必需的求助,以及时帮助自己脱离危险情境,避免被害。[1] 被害人自救与求助,既要及时与有效,又要合理与合法。特殊防卫权是自救与求助的最有力的武器。相对于那些无知、盲目大意、丧失警惕、缺乏自卫意识的被害人,在灾难到来之时的理智、果敢、机智的自救,或者是求助于他人,对于被害人往往具有非凡的价值。

第三节
被害后的心理恢复

研究被害人被害后的心理与行为,对于尽快恢复被害人心理创伤,实现被害人的心理重建具有积极意义。

一、被害后果

当被害发生后,会产生一定的被害后果。根据不同标准,被害后果可分为原生与派生的;单一与多重的;自然人与法人的;物质、身体、精神的,以及被害反应。被害人的反应如何,其表现结果往往是大不相同的。

被害反应是指被害人在遭受犯罪行为后常见的心理活动和行为两种表现。[2] 要研究被害反应,分析原因,寻求解决的办法,达到修复之目的。

---

[1] 赵可,等. 一个被轻视的社会群体——犯罪被害人. 群众出版社,2002:271.
[2] 李伟. 犯罪被害人学. 中国人民公安大学出版社,2010:42-44.

二、被害人被害后的心理

被害人被害后的心理与其人生观、世界观、价值观及自身性格密切相关，案件性质不同、危害程度不同，对被害人的心理影响也不同。

（一）被害后的心境

心境，俗称"心情"，是指一个人在某一段时间内所具有的一种持续性和一般性的情感或情绪状态。心境是被害人在被害后情绪或情感的基本表现形态之一。[1] 面对被侵害后的结果，一个品德高尚、性格开朗的人，其心境状态相对要好一些；相反，也有一些被害人往往抑郁寡欢，敏感并且自卑；同一种犯罪，遭受侵害的强度越大，时间越长，其心境可能就越消极，越难以治愈。

（二）被害后的态度

态度是指一个人对某人或某事物所持的一种持久而有一致性的评价和行为倾向的系统。被害人的态度，主要是指被害人在受侵害以后对与此有关的人及事物所持的一种具有持久而一致的评价与行为反应。在遭受犯罪侵害后，被害人一般表现出以下几种不同的态度：

（1）及时报案，主动积极提供线索与证据；

（2）选择沉默忍受；

（3）寻找机会摆脱被害状态；

（4）否认被害，不愿配合警方调查。

被害人被害后的不同态度和反应，直接影响到对被害人的补救，对犯罪人的制裁，也影响到是否会遭受"二次被害"，甚至多次被害的可能。所以说，被害人勇敢积极的态度不但有助于其人身、财产损失的弥补，有助于其心灵创伤的愈合，还能使法律的公平正义得以及时有效地实现。

---

[1] 任克勤. 被害人心理学. 警官教育出版社，1997：43.

（三）被害后的心理损害

心理学研究证明，被害人在遭受犯罪侵害后，若遇到不良信息源的刺激，就可能会形成心理痛点，产生心理压力。被害人所受到的心理损害，是指个人在遭受犯罪行为的侵害后所感受到的精神痛苦，以及由此产生的心理障碍和心理疾病。被害人心理损害，有原生的、派生的，原生的有直接的与间接的。一般来说，被害人在遭受犯罪侵害后，内心世界是复杂多变的，常见的有愤怒、恐惧、羞辱、绝望等心理反应。社会心理学认为，一个人的心理素质是由个体早期社会化过程决定的，社会文化、家庭、学校教育，以及亲戚邻里等无不对其人格的形成产生影响，从而形成各自不同的、高低有别的心理特质。因此，也就有了同样条件下因人而异的心理反应的存在。

心理损害，分为短期和长期两类。心理损害范围大致包括：

（1）疼痛与折磨：即由人身伤亡造成的被害人肉体上的不适、痛苦和情绪上的创伤。

（2）精神打击：一般是指目睹了被害发生的人或被害人亲属所受到的伤害，如身心痛楚、精神错乱、神经衰弱、痛心疾首等。有的可能会造成"PTSD"，即由于遭受强烈的非常体验而导致的被害后果，也译为"应激障碍"或"创伤综合征"。

（3）丧失对生活的享受：即被害人因遭受侵害而不能充分享受现实生活或未来生活的乐趣所引起的损失。

（4）寿命缩短：指被害人因身体伤残而致寿命缩短、丧失对未来生命存在之追求所引起的损失。

（5）丧亲之痛：指被害人死亡而致使其间接被害人的亲人因失去原有的情爱、照顾、陪伴、安慰和保护等所产生的精神痛苦。如果被害人心理素质较差，缺乏调整外来刺激对心理不良影响的能力，就会造成人格上的改变，形成严重心理损伤。

（6）弥漫性创伤：如强奸犯罪、诈骗犯罪的被害人在被害后常常会产生被害后果恐惧感、强烈难息的羞耻感、明显的自责感等心理反应。复杂的心理反应左右着被害人的行为，影响着被害人正常的社会生活。

被害人在被害后会产生心理上多方向性的变化，即"主动抵御与萎靡不振""亡羊补牢与认同学仿",这样对立两极的四种变化方向表明了被害人心理变化的多样性和复杂性。有的被害人从被害中吸取经验教训,亡羊补牢,防范再次被害;有的则在被害后不能尽快地从被害的阴影里解脱出来,精神萎靡、一蹶不振;更严重的是被害人的自暴自弃心理,对犯罪由憎恶到认同模仿。[1]作为公安司法机关,在实践中要认真对待两类不同的情形,采取有针对性的方法。

三、被害人常态心理恢复

恢复被害人的常态心理又可称为"被害人恢复""被害人复原""被害人康复"(Victim Recovery)。"被害人恢复是指从被害化状态转移到康复状态,并重新获得被害前的控制机能。被害人恢复同时意味着被害经历已被接受和整合,并处在一种新的自我控制状态中,社会关系得到重建,自我对再次被害的应对能力得到加强。"[2]被害人恢复既要有社会环境的营造,也需要被害人自身的心理调适,达到内在与外在的和谐,二者的有机统一,实现身心康复。

(一)创造有利于被害人心理恢复的环境

作为弱者的被害人,随时都需要获得帮助,这不仅是被害人应有的权利,同时也是社会对其成员应尽的义务。社会的援助会帮助被害人摆脱孤立、孤独的心理阴影,将被害后形成的犯罪人—被害人的关系,转化为犯罪人—社会(包括被害人)的关系,结束被害人心理上孤军奋战的局面,形成"恢复性司法关系"。因此,改善社会环境,积极支持被害人和帮助被害人从心理上回归社会,对被害人的心理重建有重要作用。[3]被害人遭受侵害后,如果

---

[1] 汤啸天,任克勤.刑事被害人学.中国政法大学出版社,1989:59.
[2] 麻国安.被害人援助论.上海财经大学出版社,2002:19.
[3] 王延君.论被害人被害后心理的恶性变化——兼谈非被害人化过程.求是学刊,1997(1):123.

得不到应有的保护和心理上的缓解，有人会走向极端，还有可能遭受再次侵害。

被害人重建常态的心理，不仅需要社会各方面力量的援助，也需要被害人自身的积极配合。当受到不法侵害时，被害人要通过反抗、自救、主动寻求援助等行为，减少受害程度，避免扩大化的物质或身体上的损害内化为心理压力，进而导致其心理恶性发展。当被害已成为既定事实时，被害人应当承认被害现实，对社会各方的援助采取积极配合的态度，不断减轻心理压力，促进健康心理的逐步恢复，增强重新面对生活的信心。

（二）调整自我，增强抗压能力

被害人在被害后会承受来自周围环境压力的问题，在被害人有过错的时候，这种压力的存在极其自然而且现实。但有时某些被害人并没有过错，他们也会体验到来自环境的压力，这种压力与其自身的心理弱点有关，他们往往通过主观臆造的环境压力来折磨自己，这种压力并非实际存在，而是虚拟的。因此，被害人要学会自我心理调整，增强抗击外部环境压力的能力，使其心理状态能够迅速恢复正常。

（三）构建社会援助机制，促进被害人心理恢复

被害人社会帮助机制是多方面的。目前，西方国家已经出现了"被害服务中心"一类的社会福利性机构。它们专门接待被害人、诊断各类被害症状的被害人。它们由曾经遭受犯罪侵害的人、社会志愿人士和医务、社会、法律等方面的工作人员组成，为被害人提供服务。其服务的范围一般包括：

（1）接待遭受犯罪或其他行为侵害的被害人，对其进行治疗、劝慰和提供诸如护送回家等保护性服务。

（2）对进入诉讼阶段的被害人提供法律咨询、经济援助及其他帮助。

（3）设置报警电话、救助小组等，对正在遭受犯罪侵害的被害人提供紧急援助。

（4）对具有被害可能的"最大风险群体"进行劝解，提供咨询，实施特别保护等被害预防措施。对于受到心理伤害的被害人，还普遍采取一种所

谓的"危机介入法"。

在这一过程中,"经过被害人学训练的心理学家和精神病学家应当通过与被害人及其亲属的合作来研究被害人的心理和社会创伤"。[①]被害人由于情绪混乱而受到情感折磨,治疗专家必须解决这些折磨被害人的矛盾,并通过迫使被害人面对这些矛盾,帮助他们建立起新型的人际关系,增强被害人自我信任和自我实现的观念。治疗专家通过使被害人与危机感逐渐拉开距离的方式,恢复其个性,进而使被害人认识到危机其实也是他们重新安排生活的一次机会。

在我国,社会有关部门及团体对于被害人的帮助也不应仅在被害人求援的情况下才发挥作用,而应当通过积极的立法、司法等活动主动向被害人伸出援助之手。在立法上,通过赔偿、补偿、救济、保险等具体法律措施的确立,从司法程序上完善法律的补偿功能,满足被害人被害后恢复物质精神损失的要求,使其产生心理优势感,增强其重新面对社会生活的信心,坚定自己虽遭受侵害但并未失去生活的信念,防止心理危机的加深。

在刑事司法活动中,通过及时、有力地惩罚犯罪,满足被害人被害后的精神需求,使其增加对国家法律的信任度。事实上,惩罚犯罪不仅可以教育改造犯罪人、预防犯罪,而且对于被害人来说也是心理上的一种安抚、慰藉,有助于被害人身心损伤的康复。对犯罪的惩治越及时、越准确,无形中对被害人的心理抚慰效果就越大;反之,对被害人的心理则会造成更深的损伤。

---

① [德]汉斯·约阿希姆·施奈德. 国际范围内的被害人. 许章润,等译. 中国人民公安大学出版社,1992:25.

第七章 被害类型论（上）

第一节 女性被害人

第二节 未成年被害人

第三节 流动人口被害人

第四节 警察被害人

分类研究是一种科学的方法。分类法是科学研究的一种重要方法，分类标准有多种，可从不同的角度对被害人学进行分类。为使被害人学研究更为深入，我们将按性别、年龄、特征、职业身份标识等的特殊性来分类。其中，主要以女性被害人、未成年被害人、流动人口被害人、警察被害人等特殊被害人为视角。

第一节
女性被害人

从被害人学理论出发，女性被害人具有与男性被害人不同的特点，女性在性行为上具有承受性的特征，历来是性侵犯罪行为的主要对象。因此，研究女性被害人，其积极意义在于：一是如何预防与减少女性被害，如采取防身术等；二是在刑事诉讼中保障女性合法权益，对女性被害人的赔偿都具有重要的现实意义。

一、女性被害人一般特征

被害人学理论认为，性别与被害有着密切的关系。由于性别的差异，女性的被害与男性的被害也相应地存在着不同之处。据"中国现阶段犯罪问题研究"课题的调查统计表明，在刑事犯罪案件中，女性被害约占被害总数的1/3。根据王志强先生对女性被害问题的实证分析，在全部犯罪人中，专门针对女性为被害人的占22.3%。[①] 虽然从刑事犯罪的总数统计来看，某个国

---

① 王志强. 女性被害问题的实证分析. 江西公安专科学校学报，2007（3）：94.

家、某个地区、某个时期犯罪侵害的对象以男性为主，但同时有关统计资料表明，犯罪分子也利用女性生理的、心理的和社会角色上的差异，对女性实施更严重和更大程度上的侵害。

（一）女性的生理与心理特殊性

女性生理、心理结构的弱点，使她们在被害的种类、性质上有自身的特点。在某些犯罪侵害种类上，女性明显多于男性，甚至在男性身上极少发生。强奸、奸淫幼女、拐卖妇女等犯罪被害人都是女性。从个案看，强奸犯罪人侵害的人数会远远大于其自身的人数，尤其是多次作案的惯犯，受心理定式、生理欲望冲动等因素影响，往往连续作案、多次作案。在家庭虐待、拐卖等犯罪案件中，女被害人占绝大多数。

从对女性被害问题的实证分析中得出，女性被害集中在强奸、抢劫、盗窃三类，其中强奸、抢劫、盗窃、杀人、诈骗、伤害、交通肇事、卖淫、抢夺、绑架等案件中，女性被害比例分别为 35.7%、22.5%、12.7%、4.9%、3.9%、3.6%、2.2%、2.1%、1.9%、1.4%。[①] 根据对 2846 起杀人案件分析后得出，因婚姻恋爱纠纷导致杀人的案件居首位，计 1028 件，占全部杀人案件的 36%。在其他犯罪被害类型中，有资料表明，男女被害率之比约为 6：4。[②]

（二）特殊的被害类型

所谓特殊被害人，如卖淫、吸毒者，那些被胁迫卖淫的女性，那些被毒贩引诱而吸食毒品的人，从被害人学角度说，既是受害者也是害人者，具有"双重属性"。

（三）女性受害具有高发现象

女性受害的高发性也可以看成是女性被害的特殊性。[③] 主要表现在：针

[①] 王志强. 女性被害问题的实证分析. 江西公安专科学校学报，2007（3）：94-95.
[②] 任克勤. 试谈女性被害人及其损害赔偿. 政法学刊，1997（4）：58-60.
[③] 姚建龙. 女性性受害研究. 贵州警官职业学院学报，2003（1）：74.

对女性的性犯罪发案率高。对女性最严重也是最常见的性侵害——强奸犯罪，在大多数国家都是一种仅次于财产犯罪的罪行。虽然由于诸多原因，男性比女性更容易遭受犯罪侵害，但是就性侵害而言，受害人大都是女性。正因为此，各国有关惩治性犯罪的法律，大都将女性作为保护对象。

（四）女性被害人的"双低"性

女性被害的特殊性，体现在年龄低、文化低。性被害人大都是年轻未婚女性，文化程度低的女性更容易遭受性侵害。根据王志强对女性被害问题的实证分析得出，被害人年龄特征，18～25 岁的青年女性，占 44.8%；26～35 岁的青年女性，占 30.4%。[1]

（五）女性被害的"隐数"较大

例如，强奸案件的报案数历来都是低于实际发案数的。根据美国波士顿妇女组织的一份调查显示，在美国只有 10%～25% 的被强奸妇女去报案，报案的比例与强奸发生率是密切相关的。大约每 3 个妇女中就有一人在一生中曾经受到强奸。根据有的地方警方统计，强奸案件报案数还不到 1/3。

二、性侵犯的被害人

性侵犯的被害人，主要是女性，即性权利遭受犯罪侵害的人。她们通常表现在人身、人格、精神上遭受侵害，主要是女性遭受强奸、被强迫卖淫等侵害。性犯罪被害人通常简称性被害人。

（一）性被害的类型

被害人学研究的性被害，是特指女性所遭受的直接针对其性权利的侵犯，以及因为性侵犯行为所带来的伤害后果。性侵犯主要是犯罪行为，如强奸、轮奸、奸幼、强迫卖淫等。被害人学讲的广义性被害，包含卖淫行为，

---

[1] 王志强. 女性被害问题的实证分析. 江西公安专科学校学报，2007（3）：94.

这是一种典型的兼具犯罪性与受害性的双重性的行为，在犯罪学上被称为无直接受害者的犯罪。除卖淫外，聚众淫乱、故意传播性病、乱伦等类型的违法犯罪也都兼具性受害的特性，事实上也是直接或间接的性受害。

被害人学认为，被害的发生具有多种因素。女性被害的要因主要有：一是封建传统形成的男女不平等现象，根深蒂固的视女性为男性的附属品、性奴隶思想的影响，这是女性受害现象高发的重要原因；二是对女性的保护机制不健全；三是许多女性缺乏自我保护意识和必要的自我保护技能。相关的个案分析，强奸犯罪被害人多存在易感性因素，另有一些女性在面临性侵害威胁或在遭受性侵害中，缺乏必要的自我保护技能，其不当言行或者招致受害，或者导致更严重的伤害，或者导致多次受害。按遭受性侵害的方式分，可分为以下几种主要类型：

1. 强奸型性受害。强奸一般都会伴随着暴力或其他伤害行为，除了会给受害女性机体造成伤害外，更为严重的是会造成精神伤害。例如，后果恐惧感、强烈难息的羞耻感、愤怒疏泄情绪、明显的自责感等。美国一些学者研究后都得出强奸会给受害女性造成"强奸创伤综合征"的结论。[①]

2. 被迫卖淫型性受害。这种类型性受害的典型特征是违背女性意志，被迫从事卖淫活动。被迫卖淫型性受害往往与拐卖妇女联系在一起。虽然目前从事卖淫活动的女性大都是自愿的，但被拐卖逼迫卖淫的女性仍然为数不少。这些女性大都会有不同程度的反抗，而反抗所带来的常常是更为严重的摧残。

3. 性骚扰型性受害。这种类型最常见，受害女性的范围最广。大部分国家的调查显示遭受性骚扰女性的比例都在50%以上。骚扰的形式可以是语言，如讲下流语言；也可能是行为。女性所受伤害主要是心理上的，性骚扰常常发生在具有上下属关系、监护关系等类不平等地位者之间。

4. 婚内性受害。最典型的是徘徊于道德与法律边缘的婚内性受害，包括婚内强奸、性报复，带有性侵害性质的殴打、虐待等暴力伤害，以及男方会

---

① [美]珍尼特·希伯雷·海登，等. 妇女心理学. 范志强译. 云南人民出版社，1986：265-267.

给妻子造成生理、心理伤害的变态性行为,等等。

5. 其他类型性受害。按照伤害的内容,可分为生理性受害和心理性受害。按照伤害产生的先后,可分为基本的性受害和从属的性受害。由于性侵害大都是"一对一"犯罪,为了将侵犯人绳之以法,受害人不得不一次又一次地在警察、检察官、法官等各种场合面前暴露隐私,性受害人所受的"第二次伤害"常常被忽略。

(二)女性性被害的特殊性

与一般被害相比,女性受害的特殊性表现在以下方面:

1. 隐蔽性。[①] 一是受害场所隐蔽。二是受害时间隐蔽。研究发现,大部分强奸犯罪都是在夜晚8点到凌晨3点之间发生。三是受害形式隐蔽。四是伤害隐蔽。其伤害主要是心理上、精神上的,并不外显。五是隐案率高。美国一些学者的调查研究表明,强奸案中受害人往往存在着一种被称为"沉默的强奸反应"现象,即大多数受害人(有关专家估计达80%以上)不愿举报,甚至也不向包括母亲和丈夫在内的任何人提及此事。因此,大多数强奸犯罪事件被隐瞒起来,并未纳入警方统计之中。婚内强奸则被形象地称为"悄悄进行的伤害"。

2. 多次性。从实践中所发生的案例来看,受害女性常常不是只遭受一次性侵害,而大都遭受过多次性侵害。有些心理变态者,为了多次侵害女性得到更大快感,而多次实施侵害。

3. 熟识性。女性受害人常常发生在熟识的人之间,有的是同事、同学,甚至亲友。我国台湾地区学者张甘妹调查发现,强奸的加害人与受害女性之间73.6%为相识之人,其中邻居占44.2%,朋友占21.5%。[②]

4. 转换性。在性犯罪女性中有很大一部分都有性受害史,都经历了一个从受害人向犯罪人转变的过程。除了恶逆变后走上性犯罪的道路外,女性所做的其他类型违法犯罪都可以或多或少地发现性受害的背景。

---

① 肖建国,姚建龙. 女性性犯罪与性受害. 华东理工大学出版社,2002:49.
② 张甘妹. 犯罪学原理. 汉林出版社,1985:342.

5.非常时期的群体性。例如,大批女性同时或者同期被害,或者是集体性被害。

(三)女性性被害的预防

(1)预防女性性被害,要客观认识女性被害人的双重弱势,在全社会提高女性被害意识。

(2)要增强女性群体被害预防意识,提高被害预防能力。

(3)应当淡化被害角色的自我认同,培养女性正当防卫者的角色和防卫能力。

例如,2017年7月2日凌晨,广东某地的罗某玲走在回家的路上,突然有一男子从后面冲过来抱住她的腰部,将其拽倒在旁边的绿化带里,欲图谋不轨,但她机智应对,不仅成功自保脱险,还抓获了色狼,将其绳之以法。[①]当夜罗某玲与朋友吃完夜宵后,走往回家的路上,当行至兴宁市明珠体育公园附近的人行道时,引起了一路人王某波的注意。看着身穿白色裙子的罗某玲从其身边走过,王某波很是心动,遂尾随在罗某玲身后。当看到周围没有其他行人后,王某波从背后抱住罗某玲的腰部将其拽倒在路旁的绿化带里,并用身体压住罗某玲,接着用手去脱其内裤,遭到罗某玲的极力反抗。不过,王某波并没就此罢休,他爬起来用一只脚踩着罗某玲的脚,并用一只手按着罗某玲的肚子,同时用另外一只手扒掉她的内裤欲奸淫罗某玲。在这危急关头,眼看就要被色狼得逞了,罗某玲急中生智,向王某波提出该处人多不方便,表示可以到附近的酒店去开房,王某波觉得挺有道理便同意了。于是,罗某玲乘机在路上拨打110报警并通知其丈夫黄某财。在该酒店门口,罗某玲谎称其朋友会送房卡过来,让王某波稍等一下。不久黄某财及其朋友驾车来到酒店门口,王某波见状马上逃跑。黄某财等人立即和周围群众一起将王某波抓获,公安民警赶到现场将王某波抓获归案。

一本由众多美国社会学家、心理学家、法学家与医生参与编写的《救救受害者》的读物,分析了女性受害事实,被害人及其家庭对强奸的反应,医

---

① 梅州日报,2017-11-1。

生对女性的检查、治疗和帮助诉讼,值得一读。①

三、家庭暴力被害人

家庭暴力犯罪是指发生在家庭成员间的,以暴力或暴力胁迫为手段实施的侵害家庭成员合法权益的犯罪行为。联合国《清除对妇女暴力宣言》指出,家庭暴力是"家庭内发生的身心方面和性方面的暴力行为,包括殴打、家庭中对女童的性虐待、强奸配偶和其他有害于妇女的传统习俗、非配偶的暴力行为和与剥削有关的暴力行为"。狭义的家庭暴力则指对家庭成员进行肉体上的摧残、虐待和伤害的行为。家庭暴力可分为躯体暴力和言语侵犯(精神暴力)两大类。学者的被害人理论有,"个人内在因素论""家庭结构论""社会文化(父权)论""无助学习论""暴力循环论""整合论"等。②

(一)家庭暴力被害主要类型

家庭暴力犯罪问题是一个内涵与外延均极为广泛的概念。以婚姻家庭关系理论划分,家庭暴力分为夫妻间暴力与代际暴力两种;以刑法学、犯罪学理论划分,家庭暴力分为虐待、乱伦、强迫婚姻、杀亲犯罪、婚内强奸等。从现实生活中看,无论是夫妻间或是代际的暴力都可能发生虐待、乱伦、强迫婚姻、杀亲犯罪、婚内强奸,等等。

1. 虐待。虐待是指对共同生活的家庭成员经常以打骂、冷饿、禁闭、有病不给医治或强迫其过度劳动等方法,从肉体和精神上进行摧残迫害的行为。情节恶劣、造成严重结果的则构成犯罪。虐待行为有经常性、一贯性、持续性的特点,受害的对象主要是一些年幼、年老、患病或缺乏独立生活能力,在家庭中居"次要"地位的人。虐待性的违法犯罪有各种表现形式:肉体虐待和精神虐待(有人称之为显性、隐性虐待);常态虐待和变态虐待(变态

---

① [美]特里萨·S.弗里,玛里琳·A.戴维斯.救救受害者.高琛,等译.警官教育出版社,1990.
② 张平吾.被害者学.三民书局总经销,1996:324-331.

虐待主要是性变态的虐待方式）；轻微虐待和严重虐待。从类型上分，有夫妻间的虐待和代际虐待。

2. 乱伦行为。乱伦侵害是一种违反法律或风俗习俗的近亲男女之间的不正当性行为。主要表现为男性采用暴力或胁迫手段使女性在被迫情形下发生的。乱伦行为的发生，既与侵害者的无视法律、违背道德伦理规范有关，也同受害者的幼稚无知、防范意识薄弱相关。乱伦的侵害往往使女性恐惧、痛苦不堪、羞愧难当，有的导致自杀，有的诱发犯罪。

3. 强迫婚姻——暴力干涉婚姻自由。暴力强迫干涉婚姻自由罪，也属于家庭暴力的范畴。干涉行为有包办买卖、强迫、不允许等，暴力干涉是干涉方式中最严重的一种。

4. 杀亲被害。杀亲指发生在家庭成员间的杀人、伤害案件，是指犯罪人使用暴力将与自己有血缘关系或姻缘关系的家庭成员杀害。受传统文化的影响，使实施家庭暴力者未能得到应有的制裁，使遭受家庭暴力的女性被害人未能得到及时的救济，一些女性被害人在走投无路、忍无可忍的情况下，选择了极端的"自救"方式——杀死施暴人，从而直接使一些女性在家庭暴力中的角色迅速由被害人向犯罪人转换。

依据被害人在犯罪发生过程中有无过错来划分，被害人可分为无辜的被害人和有过错（罪错）的被害人。无辜的被害人，就引发家庭暴力侵害而言，本身无任何过错，这些人大多为年老体弱者、年幼无助者、无过错的配偶，受害者大多是无辜的。

较特殊的情形是，杀亲有的恰恰是被害人过错所引起的。加害人与被害人相互转化，家庭暴力的受害人转化为加害者。为了避免家庭杀人案件的发生，家庭成员中的任何人都要善于修身养性，陶冶性情，要克制冲动，调和亲情关系，融洽家庭感情，而对于侵害要借助法律武器，维护自身的人身安全。

5. 婚内强奸。由于各国法律的差异性，认识并不相同。在国外，如美国有不少的州，规定婚姻关系中并不排除妻子对丈夫强奸的控告，婚内强奸是成立的。根据国外一份资料称，被调查的600多位妇女中有48%的人承认其丈夫对她们有暴力强奸行为。英国普通法认为，婚姻内不存在强奸问题，婚内强奸不成为一个法律事实。① 在中国,首例婚姻强奸罪是 1994 年泌阳县人民法院公开审理的因婚姻强奸行为而引起的故意伤害致死案,案犯被判有期徒刑 5 年。

(二)家庭暴力被害新特点

1. 从夫妻间的婚姻暴力角度看。丈夫对妻子的虐待、伤害仍是婚姻暴力的主体。根据广州市妇联的一份调查,发出 200 份的随机问卷,收回 163 份,反映有家庭暴力的有 72 份,占 44%;在 2836 宗信访事件中,有家庭暴力的占总数的 78%,主要是丈夫殴打妻子。

根据全国妇联对 4000 万个家庭的调查,首先,有婚姻暴力的家庭占 1%(40 万)。其次,外显性的暴力会减少,而精神性的虐待、折磨可能会增加。再次,因女工失业而造成家庭冲突暴力增加。最后,夫妻双向性冲突、暴力行为增多,妻子对丈夫的施暴行为也同样会出现并有所增加。

2. 从代际的家庭暴力角度看。一是由于"望子成龙"心切对子女的虐待打骂可能增多;二是对老人的精神虐待,成为下一代较普遍的现象;三是遗弃行为增加,计划外生育的女孩会遭到遗弃、虐待,离婚后对婚生子女的遗弃或对非己所生子女的歧视、虐待等。

(三)家庭暴力被害预防②

1. 完善相关立法。调整家庭关系仅有《婚姻法》是不够的,要着手研究制定《家庭法》或尽快出台《婚姻家庭法》,要使《婚姻法》与《家庭法》相辅相成,配套实施,共同规范婚姻、家庭关系。通过《家庭法》或《婚姻家庭法》可以有效地调整家庭矛盾,减少冲突,维护家庭成员的合法权利。

2. 加强普法教育。加大对家庭成员,特别是妇女儿童的法制教育,增强

---

① [德]达玛·奥尔,乌尔苏拉·勤泽纳.婚姻家庭暴力及其对策.中国国际广播出版社,1990.

② 任克勤.家庭暴力犯罪的几个问题探讨.四川公安管理干部学院学报,1999(3):27-29.

运用法律武器保护自身合法权益的能力。根据广州市妇联的一份调查,受虐待的妇女占80%不知道我国有哪些保障妇女人身权利的法律。

3. 强化大众传媒宣传。要广泛传播文明家庭婚姻方式。提高妇女的自身素质,特别是提高女性法律意识,使其认识到家庭暴力的危害性,反对以暴制暴,预防在家庭暴力中被害人与犯罪人的角色转换。

4. 综合治理。充分发挥政府及其各职能部门的作用。妇联、街道等要及时调解家庭纠纷,防止矛盾的激化,以防"民转刑",将家庭暴力犯罪制止在始发阶段;充分发挥与受虐妇女互动的人际网络这种"非正式社会支持系统"功能。

5. 强化专业防控功能。要发挥公、检、法部门的专业防控干预功能作用。强化专业服务机构等"正式社会系统"的支持力度,用法律手段惩治家庭暴力,从制度上保障社会救济落到实处,维护被害人权益。

四、"三陪女"被害

"三陪"是汉语词语,原意是指在交际场合中陪吃、陪喝、陪玩。城乡各类娱乐场所的"三陪女",是指夜总会中陪饮、陪唱、陪跳的女服务员,同时也有陪吃、陪喝、陪睡的,往往指一些在酒店歌舞厅等娱乐场所陪异性客人吃喝玩乐的女性。她们一般陪客人吃东西,陪客人聊天,陪客人跳舞,但随着利益的驱使,慢慢发展成为赤裸裸的淫秽色情活动,进而演变成陪吃、陪跳舞、陪睡觉的"新三陪",这实际上是以"三陪"为幌子来进行色情交易。"三陪女"所从事的是一种边缘职业,既是不正当的从业者,同时又可能是被害的高危者。

(一)"三陪女"被害类型

公安机关的调查显示,近年来敲诈、抢劫、强奸甚至杀害"三陪女"的案件频繁发生,且情节恶劣。被调查者中有90%以上的"三陪女"遭到过强奸和抢劫。中国政法大学马皑自1980年即开始研究"三陪女"现象,做过广泛的社会调查,他认为:"这类案件和受侵害人的确切数字目前很难统计。因为,首先从事色情业的人数搞不清;另外大量案件发生后,绝大多数被害人不报案,因此犯罪暗数比一般的案件大得多。"他强调,从事色情业的女性受侵害的概率肯定大于普通人,"她们是被害的高危人群"。目前"三陪女"被害人主要有三种类型:

第一种是服务后因为嫖资引发矛盾,产生侵害。

第二种是以获得钱财为目的,进行敲诈勒索和抢劫。这类案件是目前最多见的。"三陪小姐"一般收入较丰厚,不但工薪阶层望尘莫及,就是犯罪分子也侧目垂涎。于是,歹徒多将"三陪小姐"作为其抢掠财物的首选对象。在"三陪小姐"被杀的案件中,也有双方苟合后因价格而产生争执,女方以告发私情或强奸要挟。

第三种则是加害人有心理障碍,憎恨卖淫女,"三陪女"成为特定的侵害对象。通过肮脏交易违法行为而生存的"三陪女",自己都感到地位低贱卑微,"特殊"的身份让她们往往在遭受侵害后不敢堂堂正正地寻求法律的保护,从而使得她们很容易成为被侵害的对象。由于她们因自卑和怯懦而不能及时报警,不少案件成为隐案、黑数。

(二)"三陪女"被害因素

1. 职业因素是"三陪女"被害的关键因素。从事色情业的"三陪女"的处境是极其危险的,她们自己也知道自己所从事的职业难以见光,因此将自己置于缺乏社会保护的"黑暗"中;也是因为知道自己从事的职业是违法的,绝大多数的"三陪女"在遭受到人身侵害之后往往不敢站出来用法律的武器来保护自己。因为她们的行为属于"越轨行为",害怕暴露身份,害怕受到公安机关的处罚,所以在遭受侵犯以后绝大多数人不报案。

2. 生活环境和生活规律是"三陪女"被害的时空因素。任何被害都是发生在一定时空内的,对于生活在不同时空的人群往往可能招致的被害是不同的。调查显示,"三陪女"流动性较大,经常迁徙,且无基本规律。"三陪女"流向选择往往与当地治安管理、经济状况、人口流动有密切关联。流动空间大,南北流动、毗邻流动、跨省流动和内陆向沿海的流动较常见。例如,新疆的会跑到沿海城市,东北的会进入北京地区,西部地区的会进入东北地区等。又如，东北地区向俄罗斯流动，俄罗斯的向我国满洲里市流动，内地的向港澳地区及东南亚国家流动等。"三陪女"的流动是无目的性的，流动中隐藏着许多的不确定危险因素诱发被害。

大部分"三陪女"的居住处，往往缺乏必要的安全保障，也是犯罪分子寻欢作乐、隐藏身份、作案频繁的地方。"三陪女"的活动时间也容易招致被害，她们通常是"日出而息，日落而作"，晚上出来工作，凌晨三四点钟下班，这正是治安控制最薄弱的时间段。

3. 心理弱势是"三陪女"被害的诱因。犯罪行为人考虑到犯罪成本，因此通常选择处于弱势的人群为犯罪对象。"三陪女"的弱势心理是对其所认识现实的心理反映的结果。她们在心理上有罪恶感，缺乏自我拯救的能力。由于弱势心理，被害时她们会因此失去反抗和维护权益的勇气。

4. "三陪女"本身具有很强的被害诱导性和被害易感性。因为她们着装过于暴露，在和人交往中举止轻浮充满色情诱惑。由于对金钱的过分追逐而不顾自身安危。当她们从事该行业一定时间后会积累较多的财物，和多人亲密接触导致财物易显露。

（三）"三陪女"被害特点

卖淫者既是被害者又是害人者，具有被害与害人的双重属性，二者相辅相成，互为因果。因其被害性，故表现出害人性；由于害人性，则潜藏着被害性。北京市公安局对1500多家歌厅调查显示，"三陪女"数万人，其中70%是外地人，绝大多数是女青年。分析35起专门对歌厅小姐实施强奸、抢劫、绑架、杀害等的案件，其主要特点有：

（1）在娱乐场所出来遭守候的案犯侵害，有的是客人亦被误认为歌厅小姐而被害。

（2）被尾随、"踩点"至住处被侵害。

（3）被犯罪人冒充警察抓嫖客入室遭抢劫。

（4）以请吃饭为名约出去玩耍被骗、被绑架、被逼索取密码索取钱物，甚至被杀害。①

（四）既是被害人又是害人者的双重性

"三陪女"先是成为犯罪分子的目标，但又有社会危害性。从社会学角度来看，"三陪女"卖淫属于被害；从犯罪学角度来看，"三陪女"则成为违法行为人。因此，卖淫"三陪女"是"主观害自己，客观害别人"。②

（五）"三陪女"被害预防

首先，从被害人角度来看，"三陪女"要保护自己，最重要的是不要从事违法活动。从某种意义上讲，"三陪女"是因职业招致被害的，因为"三陪"易接触违法者，容易被害，其职业的特殊性，成为犯罪分子侵害的主要目标。从危害修复角度而言，社会还是应该更多地考虑保护受害人的利益，对其加强教育，加强救济，并提供正当就业机会。

其次，从公权力角度来看，在立法方面，我们要加强弱势群体保护的立法，调整一些冲突的法律规范。社会学家李银河认为，在中国，卖淫不触犯《刑法》，只是违反行政法规《治安管理处罚法》。

再次，从社会角度来看，对"三陪女"要进行必要的社会教育与感化工作，并提供必需的生活空间、生活条件。在她们被侵害时，提供必要的救援。

最后，要教育她们如遇侵害要勇敢报警。例如，酒泉市肃州区某场所"三陪女"张某遭遇两名男子的轮奸、抢劫和殴打后，勇敢地报警，并对两嫌犯"本地口音、一高一矮、一胖一瘦"的描述，成为警方破案的关键线索。当日，警方依据线索向辖区所有相关场所发出协查通知。次日凌晨，一名瘦个子男子在某洗头房进入警方视线，警方迅速找到被害人张某进行指认。随后，警方在两嫌犯定点作案的"老地方"将李某兵抓获，从而破获6起侵害"三陪女"案件。

---

① 刘延武. 北京市侵害歌厅小姐案件. 中国刑事警察，1999（3）：39.
② 曹中友. 被害者心理. 湖北省新闻出版局，1989：90-91.

五、女性被害人的救济

我国政府一贯重视对妇女权益的立法保护,具体表现在宪法、刑法、民法、妇女权益保障法、婚姻法等法律当中。但有关法律对女性被害群体的特殊保护方面亟待完善。

(一)女性被害人损害赔偿的情形

依据我国现行法律,女性被害人在遭受犯罪侵害后,要求获得赔偿有以下几种情形:

(1)财产权利受到侵害时,可以要求赔偿。

(2)人身权利受到侵害时,可以要求赔偿。

(3)人格权利受到侵害时,也可以要求精神赔偿。

从法理上说,前两者的对象是物质损害,后者的对象是精神损害。从刑事法律上讲,物质损害包括犯罪对被害人的财产权利和人身权利造成的损失,这些可以用金钱标准来计算。

从实践上说,精神损害也是可以要求赔偿的,尤其是女性遭受到犯罪侵害具有其特殊性,如强奸犯罪、侮辱妇女犯罪、强迫妇女卖淫罪等,不仅仅是人身的损害,还有人格尊严、名誉、精神的损害。事实上,精神伤害也会导致人生理上的伤害。因此,对精神损害的被害人应当给予适当的物质赔(补)偿,这也体现了对被害人权利的全面保护。

(二)女性被害人损害赔偿的意义

女性在遭受侵害的性质上与男性不同。特别是在人身侵害方面,除了生命被剥夺以外,男性的大部分人身损害可以通过治疗而获愈合与弥补;女性的人身侵害,如性侵害有时候则是无法修补再生的,而且对被害人所造成的心理伤害往往甚于身体伤害。因此,用"痛不欲生"来形容此类女性被害人是毫不过分的。对于女性遭受侵害以后,被害人及有关家属、知情人都应当积极报案,以使犯罪分子受到惩治,同时也为损害的赔偿提供前提。

(1)惩罚犯罪,通过让犯罪人承担赔偿损害的义务,起到一种强制性的惩罚、教育作用。正如 1885 年在罗马首次召开的国际刑事人类学会的决议中所言："确保损害之私法的赔偿,不仅为保护被害人直接利益所必要,在防卫社会及政治犯罪的角度上亦属必要。"

（2）保护被害人的经济利益,按照西方刑法学的"均衡"理论,认为被害人应当在刑事诉讼活动中占有合法的地位,使其损失能得到赔偿。通过刑事损害赔偿,判处犯罪分子给被害人赔偿经济损失。

（3）抚慰被害人的心理创伤。绝大多数被害人都希望在受害后能挽回损失,赔偿制度使她们能如愿以偿,对她们而言自然是一种心灵安慰。

（4）有利于教育群众,判处犯罪分子给予被害人损害赔偿,以使公民更多地认识到犯罪给被害人造成的危害,从而支持被害人保护运动。

第二节
未成年被害人

未成年人犯罪、被害及预防,无论是法学领域,还是犯罪学范畴,都是一个薄弱的研究领域。社会矛盾的多发,对未成年人的健康成长带来一定影响,给他们的身心造成严重伤害。未成年被害人是弱势群体,拐卖、性侵、虐待、恶意伤害未成年人等违法犯罪屡禁不止,不仅严重侵犯了未成年人的人身安全等人身权利,也在考验着社会对未成年人的保护能力和严格执法能力。从对被害人进行研究以来,一直对容易造成隐案的未成年人被害没有得到应有的重视。因此,加强未成年人被害现实的关注极为重要。

一、未成年被害人的范畴

1. 未成年人与被害性。日本犯罪学家、被害人学家宫泽浩一在其所著的

《犯罪与被害者——日本的被害者学》一书中认为，被害人的被害性，是指在犯罪过程中与犯罪的发生有关的各种条件中属于被害人的各种条件的总括。被害性是被害人本身的一种特性，是诱发犯罪人实施加害行为的一种带有主动诱使和强烈刺激的因素，或者是犯罪人实施加害行为时可以利用和必须利用的有利条件。①被害人学研究表明，易被害人群具有的、逐渐形成的显露或者强化可能导致加害的"致罪特征"或者"致罪性"，这些"致罪性"经过和加害人的加害因素的互动与结合，最终会形成被害的决定性因素。分析人的被害个体因素，它们与被害的关系，其中之一便是人的年龄。在我国，未成年人与成年人的年龄界限为18周岁，未满18周岁的人为未成年人。被害情况调查结果表明，年龄幼小同被害的危险性有明显的联系。与此同时，"未成年人作为被害人特别是家庭暴力被害人的例子亦不胜枚举"。②

2. 未成年被害人的生理表现。未成年人是相对于成年人而言的，是一个法律概念，其年龄界限由法律规定。《未成年人保护法》第2条规定："本法所称未成年人是指未满十八周岁的公民。"未成年人被害人，是被害人学中根据年龄对犯罪被害人进行的分类。系指被违法犯罪行为侵害的未满18周岁的人。有关资料显示，未成年人易激动，好冲动，喜欢追求时尚，对事情后果考虑不足，对自身身体条件等较自信，从而安全防范意识不强，对犯罪的警惕性较低，因而较容易成为犯罪侵害的对象，而成为刑事犯罪尤其是杀人、伤害犯罪的被害人。在现实中，未成年人中被犯罪侵害的群体扩大，违法犯罪与暴力侵害呈隐案性，被害案件多为"暗数"，不被人知晓与重视。据悉，目前，我国每年至少有1000万儿童受到意外伤害，每年至少有10万儿童因受到意外伤害而死亡，每年至少有40万儿童因受到意外伤害而致残，每年至少有18500名14岁及以下儿童死于道路交通事故。③

3. 未成年人被害趋势，主要表现为被害人年龄越来越小，一些年龄小、抵抗能力弱的女孩更容易成为性犯罪侵害对象。近年来发生的多起引起全

---

① 任克勤. 被害人学新论. 广东人民出版社，2012：98.
② 张鸿巍. 少年司法的顶层设计与架构. 预防青少年犯罪研究，2014（1）：76.
③ 广州日报，2014-7-4（A21）.

国轰动的未成年人被害案,如吉林省通化市某小学教师栗某在其任班主任期间,多次强奸、猥亵 19 名女学生。

西方被害人学研究,包括特别针对中小学生的犯罪被害人,如受虐待的儿童被害人(Physical Child Abuse)、受性侵犯的中小学生被害人(Sexual Child Abuse)。有关中小学生性侵犯的几组数字来源:芬尼克尔霍(Finkelhor)对 796 名大学生调查研究发现,有 19% 的女性和 9% 的男性在儿童期曾遭受性侵犯;芬尼克尔霍在对 521 名波士顿父母的调查研究中发现,有 15% 的女性和 9% 的男性在 16 岁前曾遭受性侵犯。罗塞尔(Russell)对 930 名旧金山的妇女的调查发现,高达 28% 的妇女在 14 岁前曾是儿童性侵犯的被害人。《洛杉矶时报》曾在美国对 2627 名成年人进行了随机调查,发现 27% 的妇女和 16% 的男性在儿童期曾遭受性侵犯。男女合计共有 22% 的被调查者是儿童性侵犯被害人。据最保守的估计,至少有 10% 的妇女和 2% 的男性曾在儿童期遭受性侵害。现在美国的未成年人达 6000 万,由此可得出美国每年至少有 21 万中小学生性侵犯被害人。《美国新闻与世界报道》周刊披露,美国的犯罪人和被害人都呈现一种高峰现象,16～18 岁为犯罪高峰年龄,而被害者,大多数也是 16～18 岁的未成年人。美国的被害情况证明,年轻人始终有着较高的受害率。据美联社报道,2017 年 11 月 15 日上午 8 点左右,美国加利福尼亚州北部一小学附近发生枪击案:凶手猛开 100 枪,一名儿童被击中 2 次。据称,枪手在 7 个不同的地点随即开枪,其中包括一所小学。事发小镇兰乔蒂黑马位于加州首府萨克拉门托以北约 190 千米处,人口约 1500 人。枪击案造成 4 人死亡、多名儿童受伤。

"少年司法对未成年犯罪嫌疑人的持续关注,使得实践中有意或无意忽视了往往处于弱势的被害人一方的利益。"近年来,我国少年儿童被害、中小学生被害问题引起了社会的广泛关注,未成年人是易被害的特殊人群,应成为犯罪学、被害人学研究的重要任务之一。

二、未成年人的被害性

被害人学创始人之一本杰明·门德尔松认为,被害性是指某些社会因素所造成的各类被害人的共同特征。奥地利学者琼·格雷文则认为，被害性是一种由内外两方面因素所决定的，使人能成为被害人的那种特性。① 有的学者用"个人内在因素论""社会文化因素论""社会学习论"的理论来阐述未成年人被害。② 未成年时期，生理和心理正迅速成长，好奇心强，善于模仿，争强好胜，好自我表现，好寻求刺激，重义气，在许多方面易于与他人发生冲突。因此，其受害可能性比幼年人增大。未成年人的被害性，有客观被害性和主观被害性两方面。

（一）未成年被害人的客观被害性

1.年龄因素。未成年人是18周岁以下的人，在这个年龄阶段的人身心尚未发育成熟，往往不会采取有效的方法保护自己的合法权益或是由于自身条件的限制而不能保护自己的权益，因此就未成年人整体而言，他们是社会的弱势群体。最容易受害的年龄阶段集中在16～18岁。

2.性别因素。未成年被害人中，绝大多数是女性。在针对未成年人的性犯罪中，被害人同样以女性为主。西方学者曾提出过"青春期恐惧症"（The Adolescent Anxiety）这一概念，认为在中学阶段，男生容易卷入暴力行为。男生一方面希望通过暴力行为获得社会的关注；另一方面也想通过暴力行为向女生展示自己的勇敢与力量，这样，侵害的对象又易向男生聚集。

3.家庭因素。易被害未成年人的家庭多有以下情形：家庭功能失常、家庭中没有凝聚力、家庭成员之间沟通不良、缺乏情感上的亲密感和适应性、与外界接触少、与社会高度疏离，如流动人口家庭中的未成年人等。

4.认知程度。有关研究表明，侵害者多是未成年被害人的家庭成员、老师，或所熟悉的人。许多强奸案件发生在相识的人之间，犯罪人非常容易接近未成年人，取得未成年人的信任，再凭借其体力上的优势和对被害人的特殊身份或地位，使得对未成年人的侵害容易得逞。例如，苏州市吴中区检察

---

① [德]汉斯·约阿希姆·施奈德.国际范围内的被害人.许章润，等译.中国人民公安大学出版社，1992：18.
② 张平吾.被害者学.三民书局总经销，1996：369-372.

院办理的性侵害未成年人案件连续3年递增,此类案件犯罪人多是被害人的亲戚、邻居,甚至是监护人。

(二)未成年被害人的主观被害性

1. 未成年人的心理特点。由于未成年人的年龄小,心理尚未成熟,缺乏辨别力,缺乏自我防范意识,易轻信他人,也表现为缺乏必要的警惕性和自我保护意识,很容易受到犯罪人的诱惑,从而增大了自己被选择为侵犯对象的机会。同时,有的未成年人还会慑于犯罪人的淫威,在被害后不敢报案告发。

2. 未成年人的人际交往。未成年人早熟早恋和不良交往,也会增大未成年人的被害性。较之过去,未成年人发育普遍提前,未成年人身体成熟较早,不良人际交往增大了被害的风险性与可能性。

3. 未成年人的"易感性"与"诱导性"。[1] 被害的易感性是被害人自身存在的、处于无意识状态的、容易受加害者攻击的特性。它具有条件的作用,能够刺激加害人成功的信心,从而使自己成为加害人攻击的目标。诱导性是来自被害人的,能够引起加害攻击的因素,它具有力的作用,单一地或者重复地刺激加害人的感情冲动,就会引起加害人的犯罪动机。一个人易感性、诱导性越强,其被害的危险性就越大。从一定意义上讲,诱发性特征刺激了犯罪人加害自己,而易感性特征只是吸引了犯罪人加害自己。易感性特征在犯罪人实施犯罪的过程中只是一种条件,是以消极的不作为的形式出现的,而不是像诱导性特征那样以积极的形式促使犯罪人加害自己。分析被害人的"易感性"与"诱导性",目的在于从未成年人自身的角度加强对犯罪的防范,增强警惕性,以免被害。

---

[1] 杨放. 关于犯罪被害人的若干问题的观点. 刑侦研究,1986(4):42.

三、几类常见未成年被害人现象[①]

未成年被害人,作为犯罪行为直接侵害的对象,他们所受到的伤害最大,既有经济上的,也有身体上的,更有精神上的。这些伤害有如阴云一样笼罩,久久挥之不去。未成年人受害类型多种多样,主要集中在抢劫、盗窃、伤害等犯罪。

(一)暴力侵害

人身权利是未成年人各项权利中最基本的权利,保护好未成年人,首先要保护他们的人身权利不受侵害。严重侵害未成年人人身权利案件的多发,反映出法律法规在一些地方、一些领域还没有得到全面、有效的实施;未成年人保护,特别是对未成年人人身权利的保护,在机制和措施上还不完善。对于未成年被害人来说,所遭受到的不仅是身体上的伤害,其心理同时也受到了严重创伤。可能表现为多噩梦、失眠、抑郁、精神恍惚、无端恐惧、成绩下降甚至离家出走,等等,有的女孩还可能会产生自卑、自暴自弃心理。

现实生活中,未成年人遭受的暴力主要表现为:因仇杀、情杀、图财害命、杀人灭口,招致杀害;殴打,如推、踢、扇耳光、扭胳膊、烧烫、刺戳、揪头发等伤害未成年人;虐待、遗弃等。在家庭暴力中,轻者拳打脚踢,造成受害者鼻青脸肿、口眼出血等身体伤害;重者使用棍棒、针扎、刀割等,造成被害人骨折、毁容,或者终身残疾,甚至死亡。例如,发生在北京市大兴区的"摔死女童案"。2013年7月23日晚9时许,犯罪嫌疑人韩某等人因停车问题与一名手推婴儿车的女子发生争执。其间,韩某将该女子打倒在地,并将婴儿推车内一名2岁左右的女童抓出,举过头顶摔在地上后扬长而去,被吓呆的女子在周围群众的提醒下送女儿去医院急救,26日上午女童死亡。河南省安阳市郭某"摔女婴案";更有贵州省金沙县11岁的女童杨某贤饱受虐待长达5年之久,被开水烫头、鱼线缝嘴、针扎手指……施暴者是其亲生父亲!因此,凡是给未成年人的身体、心理、精神等方面造成损害

[①] 任克勤.当前未成年人被害问题研究.预防青少年犯罪研究,2014(5):3-14.

的行为，都是对未成年人的暴力侵害。

（二）性侵害

一般来说，只要是通过语言的或形体的有关性内容的侵犯或暗示，从而给未成年人造成心理上的反感、压抑和恐慌的，都可构成对未成年人的性侵害。针对未成年人的性侵害又主要分为：暴力型性侵害、胁迫型性侵害、诱惑型性侵害、滋扰型性侵害。性侵害是未成年人受害最基本、最典型的类型，而且在其他的诸如暴力、欺诈侵害中也往往直接具有或间接隐含"性"的痕迹，"性"极易成为未成年人受害的导因。例如，海南校长开房案、河南老师猥亵案……媒体连续曝光了多起性侵幼女案，将性侵犯未成年人犯罪推到了社会舆论的风口浪尖。

在《性侵犯罪未成年被害人实证研究——基于北京市未成年人遭受性侵案件的分析》[①]中，作者徐剑以北京市未成年人遭受性侵案件为考察样本，对性侵害未成年人现象进行分析。从罪名的角度看，具体包括强奸罪、强制猥亵、侮辱妇女罪、猥亵儿童罪、组织卖淫罪、强迫卖淫罪、引诱、容留、介绍卖淫罪、引诱幼女卖淫罪、嫖宿幼女罪等，包含65个案例86名被害人。未成年人性侵害现象特征统计如下：

1. 被害人的性别特征。性侵被害人不仅有女性，而且有男性。其中，被害女性81人，占94.2%；被害男性2人，占2.3%。当然，女性被害人比例极高可能与刑法的罪名设置有关。因为我国刑法偏重保护女性性权利，相关罪名的构成要件要求对象是女性，如强奸罪。

2. 被害人的年龄特征。调查材料表明，被害人的年龄均未超过18岁。被害人年龄最小的是4岁，最大是17岁，14岁以下的占52%，这说明在这些性侵案件中儿童被侵害的比重大。

3. 被害人身份特征。被害人身份能够反映哪些人容易被侵害，在一定程度上能够反映被害性。在比例上，学生被侵害的比例达37.2%，即超过

---

① 徐剑.性侵犯罪未成年被害人实证研究——基于北京市未成年人遭受性侵案件的分析.青少年犯罪问题，2015（4）.

1/3。这说明学生被侵害占相当的比例。由于涉性工作具有被害诱发性，所以这种职业的特殊性决定了，相较于一般的正规工作，涉性工作的被害人占10.5%。

4. 被害人的认知特征。被害人是否对加害行为具有认知是指被害人是否认识到加害人所实施的行为的性质是性侵行为。有57人对加害行为的性质有认知，占66.3%；有19人对加害行为的性质没有认知，占22.1%。超过两成被害人对加害行为的性质没有认知。

5. 被害人与加害人的关系特征。其中有33个被害人与加害人相识，有50个被害人与加害人不相识。在比例上，相识的比例为38.4%，不相识的比例为58.1%。一方面说明熟人作案有较高比例；另一方面说明相较于熟人作案，陌生人作案的比例更高。可以看出，在熟人作案中，父母（亲生父母、养父母或继父母）作为加害人的有2人（占性侵犯罪未成年被害人实证研究的2.4%），教师作为加害人的有3人（占3.5%），同学或朋友（学校同学、邻里、校外结交的朋友、网络中结交的朋友、前男女朋友、其他朋友）作为加害人的有13人（占15.2%），雇主作为加害人的有3人（占3.5%），老乡作为加害人的有2人（占2.3%），师傅作为加害人的有1人（占1.2%），父母或亲戚认识的人作为加害人的有2人（占2.3%）。这说明实施性侵的加害人不仅包括一般的同学、朋友、老师、雇主、老乡、师傅等，还包括父母。

6. 被害人所受侵害的行为类型特征。被害人遭受性侵害的行为类型有强奸、猥亵、侮辱，强迫卖淫、组织卖淫，引诱、容留、介绍卖淫。从被害人角度看，仅遭受强奸的被害人有50人，占58.1%；仅遭受猥亵或侮辱的被害人有22人，占25.6%；仅遭受强迫卖淫或组织卖淫的被害人有3人，占3.5%；仅遭受引诱、容留、介绍卖淫的被害人有5人，占5.81%；既受到强奸又受到猥亵的被害人有1人，占1.2%；既受到强奸又受到强迫卖淫的被害人有1人，占1.2%。通过比较可知，强奸是被害人遭受性侵的主要行为方式，猥亵和侮辱是仅次于强奸的性侵害行为类型。

2009年至2011年，瑞银慈善基金对我国青少年作了一项关于性侵犯的调查，结果显示8%的受访对象遭受过性侵犯。据了解，2012年，全国检察机关批捕涉嫌强奸妇女儿童案件21437件25326人，涉嫌猥亵儿童犯罪1619件1641人。在受害未成年女性中，有相当部分是未满14周岁的幼女。个别案件中，加害人利用未成年人心理不成熟的弱点，甚至哄骗与其发生性关系，案发后则以嫖娼行为辩解，极力否认强奸，以逃避刑事责任。在性侵害行为案件中，被害人低龄化趋势日益增加。[①]针对女童的侵害不可小视。2014年6月，广东省惠州市龙门县一教学点负责人翁某涉嫌猥亵17名10岁左右的女童。广州市起诉该类案件最多的白云区法院，被害人为6岁以下的占72%，其中最小的被害人仅有3岁。犯罪分子主要抓住这些家长疏于防范，利用父母上班、外出而将孩子独自留在家中之机，用一些"小恩小惠"接近被害人，在取得被害人的信任后，对她们实施猥亵、强奸等犯罪行为。犯罪嫌疑人利用暴力或威逼等手段多次对被害人实施强奸，有的犯罪行为甚至长达数月，以致造成被害人怀孕。例如，犯罪嫌疑人方某在增城市某一民房内，先后5次采用暴力手段对年仅10岁的被害人实施强奸。又如，犯罪嫌疑人以拍了裸照为由，多次威胁被害人与其发生性关系，致使4名未成年被害人怀孕。针对未成年人的性侵害，给被害人精神上带来的伤害远远比物质和身体上的伤害更为严重，主要表现为无法克服的恐惧、焦虑、抑郁、羞耻或者不信任等感受。长此以往，造成他们不愿意与人交往、接触，性格也因此变得孤僻和封闭，严重的会出现精神萎靡、举止失常、注意力不集中，学习成绩也可能因此下降，等等。

（三）侵财犯罪

侵财犯罪行为，主要集中在抢劫、盗窃、诈骗等犯罪。侵财犯罪行为侵害了儿童的财产所有权。未成年人抵抗能力较弱，保护自己财物的意识薄弱，对他们进行侵害，主要是劫取财物。侵财犯罪行为多是趁未成年人单独一人在家，财物被抢劫、被盗。或者有陌生人上前搭讪，或是跟随陌生人走，吃陌生人给的食物，接受陌生人给的东西被诱骗上当。

[①] 检察机关反映未成年人受性侵害犯罪案件增多应引起重视.广州检察情况反映，2013.

（四）拐卖儿童犯罪

拐卖儿童犯罪是指以出卖或收养为目的，拐骗、绑架、收买、贩卖、接送、中转儿童的行为。拐卖儿童案件是世界性犯罪，是旧中国的恶习，是"古老的罪恶"。中华人民共和国成立后到20世纪60年代，贩卖人口几乎绝迹。但在20世纪80年代以后，拐卖犯罪又死灰复燃，尤其在贫困地区云贵川和流动人口集中的发达地区，如东莞、深圳、福建等地。近年来，拐卖儿童出现一些新特点：犯罪团伙化趋势明显，犯罪网络错综复杂；拐卖对象复杂化，非法收养仍然是拐卖儿童犯罪的主要目的。以欺骗、盗窃、抢夺儿童为主要手段。

拐卖不是单一犯罪，而是与其他犯罪交织在一起，侵犯了被拐卖对象多方面的权利，最常见的有绑架、劫持、伤害、强奸幼女、非法拘禁等。

拐卖犯罪过程具有阶段性，作案时空跨度大。拐卖案件，从拐骗到接送、中转直至物色买主出卖不可能在短时间内完成，而是需要一个相对较长的时间段。被拐卖对象多系农村儿童。受重男轻女、传宗接代观念的影响，在被盗抢拐卖的儿童中，男性婴幼儿可以获取更高经济利益，因而被拐卖数量占绝大多数。从作案手段看，拐卖儿童案件的作案手段，主要为两种形态：一种是欺骗、引诱；另一种是暴力胁迫。有些拐卖儿童的案件，犯罪行为人甚至杀害监护人，公开抢劫儿童。在拐卖过程中，对稍有反抗的被拐卖对象进行毒打折磨，体罚虐待，暴力威胁，甚至致伤、致死。拐卖儿童犯罪，侵害了被害儿童的身体自由权和人格尊严权。被害儿童被拐骗后，处于行为人控制之下，处于被欺骗、任其摆布的境地，失去决定自己去向的身体自由权，行为人将被害儿童当作商品出卖，损害其做人的尊严，其社会危害性极大。

四、当前对未成年被害人保护存在的问题

保护未成年人的健康成长，是全社会的共同责任。近年来，我国对未成年人保护工作日益完善，然而，在立法、教育、学校、社会、司法保护诸多方面依然存在不少问题。

（一）针对未成年被害人保护的立法相对薄弱

现行法律法规对未成年犯罪嫌疑人的权利保护较为全面，而对受到犯罪行为直接侵害的被害人的保护却相对薄弱。立法和司法在对未成年被害人的保护方面存在诸多不完善之处。例如，在司法程序当中，未成年被害人法律知情权和案件参与权被忽视，告知权过于简单和缺乏可操作性，不能使未成年被害人及其法定代理人、监护人及时获得案件进展的相关信息，严重影响了合法权利的行使。

（二）针对未成年被害人隐私权的保护措施相对欠缺

尤其是缺乏从未成年被害人的心理和生理特点出发考虑特殊的保护措施。例如，在性侵害未成年人案件中，被害人家属由于顾虑名誉、加害人胁迫利诱等原因，不愿配合警方调查取证。而被害人因年幼无知，不知道如何保存证据和及时报案，致使主要证据消失，此类案件容易成为"隐案"。

实践中，一些不负责任的媒体和个别办案人员对未成年被害人隐私权等合法权益的保护意识不强，出于种种目的和原因，将被害人姓名等相关信息予以披露，严重侵害他们的合法权益。办案人员着警服、驾警车到被害人住所、学校调查的情况非常普遍，无形中使被害人的隐私权被公之于众。还有的时候，由于种种原因一次询问未能达到所要达到的目的，对未成年被害人进行反复询问。

（三）针对未成年被害人保护的相关援助机构相对缺乏

1. 针对未成年被害人的法律援助机构。目前没有一个强有力的专业机构为未成年被害人进行法律援助、提供专业的法律咨询，这使得未成年被害人尤其是那些家境困难请不起律师的被害人失去最大程度获得经济赔偿、维护自身合法权益的机会。

2. 针对未成年被害人的心理咨询服务机构。由于受到犯罪行为的伤害，产生心理问题却又得不到及时的、科学的、必要的心理咨询帮助。这极易使得他们的心理问题加剧，甚至形成心理疾病。

（四）针对未成年被害人的国家救济制度不够健全

相当多刑事案件的被告人因为没有赔偿能力或者不愿意履行法院判决，使得未成年被害人获得赔偿的愿望落空，身体上、物质上和精神上本就备受伤害的未成年被害人，还不能获得经济上的赔偿。此外，相关法律规定，被害人只能就因犯罪行为遭受的物质损失和因身体伤害造成的损失以刑事附带民事诉讼的方式提起损害赔偿诉讼，而对精神损害赔偿未纳入法律保护的范围。这样极易引发他们的不满与绝望情绪，进而成为新的社会不稳定因素。

五、未成年人被害的综合预防

要不断创新有效预防未成年人被害的机制。预防未成年人被害，既需要家庭与学校的特殊保护，更需要全社会的高度重视；既需要法律的特殊保护，也需要未成年人自身提高自防能力。依据未成年人生存空间，我国的《未成年人保护法》将保护体系划分为家庭保护、学校保护、社会保护和司法保护，编织了一张未成年人保护网。预防未成年人被害，就是要织好、织牢这张大网。

（一）自我保护

1.增强法律意识。每一个未成年人都要认真学习法律知识，特别是《刑法》《预防未成年人犯罪法》《未成年人保护法》等，学会自我教育、自我保护。要确立遵守国家法律法纪的观念，不做违法乱纪的事情，还要学会用法律来保护自己的合法权益。部分未成年女性自身本为被害人，但在遭受侵犯后，不仅不寻求法律救助，反而由被害人转化为犯罪嫌疑人，帮助他人实施犯罪。某市三起强迫卖淫犯罪中，3名未成年女性犯罪嫌疑人均是在受到他人强迫或欺骗后而卖淫，最后却助纣为虐，帮助犯罪嫌疑人强迫他人卖淫，这便是典型的"斯德哥尔摩效应"。

2.增强自防意识。在依靠社会力量营造一个有利于未成年人健康成长的大环境的同时，未成年人自身也必须懂得如何抵御违法犯罪的侵害。一方面，未成年人既是这一特殊违法犯罪行为的受害者；另一方面，他们也是控制和预防违法犯罪的重要力量。"要强化未成年人自我保护、自我预防意识,培养自我防范、自我保护能力,真正做到认识社会,拒绝诱惑,远离危险,防范侵害。"[①] 对此,要教育未成年人自觉防范形形色色的侵害。

未成年人要培养自强、自警、自醒、自防、自卫意识。"看好自家的门,管好自己的财。"不要轻率相信他人,特别是不轻信陌生人。做到在大庭广众面前不露财、不显富,决不听信骗子的花言巧语。要学会在危急处境中及时报警,牢记110、119等报警电话。坚决反抗侵害,同时又要策略地反抗,学会随机应变。

3. 抵挡各种引诱。从小就要注意在社会上交朋结友要慎重,提高警惕。对一些新颖的、好奇的东西要有所防备,以防上当受骗,染上赌瘾、毒瘾。

4. 协调人际关系。未成年人要善于自我保护。自尊自爱,注意形象;交友谨慎,多交好朋友。要与人为善,少结冤家仇敌,要尊敬师长、团结同学,和睦邻居。

5. 少处在危险时空。"无论哪种犯罪,从最轻微的到最残忍的,都不外乎是犯罪者的生理状态,其所处的自然条件和其出生、生活或工作于其中的社会环境三种因素互相作用的结果……人之所以成为罪犯,并不是因为要犯罪,而是由于他处于一定的自然和社会条件之下,罪恶的种子得以在这种条件下发芽、生长。"[②] 要尽量缩小处在不安全场所、地段的时间。在单独行动时特别要小心谨慎,夜晚一个人尽可能少外出,少去偏僻的场所,也不到治安状况不好的复杂公共场所去。要有对易被害空间的警觉,如上学放学的路上;校园附近;教师办公室;城乡结合部;矿山、厂区、田地、车站、码头;独居民宅等场所。要有对易被害时间的警觉,如上学与放学的时间;夜晚与周末;寒暑假的上午与下午;家长上班时间;外出旅游与其他活动中。

---

① 姚东."为了明天——预防青少年犯罪论坛"综述.预防青少年犯罪研究,2014(1):99.

② [意]菲利.实证派犯罪学.郭建安译.中国人民公安大学出版社,2004:172.

（二）家庭保护

1. 要树立家庭预防理念。家长是子女的第一位老师，家庭是第一课堂，家庭也是预防未成年人被害的第一道堤坝。家庭要做到"爱得理智，教得及时，严之有度，导之得法"①，这一理念是家庭被害预防的理想之路。

2. 父母要对子女强化正面教育。父母要做子女的知心朋友，细心观察子女的言行和心理变化，进行青春期教育。增加未成年人自我保护的知识和能力。既要关心子女的学习，也要关心子女的心理、身体、生活等，重视子女的不正常表现，及时发现子女是否受到伤害。"爱打报告的小朋友并不坏"，我们应当教会孩子"打报告"，让他们把潜在的伤害说出口，也许虐童之类的事件就能尽早扼杀在萌芽之中。

3. 父母要加强与学校的联系。父母应认真、全面地履行监护职责，避免子女处于无人监管和保护的状态。如果发现孩子可能在幼儿园、学校被虐待，一是要耐心地与孩子交流，及时进行心理疏导，了解相关情况。二是询问其他家长是否有类似情况，进一步印证虐待的广泛性。三是对孩子的伤痕进行拍照取证，去学校调取监控等。四是及时报警。

4. 父母要加强与社会的联系。孩子家长要掌握未成年人保护的法律法规，要具有保护常识，了解相关政策、相关扶助机构的动作，争取得到社会的重视。

（三）学校保护

1. 建立健全学校管理制度。学校应当采取措施，预防未成年人被害的发生。要加强对教师的法制教育，消除诱发教师犯罪的因素，建立对教师执业的监督制度，提高教师的法律意识和对未成年人的保护意识。震惊全国的安徽省淮南市教师逼迫6名小学生用刀片刮脸皮案，便是典型案例。反映出中小学生防范侵害的知识欠缺，反映出学校在教育普及防范知识方面存在严重问题，反映出中小学教师法律知识极度欠缺。

2. 加强法制教育与安全教育。2007年，国务院转发教育部《中小学公

---

① 钟其．浙江未成年人违法犯罪现状及基本趋势．浙江社会科学，2011（4）：6．

共安全教育指导纲要》，把学校指定为对学生进行预防性侵害教育的主要阵地。提高未成年人的自我保护意识和抵御不法侵害、依法维护自身合法权益的能力。例如，英国的"小学生守则"第1条"平安成长比成功更重要"；第2条"背心、裤衩覆盖的地方不许别人摸"；第3条"生命第一，财产第二"；还有第8条让人印象最深："遇到危险可以自己先跑"。这四条"守则"，真的是需要我们大声对孩子说出来。2006年，全国人大修订《未成年人保护法》，首次立法保护儿童的性安全。

（四）司法保护

目前，我国已形成了以宪法为依据，以未成年人保护法为基础，包含预防未成年人犯罪法和民法通则、刑法、民事诉讼法、刑事诉讼法等法律中有关规定的未成年人保护法律制度，为保护未成年人健康成长奠定了坚实的法律基础。同时，也清醒地看到，未成年人保护也面临许多困难和挑战。

1. 完善有关预防未成年人被害的法律法规。《未成年人保护法》第3条规定："未成年人享有生存权、发展权、受保护权、参与权等权利，国家根据未成年人身心发展特点给予特殊、优先保护，保障未成年人的合法权益不受侵犯。"因此，应全方位加强对未成年被害人的司法保护。为避免未成年人遭受侵害，除了加强对未成年人的监护、教育之外，还应当加强法律宣传，提高群众的守法意识、监督意识，以及未成年人自我防范意识。建立针对未成年被害人刑事犯罪案件的司法制度。现阶段，我国对未成年被害人刑事犯罪案件的侦查、审查起诉和审判方面，未成年人与成年人仍适用同一司法制度，特别是对未成年被害人司法保护更是空白。因此，建议尽快建立对未成年被害人刑事案件的司法制度，在这方面可以借鉴少年司法制度，制定保护未成年人权益的有关规定。

2. 严厉打击危害未成年人违法犯罪。要针对未成年人严重暴力犯罪采取高压态势，公安机关做到快速反应、快侦快破，对犯罪嫌疑人依法从严从重惩处，有力打击犯罪分子的嚣张气焰。根据某省人民检察院统计，2013年以来，全省检察机关共批准逮捕拐卖、虐待、遗弃、性侵等针对未成年人犯罪案件299件381人，提起公诉318件393人。某县人民法院2010年至

2014年受理未成年人性侵案共计42件53人,对被告人均判处了有期徒刑,无一人判处非监禁刑。

3.完善有关惩治侵犯未成年人的法律法规。要严厉打击严重侵害未成年人生存权、发展权、受保护权、受教育权等违法犯罪活动,鼓励未成年人在自身合法权益受到侵害时,敢于依法行使自己的权利,积极寻求法律的帮助和保护。有专家指出,在司法实践中发现,2006年最高人民法院《关于审理未成年人刑事案件具体应用法律若干问题的解释》第7条规定:"已满十四周岁不满十六周岁的人使用轻微暴力或者威胁,强行索要其他未成年人随身携带的生活、学习用品或者钱财数量不大,且未造成被害人轻微伤以上或者不敢正常到校学习、生活等危害后果的,不认为是犯罪。已满十六周岁不满十八周岁的人具有前款规定情形的,一般也不认为是犯罪。"此条款司法解释本意是贯彻"教育为主,惩罚为辅"的未成年人刑事司法原则,但无形中侵害了未成年人的合法权益。可是,自这条司法解释实施以来,这类行为从之前的抢劫罪被改为"不认为是犯罪",已经造成了极为不良的后果。[1]由于警方不能像以前一样按抢劫罪予以打击校园内外和网吧等场所的违法犯罪行为,造成校园内外和网吧等场所的此类行为多发,防不胜防,受害学生和家长对此行为深恶痛绝,严重影响了公众安全感。建议司法机关尽快修改此条司法解释,以保护未成年人合法权益。

4.加强被害人隐私权保护。在侦查、审判中注意对被害人隐私权的特殊保护,制定避免被害人受到"二次伤害"的制度。例如,公安机关在接到这类案件的报案时,考虑到其特殊性,在询问未成年被害人时,对其证言应给予重视,采取由最初接到报案的机构对未成年被害人的口供以录音、录像的方式录下来,即"一次成像"的做法,以避免不同人员反复询问,给被害人造成"二次伤害"。考虑到未成年人身心特点,询问时应由女民警问话,以降低未成年人恐惧心理。[2]

---

[1] 人民日报,2014-4-30.
[2] 任克勤.被害人学新论.广东人民出版社,2012:157.

（五）社会保护

1. 贯彻国家亲权原则。"国家亲权"原则，即国家亲权理论，被称为儿童福利制度的重要理论基础。按照这一原则，国家是未成年人的最终监护人，国家亲权高于父母亲权，强调的是未成年人保护的国家责任。作为少年司法最重要理念之一的国家亲权理论，源自于拉丁语的"Parens Patriae"一词，其字面含义为国家家长，深层意蕴则是国家居于无法律能力者（如未成年人）的君主或监护人的地位。"国家亲权"理论有三条基本原理：① 儿童期是一段具有依赖性、充满危险的时期，其间，监管是生存的基本需要；② 家庭在儿童监管中居于首要的地位，但是国家在儿童教育中起着首要的作用，并且当家庭不能提供充足的养育、道德训导或监管的任何时候，国家应当进行强有力的干预；③ 当儿童处于危险境地的时候，政府官员有权决定何为儿童的最佳利益。① 根据该理论，未成年人的保护理所当然地部分分担为国家责任、社会责任和家庭责任，国家天然地承担起对未成年人的监管和保护义务。

为全面反映《中国儿童发展纲要（2011—2020年）》实施进程，国家统计局根据相关部门统计数据和资料，对《纲要》在健康、教育、福利、社会环境和法律保护等五个领域2016年的实施情况进行了综合汇总和分析，结果表明，《纲要》实施总体进展顺利，多项指标已提前实现。其中，儿童与法律保护方面，取得一定成就：

（1）儿童权益保障法律体系日臻完善。国家在民法总则中就保护未成年人权益方面作出相关规定，制定了《反家庭暴力法》，修订了《未成年人保护法》，将嫖宿幼女罪以强奸罪从重处罚、收买被拐卖妇女儿童一律追究刑事责任、儿童受虐案件特定情况变公诉案件处理等纳入刑法修正案。在儿童监护制度方面，完善了处理监护人侵害未成年人权益行为的相关政策，建立了未成年人行政保护与司法保护衔接的工作机制。

（2）严厉打击针对儿童的违法犯罪行为。2016年，公安部推出"儿童

---

① [美] 富兰克林·E. 齐姆林. 美国少年司法. 高维俭译. 中国人民公安大学出版社，2010：4.

失踪信息紧急发布平台",积极利用"互联网+"等创新手段助力反拐、打拐行动。2016年,全国共破获拐卖儿童案件618起。

(3)儿童法律援助范围扩大、质量提高。国家逐步将教育医疗等民生相关事项纳入法律援助范围,并不断完善法律援助便民服务机制,法律援助范围不断扩大,法律援助质量不断提高。2016年,全国未成年人得到法律机构援助共计13.6万人次,比2010年增加4.9万人次,增长55.5%。

(4)未成年人犯罪率持续降低。2016年,全国未成年人犯罪人数为35743人,比2010年减少32455人,减幅达47.6%。未成年人犯罪人数占同期犯罪人数的比重为2.9%,比2010年下降3.9个百分点。青少年作案人员占全部作案人员的比重为21.3%,比2010年下降14.6个百分点。

2. 贯彻"儿童最大利益"原则。儿童最大利益原则,也称最佳利益理念,是联合国儿童权利公约规定的未成年人保护基本原则,要求"关于儿童的一切行动,不管是由公私社会福利机构、法院、行政当局还是由立法机构执行,均应以儿童的最大利益为一种首要考虑"。对未成年人,鉴于其年幼无知的现实,各国政府提供高效地儿童保育、矫正、教化等措施。在重点青少年群体教育帮助模式中,最佳利益应该是我们遵循的准则和目标。公安司法机关在不同阶段侧重点应有所不同,应灵活多样地重视保护未成年人被害人的合法权益。

3. 完善未成年人保护机制。我国《刑法》第261条规定:"对未成年人、老年人、患病的人、残疾人等负有监护、看护职责的人虐待被监护、看护的人,情节恶劣的,处三年以下有期徒刑或者拘役。单位犯前款罪的,对单位判处罚金,并对其直接负责的主管人员和其他直接责任人员,依照前款的规定处罚。有第一款行为,同时构成其他犯罪的,依照处罚较重的规定定罪处罚。"美国《儿童虐待预防与处理法案》中一些与儿童密切接触的人员,如教育者、虐待咨询的社会工作者、心理咨询师、警察、商业摄影、制片等行业从业人员等,也被列入了责任举报法中。这些人如果在工作过程中,怀疑某个孩子受到了肉体或者精神上的虐待,必须在一定时间之内(通常是24小时之内)电话报警或者联系儿童保护组织,然后在36小时内完成书面报告递交于儿童保护局。

完善的未成年人保护机制应包括专业的法规、专业的机构、专业的人员、专业的程序，以及专业的方法。这五大内容强调的不仅仅是未成年人保护机制的专门化，更强调的是其专业化。实现这五个专业要求，需要的不仅仅是人财物的优先投入，更是一个"用心"的过程。[①] 设立未成年被害人救助机构，由学校、社区、公安机关、医疗机构联合成立，设有法律室、心理室、医疗室，具备法律、心理和医疗帮助等职能，提供综合服务。有关部门要在职责内，加强法律宣传，加强文化市场整顿，净化未成年人成长的社会环境。加强影视媒体对未成年人防范侵害的宣传，普及未成年人自我保护的知识，多编写图文并茂的教育未成年人防范侵害的读本。例如，共青团广东省委、应急办等单位救援辅助志愿者协会举办"自护红领巾平安度暑假"主题活动，为孩子们讲述示范一系列救助知识，获得社会广泛好评。[②]

4. 构建多元化的未成年被害人救济方式。

（1）建立未成年被害人服务机构。世界上第一个被害服务机构是1975年在美国成立的"全国被害人支助组织"（The National Organization for Victims Assistance）。被害者服务是一种新型的社会服务。它通过为被害者提供帮助，维护法律的尊严，保障弱者的权益，以此推动刑事法律的改革。之所以要建立未成年被害人服务机构，是因为为被害人提供服务需要有固定的机构或组织来实现，以此消除犯罪对未成年被害人的消极影响，避免其中某些被害人由于没有得到社会的同情、理解、支持、帮助和服务，而陷入严重困境。例如，要持续开展打击拐卖未成年人违法犯罪，积极解救未成年被害人。特别要积极解救少儿、婴幼儿，对于记不清或难以说明自己的出生地及父母的儿童，可通过各种方式寻找其家人，必要时可采用DNA技术进行鉴定。认定的，要及时送还家长，暂无人认领的应送福利院，再为其寻找亲属。[③]

（2）完善专门医疗服务。通过某项调查显示：在暴力犯罪中，70%的

[①] 姚建龙. 未成年人保护需要"空间扩容". 人民日报，2014-5-5.

[②] 广州日报，2014-7-4（A21）.

[③] 任克勤. 被害人学新论. 广东人民出版社，2012：157.

被害人身体受到了伤害,其中40%的被害人死亡,18%的人受到重伤,23%的人受到轻伤,19%的人受到轻微伤。因此,在暴力侵害行为发生后,未成年被害人无疑会受到不同程度的身体和精神伤害。因此,需要相应的医疗机构对未成年被害人进行治疗。

(3)加强心理救助。犯罪给未成年被害人造成的心理创伤不可低估。身体受到伤害可以被治愈,但精神受到伤害则难以平复和容易被忽略。例如,被害者遇害时或遇害后出现惊愕、焦虑不安、心烦意乱,或感到愤怒、羞耻或自责,严重时会歇斯底里或精神崩溃,甚至造成人格分裂。目前,对未成年被害人采取的主要救助方式是心理救助,但未有明确的救助机构,且亦无救助资金来源保障,经济救助、监护救助缺失,未能形成立体化的未成年被害人救助体系。这种心理救助可以由专业的心理治疗服务机构来承担,及时地向被害人提供心理咨询和服务,消除或减轻被害人的心理负担,此类机构同时还要注意保护患者的隐私。

(4)提供法律援助。许多未成年被害人都存在年龄偏低、文化素质偏低、法律意识淡薄、经济困难等情况,在受到侵害后不懂得如何维护自己的合法权益,或者是想维护却因为经济上无法负担诉讼费用而被迫放弃。相关部门应主动为未成年被害人提供及时的法律服务,并根据实际情况适当减免费用。

(5)进行经济救助。对未成年人被侵害而造成的人身损害,为进行康复治疗所支付的医疗费、护理费、交通费、误工费等合理费用,未成年被害人及其法定代理人、近亲属提出赔偿请求的,法院依法予以支持。对未成年被害人因犯罪而造成人身损害,不能及时获得有效赔偿,生活困难的,优先考虑予以司法救助。有关部门或社会有关组织应当对其给予一定的经济援助。援助的形式可以多样化,并且应体现为补偿性的援助。

综上所述,未成年被害人作为一个弱势群体,应当引起全社会的关注,全社会都应该注重研究保护未成年人合法权益。通过对未成年被害人形成的原因、特点和类型进行剖析,进一步推动相关法律实施,进一步完善保护措施、增强保护力度、提高保护能力,努力解决未成年人保护中存在的问题,进而减少和预防未成年人被害的发生,促进未成年人健康成长。

第三节
流动人口被害人

被害人学对被害人的关注在刑事法领域具有重要的意义,研究流动人口被害也不例外。从流动人口角度看待被害人在刑事案件中所处的角色,结合被害人学的相关理论和流动人口被害的实证统计,分析流动人口被害原因,包括社会原因、环境原因和个人原因等,这样制订出的被害预防对策会更有效。[①] 流动人口是构成犯罪被害的高危群体,因此对其进行积极有效的被害预防将对整个社会的犯罪预防和治安状况的改善起到非常重要的作用。

一、被害人范畴的流动人口

人口流动是伴随我国市场经济发展、城市化进程出现的社会现象。20世纪80年代以来,随着经济的发展和国家政策的放宽,人口与劳动力从过去的地区封闭、半封闭状态转向活跃、流动状态。人口跨区流动的范围和规模相应扩大,并逐渐形成了大规模的农村向城市的人口流动。流动人口有多种不同界定,但根据一般的共识,流动人口基本是指离开了常住户籍所在地,跨越了一定的行政辖区范围,在某一地区暂住、滞留、活动,并在一定时间内返回其常住地的人口。简言之,流动人口是实现了人户分离的地区之间流动的人口。

有学者对流动人口的分类进行了总结,其中,根据流动目的或从事活动类型可将流动人口分为4种类型:

1. 劳务经商型。例如,建筑施工、临时合同工、帮工杂活、家庭服务、修理工匠、集贸贩卖、商饮服务、招聘及横向业务联系人员。
2. 社会交往型。例如,探亲访友、求医治病、旅游观光、寄养寄读和

[①] 童敏. 流动人口刑事被害人及被害预防. 犯罪研究,2013(3):48-54.

过境中转等。

3. 公务文化型。例如，开会调查、学习进修、文化交流和体育活动等。

4. 无业盲流型。例如，流氓、行乞、行骗、贩票、扒窃和以"六害"行业为生等。

改革开放以来，我国出现了大量密集型的流动人口现象，在现有流动人口中，占最大部分比例的群体是农业流动人口，即通常所说的农民工。农业流动人口是指具有农村户口并流动到外地打工的那部分剩余劳动力。长期以来，流动人口作为犯罪被害人的问题一直被忽视。谈及流动人口刑事案件，人们首先想到的往往是流动人口作为犯罪主体的角色。其实，流动人口往往也是刑事犯罪所侵害的对象，是相对集中的被害人。根据广州市警方透露，广州发生命案突出的特点是，命案的作案人90%以上是外省籍人员，而受害者80%以上也是外来人员，这是一种典型的"两头在外"案件。[①] 东莞市公安局侦破的许多案件都是涉案人员"两头在外"。警方在侦查工作中发现，当地发生的拐卖儿童案件主要表现为"两头在外"，即犯罪嫌疑人和被拐儿童均是外地人，大部分儿童被拐卖到外地。犯罪嫌疑人一般采用诱骗方式，以买零食、玩具为由与小孩套近乎，骗取孩子信任后将其拐走。这种作案手法多数发生在公共场所；而针对年纪较小、不能诱拐的婴儿，犯罪嫌疑人则从其家长处下手，先与婴儿家长套近乎骗取家长信任，再趁其不备或使用安眠药等手段把婴儿偷走，此类案件多发生在出租屋内。例如，小闻被拐的情形就是典型的"两头在外"。随打工的父母来到东莞还不到20天的小闻，一天晚上像往常一样在租住的小屋旁空地上玩，也就是10分钟的工夫，从屋里出来的大人就找不着人了。22时50分，警方接到报案。后来，警方经过50多个小时的连续作战，在犯罪嫌疑人的家乡汕头市潮南区解救出小闻。

二、流动人口是犯罪的重要被害人

对流动人口被害的关注，首先基于流动人口和被害人之间密切关联的事

[①] 信息时报，2006-7-18.

实。统计表明，现实中流动人口在犯罪被害人群体中占有相当比例。

根据徐建华、宋小明的课题研究，对某区2004年发生的2180起刑事案件的分析[①]，将犯罪类型归纳为两大类。一类为"谋财"型犯罪，另一类为"害命"型犯罪。其主要结论是：

（1）从概率上，常住人口是最大的被害群体。常住人口被害者占63.55%，流动人口占36.45%。常住人口男性是最危险的被害群体，流动人口女性成为最为安全的群体。

（2）常住人口成为"谋财"的主要对象，流动人口成为"害命"的主要对象。在"谋财"被害人当中，常住人口所占比例达到75.72%，而流动人口所占比例只有24.28%，超过3/4的"谋财"型犯罪被害人是常住人口，而被害人当中流动人口所占比例不到1/4。与"谋财"型犯罪形成强烈对比的是，在"害命"型犯罪的被害人当中，常住人口所占的比例为36.02%，而流动人口所占的比例则达到63.98%，近2/3的"害命"型犯罪的被害人是流动人口，而被害人当中常住人口所占比例则只有1/3。

常住人口成为"谋财"的主要对象，主要是因为经济地位，人们在选择"谋财"的对象时，自然会更倾向于选择有钱的常住人口。例如，合同诈骗案全部都是针对常住人口，入室盗窃案82.41%是针对常住人口，盗窃摩托车案92.59%是针对常住人口。

而流动人口成为"害命"的主要对象，可能有以下几个方面的原因：一是由于流动人口社会地位比较低，当遇到抢夺时，会把财产看得比较重，从而容易反抗，使抢夺发展为抢劫，因而对人身的伤害可能性增加。例如，抢夺案中，常住人口被害人所占比例为61.90%，而流动人口被害人所占比例只有38.10%。与此相反，在抢劫案当中，流动人口所占的比例达到60.94%，而常住人口所占的比例则只有39.06%，而在入户抢劫、拦路抢劫，以及抢劫摩托车案当中。流动人口被害人所占的比例都占绝大多数，甚至达到80%以上。

---

① 徐建华，宋小明. 珠江三角洲刑事犯罪人、被害人的人口特征分析. 南方人口，2005（3）：36-43.

另外一个原因是流动人口生活在一起，容易产生摩擦和冲突，从而容易发生故意杀人、故意伤害的案件。故意杀人案中72.73%的被害者，以及故意伤害案件当中84.62%的被害者是流动人口。而强奸案中91.67%的被害者是流动人口，他们更容易从身边去寻找性欲所发泄的对象。

（3）常住人口男性成为"谋财"型犯罪的主要被害者，流动人口男性成为"命案"的主要被害者。常住人口的男性是最大的财富拥有者，因而常住人口的男性成为"谋财"型犯罪的最大受害者；在所有涉案经济价值比较当中，常住人口男性平均每个案件的经济损失达到7.01万，总的涉案经济损失达到6247.27万，在所有涉案经济损失当中所占比例达到60.17%。

在"命案"当中，被害人死亡的男性所占的比例远远高于女性，达到76.31%，超过3/4的"命案"被害人为男性；流动人口所占的比例远远高于常住人口，达到68.42%，超过2/3的"命案"被害人为流动人口。

总的来说，男性流动人口是"命案"的最大被害群体，在所有"命案"被害人当中所占比例达到57.89%；其次为常住人口男性，在所有"命案"被害人当中所占比例为18.42%；而流动人口女性在"命案"当中仍然是最为安全的群体，在所有"命案"被害人当中所占比例只有10.53%。因而，无论是"谋财"型犯罪还是"命案"当中，流动人口的女性都是最为安全的群体。

（4）流动人口也成为犯罪的重要被害者。当前，"两头在外"现象较为突出。流动人口也成为犯罪的重要被害人，在所有被害人当中，有43.74%的被害者是流动人口。流动人口成为重要的被害人，其犯罪的实施者主要也是流动人口，流动人口针对流动人口所实施的犯罪在所有犯罪当中的比例达到39.91%；与此形成鲜明对比的是，常住人口针对流动人口所实施的犯罪数量却非常少，在所有犯罪当中所占的比例只有3.82%。因而，我们在强调流动人口是主要的犯罪者的同时，也不能忽视流动人口同样也是重要的被害人这一现象，预防被害要重视流动人口被害的研究。

杜红波博士在调查中发现，暴力性犯罪案件中被害人为流动人口的占了90.70%。暴力性案件中，流动人口的侵害对象大多是流动人口，常住人口的侵害对象也多是流动人口，流动人口成了暴力犯罪的绝对被害人，面临着流动人口和常住人口的双重夹击。相比流动人口，常住人口受害人比例则低很多。而在财产类犯罪中，除盗窃罪之外，在"两抢"类案件和诈骗类案件中，流动人口也是绝对被害人。

近年来，苏州的刑事案件也出现"两头在外"的特点，90%的犯罪嫌疑人、90%的被害人为外来流动人口，且多属于弱势群体。被害人不只要求尽早破案，更希望得到司法救助从而挽回损失。

三、流动人口被害因素

被害人学从犯罪被害人的角度预防被害以控制犯罪，受到越来越多学者的关注。被害人可能存在招致被害的特性等致害因素，其在犯罪发生的过程中并非完全被动的客体，可能刺激、诱发甚至推动犯罪，在有些案件中还存在被害人向犯罪人的恶变，必须进行预防。

（一）流动人口被害的社会因素

被害人研究表明，处于社会底层的人容易被害。首先，社会底层承受着巨大的生活压力和社会压力。他们与易犯罪人群相互接触的频率较高，相互往来和摩擦的机会大大超过中上社会阶层的人，所以其被害的可能性和频率也就高于中上社会阶层的人。其次，通常一个国家对犯罪进行正式社会监督的重点在社会上层而不在下层，社会资源可能更多地用于保护社会上层不致被害而不是相反。因而较低的社会地位使流动人口容易成为犯罪的被害人。

流动人口尤其是其中大量的农民工群体沦为城市中的底层首先有其制度上的原因，即我国长期以来的城乡二元结构。城市中来自农村的流动人口户籍上是农村户口，而户籍又和就业、教育、医疗、住房、福利、社会保障等一系列经济和社会待遇有着制度化的联系。户籍制度导致两种户口所对应的主体不平等，人为形成了两个对立的社会阶层，一方为"高等"的城市居民，另一方为"低等"的农村居民。在这种历史形成的二元户籍制下，流动人口属于"弱势群体"，没有城市户口使他们得不到和城市居民同样的待遇和应有的保护，使其易于成为各种犯罪行为侵害的对象。典型的，如在劳动就业过程中发生的恶意欠薪等犯罪行为的被害人往往是流动人口。其次城市人口的歧视导致了流动人口的边缘化。一些城市人对农村人抱有偏见,以城市中心的自我优越感轻蔑、躲避甚至欺辱农村人,导致流动人口受到侵犯。这种歧视形成了城市和农村文化的冲突,在冲突中处于弱势的农村流动人口往往被忽视,其受到犯罪行为侵害的事实不被社会关注,因而更易被害。

(二)流动人口被害的环境因素

顾名思义,流动人口往往置身于车站、码头、旅店等具有流动性的场所,而这些场所往往是犯罪分子易于得手和方便逃匿的犯罪作案地点。公共场所的拥挤嘈杂,人员的复杂性也往往使得冲突易发。此外,在城市当中,流动人口与常住人口基本上是生活在二元社区当中,流动人口居住的区域性较强。例如,城乡结合部往往成为流动人口聚集地,因为这些地区居住或经营开发的费用低于市中心区,人口密度较市中心低,私房出租普遍,易被流动人口成群结伙地租用居住。

根据芝加哥学派的犯罪生态学理论显示,在城市的不同分布带中,过渡区的犯罪率最高。由于城乡结合部地形偏僻,又普遍存在管理上的疏漏,为此处的违法犯罪行为提供了天然的掩护。而且流动人口居住环境通常条件较差,财物容易被盗,针对犯罪的空间防卫不足。同时,流动人口居住的社区已不同于其来自的熟人社会,居民之间互不熟悉,邻里关系疏远,传统的非正式社会控制机制缺乏,而城市的正式控制机制在这里又往往较弱,因而犯罪多发,居住在此的流动人口容易被害。

(三)流动人口被害的个体因素

被害人学理论研究表明,被害人的被害性是重要条件。所谓被害性,就是被害人在心理和行为上所具有的容易招致犯罪人加害的特性,包括易感性、诱发性与受容性等3种不同的人格特性。

1. 流动人口被害的易感性。一些流动人口外出务工时具有盲目性,文化水平低又缺乏技术能力,对自己适合做什么工作缺乏考虑,甚至抱有碰运气发财的幻想。这种盲目性往往被犯罪分子所利用,以介绍好工作、挣大钱为诱饵，使被害人上当受骗。流动人口从熟悉的家乡来到陌生的城市，没有亲人依靠，单纯、轻信、无知，防范意识淡薄，欠缺自我保护能力，因而极易成为不法分子侵害的对象。例如，北京市崇文门"保姆市场"曾多次出现罪犯以"雇工"为名，将外地女青年骗走后强奸或拐骗至外地的犯罪。

2. 流动人口被害的诱发性。犯罪不仅仅是犯罪人单方一元的自由意志活动，而且是犯罪人与被害人双方外显的社会性交互作用的产物。被害人作为外在因素之一，时常对犯罪人犯罪构成了"诱饵"性质的影响。被害人的诱发性主要指其存在的引发犯罪人的犯罪行为从而使自己受害的行为因素，多是被害人在被害之前针对后来的犯罪人实施的挑衅性或诱惑性行为。我国的流动人口往往来自较不发达地区，从事的工作也多为简单的体力劳动，内心脆弱敏感而言行又比较直率。流动人口中占多数的男性青少年又具有年轻气盛的特点，和人交往过程中容易反应过激，易与他人发生冲突，易激起他人的攻击而诱发被害。流动人口中的有些女性则为了求富，举止轻浮，以色情诱惑，结果往往成为自己被害的诱发性因素。

3. 流动人口被害的受容性。被害的受容性指被害人心理和气质上对于自身被害角色的认同和容忍。如果这种心理状态持续存在的话，则有可能成为"习惯性被害人"。有的流动人口认为自己是外地人，举目无亲，吃点眼前亏，只要能保命就行。基于这种心理，其在遭到敲诈勒索、抢劫后怯懦忍受，在财物被盗后也忍气吞声以求"破财消灾"。还有的自己本身涉嫌违法，于是不敢报案寻求法律救济。例如，"三陪女"之类的人群因为"执业"的非法性，受害后报案的少，犯罪隐案多，这些被害人对被害接受、容忍的态度会被犯罪人利用以无所顾忌地实施重复的加害。

四、流动人口被害的预防

被害人学中的被害预防体系主要是构建社会、社区、个体三个层次的被害预防体系。依据流动人口被害原因的分析，分别从针对社会、社区和个体三者应当完善的三个方面提出被害预防的对策。①

（一）流动人口被害的社会预防

从社会宏观方面消除流动人口易于被害的环境，从根本上说必须实现城乡一体化的发展。城乡一体化将改变中国长期以来形成的"城乡二元结构"，实现城乡在政策上的平等、产业发展上的互补、国民待遇上的一致，让农民享受到与城镇居民同等的教育、医疗、社会福利，使整个城乡经济社会全面、协调、可持续发展。应当优化流动人口就业、医疗、子女就学、社会保障等公共服务。要使流动人口融入当地的政治、经济、文化生活之中，政府和社会要平等保护城市居民和来自农村的流动人口。

进入新时代，必须改革已经不适应经济社会发展的传统户籍制度。随着经济高速增长和城乡一体化进程的加快，大量流动人口的涌入为城市发展增添了新的动力；同时，由于流动人口在福利待遇上与当地居民存在较大差异，也给社会治安带来一定的风险隐患。从治安管理方面，必须实行居住证制度的改革。近年来，我国推行的居住证制度注重对流动人口权益的保障与服务，特别是国务院最新颁布的《居住证暂行条例》，明确提出了流动人口可以享有的权利，吸引流动人口主动申领登记，这有助于公安机关掌握准确人口信息，对预防和减少犯罪有十分重要的作用。② 2015 年 12 月 10 日，北京市政府法制办公室发布了《北京市积分落户管理办法（征求意见稿）》。12月 12 日国务院发布了《居住证暂行条例》，2016 年 1 月 1 日起正式施行。积分落户是居住证制度的配套措施之一，上述两项法律文件意味着居住证制度在未来流动人口的管理方面将发挥重要作用。户籍制度改革的基本方向应当是将户籍登记与城市居民、流动人口的权益和福利相结合，走服务型的管理模式；将户籍制度与人口的医疗、就业、职业培训、子女就学升学、住房、社会福利等民生和教育问题相结合。这样既能减少由警察管理流动人口所带

---

① 童敏. 流动人口刑事被害人及被害预防. 犯罪研究，2013（3）：48-54.
② 米文豪. 居住证制度在预防流动人口犯罪中的作用及完善. 山西警官高等专科学校学报，2016（2）.

来的进城农民的被歧视感和不安感，又能使公安机关集中精力做好犯罪的预防和控制工作。

（二）流动人口被害的社区预防

在优化流动人口生存环境方面应通过建设廉租房等手段，帮助农民工等改善住房条件，使他们逐渐摆脱"贫民窟"式的生活环境。对于"棚户区"和"城中村"等城市建设薄弱地带应进行改造和治理。对流动性场所和城乡结合部等应加强治理，如安排治安巡逻等，消除被害的隐患。公安机关可以借鉴犯罪生态学的研究方法，进行犯罪统计，绘制城市犯罪"区域图"，标示出犯罪的高发地带和高发社区，对这些重点区域加强监控。同时也要提醒人们注意防范，建立和完善社区警务工作，还可利用共同体进行被害预防。在某地群居的流动人口应当进行社区自治，增进邻里关系，加强邻里守望意识，共同防范被害发生。

（三）流动人口被害的个体预防

对流动人口应当加强教育，提高和增强其预防被害的意识和能力，减少和消除其被害的易感性、诱发性和受容性因素。例如，为其提供相应的文化教育和劳动就业教育及各种劳动技术培训等，提高其文化素质和生存能力。进行法制宣传和教育，使其增强法制观念和自我保护意识，增强自我约束，减少被害可能。在流动人口被害案件中，因为流动人口本身就属于社会中的弱势群体，多数生活较为艰难，又因犯罪侵害而遭受人身、财产损失，倘若得不到有效救济和心理安抚，其生活将陷于更大的困境甚至绝境，一方面加剧的弱势地位使其更易于被犯罪分子选择为侵害目标。另一方面在流动人口被害救济方面，应当充分重视流动人口的被害现象，对流动人口被害的案件给予及时的处理。可建立专门的被害人处遇诊所和机构，为流动人口提供必要的人身援救、法律咨询、经济帮助等。

第四节
警察被害人

特殊被害是相对于一般被害现象而言的。因身份特殊、社会角色特定而遭到被害的人是特殊被害人。从职业分类的角度,警察被害是指警察在执行警察公务过程中为犯罪分子所伤害的情形。警察被害人,或被害的民警,指遭受犯罪行为直接侵害的公务活动中的警察人员。研究警察被害,仅限于将警察这一主体置于被害者执行警务的动态之中进行研究。众所周知,"保护神"的被害不容忽视警察是国家法律的重要执行者,法律的权威在相当程度上是通过警察的权威予以体现的。一旦这种权威被公然挑战并受到损害,国家的法律就将面临无法执行、名存实亡的危险,整个社会就有可能陷入混乱无序的状态。警察的角色是社会、国家和公民的保护者,警察被害比一般社会其他人员被害具有更大的潜在负面效应。因此,对警察被害现象进行研究十分必要。

一、警察被害的类型

警察被害原因有主体身份特殊、被害原因特殊等。日本著名被害人学家宫泽浩一、滕本哲一认为,"对其它从事控制犯罪工作的人的被害也不可忽视……对他们必须加以保护,不能使他们也成为被害人"。[1]拉吉恩在《印度被害人学》一书中也指出"作为刑事犯罪被害人的警察"是值得研究的重要内容。[2]警察被害是职业被害,从被害时所处的情境分析,主要有两种类型:

---

[1] 曲建和.被害者刑事政策.教学参考,1987(1):51.
[2] [印]V. N拉吉恩.印度被害人学.刘信平,周健,熊选国译.杨杜芳校.西南政法学院诉讼法教研室,1981.

（一）履行公职当中被害

职务是指依照程序所赋予的责任和权利，是人的社会角色之一。由于有的职业人员身份特殊，因而人们在职业过程中必然存在刺激其他犯罪人形成犯罪动机的种种诱因，结果不知不觉中成为犯罪分子侵害的对象和目标，导致自身被害。警察处在打击和惩治犯罪、保护民众的第一线，面临巨大的责任和风险，主动防御侵害是至关重要的。近年来，民警在执法中无辜遭受群众的谩骂侮辱、人身伤害甚至是打击报复的事件屡见不鲜，较为典型的是"杨某袭警案"，2008年7月1日，北京来沪无业人员杨某持刀闯入上海闸北区政法办公大楼，袭击正在办公的民警，短短10余分钟，便制造了上海有史以来最为严重的袭警案，共致9名民警受伤，其中6名民警经抢救无效牺牲。此案件的发生，既是警察的悲剧，更是社会的悲剧。

近年来，暴力袭警案逐年增加。以美国警察为例，平均每年牺牲数为153人。我国警察的牺牲人数要远远高于美国。中华人民共和国成立后每年都有民警因公牺牲，牺牲人数的变化明显地分为4个时期。1949年至1980年是警察殉职的低发期，年均为32人；1981年至1989年是上升期，最高达到年殉职254人；1990年至1995年是高发期，最高达到年殉职395人；而1996年至2001年最高年殉职人数突破了500人，年均达到484人。此后，每年一般都有450人左右殉职。

根据公安部统计，自中华人民共和国成立至2010年底，全国共有11440名公安民警因公牺牲。过去5年中全国平均每年有400多名民警在同犯罪分子的斗争中因遭暴力袭击而英勇牺牲，3000多人因公负伤。从1990年以来，因公牺牲的民警就有6819人，平均每一天是1.2人，负伤的人数达到了120783人，平均每一天是20.7人。[①]

"从来没有什么岁月静好，只不过有人替你负重前行。"简单的一句话，写出了人民警察的勇于担当和无私奉献。近年来，警察被暴力袭击事件在我国频繁发生。据公安部统计，2015年全国有438名人民警察因公牺牲，4599人因公负伤或致残；2016年全国有362名人民警察因公牺牲；2017年

---

① 万余名牺牲民警为我们留下了什么. 法律教育网，2011-1-14.

全国公安机关,共有361名人民警察因公牺牲,6234人因公负伤。如此严峻的被害现状,不但严重危害警察这个群体,更是严重损害了政府的权威和法律尊严,影响了公安机关的整体形象和稳定。这意味着几乎"一天牺牲一个民警"。①

1. 执法过程中,暴力袭警,民警的人身安全受到侵害。暴力袭警,对民警进行攻击,造成民警的重大伤亡,也给社会治安秩序和正常的执法工作带来挑战。在袭警类事件中,袭警者采取的暴力手段形式较为多样。近五成事件中的袭警者采用持刀、打砸警车甚至冲关卡、拖行等严重暴力行为对抗执法,如四川乐山一男子持刀肇事并攻击民警被警察开枪击伤、上海钉子户泼洒腐蚀性液体持菜刀砍伤民警等。此外,出现辱骂、推搡、撕扯等较为轻微辱警袭警行为的事件数量占比超三成,出现掌掴、拳打脚踢、摔民警设备等暴力行为的事件数量占比近两成。据统计,2015年1月至2016年6月,共发生714起袭警案,平均每18小时发生一起。

2. 恶语相向,阻碍执法,民警正当权益受到侵害。一些群众由于各种原因在某种程度上对社会不满,对民警存有偏见,对执法活动不理解,还有一些不明真相的群众被不怀好意的人利用,对执勤民警口出恶言,激化矛盾,引发围攻事件发生。有时,民警不敢轻易采取制止手段,加剧了围攻事件恶性发展。2018年1月27日晚,黑龙江哈尔滨市公安局道里分局太平庄派出所民警曲玉权、李振东在依法处置一起量贩式KTV打架斗殴案件过程中,遭到违法犯罪嫌疑人袭击,民警曲玉权受伤被送到医院救治无效不幸牺牲,年仅38岁。

3. 诬告、陷害、打击报复。民警的名誉权,生命权遭受侵害。对民警的诬告、陷害、打击报复之类问题带有普遍性,在侵权行为中占有相当比例。

(二)无辜状态被害

一般情况下,无辜的被害人是因在特定时间、空间与犯罪人遭遇,在自身没有过错的情况下被害。无辜状态的被害人由于偶然机遇招致被害,其被

---

① 法制日报,2017-04-05.

害的原因复杂，本来是不应当由其承受侵害的恶果，却因为其职业性质、有关牵连而无辜受害。

二、警察被害的原因

警察被害的原因分析，是消除所存在的可能致使警察被害的条件，是制定预防和遏制警察被害发生的相应策略，是采取保障警察人身安全措施，最大限度地减少警察被害的重要前提。固然警察被害的原因是多方面的，从近年来公安机关警察被害的总体状况来分析，一是工作任务繁重，警力严重不足。接警、处警，办案任务重。据公安系统内部的总结显示，伤亡人数较多的警种排名依次是派出所民警、交警、巡警、治安民警、刑警，越是基层的警察，和老百姓接触面越大的警察，受到伤害的频率和可能性也越大。目前，世界发达国家警察与人口的平均比率达万分之三十五，而我国约为万分之十二，远远低于世界发达国家，甚至低于巴西、印度等发展中国家。可以说，我们公安机关以其他国家三分之一甚至四分之一的相对警力，在保障着国家经济社会的加速发展。二是违法犯罪暴力化倾向日益严重。三是一些民警自身的原因。主要表现为执法能力不高，执行警务所必需的防护装备和警械严重短缺，自身防护意识和实战技能差及预防的不足。

（一）麻痹大意，自我保护意识不强

有的民警自身应对能力不足，防护意识不强。在面对突发事件时，往往存在侥幸心理，警惕性不高，对日常警务活动中存在的危险认识不足。有的民警在面对穷凶极恶的犯罪分子时，缺乏警力优势意识，盲目逞勇，造成不必要的伤亡。据统计，警察被害多发生在侦办或者查处一般案件时，有的在缉捕当中，民警表现为警惕性不高，存在麻痹轻敌思想、侥幸心理，防卫意识差。除非参与追缉、抓捕等有预知危险性的警务活动，民警在执法勤务过程中很少携带齐全的警用装备，一旦遇到暴力袭击等危险情形便毫无还手之力。有的指挥失误，对敌情认识不足。例如，杨某袭警时携带了匕首、榔头、喷雾剂、防尘面具等，竟然没有引起警察注意，这显然是没有防范的意识。

（二）民警的自制力不够，心理素质差

遇见突发情况时，不能及时果断地采取相应措施去处置。犯罪行为人凶狠残暴的行动，要求警察具有驾驭激情的能力，善于以理智控制情感，以高度的心理能力来约束自己的行动，采取果断的决策行动。

（三）实战技能差，战术运用不当

有的警察缺乏必要的体能训练和警务武器技能的训练，致使身体素质和实战水平较低，缺乏必要的抗暴能力。缺乏训练，既会导致技不如人，也会导致不懂战术、心理素质差等，以致在对抗中受到伤害。

（四）防暴装备欠缺，器械落后

装备配备不规范，武器警械、应急装备配备不到位。目前实行的枪支管理规定十分严格，虽然保证了武器警械的安全，但是忽略了执勤民警的安全，在处置紧急突发情况时没有绝对的优势；部分基层一线单位接处警、巡逻防控车辆的车载装备不全，一旦遇到歹徒袭击，无法及时有效应对处置。有的民警在面对持有枪械的案犯时，缺乏必要的警用武器。因此，在与违法犯罪分子的对抗中就难免处于劣势，更不用说赤手空拳，徒手对持枪持刀的案犯。

（五）缺乏救护知识，不懂处置方法

警察工作的特殊性决定了警察更可能受伤，而且受伤的次数和频率远远高于一般群众。在警察受到侵害时，是否能做到及时有效的现场自我救护和互救就显得特别重要了。然而，很多警察都缺乏必要的救护知识，在受伤后只能束手无策地等待医护人员到来。

从主观上看，警察人员素质参差不齐，执法为民观念淡薄，依法执法和依法维护自身执法权益的能力不强。一些民警，存在执法不公、不作为等行为，侵害群众权益，影响形象；从管理体制上，有些地方领导指令民警参与非警务活动，造成警民关系紧张，当歹徒违法犯罪或是抗拒警察执行公务时，围观群众却持"观望"心理，选择"明哲保身"。

从客观上而言，涉枪犯罪突出，持枪拒捕，警察执法风险加大。多起

警察受到伤害都因犯罪嫌疑人有枪支。有时警力相对薄弱，歹徒人多势众，也有危险性。我国《刑法》将警察等同于一般的国家工作人员，而忽视了警察的特殊性和危险性。因此，当警察受到伤害时，现有的法律无力对敢于加害警察的犯罪人予以重惩，只是适用普通的刑法条款，有的仅仅依据《治安管理处罚法》的规定予以处罚，往往起不到应有的震慑作用。再如，有关法规对警察在何种情形下可以使用枪支等警用器械实行正当防卫的规定比较模糊，使得警察的正当防卫意识受到抑制，在执行公务或面对可能发生的伤害时，或错过防卫时机，增大了受害的可能性。

三、警察被害的预防

警察是一种特殊职业，是一个高风险行业，是一个易于被害的群体。警察天天有牺牲，时时在流血，警察伤亡人数要超过和平年代任何一种职业。认真分析警察被害的原因，以消除可能被害的条件和环境特征，研究制定出预防和遏制警察被害的对策，采取保障警察人身安全的有效措施，最大限度地减少警察被害的发生，已成为亟待解决的问题。

（一）增强敌情意识，做到高度警觉

警察只有在自身安全的情况下，才能以合理的方法、有效的手段成功抓捕犯罪分子。提高自我保护意识、有效进行自卫是擒获案犯的前提。例如，某日一名歹徒在云南某市一手机店抢夺两部手机后逃窜。一名民警恰巧经过，在听到"抓小偷"的喊声后，立即向犯罪嫌疑人追去。追至一个仓库楼梯口时，民警大声喊道："我是警察，你给我出来！"歹徒突然从暗中冲出，民警扑上去与其搏斗。歹徒持刀刺向民警胸部，民警仍死死抓住歹徒不放，被拖出70多米。最终，歹徒被赶到的群众协助抓获，这名民警却因伤势过重抢救无效牺牲。民警的大无畏精神是值得学习的，但我们必须认识到，只要喊一声"我是警察"就能震慑住犯罪人的时代早已过去了。在不具备抓捕条件的情况下贸然出击，伤亡在所难免。警察既要勇敢，更要机智。要反对轻敌、鲁莽和蛮干，以避免和减少牺牲。公安机关应开展民警伤亡的研究，将民警伤亡案件逐一剖析,"倒查"民警伤亡的原因,吸取教训。在一些国家,警察伤亡如果是指挥原因,负责指挥的领导要承担责任。近年来,有的地方公安机关出台民警伤亡案件倒查制度,追究民警非正常伤亡的领导责任。

(二)强化警务训练,提高实战能力

公安部在《人民警察基本素质规范》第13条中规定:人民警察应当"掌握与犯罪分子进行搏斗的基本技能,熟悉武器警械的性能、特点,并能正确地使用"。警察的行业危险性无处不在,要加强对民警的警务实战训练,加大对基本体能和武器警械使用技能的训练力度。

(三)加强防暴装备,提高器械水准

面对持有枪械的案犯时,武器是非常必要的。警察的自我保护不同于普通公民的自我保护,必须对其进行严格的武器保障,使警察的自我保护得到硬件的保护和支持。例如,云南某县公安局民警在一次对涉嫌强奸幼女已潜逃近两年的陶某实施抓捕行动中,当两名民警控制住陶某准备将其带离现场时,陶某的父亲突然抄起一把刀刺向民警,导致民警一死一伤。当时民警实施抓捕前携带了3件防刺背心、两根警棍和一副手铐,但却放在车上,赤手空拳进行抓捕。这暴露出民警轻敌思想和自我保护意识的缺失。

(四)构建和谐警民关系,优化警察执法环境

良好的警民关系的形成,一要规范民警的执法行为;二要加强宣传,树立良好形象;三要完善警务监督,改善警民关系,使民警能最大限度地得到群众的支持,减少警察被害。

(五)完善相关法律法规,保障警察利益

有关法律法规对警察在执行公务时的人身安全予以特殊保护。建议《刑法》增设"袭警罪",或者对"妨害公务罪"量刑幅度做出修改。

此外,加强警察心理咨询机构建设,增强心理调适训练,加强创伤自救、互救和心理咨询保健教育亦非常有必要。

第八章 被害类型论（下）

第一节　暴力犯罪被害人

第二节　财经类犯罪被害人

第三节　交通事故犯罪被害人

第四节　电信网络类犯罪被害人

从犯罪被害人的特殊性质，从遭受侵害的行为类型进行分类，使被害人的分类研究更专门化、具体化，有助于强化研究各类犯罪被害人的预防对策。尤其是对新型被害人的分析，更是有利于提高应用性及社会价值。

第一节
暴力犯罪被害人

暴力犯罪是以人身加害或身心强制为主要特征的一类犯罪的统称。暴力犯罪被害人研究，是被害人学一开始就关注的课题。本节从整体论述到杀人伤害、抢劫、绑架等具体分析。

一、暴力犯罪被害人概述

（一）暴力犯罪被害人定义

暴力犯罪被害人是指被犯罪分子使用暴力，致使生命、健康遭受损害的自然人。暴力手段具有较强烈的人身攻击性或心理强制性。所以，暴力犯罪是对被害人的身心、社会的公共安全感影响较大的一类犯罪，甚至有学者指出，恐怖犯罪会成为现阶段暴力犯罪新形态的反映。[1]研究被害人和加害人的相互关系是被害人学的一个范畴，尤其在暴力犯罪这样一类加害人与被害人对抗性明显的犯罪中，分析被害人和加害人的互动往往更具有典型性。

如果把加害人与被害人之间的熟识关系概括为"亲缘"型（如家庭成员之间）、"业缘"型（如同事之间）、"情缘"型（如朋友、恋爱对象之间）、

---

[1] 肖剑鸣，等.犯罪演化论.北京大学出版社，2005：175.

"地缘"型（如邻里、同乡之间）四种类型，那么，属于同乡、邻里的"地缘"型的人之间最容易发生暴力加害与被害现象。通过调查资料分析，在彼此熟识的人之间，同乡和邻里被选为加害对象的可能性相对较大。有关数据表明，在暴力犯罪人中，与被害人系同乡关系的占32.18%，与被害人系邻里关系的占20.98%。

由于暴力犯罪往往发生在加害人与被害人直接的言行接触之中，因而，在暴力犯罪的发生过程中，加害人与被害人的互动相对于其他犯罪来讲更为明显。由于暴力侵害多针对人的健康或生命，所以，被害人的反抗不排除是一种生存本能的反映。

（二）暴力犯罪被害人的分布[①]

1. 在性别方面。男性被暴力犯罪加害的可能性大于女性，且男性被暴力加害的程度高于女性。根据王志强的调查，在实施暴力犯罪的犯罪人中，男性被害的占77.78%，而女性只占22.22%。从何泉生、张成河对北京146例杀人案件被害人的调查中发现，男性被害人80人，占54.80%，而女性65人，只占45.0%。[②] 即大多数暴力犯罪人都以男性为加害对象。男性相对于女性更容易受到暴力加害。

2. 在年龄方面。26~35岁的青年人是被暴力犯罪加害的重点群体，以此群体为界点，随着年龄的降低或增高，其为暴力犯罪加害的可能性也开始分别减小。

（三）暴力犯罪被害人的被害要因

从被害人学的角度，行为人之所以被害，除加害人的因素以外，被害人自身的状况，以及被害人存在的特定时空环境，对被害形成也有一定的作用，

---

① 王志强. 暴力犯罪被害人问题的实证研究. 中国人民公安大学学报, 2007（4）：119-121.
② 何泉生, 张成河. 当前杀人案件被害者形成的特点及预防. 国际预防犯罪学术研讨会论文集. 中国人民公安大学出版社, 2000：449.

包括诱发加害人产生犯罪动机,或者强化加害人的犯罪动机,即被害要因。

1. 被害人行为过错因素。一是被害人过错类型相关性。被害人的言语过激和斗殴挑衅最为突出。被害人对加害人直接的言语和行为刺激最容易激发加害人的暴力攻击行为。二是如果被害人存在一定的过错,这种过错越明显,暴力加害程度越高,男性被害人与女性被害人相比,男性被害人的过错程度要远远高于女性被害人。调查表明,以男性为侵害对象的加害人认为被害人有过错的占51.55%,而在以女性为侵害对象的加害人中,认为被害人有过错的占26.79%。此外,在实施暴力加害的犯罪人中,暴力加害的程度不同,对被害人过错的认同程度也不同。被害人的过错程度对加害人采取何种加害行为也存在诱发和推动作用的正比例关系,即被害人过错越大,暴力加害的程度越高。

2. 被害人所处的被害情境。被害情境是指被害人被害时所处的时空状况。时间点上,早晨1~6时最容易发生加害。最常见的空间是街道里巷,在该空间实施暴力犯罪加害的犯罪人比重为34.18%;其次是工厂、企业内和被害人的家中,在上述两类场所实施暴力犯罪加害的犯罪人比重均为8%;再次是发生在野外的,属于此种的比重为7.27%。6~12时最容易发生暴力犯罪加害的空间是街道里巷,在该空间实施暴力犯罪加害的犯罪人比重为28.68%;其次是发生在被害人家的,暴力犯罪加害人的比重为11.40%;再次是发生在商业场所的,暴力犯罪加害人的比重为10.66%。12~18时最容易发生暴力犯罪加害的空间是街道里巷,比重为35.95%;其次是发生在野外的,暴力犯罪加害人的比重为10.46%;再次是发生在被害人家的,暴力犯罪加害人的比重为10.24%。18~24时最容易发生暴力犯罪加害的空间是街道里巷,属于此种情况的暴力犯罪加害人的比重为40.51%;其次是发生在旅馆、宾馆、饭店的,暴力犯罪加害人的比重为9.33%;再次是发生在商业场所的,暴力犯罪加害人的比重为7.74%。

(四)暴力犯罪被害人预防

暴力犯罪加害人与被害人的互动是比较明显的。这种互动反映在暴力犯罪加害前、暴力犯罪加害中和暴力犯罪加害后三个阶段。

1. 完善暴力犯罪预警机制。通过暴力犯罪预警机制，提高社会公众的暴力被害心理预备。被害心理预备包括两层含义：一是行为人对暴力犯罪加害的特点、行为人在哪些情形下容易陷入暴力犯罪被害境地等应有一个比较客观的认识；二是在行为人对被害可能有心理预知的前提下，能够事先形成可能被害的应变方案和技巧。要规范媒体对暴力犯罪的传播，防止因宣传不当而在社会上造成不当的恐慌，形成人与人交往紧张心理。

2. 构建暴力犯罪预警干预系统。预警干预系统有助于降低被害发生的可能性。有些暴力犯罪是突发的，有些暴力犯罪有渐进过程。要从不同的空间类型出发，强化预警系统：一是在人员流动密度大的公共场所，实行技术性监控与治安人员监控相结合，突出警察的专业快速应变能力；二是在人员稀少的公共场所，实行警察流动监控与保安等民间力量的固定监控相结合，发挥民间治安力量的预警功能；三是在住宅、宾馆等封闭与半封闭的空间，以住户或单位自身的人员监控与技术性监控相结合，强化以属人为原则的自觉预警功能。

3. 注重暴力犯罪被害人的保护与救助。保护与救助暴力犯罪被害人，可以防止被害人再度被害或转化为加害人。有研究指出："经受暴力犯罪活动的受害者在心理、社会生活、道德伦常方面受到的伤害最为严重。"[①]首先，应树立预防犯罪与保护被害人的二元化思想，将暴力犯罪被害人的保护作为国家的一项应有职责。其次，建立、健全专门的立法，形成暴力犯罪被害人保护与救助体系，如荷兰的《犯罪被害人补偿法——暴力犯罪补偿基金会临时设置法》和《日本犯罪给付金支给法》规定的补偿类型基本上均是危害生命、身体的犯罪。暴力犯罪被害人的人身安全保护，主要是针对有再度被暴力犯罪加害危险的被害人而言的，对于这些被害人，国家应通过法律赋予其申请人身保护令的权利，由专门机关对其提供必要的安全保护措施。

4. 提倡和谐社会文化建设，减少暴力引导。按照生物学观点，"攻击性没有传统精神分析学家所想的毁灭本质，而实在是与生俱来，为保存生命的

---

① [德]汉斯·约阿希姆·施奈德. 犯罪学. 吴鑫涛，马君玉译. 中国人民公安大学出版社、国际文化出版公司，1990：818.

结构中不可缺少的部分"。① 根据该观点,人和人之间的先暴力引导是招致暴力加害的必然。

二、杀人伤害犯罪被害人

侦查学将杀人、伤害案件概括称为凶杀案件,或者叫作命案。被害人,既涉及被杀死的、被伤害被害人,也涉及间接受害者。

(一)被害起因

在理论上,有学者以"愤怒攻击论""挫折攻击论""刺激攻击论"来解释说明凶杀被害的发生。② 日本学者认为,凶杀案件被害要因可以分为三类,应当谴责的被害要因、能够谴责的被害要因和不能谴责的被害要因。③ 被害要因的复杂多样性,是凶杀案被害的显著特点。

根据何泉生、张成河对北京146例杀人案件被害人的调查研究,杀亲案件、矛盾纠纷、抢劫被害三项占119人,占被害人总数的81.5%,成为被害的主要形式。④

1.私仇报复。私仇报复的被害人,多系同加害人素有积怨、利害冲突激烈等明显的因果关系。在被害之前,双方多具有一定的相识、交往过程,甚至有的是远亲或者近邻。被害起因可能是小事导致矛盾激化,最终酿成惨案。被害的发生有可能是被害人的过错引起,如属于政治性谋害,被害人一般是有一定社会地位的人。

2.谋财害命。谋财是杀人、伤害被害案件的第一起因。主要指盗窃、抢劫财物过程中杀人灭口,或是杀人谋财,还有亲属间为争夺财产继承权而谋

---

① [奥]康罗·洛伦兹.攻击与人性.王守珍,吴月娇译.作家出版社,1987:55.
② 张平吾.被害者学.三民书局总经销,1996:225-234.
③ 张智辉.日本的被害人学.中国人民公安大学学报,1987(4):39.
④ 何泉生,张成河.当前杀人案件被害者形成的特点及预防//国际预防犯罪学术研讨会论文集.中国人民公安大学出版社,2000:449.

害他人。因财被害的被害人有的或不慎"露财",被犯罪人谋杀或在抢劫时被害。

例如,公安部 A 级通缉犯周某华连续作案杀死多人,在重庆沙坪坝区童家桥被公安民警成功击毙,苏湘渝系列持枪抢劫杀人案件成功告破。周某华作案习惯是事先踩点,踩点的时候他不到银行里面,而是在外面看,寻找作案对象,"侵害对象主要就是取款人员,他从外面看,看谁取款,等他出来的时候慢慢靠近他,突然袭击"。被刑侦界喻为中国福尔摩斯的乌国庆披露了案件侦破过程中的种种发现,"我们集中地研究了长沙、南京等地的所有现场。犯罪分子在作案过程中怎么踩点,怎么事先做准备,怎么作案,抢钱以后选择什么交通工具逃离现场,对这些东西都进行了详细反复的研究。他踩点不进银行,而是在外面透过玻璃锁定取款人。他侵害的对象主要就是取款人员,他从外面看准谁取款,等他出来的时候慢慢靠近他,然后突然袭击,打倒了以后就抢。而且都是打头部这样的要害,打倒了以后拎起钱包就走,作案目的就是劫财。和周某华持枪抢劫案可以作对比的就是张某。张某一度被称为'中国第一悍匪'。曾纵横数省 8 年,犯案十余起,杀死、杀伤近 50 人的张某团伙在 2000 年 9 月被警方擒获。周某华和张某都很猖狂,拿人命不当回事,随意杀人,在这方面他们俩是一致的,都是疯狂地作案劫财,疯狂地杀人,不计后果。"

3. 家庭婚恋纠纷被害。在一些人的恋爱、婚姻过程中,某些纠纷引起矛盾激化也是常见的被害起因。婚恋纠纷的被害人主要是双方当事人的一方或某一方当事人的亲友,常见的是女方,以及女方的父母、兄弟姐妹。例如,周某新连杀 10 人的直接动因就是"嫌岳父小气""疑妻子出轨"。专家呼吁,"家庭安全"应引起警示与关注。

4. 奸情出人命。强奸引起的杀人,大多数出于灭口,被害人无辜的多。奸情纠纷引起的,被害人有相当部分有过错。"无论是男方寻花问柳,还是女方招蜂惹蝶,都会导致情场上的明争暗斗,不是成为情杀犯罪人,就是成为情杀犯罪被害人。"[1]

---

[1] 曹中友.被害者心理.湖北省新闻出版局,1989:267.

（二）被害过程中的特征

1. 临危不觉的麻痹心理。除极特殊情况外，犯罪人图谋杀害、伤害被害人的意图总会事先有所暴露，与其毫无戒备地受害，不如早有警惕地防范。

2. 本能性的消极防御。在面临危险时，人们会本能地进行防御，以逃避危险，但是人身安全的取得并不能仅仅依靠防御本能。根据行为科学的研究，人的防御性行为是对一定刺激性作出的反应，和人的素质、个性心理倾向有关。

3. 应激反应。有的被害人往往是在突发的意外情况下遇害的。在被害人早有准备的情况下，加害人要将对方杀死是较为困难的。在凶杀案发生的一瞬间，被害人多会出现应激反应。由于个体性差异，应激的表现形式也不相同。外倾型、意志型的人在应激时能表现出主动的防卫行为。在面临被凶杀的危急时刻，能"情急生智"，爆发出极大的力量，奋起同凶犯搏斗。例如，在广州海珠区打工的肖某杰独自在宿舍熟睡，突然被人从床上拉了下来，其腰部被一尖刀顶住，三名陌生男子围住他，揪他头发，声称抢劫。此时，生命受到严重威胁的肖某杰只好暂时就范，被三名歹徒抢走手机，稍微冷静片刻，肖某杰趁歹徒不备将歹徒的刀夺过来杀死一名歹徒，其他歹徒很快被及时赶来的警察制服。当时肖某杰已经被逼到了顶峰，在心理上受到疑犯嘲笑和恐吓，身体的潜能突然间爆发出来；相反，顺从型、内倾型的被害人，较容易为凶犯所害。

4. 极度勃发的激情状态。当人面临危险时，人的神经系统必然会立刻"紧急动员"，进入极度勃发的应激状态。当生命安全受到严重威胁时，坚强的被害人立即会产生强烈的愤怒情绪，有的会有强烈的反击行为，被害人的情绪自然处于狂怒状态，"怒发冲冠"。性格软弱屈从型的被害人，当面临威胁时，往往产生恐惧，然而却是消极的，它往往加速加害过程，加深被害程度。

（三）杀人伤害被害的预防

着眼于加害人与被害人的互动规律，降低易被害因素出现的可能性，是被害预防的核心。处理好人际关系，养成良好的性格，保持平衡的情绪，原本有许多悲剧是可以避免的。[①]

（1）积极做好预警披露，及时把握危险事态苗头。

（2）正确处理家庭婚姻恋爱关系，妥善解决已出现的矛盾与纠纷。

（3）正确处理邻里朋友关系，与他人产生纠纷时，尽量避免激化。

（4）提高警惕，预防"熟人"伤害。避免与有品性不端、性格异常的人发生冲突。

（5）以良好的心理素质、策略处理面临的危险。

三、抢劫犯罪被害人

抢劫犯罪的被害人既是合法财产受侵害，又兼受暴力侵害的双重性。

（一）易被害环境与被劫对象

大量实例表明，被抢劫同某种特定的环境有关，并且同某种环境中的对象也有联系。依据被害环境，将被劫对象分为路途被劫和室内被劫两大类，具体分类如下：

1. 路劫。所谓路途抢劫案，指发生在室外的抢劫。抢劫案被害人中，路途被劫者占多数。主要被害对象：一是银行、信用社、储蓄所、工厂、企业、商店等单位的收、送存储人员。二是上早班下晚班的职工。有相当多的路途被劫者是凌晨上早班、深夜下晚班的人，尤以单身行走的女工为多见。

2. 抢劫出租汽车司机。出租车是方便的交通工具，也是被抢重要目标。司机被害大多是营业款被抢，以抢车为目的的还会杀害司机驾车逃窜。

3. 居民住宅被劫。典型的入民宅抢劫，目标多为富裕家庭。

4. 金融机构被劫。银行、商店、企业、旅社等国家、集体单位被劫。

5. 单位财务室被劫。工厂、商店等基层单位的财务室，也是犯罪分子侵袭的主要目标。值班、看管财物的人员多被犯罪嫌疑人捆绑、打昏，甚至杀

[①] 何泉生，张成河. 当前杀人案件被害者形成的特点及预防. 国际预防犯罪学术研讨会论文集. 中国人民公安大学出版社，2000：455-458.

害，既有对法人或其他团体的经济侵害，又有对值班、看管人员的人身伤害。

6. 旅社、饭店等食宿处被劫。一些外出人员不慎露财，被劫财物。

（二）抢劫案件被害形态

"被害形态"一词，是在被害人遭受何种侵害方式、手段这一意义上使用的。抢劫对财物和人身的双重侵害决定了加害人必然要对被害人采取暴力等手段，使被害人处以不能或难以抗拒的态势，以致财物被抢走。

1. 被暴力伤害。被害人受到犯罪行为"先发制人"式的伤害，往往直接构成生命威胁，结果是轻者伤、重者死。例如，2016年11月3日，女留学生江某在日本公寓门前被杀害。凶手是室友刘某前男友，刘某先江某一步进门得以幸存。此类被害情形主要是：

（1）被害人毫无防备遭突然袭击；

（2）被害人极力反抗遭罪犯行凶；

（3）被害人与罪犯相识，罪犯先杀人灭口后抢劫；

（4）被害人巧遭罪犯盗窃，犯罪人动机恶性转化，加害被害人。

2. 受暴力胁迫。无论是在何处行抢暴力胁迫都是常见的被害形态。被害人在罪犯凶器威逼下，加之受到语言恫吓，精神上受到强制，财物被抢走。被害人多为妇女、孤立无援的老人、年老体弱的值班人员。

3. 被色相勾引。被色相勾引而被害多发生在车站、码头、街头巷尾等处，时间大都是夜晚，一般被害人都有一定的过错。犯罪团伙多以女成员为诱饵，男案犯为打手。

4. 被药物麻醉。一些外出人员思想麻痹，轻信素不相识者，犯罪分子设置圈套诱其上钩，然后乘被害人不备之机，将被害人用药物麻醉劫走财物。

（三）抢劫犯罪被害人的特点[①]

抢劫属于侵财性质的暴力犯罪，具有双重性。王志强的调查显示，抢劫

---

① 王志强. 暴力犯罪被害人问题的实证研究. 中国人民公安大学学报，2007（4）：125-126.

犯罪被害人的特点有：

（1）在被害人的年龄分布方面，26~35岁是抢劫犯罪中被害人的高峰年龄。调查资料表明，在抢劫犯罪中，选择26~35岁的被害人实施加害的犯罪人所占比重最高，为43.9%；其次是选择19~25岁的被害人实施加害，其所占比重为34.7%。导致这种现象出现的因素是较多的，从被害人角度讲，26~35岁的人群在侵财犯罪中属于易侵害的危险群体，在一定意义上是与这些人多为已有工作、具有携带钱财、社会活动广泛有关。

（2）从被害人的过错方面看，在抢劫犯罪中，大多数被害人没有过错。据调查，在实施抢劫犯罪的犯罪人中，认为被害人有过错的占6.1%，认为有一点过错的占4.3%，认为无过错的占89.6%。

（3）在犯罪加害人与被害人的关系方面，抢劫犯罪中的加害人与被害人多为彼此陌生。据调查分析，在实施抢劫犯罪的犯罪人中，认为与被害人结识不久的占5.7%，认为与被害人很熟的占4%，认为与被害人不认识的占90.3%。加害人与被害人彼此大多属于陌生人是抢劫犯罪的特性，在抢劫犯罪中，加害人与被害人彼此属于陌生状态。在侵财类型的暴力犯罪中，以财产为侵害目标决定了加害人选择被害人的范围必然要突破人际交往范畴，由此增加被害人形成的随机性和突发性。

（四）被劫时的反抗

被害人被抢劫时，都同抢劫犯有一定时间的正面接触。因各种因素的制约，被害人是否反抗及反抗的情形有不同的表现。

1. 无法反抗。在被麻醉抢劫的被害案件中，被害人往往无法反抗。因为被害人在中计前毫无防备，被麻醉后，即昏迷无知觉，因此处于不能反抗的状态。一些年老体弱者被劫时，往往因体弱而无法反抗。

2. 未及反抗。这种情况多发生在被犯罪分子突然袭击或打闷棍的被害人中。犯罪嫌疑人夜闯民宅暴力行抢，或拦路预伏，突然袭击，使被害人未及反抗，财物被劫，甚至被害。有的会因劫财引发命案。例如，广州海珠区无业人员李某添和女友彭某霞，足球赛世界杯期间都是外围赌球的狂热"粉丝"，在赌"波"狂潮中，他们欠了"上线"梁某70万元巨额债款，李便萌生了抢劫还债的念头。他首先想到了曾为其家人看过病的个体医生杨某业，他认为杨医生应该很有钱。在准备了作案工具后，他于7月15日动员彭某霞一起，以看病为由进入杨某业家中。李某添逼杨打电话要家人汇款到梁某提供的"何某某"账户，半小时后，梁查询发现并没有钱入账后，李则逼迫杨写下一张15万元的欠条，写明用杨某业江南花园的购房合同作为抵押。在认为劫财成功准备离开现场时，李某添慌乱中枪支走火，子弹刚好打中杨某业的头部，致杨某业当场死亡。情况突变，李决定将杨的儿子一起杀死。[①] 此案中杨某业父子就属未及反抗情形。

3. 不敢反抗。一些被色相勾引的被害人，一些妇女、老年被害人，或是面对人多势众的犯罪团伙的，被害人常不敢反抗。原因不是由于体力的弱势，更主要的是心理上慑于犯罪的威胁。

4. 竭力反抗。有相当一部分抢劫案件被害人，出于对犯罪分子的憎恨，为保护国家财物或私有财产和人身安全、财物免遭侵犯，机智勇敢地同犯罪分子搏斗。例如，2008年7月一天傍晚，一名女司机在广东顺德容桂南区十字路口等绿灯时，被两名歹徒敲破车窗抢走了20万元。让人惊讶的是，这位女司机沉着应对，高速追赶迫使一名劫匪摔下摩托车，再逆行撞倒另一劫匪，当场夺回被抢现金，警察及时将两名劫匪抓获。

5. 视机反抗。例如，一起转化型抢劫案件——刘某驾驶摩托车与同伙抢夺小丽的挎包，因为被害人小丽始终不肯放手，最终刘某与同伙被法院判处抢劫罪。2013年6月12日，刘某和陶某驾驶摩托车到同安区祥平街道城南大街，看见小丽背着挎包独自一人行走，刘某驾驶摩托车接近小丽，坐在摩托车后座的陶某趁机伸手抓住小丽挎在右肩的挎包。当小丽发觉被人抢包后，便用力拉住包，刘某驾车继续行驶，陶某用力拉扯小丽的挎包致其倒地，造成小丽左臂大面积擦伤、头部右侧撞到路边的石磴。小丽见状大喊"抢劫"，附近的群众闻讯赶来，刘某、陶某被抓获归案，对其犯罪事实供认不讳。经查，小丽的包内有一部手机及现金400元。法院经审理认为，刘某伙同他人驾驶机动车强抢财物时，因被害人不放手而采取强拉硬拽方式劫取财物，致

---

① 任克勤. 论教育与侦查. 中国人民公安大学出版社，2009：210.

被害人轻微伤，其行为已构成抢劫罪。

（五）抢劫被害的预防

（1）提高警惕，预防财物外露。

（2）避免过错，防止把柄被抓。

（3）不要与有前科劣迹的人同行、同食宿。

（4）面临危险要讲策略，有时可"弃财保命"。

四、聚众斗殴犯罪被害人

聚众斗殴，俗称"打架"。调查资料表明，聚众斗殴是当前较为广泛且突出的暴力侵害类型，而且属于人身伤害性质的犯罪。因此，聚众斗殴被害人在一定侧面反映暴力犯罪被害人特点。[①]

（一）被害人的年龄

在聚众斗殴犯罪中，19~25 岁是被害人的高峰年龄。调查资料表明，在聚众斗殴犯罪中，选择 19~25 岁的被害人实施加害的犯罪人所占比重最高，为 49.70%；选择 25~35 岁的被害人实施加害的犯罪人所占比重居于第二位，为 36.70%。导致这种现象出现的因素是较多的，从被害人角度讲，其中一个重要因素是与被害人的社会行为特点有关系，19~25 岁的人群相对而言，在社会行为方面更趋近于游戏型，加之心理方面的易冲动，从而增加了这些人与他人之间的群体型暴力纠葛的机会。

（二）被害人的过错

在聚众斗殴犯罪中，被害人的过错程度相对较为突出。据一份调查资料显示，在实施聚众斗殴犯罪的犯罪人中，认为被害人有过错的占 40.10%，

---

① 王志强. 暴力犯罪被害人问题的实证研究. 中国人民公安大学学报，2007（4）：119-121.

认为有一点过错的占 32.80%，认为无过错的只占 27.10%。由此可以看出，在聚众斗殴犯罪中，被害人的过错程度是不同的，聚众斗殴被害人的过错程度远远高于抢劫犯罪中被害人的过错程度。基于这一现象可以得出结论：在聚众斗殴犯罪，甚至是其他以人身为直接侵害对象的犯罪中，被害人之所以被害与其自身存在的过错有一定关系，如先行加害、语言刺激等。在调查统计中，实施聚众斗殴犯罪的犯罪人中认为被害人有挑衅行为的占 37.90%，认为被害人言语过激的占 24.40%。

（三）被害人受伤情况

根据南京市某区法院调研，在 41 件聚众斗殴犯罪中，被害人无伤害的 4 件，占 9.75%；被害人轻伤的 16 件，占 39.02%；被害人轻微伤的 12 件，占 29.28%；被害人重伤的 9 件，占 21.95%。[①]

（四）与犯罪加害人的关系

聚众斗殴犯罪中的加害人与被害人多为彼此陌生。据调查，实施聚众斗殴犯罪的犯罪人中，认为与被害人结识不久的占 19.30%，认为与被害人很熟的占 12.80%，认为与被害人不认识的占 67.90%。

根据调查结果，在侵害人身的犯罪中，人身加害具有的特定性决定了在犯罪发生前，加害人与被害人往往彼此熟识，有人际交往的纠葛。

五、绑架犯罪被害人

绑架勒索或劫持人质犯罪，自中华人民共和国成立后已基本绝迹。改革开放以来，由于各种因素的影响，绑架勒索犯罪又死灰复燃，沉渣泛起，对人民生命财产安全构成严重危害。

---

① 汪敏，王亚民. 聚众斗殴罪的法律适用问题. 贵州警官职业学院学报，2011（3）：22.

（一）绑架犯罪的含义

绑架是一种严重侵犯公民人身权利、民主权利的犯罪，手段恐怖，有些国家将其列入恐怖犯罪类型。绑架不仅侵犯了公民的生命健康，还侵犯了其财产安全。绑架犯罪，亦称绑架勒索、掳人勒赎，又称劫持人质，俗称"绑票"。"绑票"一词从字面上理解，"绑"有捆扎、拴缚之意，"票"指作为凭证的纸片，这里引申为被绑人质。1979年制定《刑法》时，并没有规定绑架罪的罪名。自从20世纪80年代在上海发生了中华人民共和国成立后的第一起绑架案后，绑架风险逐年增加。1991年9月4日，全国人大常委会制定《关于严惩拐卖、绑架妇女、儿童的犯罪分子的决定》，"绑架勒索罪"成为独立的罪名。1997年刑法修订正式规定绑架罪。但在这一条款适用过程中，最高人民法院和公安部都先后提出，《刑法》对绑架罪设定的刑罚层次偏少，不能完全适应处理这类情况复杂的案件的需要，建议对绑架罪法定刑的设置作适当调整。2009年，《刑法修正案（七）》第6条对《刑法》原第239条的法定刑进行了修改，完善了此罪名的罚则。

（二）易被绑架对象

张昌荣研究发现，绑架的被害人具有明显的群体指向性，犯罪分子绑架的对象主要有：一是比较富裕的企业家和明星等；二是比较富裕但缺乏自我保护能力的中小学生。一些职业地位没有得到社会认可的职业人员，如"三陪小姐"，也是易被害人。全球经济一体化，中国留学生和中国劳工已成为中国公民在国外的易绑架对象。

1. 高收入群体。绑架被害人多是富人。2004年2月3日凌晨，演员吴某甫在北京一酒吧门前遭到几个歹徒绑架，歹徒索要500万元赎金。警方仅用22小时就将被绑架的吴某甫和另一名被绑人质杜某疆营救脱险。[①] 近几年来，"富人被害"案件日趋严重。这种现象背后的犯罪学原因在于社会阶层结构的高度分化，城乡分治格局拉大了城乡间的贫富差距，现有的社会治安综合治理措施严重滞后，"富人"的自我防范意识薄弱。在广东、

---

① 康均心，孟强."富人被害"的犯罪学考察.贵州警官职业学院学报，2004（4）：5.

福建、浙江等东南沿海省市的绑架案频繁发生，赎金也越来越高，撕票杀人也常有，其中约3/4的被害人是工商企业的老板、大股东、文艺界名人等。例如，2008年11月10日21时许，犯罪嫌疑人绑架了东莞市寮步镇某机电设备有限公司老板张某某的儿子，要求在45天内汇1500万元赎金到18个银行账户上。广东东莞警方经过30小时的连续奋战，13日在广东清远警方的协助下侦破了这起特大绑架勒索案，抓获（均为广东英德市人）4名犯罪嫌疑人，安全解救出人质张某，缴获作案用车辆1辆、刀具3把及铁链等工具一批。

2. 私营企业主、建筑包工头、公司老板、个体户、暴发户。例如，以王某锋为首的化州籍案犯组成的绑架团伙，自称"飞鹰帮""飞虎帮"，成员近百人，在广州、深圳等地专门物色化州籍建筑包工头进行绑架勒索，先后作案几十宗。

3. 少年儿童。例如，2009年6月至11月，深圳先后发生4起儿童绑架案，其中2名不幸被撕票，引起许多家长恐慌。被绑架的小孩，既有在校中小学生，也有不足周岁的婴儿。

4. 赌档主、赌徒，以及放高利贷的"大耳隆"。据统计，在广东发生的110宗绑架案中，因收赌债引发的就有75宗，占68%。也有的是赌徒被"大耳隆"逼得走投无路，"狗急跳墙"，转而将"大耳隆"绑架向其家属勒索巨款。例如，广东省清远市2003年"9·26"绑架案，被害人卢某某因赌博赢钱，被绑匪盯上，最后遭到绑架勒索。又如，江门市2004年"5·11"绑架案，被害人梁某因生意与黄某存在债务纠纷，黄曾多次向梁讨要其所欠的钱款，但均无果。破案后查明，正是黄某谋划实施了此次绑架。

5. 同绑架策划者或实施者存在利害冲突、经济纠纷、尖锐矛盾的人。因收债等目的引发的经济纠纷是绑架的另一重要原因。因为债务纠纷、恶意欠薪等引发的绑架正在逐年上升。张昌荣研究，在2003年的福建绑架案发生地的排名中，福州、莆田位居一二名，泉州、临清并列第三。临清地理位置偏僻，经济落后，却上升为绑架案的高发区，与当地经济起步，容易产生动荡有关，由经济纠纷产生的绑架案逐步增加。

根据《广东绑架犯罪问题研究》课题组对广州、深圳、佛山、中山、江门、清远、潮州、韶关、汕头、云浮、阳江、揭阳、河源、惠州、肇庆、汕尾等市的绑架犯罪进行了一系列的调研，收集数百个案例，对部分受害人进行访谈，对绑架犯罪被害人类型进行统计时发现，绑架犯罪分子的目标指向具有一定的偏好性。① 课题组分析发现，在广东主要存在以下几种绑架犯罪被害人类型：（1）从事色情服务行业的三陪小姐、发廊妹、暗娼等。这类被害人处于社会边缘，由于其自身所从事的行业较为特殊、所处的工作环境较为封闭、所涉的社会交往较为单一，往往成为绑架犯罪分子的侵害对象，许多案犯均选择此类对象为目标实施绑架犯罪，并在绑架过程中对被害人进行抢劫、强奸。犯罪分子在绑架色情服务行业女性的过程中，往往伴有抢劫、强奸、伤害等恶性行为。（2）学生、少年儿童、婴幼儿。此类绑架案件在广东的绑架案件总量中占有相当的比例，广东省各地上报的绑架犯罪情况报告中均将以学生、少年儿童、婴幼儿作为绑架对象作为当地绑架案件的一个特点加以总结。以深圳市为例，发生了多起勒索金额巨大、性质恶劣的绑架儿童、学生案件，造成1名儿童死亡。其中以在盐田区连续发生的"9·16"绑架女中学生勒索100万元案件和"10·10"绑架中学生勒索2000万元案件影响最为恶劣。在龙岗区龙岗镇连续发生3起绑架幼童案，其中的"1·12"绑架案中，犯罪嫌疑人连续两次作案，绑架幼童2名；"1·14"绑架案中，犯罪嫌疑人一次就同时绑架了3名幼童。（3）港澳台人士。港澳人士已成为绑架犯罪特别是以色情引诱手段实施抢劫、绑架犯罪最主要的受害群体。2003年，深圳共发生绑架香港人的案件84宗，占绑架案件总数的24%。而香港人被绑架的案件中被色情引诱后绑、抢的案件为69宗，占港人被绑架案件总数的82%。（4）其他。除了上述所列的三种高危人群之外，其他的一些群体也往往成为绑架犯罪分子侵害的对象。就广东省的情况而言，这些其他人士包括：在当地经济较为富裕的群体、涉及各种纠纷的群体、外来打工人员等。

---

① 艾明.绑架犯罪被害人被害性分析与个体被害预防.吉林公安专科学校学报，2005（6）：15-16.

（三）绑架被害特征

1. 被害人所在区域，主要是经济发达地区。据广东统计，广州、佛山、惠州、深圳、东莞、中山、揭阳等市，约占全省所发生绑架勒案总数的80%～90%。广州、深圳、佛山、惠州、东莞五市发案数占全省的91%。逐步形成了以广州为中心，向全省辐射的态势。经济越发达的地区，发案越突出，勒索数额也越大。

2. 绑匪与被害人有一定的关系。从福建现代犯罪学研究所调查来看，绑匪与被害人之间间接认识、单方认识的占多数。对80例绑架案件的统计（2009年）显示，被害人与绑架者互不相识的占82%（都是绑匪间接、单方认识被害人），绑匪与人质之间为亲戚关系的占3%，朋友关系的占12%，邻居关系的占3%。绑匪主要通过社交、商务活动、亲友、公共媒体或被害人的外显财富获得被害对象的信息，事先对被害对象体征、面貌和活动规律进行熟悉，也就是间接认识和单方认识。对于潜在被害人一方来说，个人经济、家庭和活动规律的隐私性保护是被害预防中十分重要的环节。潜在被害人由于并不知晓自己的被害危险，而没有采取被害预防的心理准备，从而使潜在的被害变为现实的被害。在绑架尚未实施前，只要潜在被害人能够意识到自己的被害危险，则实际被害的可能性将降低90%以上。因此，被害自我防范教育在绑架预防中具有重要价值。

3. 被害人防范能力差。绑架勒索是犯罪人使用暴力或以暴力胁迫为手段，非法绑架、劫持、扣押他人为人质，甚至杀害人质，向被绑架者的亲属进行恫吓要挟，以达到索取财物或其他目的。在已发生的绑架案件中，有不少被害人思想麻痹，警惕性不高，根本没有防范被人绑架的意识，更谈不上采取有针对性的措施，面临劫持时又缺乏抵抗能力。

4. 隐案较突出。人质被劫后，其亲属又担心"撕票"，顾虑重重，不报案，报案不及时，企图私下"交赎"，"花钱消灾"。根据笔者的实地调查，绑架隐案约占发案数的1/3，甚至更高。且破案率不高，对重大绑架的破案率只有80%。

5. 多重被害后果。绑架勒索基本上都是为了勒索钱财的经济目的，赎金的数额也越来越大。只有极个别案件是黑社会组织成员之间为争夺地盘，

"黑吃黑"劫持人质，或是因纠纷引发的报复性绑架人质。绑架赎金少则几万元，多则几十万元，有的甚至在百万元以上。福建省云霄县发生的一起绑架案，赎金要价为1000万元，有的更高达2000万元以上。绑架可能使受害人家庭人财两空，相当数量的绑架案件是先杀害人质再勒索赎金。有些绑架赎金超过人质家属的经济承受能力，为了人质安全，不得不举债或变卖资产，毁弃经营的企业，使个人或家庭经济陷入极大困境。

（四）绑架犯罪的条件变量关系

张昌荣教授跟踪研究了100多起绑架案件。研究发现，绑架犯罪从蓄谋到实施，依犯罪条件的变化而变化，这种犯罪条件包括影响绑架发生的原因和绑架持续过程的主客观因素。在绑架犯罪现象中，绑架犯罪条件与绑架行为的关系是反映绑架犯罪规律的基本关系，对这种关系的观察和表述需要借助一个明确的概念，即条件变量。这样就不难把绑架作案人与受害人的行为反应关系看作是一种变量的关系，与此对应的变量因素包括：人质（绑架目标）、赎金（绑架目的）、人质家属心理承受能力和警方介入等诸因素。

1. 人质。人质是绑架犯罪的首要施害目标。人质和赎金始终是绑架持续过程中紧密呼应的基本环节和对应变量。成年人在绑架受害者数量中比例略占多数，成年被害人以男性为主，女性约占15%～20%。每10个人质中有6个是成年人，未成年人中男性比率更高，达到95%以上。绑架实施的初始阶段有两个步骤，即猎取人质和控制人质。在实际发生的绑架案件中，绑匪也意识到控制未成年人质的风险明显高于控制成年人质的风险。在绑架案发生后，成年人与儿童比较，更能理解自己的危险情况，采取与绑匪比较"合作"的态度，从而降低了他们被害的可能性。儿童虽然易于被诱骗，但他们不易理解绑匪的意图，绑匪难以利用他们与其家人"沟通"，在27例未成年人质中，13人被撕票。其中10人为12岁以下儿童，2人为18岁以下儿童，12岁以下儿童的撕票率为37%。人质年龄的差别也反映绑匪的群体规模特点，绑架成年人的绑匪群体通常不少于4人，而绑架儿童的绑匪群体规模相对较少，一般在4人以下或者单个绑匪也可作为。大部分人质往往不能机智地遵守绑匪的规则而招致突然被害。

2. 赎金。赎金以人质为筹码，是绑架犯罪的最主要条件变量。赎金的期望值和赎金交易成交值随着犯罪条件的变化而变化，并且对案件过程的演变起基本作用。绑架在"有利可图"的欲望驱动下频频发案。赎金均值也由低走高，经济发展的不平衡，也反映在赎金的地区差别上。20世纪90年代初期，赎金在3万～5万元较多；在过去的10多年里，赎金平均值上涨了约20倍，50万元以上较为常见，最高为2000万元。根据60个跟踪案例的分析，经济发达地区的赎金均值为落后地区的5～6倍。

在绑架过程中，人质的身体和心理都受到不同程度的折磨、伤害。在1220个绑架案例中有301例发生了人质伤害，伤害率约为24%。[1]人质的身体健康状况和心理承受能力对赎金的交易也有明显的影响。人质伤害形成双向压力，一方面，绑匪要以人质换赎金，人质生命濒危通常会加速以人质换赎金的谈判过程，赎金的交易额因人质的身体和精神状况而变化；另一方面，人质在遭受身体和心理摧残以后，急于解脱困境而加强了向亲友呼救的态度，人质的这种态度又被绑匪用以要挟其家属。

3. 人质家属心理承受能力。绑架犯罪的恐怖效应，就是绑匪对人质生命的威胁造成人质家属的心理恐慌，在大多数情况下，人质家属接到勒索后往往急于同绑匪谈判，以赎金换人质，绑匪的恐吓效果和赎金的交易额与家属的风险承受能力成反比。福建现代犯罪学研究所对1220个绑架案件的统计表明，有61%的人质家属在接到绑匪的勒索电话后48小时内交付了赎金。赎金完全付出的有575例，占81%；付出50%的占4%；少量付出的仅占16%。[2]绝大部分的绑架案件都是围绕获取赎金进行的，没有赎金的诱惑，绑架犯罪就会终止。人质家属越是担心人质被害，越轻易答应绑匪的条件，绑架行为人的兴奋性也越高，绑架过程越有利于绑匪的操纵；人质家属越是冷静对待绑匪的赎金要求，绑架行为人的焦虑性越高，绑架过程越是有利于人质家属和警方的控制。每一起绑架案件的发生，其结果不论是人质获救或被害，都会给受害人及其亲属留下难以磨灭的心灵创伤。

---

[1] 张昌荣.绑架被害预防.群众出版社，2002：12.
[2] 张昌荣.绑架被害预防.群众出版社，2002：13.

4. 警方介入。人质家属报案的积极作用是及时解救人质的最有效办法。当然，报案同时也意味着人质被害风险加大。根据福建现代犯罪学研究所对60个案例的研究，绑架勒索发生后，6小时内家属向公安机关报案的仅占34%，24小时以后报案的占35%，这种情况表明人质家属对报案的忧虑态度。对那些赎金不高、家庭经济条件较好的案件，被害人及其家属的报案率相对较低。

（五）绑架犯罪预防

从绑架发生的条件来看，绑架被害是可以预防的，对于已经发生的被害，也有可能通过解救行动减轻被害损失。从张昌荣对1200多例绑架案件的观察得出，绑架犯罪的条件变量有两种类型：一是可控制变量，包括被害预防教育、住宅安全防范措施，以及发案后的报案，人质家属的心理调整、谈判技巧等；二是不可控制变量，包括犯罪人的犯罪意图，作案手段，被害人的年龄、性别，被害人与加害人的社会关系，被害人的经济状况等。绑架预防从根本上讲是条件预防，以变量关系来观察条件对绑架的影响，使解救人质的研究能够建立在实证方法的基础上，有助于提高解救人质的决策科学水平。①

1. 减少个体的被害性。绑架被害对象85%~90%以上都是富裕家庭人士，绑架是典型的预谋犯罪，作案对象多是事先物色。只有随机发生的绑架案件中才有平民成为受害对象。根据福建现代犯罪学研究所从1998年以来对500多例绑架案件的观察，随机绑架案件通常只占全部绑架案件的15%左右。富人大量增加而防范意识淡薄，在客观上为绑架犯罪提供了较为便利的作案目标。

2. 强化社会层面的预防教育。在加大打击力度的同时，还必须做好防范工作。有学者提出应采取重构社会心理平衡系统和调控机制，建立有效的社会奖惩机制，加强"富人"的自我防范意识等。②首先，要尽力削弱诱发绑

---

① 张昌荣.绑架被害预防.群众出版社，2002：13.
② 康均心，孟强."富人被害"的犯罪学考察.贵州警官职业学院学报，2004（4）：1.

架犯罪的信息诱因,加强防范控制绑架犯罪的正面导向宣传,增强公民的防御意识。其次,要切实抓好禁毒、禁赌工作。债务"私了"引发了非法拘禁人质,一部分债权人借机向债务人索取高于债务的巨额赎金。赌博、放高利贷、吸毒是绑架犯罪滋长和发展的土壤和温床,赌徒、"大耳隆""瘾君子"与"绑匪"常常是"同胞兄弟"。

3. 既然被害预防。警方要以解救人质、确保人质安全为首位,然后才考虑查获案犯。国际反劫持、反绑架专家理查德·克鲁特布克指出,"警察在对付绑架案件上负有一系列的责任,一是防止公众受犯罪分子的绑架;二是逮捕绑匪并取得证据;三是设法阻止绑匪拿到赎金,以免助长犯罪;四是阻止进一步犯罪,但更有力的威慑力量还是侦查破案"。[①]

4. 完善绑架罪的处罚规定。笔者认为,法律的威慑力量,也是抑制、减少绑架被害发生的重要对策。2009年《刑法修正案(七)》第6条对《刑法》原第239条的法定刑进行了最新修改,对幅度设置作出适当调整,在原法定刑的基础上增加了"情节较轻"一档的规定,刑罚层次的清晰,丰富了绑架罪的内涵与量刑,体现了宽严相济的刑事政策。

六、拐卖犯罪被害人

拐卖犯罪是指以出卖或收养为目的,拐骗、绑架、收买、贩卖、接送、中转妇女、儿童的行为。拐卖妇女、儿童案件是世界性犯罪,是旧中国的恶习,是"古老的罪恶"。[②]拐卖不是单一犯罪,而是与其他犯罪交织在一起的,侵犯了被拐卖对象多方面的权利,最常见的有劫持、伤害、强奸(包括强奸幼女)、非法拘禁等。近年来,拐卖妇女、儿童出现一些新特点:犯罪团伙化趋势明显,犯罪网络错综复杂;拐卖对象复杂化,以儿童为侵害对象的案件增多,非法收养仍然是拐卖儿童犯罪的主要目的;盗窃、抢夺儿童案件时

---

① 任克勤. 论广东绑架勒索案件的特点、突出原因及侦察对策 // 全国公安院校第二届刑侦刑技学术讨论会论文集. 中国人民公安大学出版社,1994:179-186.
② 谢致红,贾鲁生. 古老的罪恶——拐卖妇女纪实. 浙江文艺出版社,1989:1.

有发生，犯罪嫌疑人通过网络聊天交友、相约游玩等新的作案手段拐卖妇女。

（一）拐卖案件的特点

1. 犯罪过程具有阶段性，作案时空跨度大。拐卖案件，从拐骗到接送、中转直至物色买主出卖不可能在短时间内完成，而是需要一个相对较长的时间段。就其阶段而言，拐卖妇女、儿童案件就涉及拐骗地、中转地、接送地、窝藏地、出卖地等。拐骗地主要集中在经济、文化较落后的农村地区，或者是城镇劳务市场和外来人员较为集中的地区；出卖地则分布在经济相对富裕的农村和城镇，基本的流向是从西部农村拐骗到东部农村或沿海城镇出卖。

2. 被拐卖对象多系农村妇女、儿童。受重男轻女、传宗接代观念的影响，在被盗抢拐卖的儿童中，男性婴幼儿可以获取更高经济利益，因而被拐卖数量占绝大多数。近几年来，也先后出现城市女青年甚至女大学生、女研究生、外国女性被拐卖的现象，不少犯罪分子把劳务市场作为拐骗妇女的新型活动场所。许多被拐卖女性身心遭受摧残，被强奸（轮奸）、虐待、伤害乃至被害。

3. 拐卖手段多样、狡猾残忍。从作案手段来看，拐卖妇女、儿童案件的作案手段主要表现为两种形态：一种是欺骗、引诱。以"合伙做生意""帮助介绍工作"等为诱饵，引诱被拐骗对象"自愿"按其意图行事，常使被拐卖人员到被拐骗时才知上当，如梦初醒。另一种是暴力胁迫，如强行劫持妇女，对被拐卖对象实施药物麻醉。有些拐卖儿童的案件中，犯罪行为人甚至杀害监护人，公开抢劫儿童。"娶来的媳妇买来的马，任我骑来任我打。"在拐卖过程中，对稍有反抗的被拐卖对象进行毒打折磨，体罚虐待，暴力威胁，有的对被害人进行人身凌辱，甚至肆意强奸，导致被拐卖对象死伤。有些被害人被多次转卖，受尽折磨，或多次逃跑，或精神失常。

4. 被拐卖对象与犯罪行为人之间正面接触时间长、次数多。拐卖妇女、儿童案件中，犯罪行为人要对被拐卖对象进行欺骗、引诱、暴力胁迫等方式作案，都必然与被拐卖对象进行直接的正面接触。

5. 被拐卖涉及多区域。一般而言，犯罪行为人物色拐骗对象的活动地区大多是在相对贫困的农村边远地区和城镇劳务市场，把拐骗对象卖到沿海城镇或农村。

（二）妇女被拐卖的预防

（1）要认识社会，增强防范意识。

（2）要认识自我，驾驭自我。

（3）莫贪小便宜，莫恋不义之财。

（4）自尊自爱，洁身自好。

（5）沉着冷静，随机应变。

须谨记："天真的姑娘在憧憬未来的时候，不要轻易相信陌生人的花言巧语，否则会断送自己！"[①]

（三）被拐卖妇女、儿童的解救

1. 积极解救。适时开展打击拐卖妇女、儿童的专项行动，采取有效措施，摸清拐卖底数。2011年以来，全国开展打击拐卖未成年人违法犯罪专项行动，解救被害人，取得明显实效。仅2012年7月，公安部统一指挥河北、山东、四川、福建、河南、云南等15省（区、市）公安机关同步开展集中抓捕、解救行动，彻底摧毁了两个危害极大的拐卖儿童犯罪团伙，斩断拐卖犯罪的链条，抓获犯罪嫌疑人802名，解救被拐卖儿童181名。解救时，要积极协调，取得解救地的配合。在实践中，下列人员一般应予解救：18周岁以下的未成年少女或婴幼儿；被拐卖前已有婚配的；被拐卖后受虐待和摧残严重的；多次被拐卖的；本人坚决要求解救的。对于记不清或难以说明自己的出生地及父母的儿童，可通过各种方式寻找其家人，必要时可采用DNA技术进行鉴定。经过DNA比对的被拐儿童要在民警的带领下送还家长。暂无人认领的，应将其送到福利院再为其寻找亲属。

2. 加强自救。"解救"是一个充满善良、充满人情味的字眼，靠何人解救？亲人、金钱、政府、法律、良心……都重要，有人说，唯一能够解救女人的就是女人自己，唯一能够解救妇女的就是她们自己。对被拐卖的儿童亦不例外。

3. 依法治理。严格执行国务院颁布的《中国反对拐卖妇女儿童行动计划》

[①] 谢致红，贾鲁生.古老的罪恶——拐卖妇女纪实.浙江文艺出版社，1989：41.

和最高人民法院、最高人民检察院、公安部、司法部联合下发的《关于依法惩治拐卖妇女儿童犯罪的意见》。《中国反对拐卖妇女儿童行动计划》是做好预防拐卖妇女、儿童工作的行政措施。要在党委政府的领导下，积极推动反拐综合治理，坚决遏制拐卖犯罪活动蔓延势头；要切实加大整治买方市场力度，对被解救儿童，不得由买主继续抚养，让买主"人财两空"；对出卖亲生子女和收买被拐儿童的，也将依法严惩。

4. 发挥社会作用。近年来，广东东莞市石排、长安等13个镇区陆续至少失踪儿童33人；失踪者绝大多数为男童，年龄在2~7岁不等；失踪者父母均为外来打工人员，因生计而疏于对孩子监护。于是失踪者家长成立"寻亲子联盟"，开设"寻亲"网站，希望得到有关部门的高度重视。很多其他失踪儿童的家属，他们写下了自己的联系方式和个人资料。2017年9月23日，对于很多人来说，只是一个普通的周末，但对于顺德的一对麦姓老人来说，却是73年以来最重要的日子：姐姐在1944年被拐卖离开家乡顺德，73年后借助互联网的力量和顺德警方的DNA技术，她终于在家乡与弟弟相认。73年，是顺德警方近年来帮助亲人相认的案例中最长的失散时间；麦姓姐弟的DNA技术鉴定也是顺德警方首例"DNA同胞间比对"的成功技术案例。麦婆婆于1935年出生在顺德乐从。1944年的一天，当时9岁的麦婆婆在家门口玩耍时，被一位陌生人拐到了广西桂林一名张姓地主家成了使唤丫头。到了2000年后，麦婆婆的身体一直很健康，但却"心事重重"，原来她一直记得自己是广东人，当年是被拐走的，家乡可能还有亲人，自己年岁已大，很希望在人生的最后阶段，能与亲人相认。但是，毕竟麦婆婆已经离开故乡超过70年，她自己也说不清楚家乡到底在哪里。这个时候，互联网的技术力量发挥了巨大作用。麦婆婆通过"宝贝回家寻子网"热心人士的帮助，开始了"记忆调查"。热心人士很快锁定了麦婆婆的家乡——顺德乐从。更让人惊喜的是，麦婆婆很可能还有一个弟弟尚在人世！不过，这只是热心人士对麦婆婆"记忆调查"的结果，毕竟已是73年前的事情，如果要确认麦婆婆与弟弟的血缘关系，还需要科学证据。关键时刻，顺德警方伸出了援手。8月21日，麦婆婆和可能是她弟弟的麦爷爷分别在民警和志愿者的帮助下进行了血样采集。经法医鉴定：DNA比对结果支持麦婆婆和麦爷爷符合同胞关系。2017年9月23日，82岁高龄的麦婆婆终于回到家乡顺德乐从，看着长相和自己很像的弟弟，麦婆婆抑制不住激动的心情，热泪盈眶地与弟弟紧紧拥抱在一起。为了这一天，麦婆婆等了73年。麦爷爷也很激动，当年姐姐失踪，家人一直有"最坏的打算"，没想到73年后还能见到姐姐。73年后的今天，麦婆婆只能吐出几个粤语单词了，虽乡音已改，但浓浓的亲情却是再也分不开。

（四）儿童被拐卖的预防

（1）尽量不要让未成年人单独一人在家或外出。

（2）教给未成年人自我保护常识。要熟记自家住址和家人姓名及联系电话；外出时一定要向家人告知自己的去向；任何情况下都不要跟陌生人走，不要吃陌生人给的食物，不要接陌生人的东西；如果有陌生人上前搭讪，就立即让身边熟悉的成年人与其对话。

（3）告知未成年人110、119、120等紧急电话号码的用途和正确使用方法。

第二节

财经类犯罪被害人

财经类犯罪是一个泛指，既有财产犯罪被害人，如遭受盗窃、抢劫、抢夺、诈骗等犯罪行为侵害的人，即集体或者是个人财物受损失的人；也有广义的财经类犯罪被害人，是广义经济领域犯罪被害人的统称。被害人不仅有具体被害人，也有抽象被害人，如经济制度被害人。法国学者雷纳尔说，国家是白领犯罪最突出的被害人。赫尔曼·曼海姆认为，犯罪被害人的研究应当包括经济领域犯罪被害人在内。以往的研究，主要是对暴力、性犯罪、诈骗被害人的研究。而在 20 世纪 70 年代以后，被害人学研究的被害人范围进一步扩大。①

一、盗窃犯罪的被害人

盗窃案件是最常见的多发案件。从对大量公民被盗来看，被盗者大多具有防范松懈等过错。犯罪人在其选择侵害目标时虽有偶然性，但"贼偷方便"是基本规律，防范松懈是招致被盗的重要因素。②

（一）被盗类型

1. 流动过程中的被盗。所谓"流动过程中的被盗"，主要是指现金和贵重物品在人们的携带、运送、交换等过程中被盗的情况。根据有关资料统计，扒窃被害大多数发生在人口流动量大的市内主要商场及车站、公共汽车上。被扒是有季节规律的。在南方各省，春、秋季被扒发生多，冬夏相对少。时间规律主要表现为：双休日、节假日被扒的多；公共汽车的上下班高峰时被扒的多。据调查，某市以每天早上 6：30~7：30，中午 11：00~12：00，晚上 5：30~7：00 在市内的主干线行驶的电车上被扒的最多。

2. 存放过程中被盗。现金、贵重物品在存放中被盗主要有两大类，一是居民住宅被盗；二是停放的车辆被盗。居民住宅被盗的主要目标有现金、金银首饰等"轻小贵高"物品。西方一些国家预防被盗采取"贵重物品标刻法"，在相应部位标刻主人姓名等办法。

（二）被盗原因

被害人学关于被盗的理论有"机会论""被害因素论""日常生活理论""警

---

① [德] 汉斯·约阿希姆·施奈德. 国际范围内的被害人. 许章润, 等译. 中国人民公安大学出版社, 1992: 5.
② 汤啸天, 任克勤. 刑事被害人学. 中国政法大学出版社, 1989: 221-223.

察真空理论"和"防卫空间理论"。[①]就是说,被害人财物被盗既同加害人的动机、意向等有关,也同客观环境、被害人自身的弱点有联系。财产犯罪受害人大多粗心大意,缺乏必要的警惕,不采取必要的保护措施。

1. 注意分散。注意分散有两种情形,一是对应认真看管的财物持漫不经心的态度,注意力不集中。二是受注意力的有限所制约。人的注意力有限度,在一定条件下,没有很好地分配注意力,对应注意的对象顾此失彼。人多混乱,往往易发生被盗。有的在购物过程中,当事人在新异刺激下,忽视了购物的看管。

2. 疏忽大意。英国哲学家弗朗西斯·培根名言:"疏忽招致盗贼。"疏忽大意是指被害人对购物可能被盗应当预见由于疏忽而没有预见,没有采取相应的防范措施。

3. 盲目自信。盲目自信指被害人对自己的能力和行为具有过高的盲目信任倾向。这是一种侥幸自慰心理作怪。被害人头脑简单,对事情考虑不周全,对可能发生被盗持侥幸心理。

4. 显富露财。被盗者由于种种原因"露财"而招致被盗,主要有不慎露财、故意显富、"树大招风"三种易被害人群。

5. 防范空虚。居民住宅室内无人的时间越长,被盗的危险性越大。通过对城市大量溜门、撬锁案件分析,被害人有90%以上是双职工户,场所多为易侵入的民宅。独门独户或邻里间难以相互照应的住房易于成为被盗目标。2017年3月18日晚,家住郑州市经三路与鑫苑路交叉口东侧的信息工程学院家属院的王女士家遭遇入室盗窃,小区居民获悉后将从监控视频中调取的男子逃跑时的截图张贴在小区多个地方,一男子观看"公告"时被居民认出。闻讯赶来的巡防队员将男子当场抓获。经过盘问得知,该男子竟然租住在王女士家的楼上。

6. 保管失当。保管措施失当引起被盗的,主要表现为防范制度不健全,缺乏高效能的安全防范设施,居民住宅的门窗不坚固,容易破窗而入或撬锁侵入等。

---

① 张平吾. 被害者学. 三民书局总经销, 1996: 248-249.

二、经济犯罪被害人特性

经济(白领)犯罪被害人有自然人、法人、政府机关、国际秩序、社会,[①]而且主要是法人或非法人组织,被害的直接损失是经济利益。同时,在深层次上违背了市场经济赖以生存的诚信原则和公平原则,破坏了经济秩序和社会环境。[②]

(一)经济犯罪的概念

英国学者希尔在1872年就提出研究经济犯罪问题的重要性。1872年,他在英国伦敦的一次"预防与控制犯罪"的国际会议上,以"犯罪的资本家"为题作专题演讲,首次使用"经济犯罪"这一概念。1983年3月8日,全国人大常委会《关于严惩严重破坏经济的罪犯的决定》首次使用"经济犯罪"这一术语,并且很快得到刑法理论界和司法实践部门的认可。经济犯罪就是指在商品经济运行领域中,为谋取不法利益,严重侵犯国家经济管理制度、破坏市场经济秩序,依照刑法应受刑罚处罚的行为。

(二)经济犯罪被害的特点

经济犯罪是与普通刑事案件相比较而言的,它反映了经济犯罪自身的特性,具有典型的行业性。

1. 犯罪被害的潜在性。经济犯罪案件与刑事案件不同,多以智能性的方式出现,有的法人经济利益被害一时难以发现,隐蔽性很强。

2. 被害的"黑数"较高。被害人不愿报案,"私了"现象时有发生。

3. 被害构成的复杂性。经济犯罪被害的复杂性表现在:违法与犯罪被害人相互交织,界限不容易区分,界限不容易明确,个体的、群体的、涉众的诸因素混合在一起。

---

① [德]汉斯·约阿希姆·施奈德.国际范围内的被害人.许章润,等译.中国人民公安大学出版社,1992:271.
② 张滋生.论经济犯罪的被害预防.政法论坛,1996(6):11.

4.被害形态多样性。有盈利型、欺骗型、占有型、交换型、破坏型等被害类型。①

5.法人被害集中。经济犯罪被害发生在经济领域的许多方面,具有明显的行业性特点。

（三）经济犯罪被害预防②

从经济犯罪被害的特性出发,我们要采取有效的对策进行预防。预防法人财产被骗重在规范经营,预防法人财产被盗重在加强管理,预防法人财产被抢重在强化防范。③

1.完善与加强立法和惩治经济犯罪的刑事立法。市场经济需要配套的经济法规,完善刑法关于对经济犯罪的惩治规定。

2.加强经济监管手段。许多经济案件的发生都有其内在的因素,为了减少经济犯罪侵害,必须堵塞可能产生的漏洞。工商行政管理部门要注意严格审查企业营业执照的申请。不但要在公司、企业成立时严格审查注册资金的数额、来源,还要经常对公司、企业的经营情况、资金来源、资金用途进行监督、检查,特别是注意从证照审查途径发现问题。例如,银行、信用机构要加强信贷管理和结算管理,监督公司、企业在经济运行中是否合法操作。公证、鉴定机构必须了解公司、企业的资信情况,审查其履行合同的能力。

3.加强内部管理。公司、企业内部必须加强对经营者的教育,特别是增强责任心,树立依法经营的意识。要严格用人制度,建立、健全内部管理机制。强化对内部人员的管理,把好进入关,严格审查,及时发现问题。要加强对印鉴、票据、合同的管理。

4.增强法律意识,依法规范经济行为。在经济交往中,法人及公民应当认真学习和掌握刑法、经济合同法、民法通则、银行法、票据法等有关法律,

---

① 任克勤.经济犯罪案件侦查.中国人民公安大学出版社,2001：6-8.
② 任克勤.广东经济犯罪问题初探//广东警察学会.广东经济犯罪问题研究.中国人民公安大学出版社,2003：30-45.
③ 郭建安.犯罪被害人学.北京大学出版社,1997：344-346.

增强法律意识。在经济活动中要始终保持清醒头脑，注意审查对方的法人资格、履约能力。

5.增强对经济犯罪的预防意识。要对公民、单位、公司企业法人进行有针对性的防范意识教育，利用大众传播媒介，运用典型案件教育公民，从具体措施上加大防范力度，提高预防侵害的能力。特别是要强化对金融系统职员的防骗教育。

三、诈骗犯罪被害人

有人说，"世上最动听、最让人难以抗拒的是骗子的谎言；最具诱惑力，也最让人心甘情愿钻的是骗子设下的圈套"。诈骗得逞有术，被害人受骗有因。诈骗包括普通诈骗、金融诈骗、合同诈骗，以及其他诈骗。

（一）诈骗的骗局

通常，骗局有五大要素：

一是骗局主体，即骗子、诈骗犯；

二是骗局客体，即上当受骗的被害人；

三是骗局中介体，即骗术，包括诈骗手段、方法、原型、行头等；

四是骗局诱饵；

五是骗局标的。

骗局中的主体与客体是人的要素，中介体是连接主体与客体，实现目标的手段要素，标的体是犯罪目的结果要素。这五个要素缺一不可，否则不能构成骗局。① 例如，在集资诈骗犯罪被害人当中，资金高回报率是实害结果最终酿成之酵母。被害人与其说是被"虚构资金用途"和"虚假的证明文件"所欺骗，毋宁说是被高回报率所吸引和打动。资金回报率明显超过银行同类贷款利率的4倍，在集资诈骗案件中相当普遍，回报率接近甚至超过100%亦屡见不鲜，这里高回报率即是"诱饵"。

---

① 任克勤.普通诈骗犯罪案件侦查与防范要略.群众出版社，2007：54-67.

（二）诈骗被害人的条件

诈骗被害人的类型比较多样化。白建军的《关系犯罪学》一书，采用关系分析的理论、方法打破了犯罪学讲究的沉闷。在研究范式篇，作者对犯罪学的概念、对象、方法、历史发展进行了独特的梳理。在犯罪关系篇，犯罪特性学、犯罪形态学、犯罪定义学，以及犯罪规律学构成了一个全新的犯罪学体系。在社会反应篇，犯罪学回归到刑事政策、刑事立法、刑事司法，以及被害预防等领域，使刑事规范学和犯罪事实学各自获得了新的意义。由此，按照加害人与被害人之间互动关系的不同，可以分为：被迫被害的犯罪，就是指被害人是在完全不情愿的情况下直面加害行为，被害人是在最大限度上对犯罪侵害的消极服从。缺席被害的犯罪，是指被害人在不在场的情况下受到侵害。交易被害的犯罪，是指与被害人进行面对面或其他各种形式的沟通、交往、交换中实施的犯罪，被害人是在面对面与加害人进行交易的情况下受到侵害，在一定程度上对犯罪侵害表现为"积极"服从。[1]尤其是在典型的交易被害型犯罪——诈骗犯罪中，犯罪行为的实施并最终得逞在一定程度上是被害人"积极配合"的结果。

从刑法角度，诈骗罪、招摇撞骗罪，以及经济类的诈骗犯罪，都是独立的罪名；从犯罪学角度，诈骗犯罪是一个集合概念。依据诈骗的不同方式，可分为街头诈骗、网络诈骗、电信诈骗、传销诈骗、招摇撞骗等类型，这种分类有利于研究诈骗特点，进而完善对策。[2]

笔者曾在《诈骗及其对策》（陕西人民出版社，1990年）和《普通诈骗犯罪案件侦查与防范要略》（群众出版社，2007年）分析研究了诈骗犯罪被害人的条件。

（1）具有被骗的财产或者其他权益，主要是财产条件。

（2）被害人都有一定的被害要因或过错。或者是因为疏忽大意，没有严加防范而被骗；或者是被害人本人就有某些非法或不正当的心理或行为而被骗。

---

[1] 白建军.关系犯罪学.中国人民大学出版社，2005：255.
[2] 任克勤.普通诈骗犯罪案件侦查与防范要略.群众出版社，2007：229.

（3）具有相互之间的交往关系。这里讨论的"交往关系"，包括直接接触与非直接接触两种情形。

（三）诈骗被害人的特征

作家柯岩在《寻找回来的世界》中有一段话说得好："如果说小偷使人感到的是嫌恶，强盗使人感到的是愤怒，那么骗子使人感到的却是一种揩抹不去的不洁之感。因为他不但把你洗劫一空，还让你在十分困窘的情况下感到自己的弱点与过错，嘲弄你对人生及自己的信念，这是多么的可怕与残忍啊……"诈骗案件中，由于被害人的年龄、性别、职业、个性的不同及品质、法制观念差异，会对其在上当受骗后的心理及行为发生影响，从而导致他们受骗后的态度与行为不同。

诈骗案件的发生不仅与犯罪人的心理活动和行为表现有关，而且也同被害人的心理活动及其行为表现有关。汉斯·冯·亨蒂格从三个不同的阶段去考察诈骗被害人的心理特征：一是遭受诈骗被害以前的心理状态，包括被害人的个性，与加害人之间的心理纠葛、矛盾和联系；二是遭受诈骗被害过程中的心理状况和心理反应；三是被害后的心理活动。根据以上被害人的心理特征，可以把诈骗罪的被害人分为下列两类：

1. 自愿的被害人。被害人不但对加害人无敌对或戒备之心，反而同意加害人，甚至对其抱有某种程度的信任而与之接触，并与加害人朝着同一方向行动，自动地陷身于危险状态，直到发觉被害。这类被害人中，被害人对加害人的迎合、协力程度各有不同。有仅仅单纯表示同意的；有被加害人所利诱的；有为贪图私利而成为诈骗合作者而遭被害的等。

2. 缄默的被害人。这类被害人偶因他人（包括加害人）的诱惑，加上自己私欲作祟，或一时糊涂或贪图不当得利而受骗，但由于被害人本人社会地位较高，或事业上有成就，或自尊心强等原因，虽然被害但不告发，甚至矢口否认隐匿被害。被害人学者连之（Lenz）在其研究中，称上述那种自动的迎合或参与诈骗反而被害的被害人和偶因参与诈骗而与加害人接触而被害的人为积极的被害者（Active Victim）和消极的被害者（Passive Victim）。

3. 积极行为表现的被害人。对犯罪的憎恨是最典型的心理反应。诈骗案件的最大特点是财物被侵害，被害人迫切希望及时追回财物。在骗局未被揭露之前，被害人或多或少地被蒙骗。一旦诈骗犯的真面目暴露或案件破获时，才如梦初醒，在痛恨诈骗犯之余，也不能不深感羞愧和自责。出于同情、怜悯而上当受骗的被害人，除了对罪犯的憎恨之外，还伴有一种对自己警惕性不高，识别能力不强，观察不细致的后悔心理，对被害深感遗憾。

4.消极行为表现的被害人。被害人持消极的心理态度，其原因很多。一般有以下几种行为表现：忍气吞声，自认倒霉。由于诈骗案涉及被害人自身的过错，那些有过错的被害人有时受了骗只好"哑巴吃黄连"有苦难言。贪图小便宜导致被骗的人，大多将受骗情况隐瞒"秘而不宣"。被害人虽然憎恨诈骗犯，希望挽回损失，但由于诈骗危害不仅在财物方面，还有名誉、人格方面，所以，有些被害人出乎潜在的恐惧，害怕影响自己的名声、前途或家庭，不报案，甚至否认被害。例如，广州峻联通信科技有限公司及其法人代表张某川等人被指涉嫌集资诈骗、非法吸收公众存款，以高额分红为诱饵，诈骗3350名受害人4.7亿余元，2011年4月该案在广州中级人民法院重审。重审吸引了众多"受害者""投资者"到庭旁听，其中不少人仍是"粉丝"。"投资者"曹某（女）甚至发动大家为张某川募捐律师费。"他是一个很有雄心的人，为大家做了很多事。如不是因为他被抓，这些项目肯定可以赚到钱，我们肯定可以拿到分红的！""是公安抓人把事情搞砸了。"庭审中有"声援者"起哄高喊"诱供"。曹某还语带痛心地说："你看，他要操心多少事情，搞个民营企业多难啊！"更有甚者，有的人受骗后，为挽回损失，还为被告人说情，求法外开恩。

（四）诈骗犯罪被害实证分析

日本学者宫泽浩一、开泽礼子在1973年专门写了一篇婚姻诈骗的论文，分析婚骗被害人，认为年轻人多，不报案的多。[①] 在犯罪场理论中，诈骗犯罪是典型的交易被害型犯罪。有学者选择100个诈骗犯罪的案例，从多个角

---

① 仲慧.被害人学研究文集.情报与信息，1989（增刊）：19.

度对诈骗犯罪进行实证分析。[①]

1. 被害人性别。在100个诈骗案件中，共有340名被害人。其中男性186人，占总数的54.7%；女性106人，占31.2%；单位40个，占11.8%；被害人为多个自然人。被害人中男性的比例明显低于加害人中男性的比例，换句话说，被害人中女性的比例高于加害人中女性的比例。

2. 被害人结构。在100个诈骗案件中，一个案件中只有一名被害人的情况有41件，有41名被害人，占被害人总数的12.1%；在其余59起有多个被害人的案件中，共有被害人299名，占87.9%。可见，存在多名被害人的案件占相对多数。在全部41名单个被害人中，有男性26人，占总数的63.4%；女性7人，占17.1%；单位8个，占19.5%。在299名多个被害人中，有男性160人，占总数的53.5%；女性99人，占33.1%；单位32个，占10.7%；多人不详的情况有8个，占2.7%。在多个被害人的情况下，女性被害人的比例明显提高。

3. 加害人与被害人的关系。女性加害人侵害的被害人中，男性被害人的比例明显偏低，女性加害人更倾向于侵害女性被害人。在所有190名男性被害人中，受到男性加害人侵害的有168名，占总数的88.4%；受到女性加害人侵害的有22名，占11.6%。在119名女性被害人中，受到男性加害人侵害的有83名，占总数的69.7%；受到女性加害人侵害的有36名，占30.3%。在42个单位被害人中，受到男性加害人侵害的有40个，占总数的95.2%；受到女性加害人侵害的有2个，占4.8%。女性被害人中受到女性加害人侵害的比例明显高于男性被害人中受到女性加害人侵害的比例，印证了女性加害人倾向于侵害女性被害人的结论。

4. 诈骗手段综合分析。诈骗手段多种多样，择其一二分析。

（1）在以帮忙作为犯罪手段的案件中，共有被害人45名，其中男性20名，占44.4%；女性24名，占53.3%；多人不详的1个，占2.2%。

（2）在以交易为犯罪手段的案件中，共有被害人134名，其中男性

[①] 姚兵.诈骗犯罪对策研究——以100个案例实证分析为视角.中国论文下载中心，2009-9-16.

62 名,占总数的 46.3%;女性 42 名,占 31.3%;单位 27 个,占 20.1%;多人不详的有 3 个,占 2.2%。

(3)在以冒充为犯罪手段的案件中,共有被害人 6 名,其中男性 4 人,占总数的 66.7%;单位 1 人,占 16.7%;多人不详的 1 个,占 16.7%;没有女性被害人。

(4)在以假结婚、假恋爱为手段的案件中,共有被害人 6 名,其中男性 4 名,占总数的 66.7%;女性 2 名,占 33.3%。

(5)在以利用工作便利实施的诈骗案件中,共有被害人 13 名,其中男性 1 人,占总数的 7.7%;单位 11 个,占 84.6%;多人不详的情况 1 个,占 7.7%;没有女性被害人。

5. 诈骗犯罪被害人过错。一般而言,诈骗犯罪中的被害人都有一定的过错:或者是因为疏忽大意没有严加防范而被骗;或者是被害人本人就有某些非法或不正当的心理或行为,因而被骗。这里讨论的"明显过错",主要是指后者,也包括一部分过于疏忽大意、明显有悖常理的情形。在总共 105 个被害人中,有 46 例案件中被害人有明显过错,占总数的 42.9%;被害人无明显过错的案件 59 例,占 57.1%。

(五)预防被骗

伟大的"解放者"亚伯拉罕·林肯说过,"你能在所有的时候欺骗某些人,也能在某些时候欺骗所有的人,但你不能在所有的时候欺骗所有的人"。鲁迅先生也有一句防骗名言"要善于识别真金与硫化铜"。应当根据自身特点和人际交往情况,在不同的交往活动中对诈骗进行有针对性的预防。

1. 要多了解对方的情况,克服盲目轻信的心理,以防上当受骗。女性被害人占全部被害人的近 1/3,女性是重要被害群体。女性自身应当提高警惕,尤其应当在与陌生人交往中慎重。

2. 要克服被害要因或避免过错。有的是因为疏忽大意,没有严加防范而被骗;有的是贪小便宜,非法获利或其他不正当的心理或行为而被骗。

3. 在交易过程中,由于双方往往素不相识,因此更应当对对方的资质信誉进行考察,多方面了解交易对象的经营情况,以防止被骗。另外,应当充分利用定金、抵押、担保等手段，尽可能降低交易风险，这样即便对方出现欺诈行为，也能将损失减至最小。

4. 要提高辨别真假职业身份的能力，不要被假执法人员所蒙骗。单位应当完善内部的规章制度，加强对工作人员的管理和监督。

5. 要注意克服被害人"盲点症"。"瑞士犯罪学家克莱历克指出，被害人在诈骗成功中起很大作用，被害人的态度与行为，基于利欲的目的，表现出愚蠢的特征，有些为周围人所普遍怀疑的，被害人竟然会完全依赖。"① 国内有学者称这种现象为被害人的"盲点症"。②

被害人盲点症是指被害人因某种迫切的需要和急切的欲望，以致注意力狭窄、判断力减弱甚至轻度丧失理智，对自己所处的危险或面临的风险视而不见的一种状态。③"天上不会掉馅饼""从来没有免费的午餐"。被害人应克服需求迫切的心理，用理智的眼光看待自己的利益需要，不能试图通过任何捷径来满足需要。

例如，2017年在浙江建德打工的47岁男子章先生一步步走进骗子的圈套，半年时间陆续被骗10余次，累计被骗16万余元人民币，最后骗子的套路都已用完，不再联系章先生，可章先生还在做着发财梦。2月的一天章先生在浏览网站时无意中打开一个"福利彩票网站"，该网站声称可向彩民提供预测号码，中奖率很高。他怦然心动，随即缴费298元注册成为会员。为获得更多彩票内幕，章先生又交纳6000元成为高级会员。几天后，客服再次致电，称只要交纳16万元，便可获得彩票二等奖中奖号码，章先生听后怦然心动。此后章先生省吃俭用，只要有了钱就马上汇给对方，可客服却从未给过章先生任何预测号码，而章先生依旧陆续向对方汇款不下10次，金额达166400元。直到开奖之日来临，中奖号码仍迟迟未到，章先生发现自己已联系不上对方终于报了警。民警展开调查后，不久便锁定犯罪嫌疑人王某。民警伪装成租客，在王某落脚区域进行暗访，很快便将其抓获。据了解，

---

① 张智辉，徐名涓. 犯罪被害者学. 群众出版社，1989：7.
② 魏平雄. 犯罪学. 中国政法大学出版社，1993：115.
③ 储槐植，许章润. 犯罪学. 法律出版社，1997：138.

章先生每次汇款的几个小时后，王某都驾驶自己50多万元的捷豹车停到银行没有监控的附近，再打摩的前去取款。在看守所里王某说道："我实在想不出还有什么理由可以骗他了！"其实，在被骗的半年时间里，章先生也曾怀疑自己被骗，但又抱着赌一把的心态越陷越深，直至骗子的"剧本"全部用完，甚至编不出理由来，骗局才戛然而止。可见此类被害人的被害易感性极为严重，简直是执迷不悟。①

四、"经济邪教"——传销犯罪被害人

2009年2月28日《中华人民共和国刑法修正案（七）》公布实施，在《刑法》第224条后增加一条：组织、领导传销罪。将传销活动的组织者、领导者作为组织、领导传销活动罪的犯罪主体和打击的重点，从立法和执法的角度更有利于打击和遏制传销犯罪。

（一）传销犯罪的含义

直销、传销是经济学名词，而传销犯罪是新名词，是指以推销商品、提供服务等经营活动为名，要求参加者以缴纳费用或者购买商品、服务等方式获得加入资格，并按照一定顺序组成层级，直接或者间接以发展人员的数量作为计酬或者返利依据，引诱、胁迫参加者继续发展他人参加，骗取财物，涉及受害者众多应受刑罚处罚的经济犯罪行为。

（二）传销分类

1. 按照我国《禁止传销条例》中规定的行为分类：

（1）"拉人头"式传销。组织者或者经营者通过发展人员，要求被发展人员发展其他人员加入，对发展的人员以其直接或者间接滚动发展的人员数量为依据计算和给付报酬（包括物质奖励和其他经济利益，下同），牟取非法利益。

---

① 中国新闻网，2017-8-26.

（2）"骗取入门费"式传销。组织者或者经营者通过发展人员，要求被发展人员交纳费用或者以认购商品等方式变相交纳费用，取得加入或者发展其他人员加入的资格，牟取非法利益。

（3）"团队计酬"式传销。组织者或者经营者通过发展人员，要求被发展人员发展其他人员加入，形成上下线关系，并以下线的销售业绩为依据计算和给付上线报酬，牟取非法利益。

2. 按照传销的组织形式分类：

（1）金字塔式传销组织结构。金字塔式传销是由所谓某"投资"或"买卖交易"办法的推广组织，利用几何级数的方式，赚取加入这些办法的新成员所交纳的费用，借以牟利致富。也就是由新加入者（新下线）付费（入会费），以取得未来获利（金钱或特殊利益）机会的一种架构组织，但是其获利机会必须由该加入者（和前或其后之加入者）再介绍更多人加入这个组织，而非销售商品给消费者作为目的。

（2）梯形式传销组织结构。梯形式传销机构也就是近年出现的"无店铺连锁销售"的"五级三阶制"（简称"五三制"），这是目前我国传销组织中最常用的一种奖金分配制度。这都是编制的"谎言"，是一条由"海市蜃楼"衬托出虚幻的"成功"之路。

（三）传销被骗人的特点

（1）被骗人众多。有的传销组织以各种名义诱骗少数民族群众、退伍军人、农民工、学生参与，其社会危害性极大。由于传销具有典型性的涉众型特点，涉及的不特定人数众多，波及面广，涉案金额巨大。广东某地"××电子商务公司网站涉嫌传销"案，参与者达数万人。"深圳××公司网站涉嫌传销"参与网络传销的人数甚至达10余万人。据有关数据预测，全国约有上千万人参加传销活动，吸纳民间资金数百亿元，传销已成为危及社会稳定的重大隐患。

（2）往往引发其他侵害。传销常常引发大量暴力犯罪、社会治安案件、暴力抗法案件和社会群体性事件，隐藏着巨大的社会不稳定因素。部分被骗人被朋友、亲属或战友以介绍工作为由骗至目的地后，得知自己受骗上当不肯听从命令，传销组织立即派人对被骗人进行非法拘禁，限制其人身自由，有的地方已发生多起传销参与者被暴力胁迫继续参与传销活动以致死亡、重伤的重大恶性刑事案件。

（3）有的传销被骗人被"洗脑"。有的传销组织加入者在受骗后，不久就被传销组织头目洗脑，陷入痴迷困境，又用花言巧语骗他人，以回收投资，维持其发展。

（4）有的传销被骗人既是受骗者又成了害人者。传销害己害家，绝大多数参与人员，所投资金有去无回，有的甚至家破人亡。例如，广西南宁警方2017年8月21日通报，成功侦破涉案金额15.19亿元人民币的特大传销案件，涉案8000余人，主要来自东北三省及山东、浙江等地。2016年，警方在日常打击传销工作中获得一条重要线索，一个以李某某、王某某等人为首的犯罪团伙有从事传销违法犯罪活动的重大嫌疑。经过进一步侦查，警方发现该团伙涉案人员众多，交易笔数及涉案金额巨大，主要分布在南宁市各城区，活动频繁，经常组织各类聚餐活动。2017年初，该案被广西公安厅立为特大传销案件进行督办。经侦查研判，专案组基本查明了该传销组织的运作模式、组织架构、人员组成等情况，并锁定了传销体系顶层的重要组织领导者和骨干人员。南宁警方联合检察、工商等多部门先后开展3次专项行动，抓获、逮捕老总级传销人员一批，查扣电脑、银行卡、传销账本、传销网络图等涉案物品一批。目前，传销分子作案手法日趋隐蔽，首先利用各种理由骗亲朋好友到景区观光或参加"一日游""看房团""区域投资"等活动，强调当地投资环境、发展前景。随后，针对受骗者的个性特点，物色同伙以"国家项目"名义讲解投资事项，劝说交钱加入。不管传销如何变换手法，但是其3个特征不会改变：一是收取"入门费"获得资格；二是要拉人头发展下线形成上下级层级关系；三是以发展下线数量为依据进行返利。普通人要克服贪财心理，谨防掉入传销"陷阱"。

（5）有的为追回被骗财物导致反复被害，一些地方甚至出现了号称专门替被骗群众追讨诈骗款项的变相传销公司，条件是群众必须高价购买该公司的产品。例如，原墨龙公司的几名员工成立了道合第一公司，打着向变相传销公司追讨欠款的旗号，要求群众投资该公司代理的房产，一些群众追回损失心切，再次上当，成为"重复被害人"。

（四）传销诈骗预防

为提高群众防范传销诈骗的意识和能力，开展多渠道、多层次的宣传教育活动十分重要。

（1）政府要做好协调工作，广泛动员全社会积极参加到打击传销的宣传教育活动中来。把传销诈骗破坏经济秩序、社会秩序、造成家庭悲剧、扰乱治安秩序、产生治安隐患等严重危害宣传到家喻户晓，让群众自觉抵制传销。

（2）把打击传销活动"关口"前移。向社会公布各种打击取缔传销的法律法规，开设专门举报电话，曝光典型案例，告诫群众，震慑传销违法犯罪。

（3）新闻、媒介和宣传等部门要加大力度，充分运用电视、广播、报刊和网络等媒体，大力广泛宣传传销诈骗的危害和政府查禁传销的决心，揭露传销的违法本质及危害后果，提高群众识别传销诈骗的能力。

（4）传销被骗人要学会自救。部分被骗人被朋友、同学、亲属或战友以介绍工作为由受骗后，万一被害，自己要保持警惕，寻找机会自我获得人身自由。[①]

2017年8月14日早高峰时，一名年龄约40岁的女子骑电动车横穿马路，径直走到正在路口执勤的协警陈某面前，并递上一本红色学生证。值勤协警陈某一看学生证内页才发现事态之严重。这本红色的学生证内，夹着一张10元人民币。抚平对折的纸币，陈某定睛一看顿时惊呆，纸币上写满文字——"救命！我叫李××，我父亲叫××，我陷入传销组织，地点在古城门前中石化斜对面的住宅楼4楼，救命，报警，好痛苦！"他意识到是从传销窝点发出的求救信号，陈某迅速叫来值勤的民警，并同时向荆州市公安局指挥中心报告。荆州市公安局荆州分局北门派出所7名警员赶到，铁门打开门口露出一名戴眼镜的男青年，一见是着制服的警察，激动大叫："警察

---

① 刘志月，等. 十元钞写有"救命"字样 荆州警方直捣传销窝点救人. 法制日报，2017-11-2.

叔叔快来救我！救我！门内有其他人似欲阻止该青年开门，却早已被守候的警察撞开。客厅内4名男子抱头蹲下，房间内1男1女也被民警叫出蹲下。经现场询问，屋内共7人，除小李是安徽籍外，另5男1女均为广西人。办案民警从屋内搜出部分物品后，并根据其现场交代，初步认定这些人涉嫌从事传销，遂带往北门派出所。获救的小李大学时的室友覃某是广西人，上月底通过微信告诉他有一个更适合他的工作，是CAD制图员，与所学专业接近，月薪4000元。小李顿时心动便来到荆州并被接到了传销窝点所在的住宅楼内。一进住宅发现屋里这伙男女的饮食起居都很特别——"吃饭动筷前要喊口号，每人要讲个励志故事"。两天后，他发现自己的手机莫名失踪。覃某说是被一个同事借走，而这个同事正好在出差。小李几次索要手机而不得。与此同时，小李还听他们成天谈论所谓"三商法"，即卖一份韩国化妆品，一变二、二变四，能赚大钱。小李开始意识到这像是传销，提出异议后立刻遭到四五个人的言语反驳。直到8月11日，有个"领导"直接摊牌，请小李加入这个所谓的"直销团队"。"我当时判断自己是陷入了传销窝点。"小李说，但他已处在失去自由状态，出门必有人"陪同"，没有手机无法与家人联系。小李开始想如何逃离。他身上有三张钞票，面额分别是100元、10元和5元。8月13日9时许，小李偷偷在厕所里在百元钞上写了"救命"字样，借靠马路的窗口扔出，出乎意料的是钞票飘到二楼雨篷。第一次求救失败后，小李又于8月13日14时许，再次在10元钞上重写。这次他吸取教训，将钞票夹进学生证，并拿耳机绳绑住增加重量，从另一个窗口抛到小巷内。经讯问，警方已认定来自广西的5男1女涉嫌从事传销。

（5）教育文化、工、青、妇等部门要发挥各自职能作用，积极开展预防宣传教育活动，营造查处传销诈骗的社会氛围。

五、侵犯知识产权犯罪被害人

知识产权（Intellectual Property）是20世纪后半期以来在国际上广为使用的一个法律概念。1967年建立的世界知识产权组织（WIPO）沿用这一概念后，使之逐渐为国际社会所认可。

（一）知识产权侵权和侵犯知识产权犯罪

"知识产权属于民事权利，是基于创造性智力成果和工商业标记依法产生的权利的统称。"[①] 广义的知识产权范围，包括一切人类智力创作的成果。目前而言，知识产权至少包括商标权、专利权、商业秘密权、著作权等类别。作为民事权利的知识产权同其他民事财产权利相比较，具有无形性、专有性、时间性的特征。

知识产权侵权和侵犯知识产权犯罪具有一定的共同之处，此处最能体现被害人定义的广义性。知识产权侵权行为的种类多于侵犯知识产权犯罪，有些知识产权侵权行为虽然违反了知识产权法律、法规和规章，但不会构成侵犯知识产权犯罪。知识产权的侵权行为要承担法律责任。侵犯知识产权的侵权行为具有民事、行政违法性，因此要承担民事责任及相应的行政处罚，但行为不需要承担刑事责任，因为侵犯知识产权的违法行为在情节、数额、造成的损失等方面没有构成犯罪，故此不需要承担刑事责任，这也是知识产权侵权与侵犯知识产权犯罪的根本区别。

（二）侵犯知识产权犯罪被害人特征

侵犯知识产权犯罪被害人是指遭受他人严重侵害的对知识产权拥有权利的公民、企事业单位和国家机关。在侵犯商标权和商业秘密权案件中，受害人几乎都是法人，而著作权和专利权案件中会程度不同地涉及自然人。这些被害人具有如下特征：

1. 易受侵害性。知识产权是法律赋予人们对自己脑力劳动创造的智力成果所享有的权利。这些智力成果分别体现为发明创造、作品、商业秘密、商标、数据库等具体物。从知识产权与物权和人身权的比较中也可看出知识产权权利人的易受侵害性。知识产权的独占性和排他性不同于物权，这是知识产权权利易受到侵害的原因。知识产权相对于人身权来讲，其控制性、排他性和独占性也弱得多。

2. 被害的隐蔽性。知识产权犯罪的被害人在权利受到侵害时，往往还没

[①] 任克勤. 侵犯知识产权犯罪案件侦查. 群众出版社，2010：5.

有察觉到自己被侵害。不仅仅难以发现实施侵害的人，而且难以察觉到自己的权利被侵害。被害人往往要经过一段时间后，或发觉自己的收益、无形资产损失较大时，才知道自己被侵害，这在侵犯商业秘密权案件中表现得尤为明显。由于知识产权的对象具有无限再现性的特点，加之跨地区、跨国性的侵害，以及危害行为与危害结果的分离（如在甲地假冒商标，在乙地生产假冒商标商品，在丙地销售），呈现出高度隐蔽性。

3. 知识产权犯罪的被害人与施害人的"不对称性"。由于知识产权对象的特殊性，同一知识产权权利人可能在同一时间遭受到无数的侵害。不对称性还表现在一个侵害人往往同时侵害数个知识产权权利人。这一特点与暴力犯罪、财产犯罪被害人不同。

4. 被害人利益受损的无形性、潜在性及难以评估性。知识产权作为一种财产，其价值无论是质的规定性还是量的规定性，都不同于物权。当权利人的知识产权的对象被他人实施加害行为时，知识产权权利人既存的财产利益并没有减少，往往是其可期待利益的减少，或者前期的投入没有得到相应的产出。同时，对知识产权中的商标评估、商誉评估、专利评估、商业秘密评估、版权评估的评估方法、标准也存在缺陷与不足，这是由知识产权的复杂性，以及所产生的利益、表现的价值无法估量决定的。

（三）知识产权犯罪被害原因

1. 缺乏知识产权保护意识，对其危害性认识不足。由于整个社会缺乏保护知识产权的意识，被侵权企业防范意识薄弱，因此造成著作权、专利权、商标权、商业秘密权被侵害等现象的发生。像侵犯商业秘密等犯罪的被害人不主动举报，有关机关调查时不积极配合。商标、专利、商业秘密等是企业创造发明的"守护神""命根子"。专利技术等前期投资开发所花费的巨额资金也是利益。一旦权利被侵害，权利人在市场上的竞争优势和独有的技术特色就会有丧失的可能性，从而直接影响到企业在市场上的盈利。

2. 监督机制、管理体制的不完善。市场竞争机制不能有效发挥，使市场不能充分发挥其优胜劣汰的竞争机制作用，为假冒商标、假冒专利等知识产权犯罪的横行提供了土壤。

3. 司法救济措施不足，执法力度较弱。知识产权法律体系复杂，保护知识产权的各项立法不够完备。我国保护知识产权的刑事立法起步较晚，再加上立法技术不足，造成了知识产权刑事保护尚显不够。例如，现行刑法对知识产权的保护范围过于狭窄，还不能覆盖知识产权的重要内容，对侵犯知识产权罪的打击不力和执法上的偏差也存在。

4. 地方势力对侵害行为的纵容、保护，使侵害行为得不到遏止。一些地方、部门的领导和群众法制观念淡薄，为了局部利益，对假冒商标、专利等"效益显著"的行为，不惜充当侵犯知识产权犯罪的保护伞。

（四）知识产权犯罪被害人的保护

1. 加强被害防范意识教育。目前，公民的知识产权法律意识还相当欠缺，没有或很少把专利、商标、著作权等无形财产作为财产权利。对企业主、企业经营管理人员要增强注册商标、专利、著作权法律保护的意识。

2. 完善知识产权刑事立法。加强对被害人的刑法保护，可通过刑罚处罚侵犯知识产权犯罪，对知识产权形成终极保护。

3. 完善行政执法制度。对知识产权侵权行为采取责令停止侵害、消除影响、公开赔礼道歉、赔偿损失等民事制裁措施和没收非法所得、罚款等行政制裁。

4. 加强司法救济措施。在给予知识产权被侵害人救济方面，侵权人所负有的经济赔偿责任应以侵权人因侵权获得的非法利润、被害人因侵权所受到的损失，或者以不低于合理使用费的数额为计算依据。

5. 积极推行预警性防范机制。知识产权被侵犯的一个重要原因，是有关单位自身缺乏应有的警惕性，防范力差，企业内部存在管理漏洞。因此，必须增强企业单位自我防范被害能力，实现知识产权保护由事后打击向事前防范的转变。

第三节
交通事故犯罪被害人

"车祸猛于虎""交通事故是一场没有硝烟的战争"。从一定角度讲,除了战争,道路交通事故对人类生命财产的危害最大。现代社会是一个高风险社会,社会风险无处不在。仅在交通领域,交通事故时有发生,大规模的交通事故也屡见不鲜。为了预防肇事减少伤亡,我们必须加强对此类被害的关注。交通事故包含交通肇事。"交通肇事罪"是指车辆行为人违反交通运输管理法规,因而发生重大事故致人重伤、死亡或者使公私财产造成重大损失的行为。"交通事故"是指车辆在道路上因过错或者意外造成人身伤亡或者财产损失的事件。交通事故不仅是由特定的人员违反交通管理法规造成的,也可以由地震、台风、山洪、雷击等不可抗拒的自然灾害造成。

一、交通事故的主要特点

"车祸猛于虎"。风险已经成为这个社会不可避免的因素,也是社会发展所必然存在的特征。就以交通肇事为例,虽然科技发达使得交通变得非常便利,给人类的出行带来了巨大的便捷,但是同时交通对人类生命财产的安全威胁也越来越大,人们在生活过程中由于交通工具所受到的威胁也越来越大,这里的威胁不仅包括路上的行人,同时也包括那些交通工具的驾驶者。

(一)危害后果的严重性

根据相关数据显示,目前我国每年死于交通事故的人数超过10万人。道路交通事故基本逐年增加,呈现恶化趋势,除了万车死亡率外,其他各项指标基本上逐年增加,道路交通事故致死率和万车死亡率高,交通事故致死率是事故死亡人数与伤亡总人数之比,我国交通事故致死率高于发达国家。2008年我国交通事故致死率达到10%以上,而发达国家保持在1%~4%之间,万车死亡率虽呈下降趋势，但远远高于工业发达国家的 1.2~1.9 人 / 万车的水平。一旦发生交通事故轻则损物受伤，重则残废、家破人亡，甚至数十人一起遭殃，会给亲人带来撕心裂肺的痛苦，造成永远无法弥补的损失。

（二）肇事行为的违法性

分析交通事故的原因，绝大多数都是由当事人的违法行为造成的，诸如疲劳驾驶、酒后驾驶、超速驾驶、超载、超限、超员行驶、违法超车，还有不按规定会车、避让、占道、抢道等都是发生交通事故的"罪魁祸首"。

（三）被害发生的突然性

道路交通事故往往发生在刹那间——在极短的 1 秒钟甚至 0.1 秒钟内发生，在事主认为不会发生的时候发生了，让人猝不及防。

（四）肇事发生的区域时段集中

经济发达地区比不发达地区交通事故相对较多，死亡人数多；沿海地区比内陆地区交通事故相对较多，死亡人数多。据统计，广东、浙江、山东、江苏与四川五省道路交通事故数量位于全国前五位，占全国的 1/3，交通事故死亡人数位于前五位的是广东、山东、江苏、浙江与河南，全国除四川、河南外，其他省份均属于我国沿海及经济发达省份。摩托车驾驶人、自行车骑车人和行人因交通违章造成的伤亡严重。全国交通事故中，因摩托车驾驶人交通违法引发交通事故占死伤总数的 1/5 和 1/4。同时，由于自行车骑车人和行人在交通事故中常常处于弱势地位，一旦与机动车发生交通事故，很容易受到伤害。自行车骑车人交通违法引发交通事故造成死亡的占总数的 1/3。大货车、摩托车肇事致死人数下降幅度较大，因小货车、农用运输车肇事致死人数略有增加，公路交通事故多，公路交通的事故死亡率远高于城市道路交通事故死亡率。据统计，公路与城市道路事故起数比为 1.4∶1，而公路交通事故死亡人数是城市道路死亡人数的 3 倍，公路上平均每 5 起事故死亡 1 人，城市道路上平均每 12 起事故死亡 1 人。事故发生时段集中。按全年、全天呈时间不均衡分布，除了在常规的早、中、晚高峰出现明显外，在凌晨 0 至 1 时也是一个高峰时段。据统计，交通事故次数、死亡人数以 6 月为最低谷，而最高峰集中在 1、2 月，4、5 月和 11、12 月。同时，我国的道路交通事故在时间分布上具有一定的周期性，即在季、月、周、时分布上具有周期性，即交通事故受伤人数和事故次数整体上从月初至月中稍有回落，此后明显上升，到 24、25 日降至谷底后开始反弹，26 日升到本月的最高点后又开始回落，以此规律月复一月。

（五）被害人具有双向性特点

事故被害人往往既有开车人，也有行为相对人，如农村人口、进城农民工是交通事故伤亡的主要人员。近年来，由于我国经济持续稳定发展，城市范围不断扩大，道路不断延伸，农村人口、进城务工农民出行大幅度增长，交通参与活动日趋频繁，但同时由于这部分人口受教育程度相对较低，交通安全意识薄弱，容易发生交通事故并造成伤亡。

2017 年 11 月 15 日，受团雾天气影响，滁新高速颍上段发生多点多车追尾，部分车辆起火，现场有 70 多辆车不同程度受损。事故共造成 18 人死亡，21 人受伤。事故原因初步分析为早上突发团雾天气，能见度低于百米。团雾又被称作交通安全的"隐形杀手"，指的是受局部地区微气候环境影响，形成的小范围浓雾，尤其在高速公路上，非常容易影响驾驶人视线。据统计，雾天发生交通事故的概率比平常高出几倍，甚至几十倍，因浓雾、团雾造成多车连续追尾事故屡有发生，损失严重，极具杀伤力。由于团雾突然出现，难以预报，驾驶人猝不及防、视线突然受阻，本能急踩刹车，容易导致车辆追尾。交警部门提醒，行经团雾多发路段时应：①减速行驶，能见度小于 200 米时，车速不得超过每小时 60 千米；能见度小于 100 米时，车速不得超过每小时 40 千米；能见度小于 50 米时，车速不得超过每小时 20 千米。但应避免急刹车，更不要就地停车，以免发生追尾事故。②迅速打开雾灯、近光灯、示廓灯、前后位灯和危险报警闪光灯，通过路面标线及前车尾灯引导视线，行驶中不要急打方向、随意变更车道。③对于因能见度过低或前方事故等原因无法行驶时，驾驶员应将车辆立即停到应急车道或者紧急停车带，打开危险报警闪光灯，车上人员应马上转移至公路右侧护栏外的安全地点，同时拨打报警电话。

二、交通事故被害人的过错

在交通肇事罪中，风险的分配体现在对行为人注意义务的分配上，进一步体现在被害人过错对行为人有责性的影响上。在交通肇事罪中，被害人就是需要承担不利后果的受害方。[①] 对被害人过错进行定义，需要对被害人的主观心理，以及行为综合起来进行考虑，但是这种综合性并不是一种简单的相加。这和民法体系中的侵权行为法过错有一定的类似之处，在侵权法中需要充分考虑到行为人的注意义务，而过错就是行为人在道德上及法律上所存在的过失或者是故意的状态。这种对于被害人过错的定义和单一的主观心理理论并没有太大的区别，只是在于行为究竟是有意识的目的行为还是无意识的自然行为。因此综合以上的因素，笔者认为，综合考虑比较合适，即对于被害人过错的定义，应该确定为由于被害人主观心理状态而因此所产生的行为。交通肇事被害人过错行为具有以下特征：

（一）被害人过错行为属不当行为

被害人的过错行为是被害人有意识的不当行为。被害人的过错包括故意和过失，故意行为主要有被害人故意地违反交通规则等行为，过失行为主要有被害人的过于自信的行为。例如，行人横过没有人行横道的车行道，在车辆临近时突然横穿，横过没有人行横道的道路时图方便、走捷径，或在车前车后乱穿马路等，或者双手离把或攀扶其他车辆或手中持物；当被害人的过错行为成为导致犯罪发生的诱因，即可认为该行为是不当行为。

（二）被害人过错行为侵害了法益

被害人的行为具有违法性。行为的违法性通过两方面因素表现：行为违反的法律和侵害的法益。有的行为人酒醉后驾车，引发自身和他人受到伤害

[①] 魏爽. 交通肇事罪中的被害人过错分析. 湖北函授大学学报，2015（3）.

的行为，造成严重后果的；也有行为人擅自在非机动车上安装电动机、发动机等导致发生事故的。我们以行人闯红灯被车辆撞死为例。就这个例子而言，首先，行为人在看到行人闯红灯的时候没有减速，将行人撞死。在这里行人也有违反规章过错。根据《道路交通事故处理程序规定》第49条规定，道路交通事故认定书应当载明事故发生的时间、地点、受害人情况及调查得到的事实，有证据证明受害人有过错的，确定受害人的责任；无证据证明受害人有过错的，确定受害人无责任。

《民法通则》第131条规定，受害人对于损害的发生也有过错的，可以减轻侵害人的民事责任。《刑法》第61条规定，对犯罪分子决定刑罚的时候，应当根据犯罪的事实、性质、情节和对于社会的危害程度，依照本法的有关规定判处。根据上述法律规定，如果刑事被害人对犯罪的发生存在过错，是否可以对犯罪行为人的量刑予以相应的从轻处罚，回答是肯定的。被害人过错是指对被害人实施的诱发犯罪行为人产生犯罪意识或激化犯罪行为的不当行为的否定性评价。被害人过错行为包含有主体、客体、主观方面和危害后果、侵害法益等客观方面因素。因此，应该明确具有刑法意义的被害人过错行为的要件，才能更好地解决作为量刑情节的被害人过错行为的认定问题。

三、交通事故被害的预防

2017年发生三起重大交通安全事故：

案例一：2017年1月1日，李某在未取得驾驶证的情况下驾驶车牌号为云HKU6××小型面包车由丘北县消防大队方向经文秀路驶往普者黑大街方向，1时27分行驶至文秀路23号门口路段处时，其所驾车辆与行人张某及停于道路南侧的云HSL9××号轻型普通货车相撞，造成张某当场死亡、两车不同程度损坏的死亡道路交通事故。事故发生后李某驾车沿普者黑大街往文翠路方向逃离事故现场。1时32分逃离至文翠路与新民街交叉路口处时，其所驾车辆在左转进入新民街过程中将路口处李某甲摆设的烧烤摊撞毁后继续往彩云街方向行驶，行驶至新民街与彩云街交叉路口处时，又将路口处的早点摊撞毁，之后李某继续驾车逃逸。1时41分行驶至丘北县锦屏镇桥头水寨加油站路段处时驶入道路北侧泥塘内。5时30分丘北县公安局交警大队民警在桥头水寨加油站路段将李某（肇事逃逸，构成犯罪）抓获归案。

案例二：2017年1月15日22时21分，熊某忠由好客酒店方向步行往农贸市场方向行走，在其横过道路时，被陶某平（无信号道路不避让行人的、未取得驾驶证驾驶机动车的）驾驶的无号牌二轮燃油车撞倒，倒地后于22时23分被刘某（饮酒后驾驶机动车的、无信号道路不避让行人的）驾驶的云HH04××号轻型自卸货车碾压，造成熊某忠当场死亡、陶某平受伤的道路交通事故。事故发生后，陶某平及刘某驾驶车辆先后离开现场。

案例三：2017年1月17日，谢某特（未取得驾驶证驾驶机动车的）驾驶云H753××号普通二轮摩托车载黄某杨、王某成、吕某发由西畴县兴街镇驶往西畴县莲花塘乡方向，0时36分行至西畴县文天线K66 800M路段时与道路右侧石磡发生碰撞，造成谢某特、黄某杨、王某成、吕某发受伤，黄某杨送往兴街镇卫生院途中死亡，车辆损坏的道路交通事故。

在以上三起事故中，主要违法行为一起为肇事逃逸造成的道路交通事故；一起为无信号道路不避让行人造成的道路交通事故；一起为未取得驾驶证造成的道路交通事故，其中有3人无驾驶证、1人饮酒后驾驶。

（一）机动车驾驶员交通事故预防

机动车驾驶员应该自觉遵守道路交通管理法规，文明开车，坚持做到"十要十不开"，确保行车安全。

（1）要自觉遵守交通法规，不开违章车；

（2）要经常做好车辆保养，不开带病车；

（3）要注意劳逸结合，不开疲劳车；

（4）要做到安全装载，不开超载车；

（5）要按规定车道行驶，不开急躁车；

（6）要做到文明礼让，不开赌气车；

（7）要按照规定车速，不开英雄车；

（8）要超车注意迎面车，不开莽撞车；

（9）要掌握行车规律，不开盲目车；

（10）要遵守法律规章，不开酒后车。

无数血的教训告诉我们，酒后驾驶严重影响交通安全。在我国，每年因酒后驾车引发的交通事故多达数万起，每年因酒后驾驶造成的死亡人数占全部死亡人数的2%~2.4%。为切实遏制这一严重交通违法行为带来的危害，保障人民群众的生命财产安全，《刑法修正案（八）》和新修改的《中华人民共和国道路交通安全法》，将醉酒驾驶从普通交通违法行为提升到犯罪高度，即"醉驾入刑"，2011年5月1日起正式施行，醉酒驾驶机动车和驾驶机动车追逐竞驶纳入犯罪行为范畴进行严厉打击。对于较轻的酒后驾驶则处以罚款、扣分、吊销驾照、拘留等。

（二）非机动车驾驶人交通事故预防

非机动车包括自行车、三轮车、人力车、残疾人专用车和助动车。非机动车驾驶人应当具有自身保护意识，自觉遵守道路交通管理法规，文明骑车，坚持养成良好的骑车习惯。

（1）不要闯红灯，或推行、绕行闯越红灯；

（2）不要在禁行道路、路段或机动车道内骑车；

（3）不要在人行道上骑车，不要在市区或城镇道路上骑车带人；

（4）不要双手离把或攀扶其他车辆或手中持物，不争道抢行，不急转猛拐；

（5）不要牵引车辆或被其他车辆牵引；

（6）不要扶身并行、互相追逐或曲折行驶；

（7）不要擅自在非机动车上安装电动机、发动机。

（三）行人的道路交通事故预防要点

行人应当在道路交通中自觉遵守道路交通管理法规，增强自我保护和现代交通意识，掌握行人交通安全特点，防止交通事故。

（1）行人要走人行道，没有人行道的靠路边行走。横过车行道时须走人行横道。

（2）有交通信号控制的人行横道，应做到红灯停、绿灯行；没有交通信号控制的，须注意车辆，不要追逐猛跑。

（3）有人行过街天桥或地道的，须走人行过街天桥或地道。横过没有人行横道的车行道，须看清情况，让车辆先行，不要在车辆临近时突然横穿，横过没有人行横道的道路时须直行通过，不要图方便、走捷径，或在车前车后乱穿马路。

（4）不要在道路上强行拦车、追车、扒车或抛物击车。不要在道路上玩耍、坐卧或进行其他妨碍交通的行为。不要钻越、跨越人行护栏或道路隔离设施。

（5）不要进入高速公路、高架道路或者有人行隔离设施的机动车专用道。

（6）学龄前儿童应当由成年人带领在道路上行走，高龄老人上街最好有人搀扶陪同。

第四节
电信网络类犯罪被害人

电信、网络、电话诈骗案件是当前常见的新型诈骗犯罪类型。电信网络类犯罪，主要是诈骗案件，它是犯罪人与被害人相互间不进行接触，只是利用电话、网络、短信、微信等现代通信手段对被害人进行虚假信息的发布，以骗取被害人钱财的犯罪行为。它属于非接触式犯罪，多为有组织犯罪，组织严密，流动性强，取证难度较大，必须从源头上加以治理。

一、电信诈骗被害人

（一）电信诈骗的主要手段

广州某区发生的信息网络诈骗907起，其中手机短信类283起、固定电话类221起、网络诈骗类403起，被害者损失达1200多万元。从某区调查21名被害人反映的诈骗手法看，电话诈骗15宗，占71%；短信诈骗4宗，占19%；网络诈骗2宗，占10%。电话、手机短信的19宗电信诈骗中，拨打事主固定电话，称电话欠费，被人冒充身份，涉嫌洗黑钱，转安全账户被骗的有15宗；称事主被人冒充身份，办信用卡透支实施诈骗的有2宗；以购买房屋退税诈骗的1宗；冒充事主朋友犯案，以借钱疏通关系为由实施诈骗的1宗；中奖需先交所得税实施诈骗的1宗。2宗网络诈骗中，购买二手车被骗的1宗，办假文凭被骗的1宗。大部分诈骗形式是以电话欠费为借口，然后冒充公安、法院、检察院、银联等部分工作人员，连环设置圈套，诱骗事主上当。

依据笔者多次参加广州市公安局、海珠公安分局组织的预防电信诈骗的宣传活动，通过对群众的访谈，以及2017年10月到茂名市公安机关的调研，结合有关资料，概括其作案手法如下：

1. 虚构"中奖"信息诈骗。犯罪嫌疑人通过电话、电子邮件、短信、微信等方式发送虚假"中奖"信息，当事主联系上对方时，对方一般要求事主登录到一网站登记个人资料，再以风险抵押金、税款、代办费等诸多名义，让受害人向其提供的账户上汇款。不少大学生都被该类"专业"网站所蒙骗。

2. "猜猜我是谁""我是你领导"，以及冒充事主亲友领导诈骗。犯罪嫌疑人一般单独作案，其先致电给事主（一般能说出事主的名字），让受害人"猜猜我是谁"，顺势称是其亲友，并将于近日来你处，后又以途中发生急事需资金为由，让受害人向其提供的账户上汇款。

3. 群发账号诈骗。主要以群发银行账号为形式，如大海捞鱼，针对有经济往来的所有对象，包括汇货款、借款、还款等，只要出现一次巧合，事主就可能因误解而上当，在毫无防备的情况下将款项存入骗子的账户中，一旦受骗就有可能涉及款项巨大。

4. 盗取事主手机号码密码后的短信诈骗。针对中国移动的神州大众卡、动感地带或神州行用户，因为这些用户在开卡时一般设置的用户密码较为简单，如12345678，犯罪嫌疑人利用这一点在中国移动网站猜密码，猜中后便到移动营业厅进行挂失补办卡，然后根据打印出来的电话清单上的手机号码发信息要求对方充值以骗取充值款。

5. 网上购物诈骗。犯罪嫌疑人将某些时尚商品以极低价格在互联网上贩卖，一是以风险抵押金、税款等诸多名义，让受害人向其提供的帐户上汇款，后删除所有网上信息逃逸。二是直接骗取事主汇款。

6. 银行卡透支消费的短信诈骗。犯罪嫌疑人捏造受害人在某商场的刷卡消费记录，以短信的方式通知受害人。当受害人回电后，再冒充银行工作人员，提出要帮受害人的信用卡升级，受害人在步步诱骗下将卡密码泄露，存款被骗转。

7. "显号软件"电话诈骗。犯罪嫌疑人利用一种在互联网上可以购买的"任意显号"软件作案（任意显示号码是指犯罪嫌疑人持手机打电话给对方时，可在对方来电显示上显示出任何地区、任何话机的任意号码。经在互联网上查询，此"任意显号"的软件装入手机后便可任意设置手机号码的后8位数，通话时，接听的手机便显示拨号人自行设定的号码）。首先是通过手机短信群发或利用报纸杂志、电视广告等途径发布各类诈骗短信，如低价出售二手车等。一旦有人进入圈套，不法分子就会约定交易地点。同时，为打消事主害怕受骗的心理，犯罪嫌疑人约定可先到指定地点看车，看车满意后即可通知其朋友或家人在银行付款，等付款后即交车。这时，犯罪嫌疑人会向事主询问汇款人的电话号码。在事主前往看车的途中，犯罪嫌疑人利用"任意显号"软件，拨打汇款人手机，显示事主手机号码，声称车已经看到，通知汇款人立即汇款。等到事主赶到看车地点后方知受骗，这时钱已经汇出。

8. "电话欠费"诈骗。先由一名犯罪嫌疑人冒充信息网络公司工作人员，利用网络虚拟电话与被害人取得联系，假称有某人用事主的身份证登记开户的电话已欠费。当事主予以否认时，该名嫌疑人便谎称可能是事主的个人资料泄露而被冒用，建议事主及时报警，并立即帮其将电话转接至××公安局、××法院，接着由另一名犯罪嫌疑人冒充公、检、法、银行、邮政部门工作人员与事主通话，确认事主交纳电话费的银行卡因被冒用而透支，事主的身份证和银行账号被骗子掌控，利用其账号来"洗黑钱"，或者以邮包涉毒品等为理由吓唬事主，并称事主目前使用的银行账户不安全将会被查封，告知事主其账号资金可能会被冻结等，需要事主将账号内的钱汇到所谓"安全账户"，事主便按照骗子提供的账号到 ATM 机前进行操作，将自己卡内的钱转至骗子的银行账户内。这类犯罪多与境外人员勾结作案。

9. 退税退费诈骗。犯罪嫌疑人发送短信或致电事主，内容为"尊敬的客户，国家金融财政中心有政策要退还汽车购置税或房产税，请速与我们联系，号码×××"。在此类骗术中，诈骗分子可能掌握了车主或房主的手机号、姓名、车型或房屋等信息，然后冒充税务人员，给用户打电话、发短信，称可退购车税或房产税，然后以便民为由要对方到 ATM 自动取款机上在其诱导下进行转账操作。

10. 利用股票信息、投资、电视广告有奖竞猜之类的诈骗，如"炒股诈骗"被骗。当前，国内证券市场的忽冷忽热，越来越多的投资者对股市行情无法判断。一些不法分子利用股民急于发财、相信内幕消息的心理，以"咨询公司"提供可靠股市信息、指导帮助炒股可获取高额回报等为幌子，进行炒股诈骗。有的不法分子通过制作专业股票网站式样，张贴以高额回报为诱饵的利益信息；有的则提供内幕，帮助受害人"荐股"并承诺以高额回报等。

不法分子均以种种借口要求受骗人汇款，或交"保密费""会员费"，或交"押金""信息费"等，要求受骗人将汇款打入其指定的银行账号。不法分子抓住受骗人"急于求财"的心理且设置了连环骗局，使得受害人极易上当。

因此，股民不要轻信所谓"代理炒股"信息，对那些所谓的能"低风险、高回报的推荐股票和代客炒股"方式要特别警惕，谨防上当，对"返利"等行为要特别提高警惕。炒股时不要抱有"一夜暴富"的幻想，不要轻信传言、谣言，不要相信电话、网络等传销式蛊惑宣传，不要被表面现象所迷惑，不要向非法机构、个人汇款，不要相信手机短信中所谓的内幕消息，更不要轻易汇钱给所谓的"私募投资公司"。

茂名市"反电信网络诈骗接警平台"数据显示，2017 年 1 月 1 日至 10

月 30 日，茂名市反诈骗中心共接各类电信网络诈骗警情 558 起，总涉案金额 1202.98 万元。其中，冒充熟人类电信诈骗警情（115 起）和冒充公检法电信诈骗警情（72 起）共 187 起，占比 33.51%；网络购物、网络刷单、QQ 及微信等网络方式诈骗的警情 163 起，占比 29.21%（见图 8-1）。这说明传统的电信诈骗与新型网络诈骗犯罪并行高发。

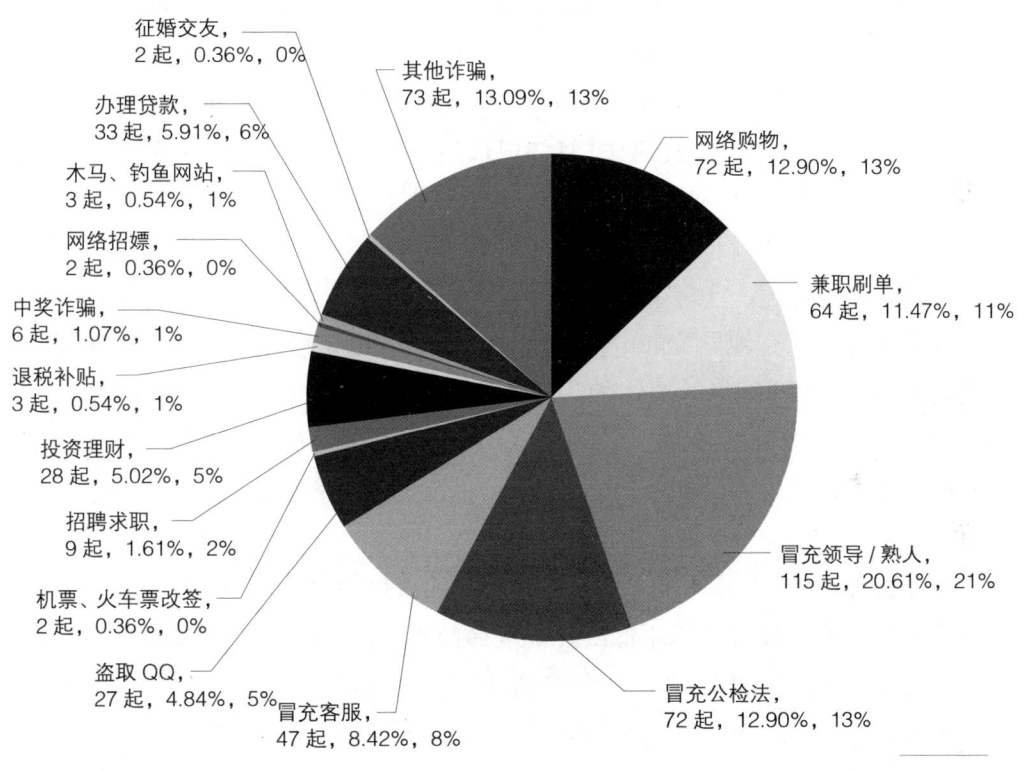

图 8-1　电信网络诈骗手段分析

（二）电信诈骗被害人特点

电信诈骗方式在不断升级，不仅仅是女性和老年人会上当受骗，拥有高学历的专业人士也会对一些严密精致的骗局产生信任，进而被骗钱财。根据公安部抽样调查统计，从全国来看，电信诈骗案件中的被害人女性占 70% 以上；从年龄上看，中老年人超过 70%。这些被害人通常长期生活在单纯的环境中，较少与社会接触，对国家机关单位非常信任，这让他们在接到冒充电话、中奖信息时更加容易受骗。

电信诈骗被害人的分析研判资料表明,近年来,随着金融、通信业的快速发展,利用手机短信、固定电话、网络等通信工具和现代网银技术实施的非接触式电信诈骗犯罪活动呈多发、高发态势。为进一步提高防范宣传的针对性,切实有效开展电信诈骗防范工作,结合工作实践,对2017年1月1日至10月30日558起电信诈骗既遂案件,以及558名被害人的年龄结构、性别等情况进行了梳理分析。

1. 被害人的年龄特征结构分析。茂名市"反电信网络诈骗接警平台"数据显示,2017年1月1日至10月30日,茂名市反诈骗中心共接各类电信网络诈骗警情558起,被害人共558名,总涉案金额1202.98万元。我们通过回访部分被害人发现,很多年轻的被害人平时忙于工作而不看电视、网络等媒体的宣传报道,且与家人缺少日常的沟通交流,多为上班族、独居人群。目前多发的"冒充领导"的电信诈骗,犯罪分子也正是抓住上班族没时间接触电视新闻、微博网络等媒体的防范提醒这一薄弱环节,使得诈骗频频得手。60岁以上占总数的9.49%,老年人依旧是"高危"群体。冒充熟人、利用老年人心理弱点,多种因素决定了老年人成为犯罪分子实施诈骗的主要对象之一。

分析2017年1月1日至10月30日发生的558起电信诈骗案件,电信诈骗案件呈现出被害人趋于低龄化的规律特点。不同于一般诈骗案件被害人以中老年人为主,在全部558名被害人中,30岁以下被害人达到339人,占全部人数的60.75%。这部分被害人易于接受新鲜事物,具备一定的网络知识,但社会经验不够丰富,大多是收到网络购物、短信中奖等虚假信息或是在进行网络游戏装备交易时被骗。其余,30~40岁被害人93人,占全部人数的16.67%;40~50岁被害人47人,占全部人数的8.42%;50~60岁被害人26人,占全部人数的4.66%;而60岁以上中老年人受骗的仅有53人,占全部人数的9.50%,主要是中老年人对网络、手机短信等新技术不熟悉,且大部分不掌控家中财务,无形中减少了受骗概率。数据显示被害人趋于低龄化。

2. 被害人的性别分析。558起案件中被害人共558名,男性为267人,占 47.85%；女性为 291 人，占 52.15%。被害人男女比例差别不鲜明（见图 8-2）。

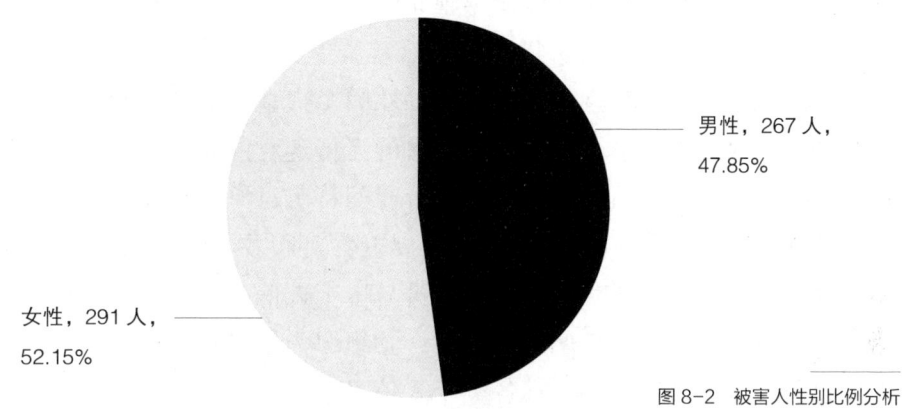

图 8-2 被害人性别比例分析

3. 涉案资金数额分析。全部 558 起电信诈骗案件共涉及金额 1202.98 余万元，尤其值得注意的是单案被骗资金数额呈骤增趋势。其中，被骗金额在 1 万至 5 万元的有 174 起，占全部发案的 31.18%；被骗金额在 5 万至 50 万元的有 45 起，占全部发案的 8.06%；被骗金额在 50 万元以上的有 4 起，占全部发案的 0.72%；被骗金额最多的 1 起案件涉案金额高达 100 万元。

（三）电信诈骗的原因

电信诈骗犯罪之所以屡屡得手，与被害人的防范意识薄弱和较强的贪婪心理有很大关系。一方面，很多群众对此类犯罪并不敏感，对电信诈骗的作案手段不清楚，缺乏警惕性。另一方面，一些人贪婪心理作祟，禁不住利益诱惑，存在侥幸心理，这是导致电信诈骗案件高发的直接原因。

1. 贪财心切，想占便宜心理。犯罪分子在网络上或是打电话给受骗人，称自己是某大型公司集团、电视台某个栏目组的工作人员，在本公司店庆、节目抽奖中，受骗人幸运中奖。受骗人刚听到此消息时半信半疑，但趋于好奇和意愿中奖的心理，迫切向犯罪分子询问以求证实。见此，犯罪分子顺理成章地给予了公证处某主任的电话，让其求证，其实被害人早已进入了事先设计好的圈套。受骗人证实后，欣喜若狂，在获取高额奖金心理的驱使下，失去了判别真假的理性。犯罪分子借机以需先交纳公证费、账号费、广告费及个人所得税为由，向其索要"正规的手续费"。受骗人心想只要交少量的费用，就可以换取高额的奖金，感到非常划算，便向犯罪分子提供的账号汇入金钱，这样一步步让犯罪分子得逞。

2. 疏于保密，信息泄露。由于某种原因个人基本信息外泄为此类犯罪提供了条件。现阶段电信诈骗已经由过去的无特定对象大面积撒网式的诈骗转为以掌握被害人个人信息为依托，进行专门特定对象的有针对性诈骗。个人信息泄露的途径很多，除在求职应聘、购房办证、网上注册账号等生活不经意间将信息泄露外，同时还与少数人员从事个人信息非法交易活动存在极大的关系。当今，个人信息如同商品，诈骗组织为了得到个人信息资料，往往从各种渠道以高昂的价格购买各类个人信息，其中包括从一些对个人信息管理不严的企业、单位内部员工处购得，为电信诈骗提供了便利条件。一部分被害人平时不看报、不上网、不看电视新闻，没有接触过防骗宣传，对电信诈骗几乎一无所知，诈骗电话一来，就被彻底操控。绝大多数受骗人已经通过电视、报纸、宣传单等方式接触过防骗宣传，很多城市的反诈中心联合运营商每天发出反诈骗提醒短信，但由于存在"灾害自我例外"的侥幸心理，明明知道电信诈骗案件的客观存在，却不相信会发生在自己身上，从而对防骗宣传关注度不够，对电信诈骗的新式手段并不了解，在接到诈骗电话后，先是半信半疑，但最终也被周密的骗局所蒙蔽，进入犯罪分子的圈套。

3. 涉嫌犯罪，存恐慌心理。作案过程中，一些诈骗分子首先冒充司法、电信等部门工作人员及公安民警等拨打被害人电话，编造电话欠费、银行卡恶意透支、法院传票、涉嫌犯罪等谎言，由于被害人并不了解诈骗手法，一接电话马上产生疑虑和恐慌的心理。当被害人声明没有电话欠费和违法行为时，诈骗分子便谎称被害人身份信息被他人盗用作案，由此而牵涉经济和刑事犯罪，声称要冻结或没收被害人银行资产，甚至可能拘捕被害人，对被害人进行危言恐吓。此时，被害人产生了摆脱嫌疑、证明清白的急切心理。诈骗分子借此乘虚而入，让被害人尽快将银行账户资金全部转移到"安全账户"，步步扩大事态严重性，直至受骗人向"安全账户"打入金钱，其实，受骗人已将自己的金钱打入了犯罪分子的账户，陷入骗局。

4.警惕性不高,误信陌生人。犯罪分子利用现代便捷的网络环境,盗用QQ、微信号码,对其号码内的好友进行群发信息,对回复的人进行进一步的诈骗行动。犯罪分子谎称是受骗人的亲戚朋友,发送号码本人的照片及视频,骗取信任。受骗人见其相貌确是熟人,就放松了警惕,与其攀谈起来。犯罪分子趁机以出差或出国在外,身上所带金钱不够为由,以借钱形式,向受骗人索要金钱,并表示急需用钱、万分感谢、回去就将加倍奉还等说辞进行哄骗。受骗人出于朋友义气,毫无警惕之心,最终落入骗局。

(四)电信诈骗的预防

民众如何防范电信诈骗,关键在于心理预防。

1.不贪不义之财。不要盲目轻信"天上掉馅饼",以防上当受骗。在电信诈骗的初期,受害人在银行窗口即便被提示多次也会转账使自己本身利益受损。女性在心理上往往较男性更加容易作出感性判断,处于焦虑状态的女性几乎都是靠感觉作判断。但是此时女性若失去理性判断能力,即会导致自身的上当受骗。不要轻信中奖的电话和短信,天下没有免费的午餐,当接到不明身份的人员发过来的所谓中奖短信时,不要急于兑奖,更不要急于按对方的指示支付给对方款项。

2.不要轻信他人。不要相信任何"紧急通知"。不要拨打ATM自动取款机旁的任何"紧急通知"上的所谓"银行值班电话"。当取款中发生事故或者ATM机故障时,应拨打银行正规的客服热线请求帮助。警惕短信诈骗行为,对短信中透露的相关信息如有疑问,一定要通过正规渠道核实账户信息,不要独自作出判断急于转账,也不要轻易将卡号、存款密码等告知他人。银行、司法部门都不会通过电话询问公民家中存款密码,以及要求转账等。当听到陌生的口音,对方说你涉嫌犯罪或诈骗等,最终目的是让你汇钱的,你很可能遇到电信诈骗了。常提到的"三不"——不听,不信,不汇款。银行要提醒用户多想多问,还要多看公安局反电信诈骗的宣传内容。当遇到来办理业务的市民回答问题支支吾吾,说不清钱款将汇到哪去时,要多留个心眼,并及时向警方寻求协助。

3.多加学习防范知识。要注意防止被诈骗犯恐吓,要教育被害人克服恐惧感。在遇到一些突发情况时，通过理性的思考和分析往往就能避免上当。在非接触交流过程中，由于双方往往不见面，更应当对对方进行考察，多方面了解对象情况，以防止被骗。对"猜猜我是谁"要留心眼，别乱猜，更不要轻易汇款。要提高辨别真假职业身份的能力，不要被假"公安"等所蒙骗，任何政法机关都不会让公民将账号内的钱汇到所谓"安全账户"中的。如感觉有怀疑，应当及时拨打"110"报警，短信报警"12110"，并可利用网上报警方式。谨慎保管好电子邮箱密码，提升安全级别。对于来历不明的电话要谨慎小心，防止坏人借机诈骗。如接到"猜猜我是谁"这种电话时，不要急于说出对方的名字，也不要透露自己更多的信息，要叫他说出自己的姓名还有和你的关系，如若对方仍然不说，可以不予理睬，如若对方可以准确说出朋友、亲戚的名字和与自己的关系，也要通过共同相识的朋友加以核实。对于"嘟"一声就挂掉的不明电话，一般情况下不要回拨。如有人以电信工作人员或冒充民警打电话调查欠费并索要个人信息的，千万不要急于转账或透露个人信息，要通过正常渠道核实电话是否欠费，核实对方的身份，或者及时拨打"110"进行报警、咨询。

4. 多留心眼儿保全证据。绝大多数电信诈骗案的犯罪人在被抓获后三缄其口，或者避重就轻，能推一笔就推一笔，所以很多证据需要由被害人提供相应的线索，司法机关才能调取到。所以在被骗后，要注意整理好证据，复制几份，在司法机关调取时提供。对方提供的书面材料比如通过传真或快递投寄的合同、函件、保证书之类的，哪怕字迹再不清晰，也不要丢弃，连同快递寄送单一并妥善保存好。汇款凭证或银行流水单不论是ATM的凭条，还是银行柜台的凭单，都可能成为认定事实的重要证据或者线索，应当保存好。通过拨打反诈骗专线，对被骗的款项进行紧急处理，止付和后续追回款项。

（五）专业反电信诈骗

鉴于电信诈骗的巨大危害性，作为普通民众，应当注重防范自己被骗；作为国家机关，更应当采取必要的措施，对此种诈骗行为进行防范和严厉打击。

要加强专业反诈工作。公安司法机关要加强侦查破案，严厉打击电信诈骗。近年来，随着经济社会的发展、信息技术的进步，以电信网络诈骗为代表的新型违法犯罪层出不穷。作为经济大省和人口大省的广东，面临着新型违法犯罪带来的严峻挑战，一度成为电信网络诈骗犯罪的"重灾区"。2016年，广东省省委、省政府高位布局，将"电诈防火墙"工程建设列为省"十大民生实事"之一，并于当年9月30日在全国率先建成省、市两级反诈中心，电信运营商、银行等部门及相关企业带着资源权限进驻中心联合办公，通过跨界联动、合成作战，实现以快制快、精准打击，开启了广东省打击治理电信网络诈骗犯罪工作的崭新阶段。为确保省市两级反诈中心高效运行，广东省公安厅牵头建立了打击治理电信网络新型违法犯罪工作厅际联席会议制度，形成公安、检察、法院、通管、金融等23家单位"齐抓共管"的工作格局；牵头与人民银行广州分行、广东银监局及省通信管理局分别建立了资金、信息处置机制，破解电信网络诈骗犯罪"资金流""电信流"两大关键环节的查控难题；牵头与国内大型互联网企业建立警企协作机制，利用"信息流"为事前预警防范、事中紧急处置、事后研判打击工作提供强力技术支撑。大众传媒要积极运用生动活泼的形式加强预防电信诈骗的宣传。[①]例如，吉林电视台制作播出的"天天五味评"节目《电信诈骗升级了》，产生了广泛影响。苏联侦查学家拉·别尔金告诫那些容易上当的人们："没有头脑的轻信者总是不吸取教训！如果你们有一天能变得审慎一些，那最后一个骗子从地球上消失的日子就会来得快得多！"[②]

茂名市反诈骗中心通过同商业银行共同研讨新型电信网络诈骗犯罪手法，不断总结归纳上述新型犯罪特征，将反诈防范关口前移。商业银行前台工作人员有效劝阻多名群众遭受电信网络诈骗和反诈中心止付追回被骗金额较为典型的有如下3个案例：

1. 冒充领导。广东红马饲料有限公司财务部经理李某传报案称，2017

---

① 2010年6月，广东省犯罪学研究会、广东省公安厅刑侦局组织召开了"广东省打击电信诈骗犯罪研讨会"，专题研究此类犯罪对策。2011年7月27日，笔者参加了广州市公安局、海珠公安分局组织的预防电信诈骗的宣传活动，派发宣传单张，对许多群众进行了面对面的访谈。

② [苏]拉·别尔金.刑事侦察学随笔.李瑞勤译.群众出版社，1983：105.

年9月13日上午11时40分许在红马饲料有限公司上班时，收到公司行政部职员李某燕发来的QQ信息：通知一下财务经理李某传加我工作QQ：33013573××，并称这是公司"颜总"的QQ号码。被害人按照指示添加后，"颜总"称正在开会，不方便电话联系。随后，"颜总"通过该QQ号码以代销买卖合同有问题，需要修改为由，让其给安徽合肥公司"刘总"退回代理销售合同的保证金。于是，被害人通过网银转账的方式从公司对公账户汇款至"刘总"指定的工商银行账户。13日上午11时40分至12时期间，先后4次向对方指定账户汇款，共计87万元。当日下午2时30分许，茂名市反诈骗中心接报后，立即启动涉案资金快速处置预案。在工商银行驻我中心工作人员的配合下，成功在一级涉案账户止付被骗资金66.69万元。茂名市公安局领导指示，要持续对涉案资金进行追踪，力求最大限度挽回群众经济损失。茂名市反诈骗中心民警循线追查资金流向，通过查询，发现其中的20.6万元已被诈骗分子通过三次转账转移到异地的银行账户，异地止付存在困难，反诈中心民警立即上报，积极同公安部反诈中心沟通协调，成功将涉案的账户止付，止付被骗资金57.17万元，其中包括化州被害人李某传被骗的20.6万元。至此，茂名市反诈骗中心经过8小时的不懈努力和持续追踪，成功将李某传被诈骗的87万元全额追回。另外，还额外止付了其他被害人的被骗资金36.87万元，该案合计止付123.87万元。这是反骗中心成立以来大额被骗资金全额止付的首例，也是止付涉案资金最多的一例，同时为快速处置涉案资金积累了经验。

2. 退税补贴。2017年9月8日，一位约50多岁的男客户来到中国农业银行电白沙琅支行，称其接到来自电白民政局的电话，对方称客户符合国家扶贫制度要求，可获得5000元的扶贫济困金，但需要先交1000元税费才能收到这笔款项，不交税扶贫济困金的名额就让给别人。了解事情的缘由之后，柜台工作人员怀疑这是一起诈骗案件。于是，指导客户拨打当地民政局官方电话进行核实，果不其然，对方说已经不止一个人打电话过来询问扶贫济困金的事情，这是诈骗分子惯用的一种手法。

3. 冒充公检法机关。2017年9月11日，一名七旬老伯手持定期存折前来中国农业银行信宜池洞支行请求办理转账5万元到指定账户业务。客户经理见老伯要求转账的金额较大，且说话语气吞吞吐吐，便一时警觉起来。经工作人员耐心劝说，老伯终于道出了实情。原来，老伯今早接到两通电话，一通是自称电信公司工作人员打来的，通知其已拖欠手机话费一千多元；另一通则自称公安局工作人员的电话，对方称其涉嫌非法参与洗钱活动，要求其务必将个人账户资金转移到某指定的"安全账户"接受警方调查，否则将对其采取强制拘留。经过大家的耐心讲解和劝导，老伯意识到差点中了骗子精心设下的圈套。事后，老伯和其家人对该网点工作人员好心帮助其避免了5万元资金损失表示感谢。

2016年9月30日广东省反诈中心正式成立。一年中该中心共劝阻受骗事主7.9万人，成功止付涉案银行卡3.7万余张，返还涉案资金6820余万元，涉案资金近5亿元，为群众避免经济损失近11亿余元，封停涉案电话号码11万个，并梳理移交一大批侵犯公民个人信息、"伪基站"、黑广播等关联违法犯罪线索，协助有关部门铲除了一大批黑灰色产业群。① 广东省反诈中心成立以来，共开展了22次"飓风"系列打击电信网络诈骗行动（其中国外6次，国内16次），共抓获电信网络诈骗犯罪嫌疑人3960余人。其中从柬埔寨、肯尼亚、亚美尼亚等国抓获并押解回国嫌疑人400余名，创造了跨国打击次数最多、破获案件最多、抓获人数最多、捣毁窝点最多的全国纪录。

电信诈骗的特殊现象是，有不少受害人在诈骗者的诱导下将自己关在一个密闭的空间，被深度"洗脑"的受害人在骗局中越陷越深。在这种情况下，受害者怎么被洗脑的，我们就照原路把他"洗"回去。根据反诈骗中心监控到的被害人情况，将骗子的骗局逐一说给被害人听，当他们发现我们说的套路居然就是他们刚经历过的，往往会醒悟过来。又如，某事主被骗子"洗脑"不愿接电话。10月14日11时许，反诈中心通过大数据分析发现一名事主疑似接到诈骗电话。值班员立即向机主发送防诈骗警示短信，并多次拨打事主的电话，但均被拒接。凭借积累的劝阻经验，小何推断，该事主不愿接听电话，是已被骗子"洗脑"，被骗的可能性较大。时间紧急，每延迟一分钟事主就可能被骗，值班组长迅速研判出事主有关信息，并通知属地派出所上

---

① 广东省反诈中心成立一周年，共劝阻受骗事主7.9万人．央广网，2017-10-6.

门找人。其间,值班员仍不放弃,不断发短信、拨打事主手机。12时21分,事主终于接听电话。据事主反馈,其曾接到自称某市公安局的电话,对方称其涉案并指引其登录一个"检察院"的网页,内有事主身份信息的"通缉令"。事主轻信并急于证明清白,已按对方指引提供自己名下所有银行卡的卡号。操作期间,事主已看到反诈中心发来的短信,但由于被骗子恐吓不能告知别人,所以不敢接听电话。由于反诈中心多次发送警示短信,又不断拨打他的电话,最后他鼓足勇气接听了反诈中心的电话。在值班员耐心剖析骗子的伎俩后,事主终于醒悟自己被骗,果断终止后续操作成功保住银行卡内约3万元人民币。日复一日,反诈中心民警虽没有直面歹徒的危险,却始终在防范打击电信网络诈骗的战线上默默坚守,与诈骗分子斗智斗勇,争分夺秒,尽全力守护广州平安,守护群众财产安全。

二、网络犯罪被害人

网络的出现,犹如人类开启了"潘多拉魔盒"。互联网是一把"双刃剑",伴随全球互联网的迅速发展,在给人类生活带来无限便利的同时,也滋生出诸多问题和困惑。网络诈骗已严重威胁到我国电子商务的正常发展,由网络引发的被害时有发生。网络被害具有强隐蔽性、高智能性、跨时空性等特点。被害人涉及国家、单位和自然人,具有与传统犯罪被害人不同的特征。[①]研究网络犯罪被害人,分析网络犯罪的原因,加强网络犯罪被害预防,构建网络犯罪被害人救济制度,具有重要的意义。我国互联网发展神速。中国互联网络信息中心(CNNIC)今日公布了第39次全国互联网发展统计报告。自1998年以来,中国互联网络信息中心形成了每年年初和年中定期发布《中国互联网络发展状况统计报告》的惯例。本次报告主体部分由基础资源、企业应用、个人应用、政府应用和网络安全5个部分构成。报告显示,截至2016年12月,我国网民规模达7.31亿人,全年共计新增网民4299万人。互联网普及率为53.2%。截至2016年12月,我国网络新闻用户规模为6.14

---

① 卢建平,王丽华.网络犯罪被害与被害预防.公安学刊,2007(2).

亿，年增长率为 8.8%，网民使用比例达到 84%。其中，手机网络新闻用户规模达到 5.71 亿，占手机网民的 82.2%，年增长率为 18.6%。

（一）网络具有的特性

随着互联网技术的迅速发展，网络逐渐成为国家、社会、个人政治与社会生活的重要工具和载体。网络具有开放、高效、便捷、共享、互动等特点，广泛地渗透到社会生活的各个方面。开放性是互联网最根本的特性，整个互联网就是建立在自由开放的基础之上的。互联网的开放性带来很多不确定性，使得网络被害的预防变得十分困难。

（二）网络犯罪类型

1986 年，我国深圳市首次发生网络犯罪案件。公安机关调查的网络犯罪案件从 2000 年的 2700 件增加到 2004 年的 13600 件，5 年中增加了 5 倍。所谓网络犯罪，是以计算机网络为犯罪工具、犯罪场所、犯罪对象和以互联网作为犯罪中介而实施的违反国家规定、严重危害网络空间安全和网络正常秩序的各种犯罪行为。

一是危害互联网运行安全的网络犯罪。包括非法侵入计算机系统、非法破坏计算机系统、非法中断网络服务。这类网络犯罪行为主要侵害的是国家或某一领域的网络系统，但实际上承受损害后果的被害人是国家、单位和自然人。

二是危害国家安全的网络犯罪。包括造谣、诽谤和煽动，窃取、泄露国家秘密，破坏民族团结，这类网络犯罪主要侵害的是国家利益，被害人是国家。

三是危害社会经济秩序和社会管理秩序的网络犯罪。危害社会经济秩序的网络犯罪主要集中在商业、金融领域，包括利用互联网进行销售伪劣产品和发布虚假广告、侵犯商誉、侵犯知识产权、传销、编造或者传播虚假金融信息等行为，利用被害人网络管理中的漏洞获取经济利益。危害社会管理秩序的网络犯罪包括在互联网上建立淫秽网站、网页，提供淫秽站点链接服务，利用网络传播色情等行为，其侵犯的被害人是不特定的多数。

随着网络技术的运用，传销也用上了现代化的作案手段，网络传销就是其中之一。网络传销是当前传销活动中蔓延速度最快、影响最广、危害最大的违法行为，它与传统的传销行为相比，具有以下特点：①披上"电子商务"的外衣，更具欺骗性；②网络传销发展速度快，更具危害性；③用互联网运作，更具隐蔽性；④易形成窝案、串案性，利用互联网同时操纵多起传销违法犯罪，形成"涉众型被害"。

四是侵犯公民权利的网络犯罪。主要表现在利用互联网侮辱他人或者捏造事实诽谤他人。非法截取、篡改、删除他人电子邮件或者其他数据资料，侵犯公民通信自由和通信秘密；互联网上的盗窃、诈骗、敲诈勒索。例如，全国各地接连发生的工商银行持卡客户网上资金被盗。这一事件涉及20多个省份的数百位工行客户。又如，始创于2001年猫扑（mop）网的"人肉搜索"。"人肉搜索"泄露公民姓名、家庭住址、个人电话等基本信息。"人肉搜索"背后的"罪恶"——曝光隐私，肆意辱骂，侮辱人格，妄加诽谤，甚至到现实住所进行滋扰，侵犯当事人隐私权，对当事人造成严重精神伤害，其造成的危害甚至比出售公民个人信息更为严重。这类网络犯罪侵害的主要是自然人的人身和财产权利。

（三）网络犯罪特点

1.主体的多样性。网络犯罪以前属于所谓的"白领犯罪"，随着计算机技术的发展和网络的普及，各种人都可能实施网络犯罪，成为网络犯罪人。

2.侵害手段的复杂性和先进性。科技迅猛发展使得犯罪手段也随之水涨船高，犯罪人总是比大众能够更早、更快地掌握更先进的技术去实施犯罪。据统计，仅发现的黑客攻击方法就达近千种。

3.侵害对象的广泛性。随着社会的网络化，网络犯罪的对象从个人隐私到国家安全，从信用卡密码到军事卫星，无所不包，甚至网络本身也成为犯罪的对象。网络犯罪被害人涉及国家、单位和自然人，而且有些情况下往往是不特定的多数人或单位。例如，近期出现的全球性网络基金虚假交易的诈骗行为。2006年12月发现的所谓"美国华尔街全球私募基金"（网址：www.wallstreetpf.com）网络诈骗。诈骗犯采用网络语音与网络技术，如QQ

语音、Skype，利用网络（QQ）向受害人宣传、联络。租用国外（美国）虚拟服务器；经常变换域名，设置访问通道策略，被害人员主要集中在手中有闲钱的家庭主妇，通过她们去发展亲朋好友购买所谓的"基金"，层层发展，层层受骗。

4. 巨大的社会危害性。网络普及程度越高，网络犯罪的危害就越大，而且网络犯罪的危害性远非一般的传统犯罪所能比拟。涉及财产的网络犯罪，动辄就会造成上百万、上千万甚至上亿元的损失。网络犯罪甚至会导致社会和国家被害。

5. 极高的隐蔽性。网络的开放性、不确定性、超越时空性等特点，使得网络犯罪具有极高的隐蔽性。

（四）网络犯罪被害人特征

网络犯罪是一种新型的高科技犯罪，它不同于传统的犯罪，具有强隐蔽性、高智能性、跨时空性、社会危害性大等特点。网络犯罪被害人也有着一些与一般被害人不同的特征。

1. 被害人不特定性。网络犯罪具有跨区域性，如故意制造传播计算机病毒犯罪。由于计算机系统可以通过各种渠道被感染且有些病毒具有潜伏性而不易被发现。因此，被害人的范围是无法准确划定的。网络用户的增长，在一定程度上扩展了网络犯罪的空间，同时也意味着潜在网络犯罪被害人数量的增多。

2. 被害人多元性。被害人往往是不特定的，各种人都可能受到网络犯罪危害，相应自然人、单位、国家也都可能成为网络犯罪被害人。

3. 被害后果严重性。被害性是被害人的基本特征，但网络犯罪被害人的被害性更为严重。例如，武汉市大学生杨某非法入侵武汉某数码信息科技有限公司服务器，故意删除了存储的网站数据，其中包括武汉市外贸局、招商局等15个网站，造成网站瘫痪3天不能正常运行。

4. 反复被害性。特定的同一被害人在一定的时间段内，在前一被害发生之后，可能会受到同类或异类加害行为的侵害。[1]例如，深圳巴士集团网站曾遭到黑客入侵，网站主页被恶意篡改，巴士集团多次修复后又多次遭到攻击，使其不得不关闭网站，正常工作秩序受到破坏。

5.具有难救济性。我国关于网络犯罪的法律规定存在保护范围过窄、罪名设置不科学、刑种单一、刑罚适用偏低等问题，惩治网络犯罪缺乏足够的法律依据，被害人的合法权益无法得到保障。

（五）网络犯罪被害因素

网络犯罪的被害，从被害人角度可分为两类情形。一是无过错型。完全无过错的网络犯罪被害人，在犯罪发生之前与犯罪人一般互不认识，彼此并没有关系，而且被害人也采取了一定的网络防范措施，只是被害人自身的某些特性吸引了犯罪人，如犯罪人故意攻击某一网站或某一台电脑。这类犯罪中，被害人是无辜的，被害的发生主要是由于犯罪人，以及网络的开放性等客观原因造成的。二是有过错型。有责任的人对犯罪的发生起着催化作用，即被害人促使、诱发、暗示犯罪人实施加害行为。例如，被害人缺乏基本的网络技术防范知识、自我保护意识差、网络系统管理中存在漏洞而没有采取必要的技术手段防止网上侵害，或是被害人在网络中大意、轻信、盲从，增加了自身所面临的危险，容易给犯罪人以可乘之机，被害人自身的原因是被害发生的要素之一。

（六）网络犯罪被害预防

网络犯罪的特征，使网络犯罪被害预防的重要性尤其突出。

1.提高个体预防意识。主要是通过被害人提高防范意识、掌握防范技能等方式，积极主动地防止网络被害的发生。对于国家、单位来说，要加强网络管理，采取有效的技术手段防患于未然。对于自然人来说，首先要掌握一定的网络知识特别是安全防范技术，要有自我保护意识。对于网上行为要有甄别能力，不可盲从、轻信、大意。例如，江苏南通的阿荣女士2010年

---

[1] 郑怀瑾.网络犯罪"犯罪场"初探.福建公安高等专科学校学报，2004（4）.

10月25日，就经历了一件这样痛苦的事：由于银行不及时冻结骗子账号，导致骗子在警察与受害者的眼皮底下公然提走受害人钱财。25日早，阿荣忽然收到在广州工作的好友F的QQ信息，说遇到急事，急需汇款给一朋友2000元。阿荣本想打电话给F求证，但F的电话一直占线（后来才知晓F的手机已经被无数好友的咨询电话打爆），根本无法打通。此时，与F有数十年深交的阿荣，帮友心切，于是就直接去银行打款给骗子了。没过多久，阿荣终于联系上F，方知被骗。

2. 加强技术预防。特别是要注重研究制定发展与计算机网络相关跟踪技术、网络扫描监控技术、数据信息的恢复、网络安全技术，等等。这一切都必将为计算机网络犯罪侦查，以及有效法律证据的提取保存提供有力的支持。

"网络行为的快速性，使网络犯罪的被害中预防不如传统犯罪被害中预防那样具有可行性。但对于那些反复和多次实施的网络犯罪行为，如连续性的恶意攻击，则可以采取被害中预防。"[1]信息监控防范，建立科学合理的信息监控、收集和分析系统，及时发现计算机犯罪的出现，在其监控之下。网络用户一旦发现正在被害，应立即采取技术防范手段和其他保护措施，避免更多的损失。例如，前文提到的QQ信息被骗一案，当日上午阿荣11点30分来到江苏南通如东县建行某网点找银行大堂经理，经理说，需要警方出示相关证明才能冻结账户。于是阿荣又打了两次110报警，并立即到了公安局。中午12点多，阿荣与如东县公安局刑警大队的两位警察拿着相关的手续到如东县建行某网点要求马上办理账户冻结。却被银行经理告知：必须按程序办理层层批准。警察要求银行的大堂经理先把那个账户给冻结了，再补办手续，以免骗子转走钱财。而银行经理却说："不行，我们不能这么做，我们这么做要下岗的，必须按程序。"无奈，明明是诈骗犯的账户，却不允许冻结。受害人阿荣与两位警察开始等待漫长的银行冻结流程——首先，大堂经理给这个城中分理处的主任打电话，然后，主任再联系银行行长。等了好久，城中分理处的主任却回复说，没联系上行长。13点58分，离报警已经过去好长时间了，终于等到联系上银行行长了，再等行长签完字后，开

---

[1] 夏菲.网络犯罪被害人论.青少年犯罪研究，2002（2）：36.

始冻结骗子银行账号。可是，钱早已被骗子取走了。可见，完善协同快速机制是何等重要。

3.网络预防被害的宣传。要发挥各有关部门的优势，多角度进行预防宣传。公安机关可以总结梳理，对近期持续高发和部分典型案例进行汇总，针对银行机构、移动通信营业厅等被害群众"接触""给付"等关键环节进行点对点宣传，派出所应当深入辖区的各社区、村进行普遍走访式的宣传；特警可以利用定点、流动巡逻的机会进行机动性宣传；合成作战中心利用微信公众号等自媒体进行受众面更广的广泛性宣传。各种宣传工作利用宣传单、警示帖、公示公告、设点讲解、微信公众号、微博等多种途径进行打击预防网络诈骗犯罪的传播推广，力争做到宣传"无死角"。打防并促，活用接警止付机制，深入研判寻找破案线索。工作中，严格落实"24小时接警止付，涉案账号一查到底"的止付、冻结紧急通道工作模式，尽全力为被害群众降低损失并开辟和发现案件线索，不放弃任何破案机会，第一时间展开实地追查，力争取得打击战果。公安机关以各种各样的方式提醒广大群众，公检法等部门不会以任何名义要求公民往个人账号汇款；办理贷款请到正规银行部门或本地实体信贷机构去咨询，不要轻信不符合个人申报条件的高额贷款（信用卡），若受到不法侵害要及时报警立案或拨打"110"进行咨询。

4.网络犯罪被害后预防。由于网络犯罪调查取证难，以及侦查人员缺乏必要的网络知识等原因，很多案件是"诉不出去，判不出来"，使得被害人不愿去报案。我国网络犯罪"黑数"较大，这既不利于对网络犯罪的治理，也在一定程度上纵容了犯罪，造成更多被害发生。一些学者关于在我国建立网络犯罪强制报案制度的观点有积极意义。

5.网络犯罪被害人救济。如何保护和救助网络犯罪被害人是刑事理论和司法实践都应当给予重视的问题。

一是完善立法。网络犯罪呈现新特点，相关立法明显滞后。一方面，应修改现行法规中有关网络犯罪的条款；另一方面，建议制定专门的反网络犯罪法规。

二是建立被害人援助机制。要针对网络犯罪被害人的特点，更多地对网络犯罪被害人提供法律、技术和心理等方面的服务。

三是建立专门执法队伍。面对日益增多的网络犯罪案件，需要建立既有丰富办案经验又具备网络知识的"网络警察""网络检察官"和"网络法官"队伍。[①]这既是处理网络犯罪案件的需要，也是对网络犯罪被害人保护的重视。

（七）预防青少年"网瘾"引发被害

由于青少年个体主观特点，包括心理、生理方面的因素，往往容易成为"网瘾"被害人。

例如，主体因素方面辨别能力差。由于青少年时期是从幼年走向成年的过渡阶段，生理发育还不完全成熟，所以对事物的辨别能力和理性行为能力较低，尤其男性青年常把网络游戏中的武侠高手当成英雄予以崇拜。网络游戏的暴力性容易诱发青少年尤其是男性青少年的暴力犯罪。此外，青少年好奇心强，而网络暴力游戏恰好迎合了这一重要特点。在网络暴力游戏背景中，总有许多迷宫、谜团，即使是同一款游戏，也经常推出更新的游戏"地图"，青少年的好奇心驱使其解开谜团，所以网络游戏对于青少年来说永远都充满新鲜感。研究表明，暴力网络游戏存在着对参与者的心理暗示作用，进而引发模仿效应，模仿暴力游戏方式。网络暴力游戏无孔不入，保护青少年健康上网的呼声越来越高。网络游戏的存在并不违法，但是应该采取预防措施尽量避免青少年沉溺于该类游戏以预防被害。

（1）加强网络法治管理。现阶段的应试教育，在一定程度上使青少年承受了超出自身年龄的重大压力，失去了正常享乐的自由和快乐。然而，处在青春期的孩子天性爱玩，又具有叛逆心理，便愈发沉溺于游戏，尤其是暴力游戏。互联网是一个特殊空间，又是一个开放的现实社会，因而它需要一定的法律法规以规范和调整人们的行为。

（2）从改进过滤技术、构建网络热线等方面加强网络科技管理。

（3）研发适龄益智游戏。划分网络游戏级别。制定《网络游戏分级运营管理办法》等相关法规，并具体划分"网游"级别。

---

① 卢建平，王丽华. 网络犯罪被害与被害预防. 公安学刊，2007（2）.

（4）家庭和学校要引导青少年健康上网。美国著名心理学家阿尔伯特·班杜拉认为，人的学习具有主动观察与模仿性，许多犯罪的行为并不是天生的，而是人在环境中观察后模仿的。要以疏导为主，疏堵结合，培养青少年积极向上的网络爱好和兴趣。

第九章 被害人与侦查

第一节　被害人在侦查中的地位

第二节　被害人报案与隐案

第三节　被害人的陈述

第四节　被害人的辨认

西方法学家说，被害人是刑事司法制度的守门人。综观被害人学研究历史，理论界要么把目光放在预防被害方面，要么把目光放在打击犯罪和预防犯罪上，要不就是研究被害人的权利救济，很少有人从侦查的角度把这二者结合起来。"被害人"在侦查活动和侦查学的研究当中是常用名词术语。波兰华沙犯罪问题研究所所长，罗兹大学法学院犯罪学、刑事侦查学、刑事被害人学教授布鲁诺·霍利斯特指出，"被害人是刑事侦查学研究的主题。在研究凶杀问题时，就应当研究被害人的生活情况、被害人与外界的接触情况、被害人的经济来源情况。所有这些都有助于确定嫌疑人"。[1]侦查主体、犯罪主体、作证主体和被害主体四大主体要素共同组成刑事侦查活动系统。[2]被害人在侦查中有重要的地位与作用。被害人学要把被害人研究与刑事侦查活动有机结合起来，使侦查中的被害人研究能够形成一套体系，达到更好地指导侦查破案的目的。

第一节
被害人在侦查中的地位

被害人在侦查中之所以占有重要的地位，主要取决于被害人与侦查中各要素之间的相互关联性。其重要作用的依据就是它们之间的相互关系。

---

[1] [波]布鲁诺·霍利斯特.比较犯罪学.王政，等译.辽宁人民出版社，1989：17.
[2] 任克勤.论刑事被害人在侦查破案中的作用.江西公安专科学校学报，1988（3）：11.

一、被害人与刑事案件构成

任何刑事案件的发生形成必须同一定的时间、空间、人（犯罪人、被害人、知情人等）、事、物相联系。刑事案件的构成要素是作案时间、作案空间、案件相关人、案件相关物、案件相关事等五大要素。这五个基本要素是构成任何刑事案件的必要条件，缺一不可，每一要素当中所包含的具体内容则因案而异。[①] 依据"物质交换理论"，犯罪人同被害人在犯罪活动中也会发生一种交换作用，被害人身上就必然带上犯罪人的某种烙印。侦查破案中应依据被害人这一特定的对象，积极有效地开展侦查。

（一）被害人与作案人

犯罪行为人，在侦查学术语中往往可以称之为作案人、犯罪嫌疑人。被害人与作案人，一方是侦查机关所要保护的对象；另一方是侦查所要揭露的对象，二者处于对立的统一体中。在不少的刑事案件中，被害人同犯罪行为人有着直接的接触。大多数犯罪中的被害人与犯罪行为人的关系，在犯罪发生前虽然各不相关，但具有某些直接或潜在的冲突、纠葛；在犯罪发生后是刑事上的对立关系。

作案（犯罪）人对于犯罪客体的侵犯，通过侵害被害人自身或其利害而实现或体现。由此说，有犯罪活动，就有侵害人，也就必然有被害人，因而就有了犯罪侦查。犯罪人产生被害人，产生侦查活动。

（二）被害人与证人知情人

在侦查中，被害人亦可同时有证人、知情人的身份，扮演双重"社会角色"。在刑事诉讼程序中，被害人陈述却同证人证言有区别，是单独的一种证据。所以，作为证据，被害人陈述同证人、知情人提供的证言都可作为侦查破案的依据，但有区别。在有些案件中，如证人、知情人目击犯罪行为而被害人死亡的情形下，侦查破案的主要依靠对象是证人、知情人；而在另一

[①] 任克勤. 论刑事案件（一）. 中国人民公安大学学报，1999（3）：94-99.

些情况下，如没有证人、知情人时，侦查就必须从被害人身上发掘线索。

(三) 被害人与侦查人员

布鲁诺·霍利斯特教授指出："传统上看来，在许多刑事科学中，被害人不是详细调查的对象。比较多的注意这个问题的唯一学科就是刑事侦查学，在犯罪侦查过程中，必须分析被害人以便决定谁是加害人。"[1] 侦查员要侦破任何刑事案件，都或多或少地要接触犯罪所侵害的对象，并以此查明犯罪真相，查获犯罪行为人，侦查人员要充分发挥被害人的重要作用。

二、查案先查被害人

长期以来，被害人学的研究多侧重于如何预防被害，如何保护被害人诉讼权利，在侦查阶段研究被害人的理论较少。侦查实践表明，侦查阶段对被害人进行研究，意义尤为重要。早在1988年，笔者在《江西公安专科学校学报》发表"论刑事被害人在侦查破案中的作用"一文，较为全面系统地从侦查角度论述被害人在侦查中的作用问题。[2] 查证被害人，是当代侦查工作不可或缺的重要手段，被害人研究应当引起侦查理论研究和实务工作者的高度关注。

(一) 侦查必须重视被害人

犯罪行为人与被害人作为犯罪互动的双方，是构成犯罪事实缺一不可的要素，在刑事侦查过程中，两者应当占有同样重要的地位。

1. 侦查与被害人研究。刑事案件破获前，犯罪行为人是未知的，犯罪行为人与被害人作为相互作用的双方，之间必然存在着无形的"关系链条"，

---

[1] [波] 布鲁诺·霍利斯特. 刑事被害人学的范围、任务及其目的. 谢正权译, 路远校. 法学译丛, 1986 (1): 36.

[2] 任克勤. 论刑事被害人在侦查破案中的作用. 江西公安专科学校学报, 1988 (3): 11-13.

这一链条可能是人际关系链，如朋友、同事等，也可能是时空关系链，也可能是其他的关联。当侦查人员开始深入地研究被害人，不断发掘被害人身上蕴藏着的大量信息时，可以较为准确地分析犯罪行为人为什么或怎样选择具体的被害人，被害人和犯罪行为人之间的"关系链条"就会逐渐清晰，犯罪行为人的目的、动机，以及案件的前因后果就会逐步明朗，对犯罪行为人的解读也会更加准确。利用已知的"一方"即被害人去推知未知的"另一方"即犯罪行为人，既是对犯罪行为人进行刻画的起点，也是进行被害人研究的最终目的和意义，即从被害人寻找犯罪人。

2. 轻视被害人的环节。事实上，无论是在犯罪学研究领域还是在刑事侦查实践中，被害人受重视的程度远远不够，与犯罪嫌疑人相比相去甚远，重犯罪人研究、轻被害人研究是一种普遍存在的现象。主要表现为侦查人员不知道通过何种途径收集被害人信息，不知道收集被害人的哪些信息，不知道如何分析收集到的被害人信息。刑事案件发生后，侦查人员应当倾注大量精力对被害人进行关注。

（1）漠视被害人。侦查人员往往只关注被害人的生理属性，而忽视了对被害人关系背景、社会属性的深层调查；只关注犯罪行为作用到被害人身上造成的客观变化（如被害人的损伤情况、致死原因等），却忽视了犯罪行为人与被害人之间的关联性研究；只关注与被害人有关的某一特定事件，却忽视了事件与事件之间千丝万缕的内在联系等问题。

（2）受晕轮效应影响。晕轮效应（The Halo Effect）又称"光环效应"，指在人际相互作用过程中形成的人们对他人的认知判断，首先是根据个人的好恶得出的，再从这个判断推论出认知对象的其他品质的现象。晕轮效应最早是由美国著名心理学家爱德华·桑戴克于20世纪20年代提出的。从认知角度讲，晕轮效应仅仅抓住并根据事物的个别特征，而对事物的本质或全部特征下结论，是很片面的。因而，侦查人员不能自觉地放大某些被害人优点，将其理想化；也不能对被害人存在某些偏见。任何来自主观的赞誉和偏见，都会影响侦查人员的辨识能力，对被害人过多地粉饰和无端地诋毁，也必然会影响认识的真实性。①

3.分析已知的被害人。侦查人员对被害人进行分析研究,就是对被害人进行"画像",从而为侦查提供依据。

(二)查找未知名被害人

未知名被害人是指身份不明的被害人,包括不知名的死者、尸块或尸骨。报纸、电视、广播中时常出现的"认领尸体""协助无名尸案""寻找交通肇事被害人亲属"等公告,目的就是为了查清被害人身份。在实践中,被害人的不清楚还有一类情形,就是发现犯罪事实,而没有发现被害人。被害人受到侵害后不报案不等于不想报案。有人把不报案的被害人,称作石头底下的"蚂蚁"。意思是说,不翻开石头则罢,一翻开石头才发现,有那么多的"蚂蚁"需要处理,有人将这种现象称为"漏斗效应",如系列案件、多发性案件,许多被害人往往不报案,公安机关往往要查找被害人。

(三)对被害人进行被害风险评估

被害风险是指由一个人的性格、私生活、职业和社会环境所导致的所有可能逾期遭受侵害的风险。被害人进行风险评估时,要同时考虑被害人的被害风险度和犯罪行为人的作案风险及犯罪技能水平。对被害人来讲,自身的被害风险度越低,针对其犯罪的犯罪行为人的作案风险越高,其被害性越小。被害人的被害风险,主要来自生活方式的被害风险和意外的被害风险两个方面。

(四)预测潜在被害目标

对被害人开展研究,尤其是对系列案件的被害人开展研究,可以推论犯罪行为人为什么选择这一(或这一类)被害人,他们怎样选择被害人,并据此预测下一个最可能的潜在侵害目标。此外,被害人通过自己对被害原因的

---

① 杨玉章.刑事案件侦查中的被害人研究.侦查论坛(七).中国人民公安大学出版社,2008:106.

反思，有助于防止再遭侵害，减少损失。

三、被害人的侦查价值

通过"被害人研究"理论在侦查实务界的实践与应用，可以得出"查案先查被害人原理"是侦查活动的一大法宝。杨玉章先生对"三定侦查法"的研究体现了"被害人研究"的应用价值。[①]侦查中被害人的作用是多方面的，侦查破案有两种基本方式。

一是"从人到事"的侦查方式。侦查与被害人之间关系密不可分，被害人在案件侦查中和刑事诉讼活动中有着重要的地位和作用，在大量的侦查实践中，以被害人情况作为突破口，获取破案线索，为采取侦查措施和确定侦查方向与范围提供可靠的依据。

二是"从事到人"的侦查方式。无论哪一种方式都离不开"查案先查被害人"。这是长期侦查实践中总结出来的一条原则。[②]也就是说，侦查破案必须从对被害人的查证开始。"在一个未破的案件中，犯罪嫌疑人是未知的，一个准确的被害人分析可以划定嫌疑范围。因此，被害人在侦查破案中是首要侦查手段、犯罪心理画像的关键信息。"[③]其作用应当是贯穿始终的。刑事被害人在侦查破案中有着极其重要的作用。

[①] 邓可. "被害人研究"在侦查实务界的实践与应用——对"三定侦查法"之"被害人研究"课题的探讨. 河南警察学院学报，2014（2）：57-59.

[②] 任克勤. 论刑事被害人在侦查破案中的作用. 江西公安专科学校学报，1988（3）：12.

[③] 陈谦信. 刑事科学各要素视野中的被害人学研究的意义. 福建警察学院学报，2008（4）：50.

第二节
被害人报案与隐案

报案是指机关、团体、企事业单位和公民发现有犯罪事实或者犯罪嫌疑人，依法向公安机关、人民检察院或者人民法院提出控告或检举的行为。由于被害人是犯罪行为的直接受害者，一般情况下，被害人对犯罪的全过程了解比较清楚，能够较准确地提供案情，这对于揭露犯罪、证实犯罪有重要作用。

一、被害人报案实证分析

被害人为了维护自己的合法权益，及时制止犯罪和尽快挽回损失，他们大多能积极向公安机关报案或者控告，要求揭露和惩罚犯罪人的愿望最为强烈，愿意配合侦查人员对案件进行侦查，有尽快查明案件真相的积极性。因而，在司法实践中，被害人或第三者主动向司法机关报告和反映所发现的犯罪情况，是公安机关受理案件的材料来源之一。

在司法实践中，公民报案大体有三种情况：一是被害人直接报案；二是被害人的监护人报案；三是犯罪事实或嫌疑的发现人报案。我们拟对不同的行为模式加以归类阐述。[①]

（一）国外的实证分析

国外学者实证研究发现，在联邦德国，90%暴力犯罪和财产犯罪的刑事诉讼是由被害人提起的；美国在1979年通过《1978年犯罪被害人法令》修正案后的5年中，由于被害人积极参与，对犯罪人的起诉增加了40%~50%。另外，在90%的刑事案件中，被害人是通过报警进入刑事诉讼的。据美国"全国犯罪被害调查"，1973年到2004年，美国所有犯罪的报案

---

① 任克勤. 被害人心理学. 警官教育出版社，1997：419-432.

率一直徘徊在 32%～41% 之间。以 2004 年为例，暴力犯罪的报案率仅为 50%；强奸案报案率为 36%；抢劫案报案率为 61%；严重伤害案件报案率为 64%；轻微伤害案件报案率只有 45%；财产犯罪的报案率仅有 39%，其中报案率最高的是机动车盗窃案件为 85%，最低的是普通盗窃案件仅为 32%，入室盗窃案件报案率为 53%。美国司法部的调查材料对影响报案的因素作了一些分析，认为下列变量同报案率的高低有关：

1. 经济损失的程度。美国的调查表明，家庭被盗在 50 美元以下的只有 20% 报案，被盗 250 美元以上的有 60% 报案。同样，在商业单位抢劫案中，损失不到 50 美元的报案率为 82%，损失在 50~250 美元之间的报案率占 95%，超过 250 美元的损失，则报案率达到 99%。

2. 被害是否既遂。被害既遂，则报案率高。没有造成人身伤害的抢劫案，报案率只是 33%；如果既遂，报案率为 60%。

3. 案件的性质。调查表明，被害人是否报案与案件的性质有关。1979 年强奸案报案占 50.5%，抢劫案为 55.5%，伤害为 51.3%，盗窃为 33.8%，车辆被盗为 68.2%。

4. 被害人的年龄。年轻被害人报案率约为 33%，老年被害人报案率则达 50% 以上。

5. 报案的动机。一方面，被害人认为，报案是恰当的做法，是公民的责任，或是因为他人劝说而报案。另外，比较常见的理由是，报案可以捕获罪犯。向警察局报案的被害人，并不对挽回损失抱有很大希望，他们只是觉得该去报案，并希望警察能因此而对邻居的安全多加注意。研究者还提出，报案可以使被害人从慌乱中解脱出来。另一方面，被害人不报案的原因也是多种多样的。不报案的主要理由是无法报案，没有证据，或犯罪事实不算严重。其他不报案的理由：认为警察不会接受，报案太不方便，这是个人的事情，担心因此易受到报复等。美国的研究还认为，由于不报案，可能会使犯罪增多。①

---

① 汤啸天，任克勤. 刑事被害人学. 中国政法大学出版社，1989：21-22.

（二）国内的实证分析

中华人民共和国成立后，我国对被害人的实证研究非常少。仅有的是司法部组织的1993—1994年对北京的被害人调查，1992年对上海市210名被害人的剖析，以及对区域性、专题性的被害人调查。以广东地区部分人群的调查研究情况为例。2018年6月，笔者为了取得最新的关于被害人及其家属受到侵害后报案情况的情况，拟订了相关的问卷调查。本次调查对象主要以大学生及大学生亲友等群体为调查对象，涉众面较广，具有一定的随机性、广泛性。

此次调查共收回213份有效答卷，其中大部分答题者为18—35岁青年；大专或大学本科以上学历者占86.85%；男女比例为1.1∶1；有71人为在校大学生，112人有工作经历。

此次调查中，共有82名答题者本人或亲友有合法权益被侵害的经历，即符合"被害人"身份，而报警率仅39.02%，报警者中有65.63%完全没有挽回损失。在未报警的50名被害人当中，不报警的原因多种多样，主要认为"个人认为损失较小，无报警必要"；其次认为"即使报案也无法挽回损失"，二者的占比分别为68%和62%。另外，36%的被害人因为"报案后要接受询问等，嫌麻烦"而不报警。除此之外，"担心被打击报复"和"担心名誉受损"的原因占约20%。也就是说，一半以上的被害人基于"损失较小"或"损失无法挽回"而选择了不报警。

从该组数据上看，报警后挽回损失的概率确实不高，因此加深了其他被害人"即使报警也于事无补"的想法，从而导致公安机关接处警时的询问对于被害人来说成为一件"麻烦事"。

在"本人或亲友的合法权益受到侵害后是否会报警或建议报警"的假设中，仅有5.63%选择了是，大多数人不报警的原因中"要接受询问等，嫌麻烦"和"即使报警也无法挽回损失"的想法接近或超过一半；"担心被打击报复"或"担心名誉受损"者占一到两成。

因此，公安机关提高侦查活动效率，改善执法人员素质，不断提升破案率，积极追回损失等工作非常重要，并且要加大努力提升侦查业务整体效益。

二、被害人主动报案

主动报案，是多数被害人在遭受犯罪人的不法侵害之后所持有的一种态度和行为表现。多数被害人在遭受不法侵害后积极主动地向公安、司法机关报案，以合作的态度配合侦查工作。被害人积极的报案行为，对于及时破案是十分重要的。

（一）挽回物质损失的需要

最大限度地挽回物质损失，可以说是盗窃、抢劫、诈骗等侵财型犯罪案件被害人的一致愿望，而且物质损失越严重，被害人经济越拮据，对所失财富有急用者，其挽回损失的需要就越迫切。在这种需要的驱使下，被害人会主动及时到公安机关报警。出于此种需要而主动报案的情形，多见于侵财型案件。

（二）保护人身安全的需要

安全需要是一个人最基本的需要之一。当一个人的人身安全受到侵犯或严重威胁时，只要其心理正常，一般都会采取自卫行动或寻求其他保护措施。而在诸多的保护措施中，通过向公安司法机关报案，依法惩治犯罪人来避免人身安全受到再度侵犯，或者解除危及人身安全的某种危险状态是最为重要的。

（三）复仇的需要

被害人——无论是直接被害者还是间接被害者，他们在积极报案，寻求法律对其人身、财产等项权利给予保护的同时，都期望司法机关能扬起正义之剑，对加害者施行惩罚。

（四）掩饰丑行或者掩饰罪行的需要

这类被害人尽管以"被害人"的面目出现，但并非真正的被害人。他们之所以主动报案，积极告发，是企图蒙骗警察，达到其不可告人的目的。有的人出于栽赃陷害、邀功请赏等利己的需要，也会扮演"被害人"身份报案。

三、被害人不报案

尽管遭受到了不法侵害，但被害人却不向公安机关报案。有的是被害人忍受痛苦，将被害经历隐匿；有的害怕加害人的进一步报复；有的表现为屈服，表现为害怕加害人的再次侵害；有的运用"私力救济"手段。其主要原因有：

（一）错误认知与无知

任何行为都是建立在一定认知条件的基础上的，报案、控告行为亦然。被害人如果对事实上已经发生且触犯刑律、构成犯罪的不法行为，并不认为或者根本就不知是犯罪行为，那自然就不会想到报案，更不会有实际的报案行动。因错误认知或无知而不报案的情形，在一些文化素质差、法律意识淡薄的被害人中表现得比较突出。

（二）蚀财消灾心理

这种传统观念，深深地植根于不少人的意识中，并渗透于社会生活的方方面面。持这种观念的被害人，对不法分子的罪恶行径不能说不憎恨，对损失的财富也不能说不痛心，关键是在于不是寻求法律的帮助，而是采取"自我心理疗法"。正是被害人对"免灾"的侥幸，在客观上助长了犯罪分子对"恶行"的侥幸，使之在尝到"甜头"后更加无所顾忌，犯罪的胃口越来越大。

（三）某种功利动机

有的被害人之所以不报案是源于某种功利性的动机，是在多方权衡报案与不报案的利弊得失后作出的抉择。

1.顾及名声。俗话说："树要皮，人要脸。"因此，尽管不法事实不以被害人的意志为转移地发生了，而且给被害人的身心健康和物质财产造成了损害，但被害人出于名声考虑，不愿意将被害的事实张扬出去，往往隐瞒实情，或将满腹的辛酸埋藏在心底。有的被害人既被强奸，又被抢劫，报案时往往只报被抢劫而隐瞒被强奸的事实。

2. 担心"拔出萝卜带出泥"。这样的被害人实际上扮演着双重角色：一方面他们是盗窃、抢劫、敲诈勒索、强奸等犯罪行为的受害者；另一方面他们暗地里又是某种违法犯罪行为的实施者，如卖淫嫖娼者、参与赌博者等。

3. 寻求法外"补偿"。这里讲的"补偿"，不是指被害人依照合法途径所寻求的补偿，而是一种法外交易，是一种典型的规避法律的行为，此种现象为"私了"。

（四）害怕再度被害

持有这种心态的被害人，虽说没有报警，但并不能说他们就没有报警的动机，他们只是迫于某种外在压力，或者生性胆小怕事不敢告发而已。甚至慑于淫威，而不得不放弃报警的意念，即使身心健康或物质财产受到严重侵犯也只好作罢。即使被害，有的人也是敢怒不敢言，唯恐遭到更为惨重的侵害。

（五）认为"报案也未必管用"

此种心态的形成，概括地说，一是源于直接经验，即被害人有过被害并报案的经历，但案件却未能侦破；或者案件虽然侦破了，但损失却未能得到补偿；或者被害人告发了，称霸一方或有后台权势的加害者却没能得到应有的惩罚。二是源于间接经验，即通过传媒和社会交往获悉破案率不高，于是被害人觉得与其报案费时费力，还不如不报案。要消除被害人的"无望"心态，侦查机关不但要加大对重大案件的侦破，还要重视关系到民众切身利益的一般案件的侦破。

四、被害人迟延报案

这是介乎主动报案与不报案之间的一种行为选择，也称之为"被动告发"，即被害人原本不知告发，或不愿告发，或不敢告发，但随后在某种因素和条件的影响与促成下作出了告发的抉择。从不报案到报案总有一定的缘由。有的被害事实被发现得并不晚，但被害人却迟迟不报案，经过一段时间之后又主动报案，从不报案到报案之间是种种主、客观因素相互作用的结果。

（一）走出误区

有的被害人未能及时报案，是因为他们存在认知障碍，对事实上已经发生的不法侵害无知或者错误认知。被害人尽管有所迟延，但最后还是报案了，应当说，这是他们走出认知误区和盲点的结果。

（二）迫于无奈

被害人原本无意告发，但在某种外在因素的影响和制约下，出于无奈，不得已而作出了报案的选择。

（三）忍无可忍

被害人对于初次被害，因顾及名声，或者担心报复，或者轻信了犯罪分子的"忏悔"，而未予以告发，但加害人却并不领情或不思悔改，认为被害人软弱可欺，有机可乘，于是得寸进尺，有的甚至变本加厉，因而只有报警。

（四）"私了"未了

加害者与被害者原本达成了某种协议或默契，但后来由于一方违约而导致协议"流产"，"私了"未了。在这样的背景下被害人才真正意识到应该或者只有寻求法律解决的途径，应该或只有求得公安机关的帮助才能有效地保障自身的合法权益。

（五）疑虑消除

有的被害人过去是敢怒不敢言，害怕遭到报复，担心再度被害。后来，在公安机关的鼓励下，被害人终于鼓起勇气报案。

五、被害隐案——"犯罪黑数"

被害隐案,从犯罪学的概念或范畴上看,又称犯罪暗数或犯罪黑数(Dark Figure of Crime),是指虽已发生但由于种种原因未予记载的犯罪数量。这种现象在国外称"犯罪黑数",在我国称"隐案"。犯罪隐案比较集中的犯罪类型包括:毒品犯罪、经济犯罪、财产犯罪、家庭内部使用暴力和性犯罪行为等。

(一)隐案的危害

研究表明,"犯罪暗数"的规律是:暗数程度高低与人们感觉到的犯罪的社会危害性成反比。社会危害性越明显的犯罪,"犯罪暗数"越低;社会危害性越不明显的犯罪,犯罪暗数越高。苏联犯罪学家B.K.茨维尔布利说过,一般说,潜伏程度越低,这类犯罪的社会危险程度就越高。例如,杀人罪和重伤罪,潜伏性的指数几乎等于零,而对于某些类型的渎职罪,根据抽样数据,潜伏指数则达7%~53%。[①] 隐案的危害主要有:

(1)使罪案不能纳入侦查视线,而罪犯则置身法外。罪犯以为被害人软弱可欺,侥幸心理会进一步强化,行为会更加肆无忌惮。

(2)使公安、司法机关难以准确掌握发案的实际数量,从而在一定程度上影响了对社会治安状况的正确评价、对犯罪未来发展势态的准确预测,以及决策机关对方略的决断。

(3)使被害人的合法权益不能得到法律的保护。

(二)隐案的原因

(1)被害人方面。如前所述,在此不再重复。

(2)警察方面。一些上级部门下达不切实际的低发案率、高破案率等参数,纳入目标管理、社会治安指标要求,使基层不得不在立案统计上掺水分。

(3)某些案件的目击者和直接或间接知情者不报案。

[①] [苏]B.K.茨维尔布利,等.犯罪学.曾庆敏,等译.群众出版社,1986:55.

（4）某些案件，如被害人死亡的，又没有目击者和直接或间接知情者，一时难以发现。

（三）隐案调查的意义

（1）可以查明一定时期犯罪现象的规模、分布和发展变化更接近客观实际的情况，了解公民成为刑事被害者的现实危险程度、刑事犯罪案件发案时间与地域分布、作案人与被害人的关系。

（2）可以查明被害人遭受的损害程度、规模及其构成，并将被害人与非被害人的安全感、对刑事犯罪的恐惧感进行比较研究。

（3）可以检验刑事司法系统的执法水平和工作效率，查明公民是否告发犯罪及其原因，测量公民对国家执法机关及其人员的满意程度和依赖程度。由此可见，只有将官方的犯罪统计与犯罪隐案的调查结果结合起来进行分析，才能起到互相补充和完善的作用，所得出的结论亦才能够更趋于客观实际。

（四）减少隐案的方略

1.加大法制宣传教育力度。注意培养公民的社会正义感和提高民众的法律意识。有些案件成为隐案是因为被害人法律意识淡薄，加大法律知识宣传，有利于减少隐案。要积极鼓励知情人报案，实行报案有奖制度，提高公民报案的积极性。

2.建立健全相关立法。完善报案保密制度及被害人、证人保护制度，保护被害人的隐私。

3.开展被害人调查。被害人调查，是目前世界上多数国家进行隐案研究的共同方法。不调查，就难以掌握隐案的规模和分布状况，从而难以把握实际状况。

4.重视和改进统计工作。实行以《统计法》为依据的统计监督，以保证准确、及时地提供决策所需的可靠数据。例如，十堰市公安局决定各级公安机关"一把手"为如实立案工作第一责任人，并充分运用各种监督机制，把如实立案工作纳入执法检查内容，纳入年度目标管理考核，纳入对各级公安机关领导的政绩考核，严格奖惩兑现。①

5.提高警察素质。警察对报案要尽快立案、破案，增强被害人的信任感，树立良好的职业形象，做到及时出警和及时办理，让被害人第一时间想到向警察寻求帮助。警察要深入民众，及时调解、疏导民间纠纷，化解矛盾，以防止减少案件的发生。警察是否积极介入案件的态度，是关系到被害人是否报案的关键。

当然，要从根本上解决"隐案"问题，还有待于提高全民的文化、法律素质，特别是学会运用法律武器保护自己的合法权益的意识。

第三节
被害人的陈述

在刑事诉讼中，被害人的陈述是立案的重要根据与起点。被害人是直接遭受犯罪行为侵害的人，因而其具有人身不可替代性。研究被害人的陈述，才能有针对性地对被害人进行访谈。同时，对被害人访问也有条件限制，如案件类型、侦查主体及信息条件。方法主要有现场勘查、调查访问、侦查实验等。研究被害人陈述的主要内容有被害人的身份、被害原因、被害时间、被害地点、被害过程，以及被害人与犯罪人、现场的关系。

一、被害人陈述的性质

龙宗智、杨建广认为："被害人陈述是犯罪行为的直接受害者就其所了

---

① 赵杰.论刑事犯罪统计黑数存在的必然性、可认识性、可控制性和功能性.吉林公安高等专科学校学报，2004（6）.

解的案件情况向公安司法机关工作人员所做的陈述。"① 一般来说，被害人陈述有以下两种情况：一是与犯罪行为人有直接的接触，目睹了犯罪行为发生的主要过程。二是虽然与犯罪人没有直接接触，但了解犯罪活动的过程。被害人陈述内容一般包括两个方面：一是关于自己遭受犯罪行为侵害的事实叙述；二是对犯罪嫌疑人的控告。其中有的被害人能够明确指控谁是犯罪人，有的则仅能提供查获犯罪人的线索，还有的则可能对犯罪人一无所知，只能就受害的有关事实作出陈述。被害人陈述的形式以口头陈述为主，有的也采取书面形式，特别情况下还可能是其他意思表示形式，如聋哑被害人的手势等。

有学者在分析证据的种类时指出，证据只有三类，即物证、书证与人证。而被害人陈述与证人证言都是属于人证，二者之间的关系极为密切。裴苍龄教授认为，人证含有两种含义：一指人作出的证明（指陈述）；二指人通过陈述提出的证据（指被人陈述的事实）。② 由此看来，被害人陈述就是案件中遭受犯罪侵害的自然人——当然也就是知晓案情的自然人就案件事实所作出的证明（指陈述），而证人证言也无外乎知晓案情的自然人就案件事实所作出的证明（指陈述），在理论上二者都是被追诉人以外的自然人的陈述行为，其陈述之内容皆为有证明力之事实。③

二、被害人陈述的价值

有学者研究认为："被害人经历被侵犯的体验在其生命历程中是极其少有的，如果事件对被害人造成了巨大影响或者是引起强烈震撼，那么会形成'闪光灯效应'，其记忆就是相当深刻和准确的。"④

---

① 龙宗智，杨建广. 刑事诉讼法. 高等教育出版社，2003：135.
② 裴苍龄. 论证据的种类. 法学研究，2003（5）：45-50.
③ 欧卫安. 被害人陈述问题研究. 法律出版社，2009：39-40.
④ 罗勇. 刑事侦查中所涉人员记忆之可信度. 四川警官专科学校学报，2000（3）：68.

（一）为侦查工作提供线索

被害人的报案或控告是侦破线索的重要来源。被害人由于亲身经历了被害的全过程，可为迅速查明案情，提供有重要参考价值的情况，及时破案。有些案件如果没有被害人陈述，就有可能成为隐案。

（二）为揭露与证实犯罪提供依据

由于被害人是犯罪行为直接侵害的对象，因此，对其案件事实的陈述一般比较详细、具体，有的甚至可以明确告发或指认谁是犯罪人。因此，被害人陈述对于揭露、证实犯罪，查获犯罪人是极其重要的。

（三）迫使犯罪嫌疑人认罪

犯罪嫌疑人被抓获后，出于逃避、减轻罪责的需要，往往会千方百计地隐瞒、抵赖和狡辩。被害人的证词或由被害人当面指认、对质，可以有效地揭穿犯罪嫌疑人的反审讯伎俩，迫使其供认犯罪事实。

三、被害人陈述的分析

被害人陈述是被害人对自己遭受犯罪侵害的事实的反映，这种反映要受主观和客观诸多因素的影响。因此，尽管被害人对侵犯其人身、财产权利的犯罪事实或者犯罪嫌疑人有报案或控告的积极性、主动性，有强烈要求惩处犯罪分子的愿望，但其陈述却不一定就能够准确地反映案件的客观事实。

（一）感知

被害人陈述是被害人就自己遭受犯罪行为侵害时所感受的情况的叙述。从形成机制来说，必然是先有感知，再有记忆，最后是陈述，陈述以感知、记忆为前提。被害人对被害事实及犯罪分子情况的感知程度是由各种因素决定的，它不仅受被害人感知能力和发案当时客观环境的影响，还受被害人当时心理状态所左右。

1. 被害人感知能力。人的感觉器官是否正常，对人的感知能力会产生一定的影响。一个常年从事某项职业活动的人，由于在该项职业活动方面积累了丰富的知识经验，便对有关对象的感知更为深刻。对作案后驾车逃跑的案犯，司机比一般人更能准确地说出案犯乘坐的车型、车身颜色和车牌号码。

2. 环境条件。人的感知程度不但受个体感知能力的制约，还要受感知时环境条件的影响。

3. 心理状态。由于不法行为直接侵害了被害人的合法权益，因此，被害人对不法事实和疑犯情况一般都比较留意，会"急中生智"地调动感知器官去感知眼前所发生的一切，留下较为完整、深刻的印象。被害当时的情境对陈述的可靠性影响也是比较大的。例如，在暴力犯罪案件中，受惊吓效应影响，案发后往往不能清楚地回忆案件的事实经过，从而不能准确地提供线索。

（二）记忆

记忆是人脑对经历过的客观事物的识记、保持、再认和再现，是由记到忆的一个心理过程。艾宾浩斯在记忆实验中研究发现了"遗忘先快后慢"的规律，即在识记后短时期内遗忘较多，在过了较长时间的间隔后，记忆保持的分量较少了，遗忘的发展也较慢了。这个规律表明，被害人越是及早报案其陈述越是精确详尽。

1. 感知因素。记忆是以感知为前提的，尽管感知到的事物不一定都会通过记忆而进入长期记忆中。如果无法感知或感知不全，就会影响到记忆，要么无法再认或再现，要么只能作似是而非的再认或支离破碎的再现。

2. 记忆的意图。记忆的意图影响记忆的效果。对于被害的事实案件有关的其他情况，如果被害人有记忆的意图，即考虑到日后要向公安机关报案或控告，于是告诫自己"要记住"，那么识记效果一般较好；相反，如果被害人没有记忆的意图，即没有向自己提出识记的任务，就不易有清晰的记忆。因为无意识记忆具有很大的选择性，并不是所有接触过的东西、体验过的情境都可以记住。

3. 记忆能力的差异。有的被害人对直观现象的东西印象深刻，识记效果好，有的则对词语概念特别擅长。一般来说，对于自己记忆没有优势的事物，记忆效果差，遗忘也快。

（三）被害人的陈述能力

陈述是借助语言或文字符号进行的，因而陈述能力也就是驾驭语言、文字的能力。陈述能力在不同的个体上存在着一定的差异。陈述能力与个体受教育程度、生活环境，以及职业、性格、年龄等有关。

（四）陈述动机

根据不同的分类标准，陈述动机可分为如实陈述的动机、虚伪陈述的动机、主动陈述的动机、被动陈述的动机，以及拒绝陈述的动机，等等。一般情况下，被害人有主动陈述的动机，多会主动报案，并就自己所感知的案件情况，作较为客观、较少隐瞒的陈述，积极协助侦查人员开展侦查。当然，主动陈述的被害人也可能在偏激情绪的影响下，提供言过其实的证词，假被害人也会有主动陈述的行为，这是侦查人员在聆听陈述时需加以分辨和识别的。而出于被动陈述动机的被害人，接受询问、回答问题非其意愿，是不得已而为之，因而对陈述表现冷漠，应付了事；或者闪烁其词，特别是对侦查员反复找其了解情况极不耐烦。

（五）询问环境

询问环境包括询问时间、地点、在场人员、询问人员的态度等。我国法律规定，侦查人员询问被害人可以到其所在单位或者住处进行，必要的时候也可以通知其到公安机关提供证词。这一规定为询问地点提供了可选择性和方便条件，但具体到某个案件的被害人，应当到何地询问，应视案情和被害人的情况而定。此外，询问场所是否有其他人员在场，以及询问人员的态度（如关心、同情等）都会对被害人的陈述行为产生影响。

（六）暗示的影响

被害人在其陈述形成的过程中，可能会受到的暗示，一是侦查员在询问中有意无意地影响被害人，可称为直接暗示；二是案发后其他人员的议论，被害人会不知不觉地被这种暗示左右，可称为间接暗示。

第四节
被害人的辨认

被害人的辨认是指在侦查活动中,为了查明案情,在必要的时候,侦查人员组织被害人对犯罪有关的物品、场所或者犯罪嫌疑人进行的识别、认证活动。从心理学的角度来说,辨认事实上就是"再认",即对曾经感知过的事物再度感知的时候,觉得熟悉,知道它(他)是从前感知过的。实践中,并非每个案件都有辨认的条件,但对某些案件的侦查来说,它是一种必要的侦查手段。

一、辨认的作用

在我国刑事诉讼中,辨认是作为一种证据的审查判断方法而非证据资料来认识的。所谓辨认,是指对某一事物不能确定的情况下,组织曾与该事物接触过的有关人员加以指认或确定的活动。[①] 辨认可以确定和缩小侦查范围,发现案件线索,迅速澄清或认定犯罪嫌疑,及时破案,特别是与犯罪分子有过正面接触的被害人或现场目击者,他们对犯罪分子的体貌特征、口音、举止等情况印象较深,通过辨认,往往可以发现和查明犯罪嫌疑人。被害人的辨认就是一种特殊形式的被害人陈述。[②]

二、辨认准确性分析

辨认在侦查破案中能为认定犯罪、排除嫌疑提供证据或线索,其作用是不可低估的,但是,我们应当看到辨认实际上是被害人对犯罪者的主观识别,

---

[①] 樊崇义. 证据法学. 法律出版社,2001:246.
[②] 欧卫安. 被害人陈述问题研究. 法律出版社,2009:29.

其可靠性和准确性受干扰的情况是极易发生的。尽管被害人辨认的可靠性受到诸多因素的影响，但不能因此而否认辨认的价值。恰当地运用辨认措施，精心地组织辨认活动，客观地评价辨认结果是十分重要的。

（一）影响辨认的主体因素

影响被害人辨认可靠性的因素是多层次、多方面的，主体因素有：

1. 感知因素。感知是记忆的基础。感知状况如何，直接影响到实际辨认的可靠性。如果被害人在遇到不法侵害时缺乏正常的感知条件，如处于极度的惊恐状态，现场能见度差，犯罪行为转瞬即逝，尚未反应过来，等等，就难以甚至不可能对事件所涉及的人或物有准确的把握，以致后来要对其进行辨认时无法作出肯定或否定的判断，或仅能作出似是而非的结论。比如说"很像""好像是""部分像""差不多"，等等。这种连被害人本身都不十分肯定的辨认结果，是不可轻易相信的。

2. 被害人辨认时的心态。在辨认过程中，被害人如惊恐不安，一旦在辨认中见到加害人，莫名的恐惧就袭上心头，严重的甚至出现休克症状。对此，侦查人员应设法稳定其情绪，以尽可能平和的心态对待辨认。否则，辨认的准确率将受到影响。

3. 被害人辨认态度。一般来说，如果被害人对辨认持积极态度，就会主动配合侦查人员进行辨认；相反，如果被害人持消极态度，就会不负责任对待，敷衍应付。特别是案件久侦未破，组织辨认的次数过多，被害人就会显得极不耐烦。

（二）影响辨认的客观因素

辨认的客观条件都将对被害人的辨认效果产生影响，这些因素也不容忽视。

1. 时间因素。通常，时间对辨认回忆有不同效果。心理学家谢泼德（R.N. Shepard）在1967年做过辨认能力的实验。在实验中，观看图片，立即进行辨认，正确率达97%，一周后正确率为87%，四个月后正确率仅为58%。可见，对事物的印象保持的分量与时间的间隔有关。在相同的条件下，时间间隔越长,被害人辨认的准确率则越低。

2. 被辨认目标的因素。对真人实体与照片的辨认不同,对人是建立在全面观察的基础上的,而照片所反映的只是特定角度的面容,可供观察的对象由动态的变成静态的,从活生生的变成了凝固不变的,从完整的变成了局部的,从多侧面的变成了单一角度的,所以照片辨认与实体辨认相比较更容易出错。

3. 辨认环境条件因素。自然条件客观环境对人感知、识别事物的准确性会有较大的影响。光线明亮时能见度高,即使被害人与加害人相距较远也能清楚地感知;反之,光线昏暗,能见度就差。光源不同,辨认人对色彩的感知会发生偏差。辨认时若不在相同条件下进行,则很可能出现差错。

（三）辨认的科学性

在辨认这一侦查措施中,被害人辨认的主要形式有公开辨认、秘密辨认和自发辨认。为了正确地发挥辨认在侦查中的作用,使其失误率降到最低限度,侦查人员必须遵循辨认规则。辨认规则有其心理学依据。违反辨认规则,往往会出现"从众效应",即互相影响,产生辨认副作用。[①] 侦查人员是组织者和主持人,主体是被害人。辨认成功与否,取决因素有：一是辨认的组织是否科学；二是被害人的识记辨认能力影响；三是识记再现的条件。侦查活动要科学分析其准确性。

综上所述,影响被害人辨认的因素是多方面的。侦查中既要充分利用辨认的价值,又要防止辨认出错,提高被害人辨认的有效率。

被害人研究已经也必然在刑事侦查中得到广泛的应用。被害人和犯罪人之间常常存在一些联系,这些联系我们往往可以通过调查被害人的信息就能查出。如果在侦查案件中,我们能够科学利用这些联系,我们的侦查效率就会大大提高。

---

① 任克勤.被害人心理学.警官教育出版社,1997：444.

第十章 被害预防论

第一节 被害预防的地位

第二节 犯罪预防与被害预防

第三节 被害预防的重点

第四节 被害预防的类型

众所周知，消除犯罪危害，减少被害的一个重要方法是预防犯罪侵害的发生。犯罪与被害是一个事物的两个方面，仅仅注意预防犯罪是不够的，还要从避免被害入手，因为预防了被害也就意味着犯罪同样失去了犯罪发生的条件。"轻视被害人预防的可能性，特别是忽视它，这标志着同犯罪的斗争只做了一半的工作。"[①]犯罪预防，旨在消除犯罪人或潜在犯罪人的犯罪原因；被害预防，旨在消除被害人或潜在被害人的被害诱因。加强被害预防研究是深化被害人学研究的必然要求。

第一节
被害预防的地位

"预防犯罪必须从实际的犯罪和受害，以及想象的犯罪和受害两方面着手。"[②]从一般意义上说，犯罪与被害是同一和统一的关系，预防犯罪也就避免了被侵犯，但又不完全是一回事，二者的侧重点各不相同。要使被害预防发挥应有的作用，既不因遭漠视而不能发挥效用，也不因夸大而造成策略的误导。正确定位被害预防，从而使预防犯罪和预防被害相互结合、相互促进，达到减少犯罪的目的。从实际效果看，预防被害与预防犯罪具有同等重要的地位。

---

① [俄] 阿·伊·道尔戈娃. 犯罪学. 赵可译. 群众出版社，2000：356.
② [美] 史蒂文·拉布. 美国犯罪预防的理论实践与评价. 张国昭，等译. 中国人民公安大学出版社，1993：11.

一、被害预防的特征

被害预防，或者说预防被害，又称被害防范。在我国被害人研究领域，最早的一篇专门研究被害预防的论文是张滋生发表在《政治与法律》1988年第6期的"简论被害预防"。作者从自我防范、个性、被害人角度、情境角度等角度分别进行论述。

（一）被害预防的概念

郭建安认为，"被害预防就是根据易被害的个人和群体方面存在的一些个性特征，采取有效措施，防止他们实际遭受犯罪侵害的各种活动"。[①]闫桂玲则认为，被害预防是指个人、家庭、社会团体与国家等主体为消除或减少潜在被害人或易被害人遭遇犯罪行为侵害的机会和条件，消减犯罪行为的发生，而采取的各种策略与措施。[②]

笔者认为，被害预防是一个综合概念，主要是指从潜在被害人与既然被害人整体被害现象、被害趋势及各类被害的情境出发，为避免各种被害性原因和条件的产生和存在，防止、减少潜在被害人初次被害或既然被害人的再度被害，而在一定时空内，由各方采取综合性保护措施、方法、手段，从而形成的对被害人保护和被害人的自身保护相结合的方法总和。简而言之，被害预防是从被害人角度采取的防范被害的各种预防对策的统称。

（二）被害预防的特征

从被害预防这一定义出发，笔者认为，被害预防的主要特征是：

1. 被害预防的主体。被害预防的主体是潜在被害人与既然被害人。广义地说，主体有自然人、群体、社会和国家。

2. 被害预防的目的。被害预防的目的，旨在防止、减少被害人初次受害

[①] 郭建安. 犯罪被害人学. 北京大学出版社，1997：317.
[②] 闫桂玲. 青少年刑事被害预防与援助中的警察作为. 中国人民公安大学硕士学位论文，2005.

或再度被害，确保被害人的合法权益。

3.被害预防的内容。被害预防的内容，包括消除被害因素、防止被害发生、减少犯罪目标和犯罪机会，健全防范制度，创造有助于抑制被害发生的良好环境。①

4.被害预防的方法。被害预防的方法，主要是消除引起被害的不良状态。预防的方法不是单一的，是一个统合对策体系，是有关主体采取的措施、方法、手段的综合，最终要达到对被害人保护和被害人的自身保护相结合。

被害预防主要是针对被害人和潜在被害人而言的。它强调从多主体，特别是要求潜在被害人和实际的被害人自觉发现和消除自身存在的、容易招致犯罪侵害的各种致害因素，以防止自身被害或再度被害。预防和遏制犯罪，被害预防起着重要的作用。

二、被害预防的必要性

（一）理论发展的要求

无论是预防犯罪理论，还是预防被害理论，都需要加强被害预防理论研究。譬如，美国、日本、我国台湾地区学者关于预防犯罪与预防被害方面，分别提出了关于被害预防的诸多理论。较有代表性的有个人生活方式暴露理论、被害人化理论、防卫空间理论等。②

（二）预防犯罪的现实需要

从传统犯罪预防的反思，预防犯罪对被害人关注不够。被害人调查也发现，我国公众的被害预防意识差，很少采取有效的被害预防措施，被害预防是现实需要。

---

① 麻国安.青少年被害援助论.中国人民公安大学出版社，2005：204-206.
② 赵国玲.中国犯罪被害人研究综述.中国检察出版社，2009：95-96.

（三）自我预防的重要方式

自然人、群体，消除被害人或潜在被害人被害诱因，是自身的责任、义务，是自我保护的重要措施。事实上，如果从全社会每一个个体的角度去思考犯罪被害防范问题，具有非常重要的现实意义。毫无疑问，如果每一位社会成员都能在日常生活和工作中保持足够的警醒，自觉减少容易引发被害的因素，防止被害发生，必然有助于整体的犯罪控制，进而促进社会的和谐稳定。

（四）社会治安治理的重要组成部分

习近平总书记指出："治理和管理一字之差，体现的是系统治理、依法治理、源头治理、综合施策。""要继续加强和创新社会治理，完善中国特色社会主义社会治理体系，努力建设更高水平的平安中国，进一步增强人民群众安全感。"社会治理需要综合施策。减少犯罪原因，教育、挽救潜在犯罪人，开展被害预防，三者相互结合、相互促进，才能从根本上达到减少犯罪的目的。

三、被害预防的可行性

任何事物既要考虑其必要性，又要具有可行性。被害预防概莫能外。

（一）被害预防比犯罪预防具有更大的可行性

从实际效果来看，改变被害人或潜在被害人的行为比改变犯罪人或潜在犯罪人的行为要容易得多。所以预防被害比预防犯罪要更为可行，更为有效。[①] 如果倡导公民改掉那些容易引起被害的各种不良习惯，保持必要的警惕心，增强防范意识，积极参加被害预防活动，那么犯罪人就无机可乘。

（二）被害预防比犯罪预防更能最大限度地调动民众自身积极性

有人认为，相对于犯罪预防而言，被害预防具有被动、消极的色彩。其

---

① 郭建安. 犯罪被害人学. 北京大学出版社，1997：318-320.

实不然，笔者认为，被害预防与公民的生存权利、生存质量息息相关，人们往往最为关注的是自身安全的需要，预防自身被害可能激发公民参与被害预防的自觉性与主动性，预防被害责无旁贷。预防被害人人都会努力。当然仅靠提高被害人的防范意识还是不能最大限度地调动被害人和潜在被害人的积极性，如果建立一种机制，或许能够让被害人认识到防范与自己息息相关。因此，应该考虑建立被害人过错责任机制。既充分发挥公民的防范作用，又能实现刑法的"罪责刑相适应"原则。

（三）被害预防比犯罪预防更能节省社会资源

被害预防不需要当事人付出巨大的代价，也不需要浪费国家大量的人力、财力、物力。因此，与犯罪的预防相比，被害预防可以以最小的付出取得最大的回报，更易行且经济效果更显著。很多时候，是被害人有意无意的行为促使了犯罪的发生。因此，从被害人出发的被害预防，着眼于被害人或潜在被害人主动消除被害诱因，而比犯罪预防更为重要，也更为容易。

（四）被害预防拓展了犯罪预防的空间

以往的犯罪预防主要是从抑制犯罪动机、限制犯罪条件和预防重新犯罪三方面建立防线。被害预防的提出，使犯罪预防的视角全方位化。加强了对犯罪的预防，预防被害措施的实施，使从被害人出发的被害预防体系更完善，范围更加广泛，内容更丰富。

四、被害预防效能提升

尽管被害预防在减少犯罪发生中起着不可替代的重要作用，但是从现实来看，被害预防也有其不足之处。被害人学理论表明，只有克服预防被害方法的不足，才能使预防效能得到提升。

（一）被害预防的不足

被害预防的出发点就是要根据易被害的个人和群体所存在的易被害特

征，采取各种有效措施，防止其遭受犯罪侵害。这主要体现在被害人自身预防的不足，以及被害人所处环境的不足这两个方面。

1. 被害人自身的预防不足。从主观方面查找原因，有利于被害的主动预防。

一是防范意识的缺乏。被害人自身的预防不足主要表现在自身的防范意识不强。一个歹徒盯住了一个女出租车司机以乘车的借口将她骗至郊区，不仅抢劫了她身上所有的财物，还强奸了她。破案的时候，犯罪嫌疑人却对警察说："不是我想抢她，是她太显眼了，是她在故意引诱我犯罪的。穿得像模特儿，头发染得发黄，嘴唇涂得红红的，手指有个金戒指，太诱人了……"可当警察询问女被害人为什么要这样做时，她却说这样做能吸引更多的乘客，招揽更多的生意。这位女司机之所以会有这种遭遇，主要是因为她缺乏防范意识。因此，很多时候，导致犯罪发生的，是潜在被害人自身存在的那些招致侵害因素，被害人存在不可推脱的责任。

二是相关信息的不了解。被害人自身预防的不足，另外一方面表现在对犯罪的各种信息敏感度的缺乏。由于对犯罪的相关信息缺乏了解，所以很多时候，即使犯罪人正用这种犯罪方式引诱着被害人，被害人也全然不知。如利用电话诈骗犯罪，犯罪人假冒政府、事业单位的名义打电话，并以虚构退税款等理由骗取相关人员的银行卡卡号、密码等信息，或者直接诱骗对方到附近的自动存取款机中进行转账操作诈骗。由于很多人不知道这种新型的犯罪手法，当他们接电话时丝毫没有怀疑对方，乖乖地按对方的指示汇款。

三是法律知识的缺乏。缺乏法律知识导致对各种犯罪认识不够，即使在权利受到侵害时也不会想到用法律来维护自己的合法权益，甚至还躲避法律的保护。由于被害人方面的原因，导致隐案的增多。

2. 被害环境的不足。被害环境的不足，通常表现在易被害的地点重视程度和防范措施的缺乏。例如，郊区、黑暗的小街小巷等，这些地方都是抢劫、强奸等案件的多发地点，也是治安力量薄弱之处，很多犯罪人都是利用这样的"环境优势"实施犯罪。环境的缺陷，给犯罪人制造了优势的同时，也加深了被害人的危险程度。

（二）提升被害预防效能

针对被害预防的各种不足，要从各种渠道完善提升被害预防的对策水准。

1. 要坚持被害预防基本原则。例如，坚持早期预警的原则、立体预防原则、平衡原则、良性互动原则和防止"二次被害"的原则，从而全方位提升被害预防的效能。

2. 被害人自身预防效能的提升。对被害人自身预防不足的分析可知，被害人的行为往往也会对被害事件的发生起一定的诱发、引导作用。因此，被害预防，要从被害人方面做起。关键是社会公众预防被害意识的普遍增强，经常保持行为的正确性。①

一是通过互动形式，增强个体防范"警觉性"。所谓防范意识，是指人们在社会生活中，在对可能遭受不法侵害及严重后果认识的基础上表现出来的一种警觉性行为。②

二是在人的思维层面上，它是人们对犯罪现象的一种认识，尤其是对自身是否会遭受犯罪侵害，以及可能在遭受侵害后产生严重后果的一种认识。这种认识是一切防范意识的前提，一个人防范意识的强弱，完全取决于他对犯罪行为及后果的认识程度。

三是在人的行为层面上，防范意识不只是停留在对犯罪的认识上，而是在这种认识的基础上随即产生的一种警觉性行为。

"警觉性"同样不仅是一切防范行为的前提条件，它本身也体现了一种初始防范的行为。所以说防范意识同时也是防范行为的充分条件。其基本的做法，一是宣传，二是教育，三是警示。宣传主要是针对社会面，教育主要是针对特定的群体和个人，如单位、学校、家庭；而警示则是针对特定的地点，如商店、车站、码头等案件频发地点。

---

① 李明琪.被害预防：预防犯罪的新思路.国际预防犯罪学术研讨会论文集.中国人民公安大学出版社，2000：435.
② 艾明.绑架犯罪被害人被害性分析与个体被害预防.吉林公安专科学校学报，2005（6）：17.

四是进行被害预防的知识、技能、技术训练。了解被害规律，掌握预防的技能、技术、方法，具备一定的识别可疑人的能力。

五是强化社会宣传教育，及时公布各种预警信息。通过报刊书籍、广播电视、互联网络等各种大众媒体，向公众广泛宣传有关犯罪的危害性及后果的严重性，使大多数人能在正常的生活环境下保持一定的警觉性，对各种犯罪手法有所了解，并能采取有效的预防方法。福州市曾连续发生7起绑架小学生的案件，其中有4名小学生人质被杀害，引起学校、家长的极大恐慌。针对这种情况，福建省公安厅和福建省教委等四部门紧急联合发文，组织各学校做好学生绑架被害预防教育，福建电视台邀请犯罪学专家针对系列案件进行绑架被害预防宣传，均取得明显效果，绑架小学生案件显著下降。[①] 绑架被害防范教育被实践证明是卓有成效的。

3.加强被害预防的科技支持，严密犯罪高发区的监控。郊区、偏僻黑暗的小街小巷是犯罪案件最常发生的地点，因为这样的环境人烟稀少且监控力度不够，犯罪分子容易在这里找到作案的机会，作案后又能够迅速逃脱，不容易被他人发现。"阳光是最好的防腐剂"，在偏僻、黑暗地方设立路灯，可让犯罪分子无藏身之处。另外，还应考虑增加治安民警对这些地带的巡逻密度和强度，并安装监控视频系统。因此，被害预防也要重视环境预防。

第二节
犯罪预防与被害预防

犯罪预防、被害预防两种防范紧密联系，互为条件和结果。两种防范做好了，其结果可使犯罪减少，被害率随之降低。任何犯罪行为都是受行为人

---

① 张昌荣.绑架被害预防.群众出版社，2002：37.

意识支配的主观意志的表现。当犯罪人犯罪意图和采取某一犯罪行为的决定形成之后，能否即刻采取行动、怎样行动，并不完全以犯罪人的意志为转移，还要受其行为对象——被害人及其所有物的状态，以及实施行为时的时空条件和其他相关因素制约。

一、犯罪预防与被害预防的联系

事物之间的联系总是体现在诸多方面的。犯罪预防、被害预防的联系，是从预防被害的目标、方法等方面体现的。

（一）犯罪发生的主观原因与被害预防

犯罪是一种复杂、消极的社会现象。现阶段，各种犯罪侵害行为的发生，主要是由于犯罪主体方面的因素所致，即在行为人的犯罪动机的推动下，为了达到某种犯罪目的而实施的。犯罪预防，需要我们重视和加强预防犯罪的教育，加强和完善预防犯罪的措施，这同样也离不开被害预防的教育。

（二）犯罪发生的客观原因与被害预防

从犯罪侵害的角度，被害人的某些因素也是一种客观因素。犯罪行为人犯罪动机的萌发、产生和形成，又总是在一定的客观条件和外部因素的刺激下，与犯罪主体内在的不良心理因素相互影响、相互作用的结果。这也就是说，有些犯罪侵害行为的发生，与客观环境和犯罪客体方面，即被害人的某些因素有一定关系。被害人防范意识薄弱、防卫措施不力等不良状态，使得加害者有机可乘。这些问题，就使有些本来可以预防或避免的犯罪侵害行为未能防止。这就提醒我们必须增强全民的自我防卫意识，自觉改变、改善某些客观环境，防止被害发生。

（三）犯罪预防包含被害的预防

从广义上说，传统的犯罪预防包含着被害预防。被害预防本应属于犯罪预防体系中重要的一环，但由于以往重视被害预防不够，以及被害人学发展较晚，导致忽略了被害预防。预防犯罪，如果仅仅是做好犯罪预防，只是做好了整个犯罪预防体系工作的一方面，还有一方面就是被害预防。二者的关系必须妥善处理好。世界各国已经把减少犯罪的重心放在被害预防方面，越来越多的人会关注被害预防这一减少控制犯罪的新对策。社会应当主动地推行和实施被害预防战略。

（四）总体目标和根本目的一致

犯罪预防、被害预防二者都是为了有效地防止和减少犯罪与犯罪的被害发生，维护社会秩序，保障社会公共安全。犯罪防范，是针对不同的犯罪类型和不同的犯罪行为人，采取具体的防范措施。被害防范，是从被害人方面，消除可能出现被害的社会因素，消除被害人自身有利犯罪发生的因素。良好的社会风气、安定的治安环境、健全的法律保障，是被害防范的根本。自然个体也必须克服自身引发侵害的各种因素，加强自我防护。

二、犯罪预防与被害预防的区别

犯罪预防、被害预防二者有联系，也有区别。

（一）防范对象侧重点不同

犯罪预防、被害预防二者在防范对象上的侧重点不同。犯罪预防侧重于对潜在违法犯罪人、重复性犯罪人、重新犯罪人的犯罪倾向性及其行为进行预防。被害预防侧重对潜在犯罪被害人、已然性犯罪被害人的预防教育。

（二）直接目的不同

犯罪预防、被害预防二者的直接目的不同。犯罪预防的直接目的是防止犯罪人的犯意形成，阻止犯罪人重新犯罪。被害预防的直接目的是保护各种可能被害、将要被害、正在被害和已然被害的人免遭被害、减轻被害和不重复被害。

（三）对策体系不同

犯罪预防、被害预防二者所采取的方法、措施和手段不同。犯罪预防主要是通过帮教、打击、改造，动员社会一切力量，齐抓共管，进行综合治理。被害预防主要是通过宣传教育、专门人员的帮助和被害预防主体自身的培训等方法，促使其提高防范意识，积极采取措施，从而避免被害。

三、犯罪预防与被害预防的二元互动

德国当代刑法学家许乃曼（Bernd Schünemann）在探讨被害人角色时曾指出："刑法必要性和该当性原则，要求预防社会危害，当受害者有意疏忽自己的利益，从而导致社会危害发生时，适用刑罚则不恰当。在欺诈情形中，当受害者认识到犯罪行为人的主张，可能不真实甚至是错误时，尽管仅仅是怀疑，他的利益便不应受到刑法的保护。"简言之，受害者的自我保护，应该优先于刑法保护。唯有当受害者自我保护变得不可能，且借助民事、行政等法律法规不足以保护受害者时，才能祭出"刑法"这个撒手锏。

从以上的分析可以发现，犯罪预防与被害预防是相互促进、相互影响、相互转化的。从法律的角度讲，犯罪预防与被害预防，都是被害人或潜在被害人的一项权利，同样也应当是义务。因为维护社会治安是每个公民应尽的职责。

我们要克服理论界与司法实践当中，偏重对犯罪防范的片面性。要正确把握预防犯罪与预防被害之间的关系，犯罪防范和被害防范是互相联系、不可分割的。犯罪防范做好了，制止了犯罪的发生，也就防止了被害的发生。在预防犯罪的同时，更应重视预防被害。使双方相互促进，二元互动，各自发挥其应有的作用。

第三节
被害预防的重点

西方被害人学研究中有句名言："4%的被害人，聚集了40%的侵害。"这说明犯罪侵害具有选择性、聚集性、集中性。相应地，预防被害人应当具有针对性，必须针对犯罪侵害的构成要素。刑事案件的构成要素有人、事、物、时间和空间。笔者认为，被害预防的重点，同样对应的是容易导致被害的人、事、物、时间和空间。因此，被害预防的重点主要是易被害人群、易被害事、易被害物（财、物品、信息）、易被害时间和易被害空间的预防。

一、易被害的人

至于哪些人容易被害，在早期的被害人学研究当中已经涉及。据美国学者罗伯特·L.波恩介绍，被害人学在早期研究中就认真注意过哪些人更容易成为犯罪被害人的问题。汉斯·冯·亨蒂格认为青年人、女性、老人、智能缺陷者、酒精中毒者、移民、一些少数民族团体、痴呆者易成为犯罪被害人。精神沮丧者、好猎取者、好色者、不道德者、贪吃者、孤单者、抑郁者、多痛苦者、冷酷无情者，以及失去权势者也容易被害。嗜酒、好色、贪利、精神沮丧、不道德、孤立无援、冷酷无情者等也是较易受刑事侵害的。

2017年5月9日，现年83岁高龄的老太太黄某在广州市越秀区西华路家中，趁其他家人离开之机，将46岁的"智障儿子"杀害，随即向公安机关投案自首。黄某在公安机关供述称：（黎某乙）早产出生被确诊大脑发育不良及软骨症，不会说话，生活不能自理。长大到30多岁时，大脑衰退加快，身体越来越差，后来臀部肌肉萎缩不能坐，长期卧床长肉疮，很痛苦。其担心自己先他离世。一个星期前，黄某思想斗争了很久，产生了喂他吃安眠药，让他在没有知觉的情况下死去的念头。黄某动手前在一张纸上写清了小儿子的身体状况，并表明整件事由自己一人决定，与他人无关。居委会工作人员陈某某出庭作证时表示，残联会定时发放残疾金，被害人可以入住福利院，但老太太均拒绝了。为专心地照顾好患病的小儿子，老太太在47岁时便申请了退休。法院认为，这件案子非常特殊，黄某是因爱杀子，与其他暴力性故意杀人有很大区别，反映出被告人作案动机并不是十分卑劣。法律适用如何处理好情、理、法的关系，这是需要认真平衡和考量的。

美国学者分析认为，有些人口统计或社会经济方面具有某种特征的群体，如男人、黑人、离婚的、分居的，或根本没有结婚的人、失业者等有较高的受害率。这些群体中有一些人（如男人和根本没有结婚的人），有较大可能成为盗窃罪的被害人。还有，某些亚群体，如租房的，住在城里的或属于大家庭的人，更容易成为侵犯家庭财产罪的被害人。

华沙犯罪问题研究所所长，罗兹大学法学院犯罪学和刑事侦查学教授布鲁诺·霍利斯特认为：刑事被害人学"不仅要调查生活在某种必然地使人们遭受暴力犯罪行为威胁的现实中的人们的特征，而且要调查社会、经济及文化政策"，考虑"被害人的特别不能自助（智力缺陷、未成年、身体和心理障碍）"，甚至"其本身有挑衅行为"。刑事被害人学"它必须着手系统地调查具有被害成为可能的人和情况的一切特征"。

布鲁诺·霍利斯特教授是从被害人学的基本任务这一角度阐述揭示被害易感性之重要的，显然，他所说的"使被害成为可能的人和情况的一切特征"就是我们所理解的易受害人群和被害易感性问题。研究易受害人群和被害易感性，也是为预防犯罪提供新的视角。实证调研表明，以诈骗为例，职业骗子不骗认识的人，"牵驴"即寻找目标多以有钱人为前提，之后有一个"喂"（投置诱饵与培养感情）和"震板"——"虚假透露实力"的过程，所以"露富""轻信"是被害人共有的特点。以盗窃为例，所有有钱人都是目标，但相对而言，犯罪人较喜欢找30多岁的男性下手，因为一旦被发现，只要将到手的钱包交还，这类人往往不再深究，而年纪大的多不依不饶，尤以四五十岁的女性为甚。

被害人的因素对犯罪人实施犯罪行为的制约或推动就起着很大的作用。被害人自身的因素可归纳为以下四类：

1.状态性的被害因素。这是指被害人的个人素质、自然特征、日常活动，如被害人的年龄、性别、相貌、财产、身份、独处、身单力薄等。状态性的被害因素对犯罪的引诱性是单向的,被害人在被害过程中总是处于被动状态,无法预料犯罪后果。虽然由于被害人的因素诱发、推动或导致犯罪行为的发生,但从整个犯罪原因上,属于犯罪条件,而非犯罪原因。

2.行为性的被害因素。这是因为被害人自己的行为造成的,如轻浮、妄动、暴虐、过分逞能、道德败坏等。由于被害人本来就有一些不道德的言行或不法的挑衅行为,犯罪人本是正常的社会心理被这样的挑衅逐渐演变为犯罪心理,诱使其用犯罪行为进行反击。被害人的言行在这个互动过程中起着不断推动和强化犯罪人犯罪动机并实施犯罪行为的作用。

3.心理性的被害因素。这是指被害人由于心理上的作用导致自身受害。例如,被害人的胆小怕事为犯罪人创造了机会;又如,被害人贪图小便宜导致上当受骗,及其好奇、赌气、疏忽大意为犯罪人所猎取,从而被害。

4.冲突性的被害因素。这是指被害人与加害人之间有着长时间的冲突型互动关系,一方侵害,另一方被害,角色常常互动,同时又存在互制。在真正的冲突模式中,罪犯与被害人之间常常互换角色,被害人有时扮演了罪犯的角色;反之亦然。在后三种因素中,被害人不仅仅是犯罪的客体,也与犯罪人形成了一种"合作关系"。[①]

易被害人,或者群体,是从被害性角度而言的。所谓"易被害群体,是具有某些人口统计学特征及行为特征而容易受到犯罪侵害的人群。人们所处的状态,可能成为易被害的原因,如性别、年龄、婚姻状况、社会阶层被认为是一种客观状态,称为客观性特征;生活方式和行为特征则被称为主观特征"。[②]易被害人,包括自然人、法人或者群体的预防,首先是潜在被害人和临界被害人的预防,它们是预防的主体,也是防范、保护的客体。

[①] 汤啸天,等.犯罪被害人学.甘肃人民出版社,1998:24-26.
[②] 赵国玲,韩友谊.论被害预防.国际预防犯罪学术研讨会论文集.中国人民公安大学出版社,2000:426.

二、易被害的事

事,就是日常生活中所发生的各种各样的社会现象和问题。事,事实,事由,可以理解为起因、事情发生的缘由。在这里,笔者将被害人或潜在被害人的主观性特征与客观性特征称为"易被害事"。"易被害事"与被害往往有着一定的联系。不同性别、年龄、职业的人就会有不同的生活方式、行为方式和处世态度。"易被害事"特征主要有两类:

一是诱发性特征,指被害人或潜在被害人方面存在的会引发犯罪人的犯罪行为,从而使自己受害的行为因素,如首先殴打、凌辱、虐待、诽谤、非难或恐吓加害人或其亲属等人的挑衅性行为,以及举止轻浮、露富显财等诱发性行为。

二是易感性特征,指被害人或潜在被害人自身在心理和行为方面具有的、处于无意识状态的、容易被犯罪人引入被害境遇,从而使自己成为犯罪人加害对象的因素。这类特征是犯罪人实施犯罪行为的条件,潜在被害人适时适地可消除。易感性特征常见的有麻痹大意、轻信他人、贪图小利等。

通过对易被害群体特征的调查分析,意图准确地确定不同类型的人应重点预防何种类型的犯罪,在该种犯罪有可能发生的环境中,潜在被害人有针对性地采取安全措施,不给犯罪的发生提供有利等方面的促进条件。既然这些特征是犯罪人实施犯罪行为的条件,那么被害人或潜在被害人适时适地改进自己的行为就可以消除被害发生的可能性了。

三、易被害的物

财物是所有权的具体体现,是社会关系的具体表现形式。正如恩格斯指出的:"经济学研究的不是物,而是人和人之间的关系,归根结底是阶级和阶级之间的关系;可是这些关系总是同物结合着,并且作为物出现。"[1] 财物被侵害,客体是他人对财物的所有权,对象是他人所有的财物。被害物本

---

[1] 马克思恩格斯全集(第2卷).人民出版社,2005:123.

身存在一定的价值和使用价值。"从盗窃财物来说,物质利益被侵害的直接后果是财产的所有人、占有人或者使用人遭受经济和物质损失,其被害地位十分明显。"① 物的范围,包括个人、家庭、单位、国家所有的所有物。

分析被害人、被侵害物、侵害人三者的关系大致可分三种类型。一是侵害人以占有被害人的物品为原始动机,这是最为多见的;二是作案人以占有被害人的物品为报复被害人的一种手段,如财物经管人因发生案件造成损失被处罚职;三是作案人以侵占被害物品为继续犯罪的工具,如获取枪支弹药、交通工具等。

在这里,笔者将被害人或潜在被害人具有的各种物质,如金钱、贵重物品等,统称为易被害物。物质是犯罪人实施犯罪行为的条件,那么被害人或潜在被害人妥当地保管、管理物品,适时适地采取多种形式保护,就可以消除侵财被害发生的可能性。

(一)有形物

在盗窃、诈骗、抢劫、绑架、财产犯罪、经济犯罪中,财物因素表现得最为明显。

1. 金钱货币。在各类易被侵害物当中,金钱是被害人最为重视与妥善保管的,是对加害人最富诱惑力的。金钱,是物的代表形式,是被害物当中预防的重点。

2. 金银财宝等轻便高档商品。高档商品价格昂贵,往往代表生活水平的高低,既有一定的价值和使用价值,又易携带。

3. 大型贵重物品,如电器、机动车等。

4. 一般物品,如衣物等日常生活用品。多价格较低廉,多不被重视,保管不严,易招致被侵害。

5. 枪支弹药、公文印章等特殊物品。对某些犯罪嫌疑人而言,武器被视为有力的作案工具;公章一类则属于特殊目标物。

预防被害的方法,是增强警惕性,保管好自己的财物,倡导"空间防卫

---

① 席朝明.被害人对构成盗窃案件的影响.中国人民公安大学学报,1989(6):12.

理念""目标加固法"及标志法,提醒人们增强防范警觉性。

(二)无形物

无形物,包括信息、抽象形态的物质。最典型的是有价值的信息、知识产权,多以著作、影视、软件等各种形式表现出来。有价证券、股票、期货、基金等,均属于在知识经济视野中的有价值的物质,往往成为新型易被害物质形态。

四、易被害的时间

易被害时间指被害事件的多发时间。"人们在不同的时间段有不同的活动规律,因而对犯罪也产生了相应的影响。犯罪人总要尽力选择他们认为最为有利的时间犯罪。"[1]

潜在被害人如果自觉掌握各种不同类型犯罪发生的时间规律,从而有针对性地调整自己的行为,就可以大大减少或避免被害的机会。

单位、社会根据被害发生的时间规律,如果大力加强易被害时间的预防,无疑也会减少犯罪侵害对单位和社会造成的损失。

五、易被害的空间

犯罪的发生具有区域不平衡规律。犯罪的发生有高发区、高发带、高发段、高发点。易被害空间,通常指被害人或潜在被害人容易受到犯罪侵害的地点与场所。易被害空间因犯罪种类的不同而不同。有关调查表明,被害人最容易在自己家中被害,街道、野外等地点容易发生杀人、强奸、抢劫等犯罪。交通工具、车站、码头、商店及其他人多嘈杂的公共场所是财物被害多发点。根据公安部的统计,1999年当年立案有明确发案地点的刑事案件中,

---

[1] 赵国玲,韩友谊.论被害预防.国际预防犯罪学术研讨会论文集.中国人民公安大学出版社,2000:430.

发生在居民住宅的占第一位（38.7%），发生在市街的占第二位（11.7%），发生在商店的占第三位（6.6%），发生在公共场所的占第四位（6.5%），发生在工业企业场所的占第五位（6.1%），其他依次为：服务场所、野外、交通工具内、机关团体单位、山林、学校等。其中杀人、盗窃案件发生在居民住宅的分别高达 49.7% 和 43.3%。

我国台湾地区的资料显示，与财产有关的犯罪被害，发生于市街商店较多，而住宅地区发生的犯罪被害则与人身侵害有关的犯罪为多。其中发生于市街商店的犯罪被害，以发生于街道马路者居多；发生于住宅的犯罪被害，则以发生于普通住宅者居多。① 防卫空间理论表明，被害预防很重要的内容之一是住宅区的被害预防。例如，澳门司法警察局为针对近年来居民住宅大厦罪案增多的问题，于 2010 年 1 月 18 日成立了司法警察局"大厦罪案预防小组"。专门对全澳居民住宅大厦罪案开展各种预防工作。及时掌握大厦罪案动态与信息，制定预防打击策略，强化大厦罪案预防宣传教育，加强警民合作，维护居住环境安全。②

第四节
被害预防的类型

根据不同的标准，被害预防可分为不同的类型。例如，根据被害预防的主体可分为社会预防、群体预防与个体预防。根据被害预防的不同阶段可划分为被害前预防、被害中预防和被害后预防，以及其他分类。

---

① 犯罪被害人保护汇编：10—11.
② 澳门司法警察局社区警务及公共关系处.司法警察局加强大厦罪案预防工作深化社区警务.刑侦与法制，2011（1）：11—14.

一、被害的层次预防

被害预防是多元、多主体、多层次的,从被害预防层次来分析,主要有:

(一)社会被害预防

这是指从整个社会的角度来说的。习近平总书记在党的十九大报告中提出,"加强和创新社会治理""打造共建共治共享的社会治理格局""提高社会治理社会化、法治化、智能化、专业化水平"。所谓共建共治,彰显社会治理新理念,从以前的"社会管理"到现在的"社会治理",虽一字之差,却彰显出全民共建共治共享的社会治理新理念。这种新理念为不断创新和完善社会治理体制机制、为打造全民共建共治共享社会治理新格局提供了根本遵循。

凝聚力量,筑牢社会治安防控网。习近平总书记在报告中提出"加快社会治安防控体系建设,依法打击和惩治黄赌毒黑拐骗等违法犯罪活动""实现政府治理和社会调节、居民自治良性互动"……这为公安机关做好各项工作,不断提升人民获得感、幸福感、安全感,提供了根本遵循。

我们加强社会治理体系建设,规范综合治理成员单位的作用和责任,改善执法环境,明确党委领导作用、公安在综合治理中职业化职能作用和政府的社会治理主导作用,加速公安改革步伐,积极运用科技手段提升打击违法犯罪水平,创新执法服务方式方法,实现政府治理和社会调节、居民自治的良性互动,让群众更有安全感和幸福感。有关职能部门从整个社会的犯罪与被害的现状和趋势出发,制定相关的防范被害措施,以及实施这些措施的过程。这主要是从宏观被害预防上来说的,重在立法、政策、整体方法。

新时代,依法治国,要完善健全立法;要大力加强社会建设,在注重社会结构、阶级阶层的变动中促进实现社会结构优化;促进社会有序流动;健全社会组织,增强服务社会功能;建立完善的社会利益关系协调机制,及时化解社会矛盾;发展文化、教育、科学、卫生等社会事业;建立与经济发展水平相适应、标准适中、覆盖面广、运行健康、管理有效、体现公平的具有中国特色的社会保障制度;加强社区建设;完善社会建设管理体制,从而在总体上减少被害。

为了加强防范和打击电信网络诈骗犯罪，2016年9月23日，最高人民法院、最高人民检察院、公安部、工信部、中国人民银行、中国银监会等六部门联合发布《关于防范和打击电信网络诈骗犯罪的通告》。通告要点如下：一是对电信网络诈骗案件，公安机关、人民检察院、人民法院要依法快侦、快捕、快诉、快审、快判，坚决遏制电信网络诈骗犯罪发展蔓延势头。二是要加大宣传力度。运用多种媒体渠道，及时向公众发布电信网络犯罪预警提示，普及法律知识，提高公众对各类电信网络诈骗的鉴别能力和安全防范意识。中央层面打击惩治电信网络诈骗的主要举措可以概括如下：

（1）提高办案效率；

（2）加大宣传力度；

（3）普及法律知识，提高鉴别能力和防范意识；

（4）坚决遏制高发势头；

（5）加强侦查打击；

（6）加强源头治理；

（7）重点打击；

（8）建立完善联动机制；

（9）主动防御；

（10）紧急止付、追赃挽损；

（11）推进反诈骗中心建设；

（12）完善相关刑事、行政立法；

（13）履行监管责任；

（14）完善电信网和互联网国际出入口诈骗防范系统；

（15）落实电话用户真实身份信息登记制度；

（16）落实互联网领域整治措施；

（17）加强支付结算管理；

（18）统筹国内国际两个大局；

（19）统筹网上网下两条战线；

（20）创新打击方式；

（21）倒查责任；

（22）专项治理；

（23）实行全国统一数额标准和数额幅度底线标准；

（24）加重经济惩罚；

（25）明确从重处罚情形；

（26）深化政企合作。

2017年7月7日，公安部发布2017年暑期防范电信网络诈骗安全提示。提醒广大学生和家长警惕兼职刷单、高考招生、助学金、校园贷和网购退款五类多发性电信网络诈骗，切实维护自身财产安全和合法权益。2017年8月27日，公安部刑侦局副局长陈士渠代表国务院打击治理电信网络新型违法犯罪工作部际联席会议办公室，结合真实案例公布近期高发的十类电信网络新型违法犯罪手段，包括假冒公检法诈骗、冒充熟人诈骗、利用伪基站发送木马链接诈骗、兼职诈骗、考试诈骗、校园贷诈骗、民族资产解冻骗局、投资返利诈骗、保健品购物诈骗、引诱裸聊敲诈勒索，并且针对每种诈骗手段进行详细的分析，给出实用有效的防范建议。国务院打击治理电信网络新型违法犯罪工作部际联席会议办公室呼吁，希望广大群众主动通过新闻媒体等渠道及时了解掌握防骗知识、提高识骗能力、增强防骗意识，成为反诈骗的行动派。

（二）群体（单位）被害预防

这是指有关社会群体，为了避免遭受犯罪的侵害，根据一定的规章和制度作出的专门规定和实施相应的措施，以防范被害发生。群体（单位）被害，主要表现为不正当竞争中、经营活动中国有资产流失、单位财物被盗等。群体（单位）被害原因更复杂、损失更严重。主要从中观进行被害预防，重在加强管理，重在制度实施。

（三）个人被害预防

这是指个人在有关部门宣传和教育影响下，利用个人的经验、掌握的有关知识和技能避免犯罪侵害的过程，这主要是从微观被害预防上来说的，重在自防。

个人被害的预防是预防的落脚点。首先,个人在交往对象上应有所选择,尽量不与非法人员交往,以免"引狼入室"。其次,与人交往时,应互相尊重、互相体谅、互相帮助、互相爱护。再次,以和平、理性的原则处理在自己与他人交往过程中发生的冲突。最后,在自己已经遭受侵害的情况下,被害人应尽量以灵活机智的方式促使犯罪人中止或减轻侵害。同时,应尽可能不去无谓地刺激他人,致使其加重对自己的侵害。总体来说,就是提高防范意识,戒除贪念,尽量减少自身存在的容易吸引犯罪人"眼球"的诱发性、易感性特征。

这三类主体,从宏观到微观的三个层次,从预防方法论而言是相互联系的,在现实的被害预防中构成完整的系统,共同发挥着整体的预防被害作用。有的学者则提出另一类层次性分析,第一个层次是预防首次被害,第二个层次是预防再度被害,第三个层次是预防被害发展到加害。[①]

二、被害的阶段预防

从被害预防的阶段入手,即立体化预防的原则,是以被害发生的过程为标准,将被害预防分为三个阶段:被害前预防、被害中预防和被害后预防,将三个阶段有机连续形成一体化的预防体系,才是预防被害的有效途径。[②]被害前的预防,要努力提高防范意识;被害中的预防,要力求有勇有谋;被害后的预防,要避免重复被害。被害预防的阶段在第五章已经专门阐述,在此仅作简要分析。

(一)被害前预防

被害前预防是指在犯罪行为产生之前,根据以往被害状况及被害人在被害前的倾向性而采取的预防措施及其实施过程。这是最主要的也是最重要的

---

① 麻国安. 青少年被害人援助论. 中国人民公安大学出版社, 2005: 211-212.
② 卢建平, 等. 网络犯罪被害与被害预防. 公安学刊, 2007 (2).

预防，实现被害前预防能够使潜在被害者免受犯罪侵害，从而不致造成任何损失。

个人被害前预防首要的是有针对性，对自身的易被害特征要有清楚的认识。不同的犯罪有不同的犯罪诱因和条件，个人被害性特征不同，所引发的犯罪也不一样。根据苏联犯罪学家 B.N. 波鲁宾斯基的调查，"48.9%的故意杀人犯罪的被害人、50%的遭受身体伤害的人，以及49%的遭受强奸的妇女都是因为其自身的不良行为，如威吓、侮辱、轻浮、酗酒等而招致犯罪侵害或者为此创造有利条件"。[①] 在了解自身弱点的基础上针对重点犯罪的预防，个人预防的有效发挥要靠对犯罪的准确预见。仅就个人而言，可以根据自身的弱点预测潜在犯罪人下一步行动。要使潜在被害人较准确地预见犯罪，主要是要借助翔实调查作出的犯罪预测，以及警察机构根据所掌握的一时一地犯罪资料进行的预测。

（二）被害中预防

被害中预防是为了阻止犯罪和减轻犯罪的危害程度，在犯罪实施过程中采取的躲避、抵御、抗争性的措施及其防范过程。被害中预防可以减轻被害人的受害程度。被害中预防是被害人对正在发生的犯罪行为进行抵抗防卫，阻止犯罪结果出现，在法律上主要表现为正当防卫。

（三）被害后预防

被害后预防是指在初次犯罪行为发生之后，为了避免顺应被害，预防再次被害、连锁被害的发生而制定的措施及其防范过程。一方面，案发后积极主动报案，提供情况，协助公安机关尽早抓获犯罪人，使之受到惩处，从而避免再次被害；另一方面，自己在受害之后及时改进不当行为，防止自己重复被害。

---

① [苏]B.N.波鲁宾斯基.受害可能性问题.莫斯科出版社，1987. 转引自陈和华.犯罪预防中的受害预防.社会公共安全研究，1992（1）：70.

三、被害预防的其他分类

　　被害预防的层次划分，有宏观预防、中观预防、微观预防；依据被害预防的主动性与否划分，有积极主动的预防、消极被动的预防；依据被害预防的不同侧重点划分，有易被害人、事、物、时空预防；依据被侵害对象，有人身被害预防、性侵害预防、财产被害预防等。

第十一章 被害人司法保护

第一节　被害人的诉讼地位

第二节　国外对被害人权利的保护

第三节　完善被害人诉讼权利的保护

被害人与被告人在刑事诉讼中的关系是对立的,双方的诉讼权利保障构成了刑事诉讼人权保障的基本内容,忽视双方中的任何一方都是片面的。在国内,近些年学者们开展了被害人的司法地位的积极研究。[1]

第一节
被害人的诉讼地位

根据美国被害人学者沙佛尔（Stephen Schafer）的研究,被害人在刑事司法体系中先后经历了三个时期,分别是被害人的黄金时期、被害人的衰退时期、被害人的复兴时期。被害人的地位随着社会形态和法律制度的发展,在漫长的历史过程中不断演变。

一、被害人诉讼地位的历史考察

"与程序的结果有利害关系或者可能因该结果而蒙受不利影响的人,都有权参加该程序并得到提出有利于自己主张和证据,以及反驳对方提出之主张和证据的机会,这就是'正当程序'原则最基本的内容或者要求,也是满足'程序正义'的最重要条件。"[2]

---

[1] 张鸿巍. 刑事被害人保护的理念、议题与趋势. 武汉大学出版社,2007;刑事被害人保护问题研究文集. 人民法院出版社,2007.

[2] [日]谷口平安. 程序的正义与诉讼. 王亚新,刘荣军译. 中国政法大学出版社,1996:12.

（一）被害人作为诉讼参与人的特征

在刑事诉讼当中，被害人作为诉讼参与人之一，具有两个基本特征：

1. 实体特征。被害人与案件事实和诉讼结果有着直接的利害关系，这是实体特征。被害人与案件事实有直接利害关系包括四种情况：一是被犯罪行为所侵害；二是被指控实施了犯罪行为；三是因犯罪行为而遭受损失；四是因实施犯罪行为而负有赔偿责任。被害人与诉讼结果有直接利害关系，主要是指被害人的合法权益可能会受到刑事诉讼活动过程和结果的直接影响，如获得了财产、权益得到恢复和补偿。

2. 程序特征。被害人在诉讼中拥有较广泛的既包括与其他诉讼参与人共同享有的，也包括自己特有的诉讼权利，并能对诉讼进程和诉讼结果发挥比其他诉讼参与人更大的影响作用，这是程序特征。就是说，被害人对诉讼的启动、进行、变化和终结起着关键的推动作用。被害人作为犯罪受害者，对犯罪所造成的损害有最深刻的感受，在解决其利益遭受侵害的刑事诉讼中，他是当然的权益可能受到刑事裁判直接影响的主体，与案件处理结果有着直接的利害关系，他不仅具有获得经济赔偿或补偿的欲望，而且有着使对其实施侵害的犯罪人受到法律惩罚的要求。

所以说，认真研究被害人的诉讼地位，确保被害人的诉讼权利，不仅有利于保护被害人及其他公民的合法权益，还有利于及时、准确地查明案件的事实和追究犯罪。

（二）被害人诉讼地位的演变

刑事被害人的诉讼地位，经历了一个由高到低再逐渐提高的过程。原始社会是人类社会的最初形态，当伤害等事件发生后，氏族、部落不能解决时，便求助复仇的方式解决。其表现形式主要有"血亲复仇"和"血族复仇"。这种方式在现在看来虽然很残忍，但是可以很好地反映出这个时期被害人的地位。在现代刑事诉讼制度建立以前，犯罪行为被认为是对被害人个人的侵害，而不是对社会秩序的威胁。

现代刑罚理论建立后，犯罪被认为是对于社会利益的侵害，国家成立了专门的公诉机构和行刑机构，负责起诉罪犯和执行刑罚。罪犯是否会受到惩罚和起诉不再取决于被害人的意志。被害人的权利，开始被社会所遗忘。有些国家规定的是被害人等同于证人的地位。在刑事立法中，大多关注犯罪人的人权保护，不重视被害人权利的保护。在有被害人的案件中，刑事诉讼自始至终都是围绕着追究犯罪和保护被害人合法权益而进行的。因此，如何保护被害人的诉讼权利，是刑事诉讼所要着重解决的主要问题之一。公诉出现前，被害人作为完全的原告，具有很高的诉讼地位；公诉出现后，被害人的地位和作用开始了一个很长的下降过程，在许多国家的刑事司法领域，被害人成为"被遗忘的人"，仅被赋予"证人"的地位，仅仅是"旁边的人"。

直到 20 世纪 60 年代，在被害人学的积极推动下，这种状况才发生了较大变化，被害人在各国刑事程序中的地位才开始受到重视，得到极大改观，甚至形成了刑事诉讼法学上的"被害人时代"之说。[①] 有的国家直接将被害人确立为当事人，有的国家虽然其诉讼地位未变，但诉讼权利却得到较大扩张。从各国立法来看，强化被害人权益保障已成为世界各国的普遍共识，刑事程序从以前的以被告人权利保障为重心也逐步转向被害人与被告人权利保障两者兼顾，力求平衡。

社会与法律如何对待被害人，已经成为这个社会文明程度的一个重要标志。我国刑事被害人地位和权利的逐步提高，主要表现在 1996 年修改的《刑事诉讼法》，2012 年再次修改《刑事诉讼法》。现行《刑事诉讼法》规定："当事人"是指被害人、自诉人、犯罪嫌疑人、被告人、附带民事诉讼的原告人和被告人。把被害人首次明确规定为当事人的地位，并置于当事人的首位，诉讼法学界普遍认为，这是我国刑事诉讼制度的一个重大发展与历史性进步。

但是，在司法实务上，对刑事被害人的保护依然不尽如人意。在强调和规定保障犯罪嫌疑人、被告人权利方面较多，使司法机关在执行刑事诉讼法过程中淡漠了被害人的权利。在诉讼中由检察官全权代表被害人的利益，被害人的特殊需求被掩盖在检察官的控诉之下。

传统上，在当事人主义的国家，在被害人保护运动兴起和被害人立法保

---

① 谭世贵. 刑事诉讼原理与改革. 法律出版社，2002：195.

护广泛推广之前,被害人仅被作为普通的证人而存在。被害人在被交叉询问时,面对被告人及其辩护人不信任的眼光,内心往往处于愤恨和压抑的状态之中,同时交叉询问更有可能重新勾起被害人痛苦的回忆,导致"第二次伤害"情形的发生。另外,在当事人主义的刑事司法程序中,被害人保护还面临着其他方面的严重问题,具体内容包括:

(1)审判迟延;

(2)被害人未能获得通知;

(3)在候审室和法庭被害人未被适当地安置,不得不面对被告人及其支持者;

(4)受到被告人或其支持者的伤害;

(5)浪费时间;

(6)费用无法补偿;

(7)对于作为证据的财产,归还迟延或者遭到破坏;

(8)尤其在强奸案件中,对被害妇女进行交叉询问,使其再次受到侮辱等。① 这使刑事被害人的当事人地位得不到真正体现,其合法权益更难以得到有效保障。

在当事人主义的刑事司法程序中,被害人虽然有了"当事人"的光环,但仍然只是扮演着"证人"或"刑事附带民事诉讼原告人"这样的角色,其在刑事诉讼法过程中处于边缘地位。所以,严格地说,被害人仍然不是完全意义上的"执行控诉职能的当事人"。

二、被害人权利保护的重要价值

关于被害人的权利保护,其内涵是指保障,还是保护,或者是救助、救济,甚至是赔偿、补偿,众说纷纭。学者们均从理念、实证研究、比较研究诸方面对被害人保护问题作了有益的探讨。笔者以为,被害人保护,重在诉讼中的保护,重在司法保护,重在法律保护,重在权利保护。因此,笔者主张侧

---

① 房保国. 被害人的刑事程序保护. 法律出版社, 2007: 90-91.

重在刑事诉讼中对被害人权益的保障。而对被害人的救助、救济、补偿，则是另一类保护，另作专门研究。

司法活动当中，国家追求的目标是追究和惩罚犯罪，而对于被害人来说可能更关注自身受损利益的恢复和补偿。然而，我国的刑事诉讼制度，对保障被害人权利方面的立法非常有限，在司法实践中被害人的权利往往得不到保护。在追究犯罪人刑事责任时应做到被害人利益与国家利益、被害人权利与国家职权之间的平衡。尊重与保障被害人的权利，已经成为人们的共识。须知"司法制度所保护的不仅是被告的权利，而且是被害人的权利"。[①]

经过两次修改的我国《刑事诉讼法》，在很多方面已接近或基本符合刑事司法国际标准，顺应了刑事诉讼发展的世界趋势。例如，诉讼结构中引进了当事人主义的某些技术规则，开始要求当事人举证，注意发挥当事人在庭审中的积极作用；被害人在诉讼中的权利得到加强，享有当事人的诉讼地位。但是，也应当看到在某些方面与国际刑事司法标准差距尚存。

被害人是为维护其受法律保护而又为犯罪所侵犯的生命权、健康权、自由权、财产权、人格权等实体性权利参加刑事诉讼的，只有充分保障被害人在诉讼中所享有的权利，才能达到维护其实体性权利的目的。所以，应该首先强调国家的责任，强调公检法等司法机关对被害人参与刑事诉讼权利的保障，详细规定他们的保障职责，从而确保被害人相对独立的刑事诉讼权利主体地位；构建一种能确保国家控诉机关、被告人、被害人等各方权利相对平衡，同时又优先于被害人权利保护的刑事诉讼法律保护体系。

三、现行法律对被害人权利的保护

从联合国《犯罪被害人人权宣言》及学理角度，被害人的刑事诉讼权利应当包括取得公理和公平待遇的权利、获得赔偿的权利、取得补偿的权利、获得援助的权利等。在现行刑事诉讼法当中，法律虽然赋予刑事被害人多方

[①] [德]汉斯·约阿希姆·施奈德.国际范围内的被害人.许章润，等译.中国人民公安大学出版社，1992：23.

面的诉讼权利,但是仍然体现出诸多不足。

(一)立案侦查阶段

虽然《刑事诉讼法》赋予了被害人以当事人地位,但观其具体条文,却对被害人的具体权利规定不完全,使被害人的当事人地位不能得到完全体现。①

1. 申请复议。《刑事诉讼法》第 84 条规定,被害人对侵犯其人身、财产权利的犯罪事实或者犯罪嫌疑人,有权向公安机关、人民检察院或者人民法院报案或者控告,公安机关、人民检察院或人民法院对于报案、控告、举报都应当接受。第 86 条又规定控告人如果对公安机关、人民检察院或者人民法院不予立案的决定不服,可以申请复议。在此,法律虽然赋予了被害人以控告和申请复议的权利,但并没有明确被害人应当向哪些机关申请复议,以及复议机关复议的具体期限。这无疑使被害人所享有的权利得不到实现时,没有明确的法律救济途径。

2. 立案监督。《刑事诉讼法》第 87 条规定,被害人认为公安机关对应当立案侦查的案件而不立案侦查的,有权向人民检察院提出,人民检察院有权对公安机关的不立案进行监督。从立法本意看,被害人对公安机关不立案多了一条监督途径,但是法律并未规定检察院作出监督裁决的期限,也未规定公安机关应当在多长时间内必须立案,如果公安机关仍然不立案,应当如何处理。

3. 证据鉴定。《刑事诉讼法》第 121 条规定,被害人对于侦查部门将用作证据的鉴定结论有申请补充鉴定和重新鉴定的权利。但当被害人的请求权不能实现时,现行法律并未提供相应的救济途径。

(二)审查起诉阶段

1. 被害人知情权。《刑事诉讼法》第 139 条规定,被害人在人民检察院审查起诉阶段,有权发表意见。但是,被害人的知情权并没有得到充分的保

---

① 王维. 刑事被害人的权利保护. 政法学刊,2006(5):80-84.

护,即涉及被害人的那部分程序进展情况,被害人往往不能及时得知。因此,被害人发表意见的权利往往难以实现。

2. 被害人对不起诉决定的制约权。《刑事诉讼法》第145条规定,对于有被害人的案件,决定不起诉的,人民检察院应当将不起诉决定书送达被害人。被害人如果不服,可以自收到决定书后7日内向上一级人民检察院申诉,请求提起公诉。人民检察院应当将复查决定书告知被害人。对人民检察院维持不起诉决定的,被害人向人民法院起诉。被害人也可以不经申诉,直接向人民法院起诉。这一规定,表明被害人对不起诉的决定有两条制约途径。一是向上级人民检察院申诉,这属于系统内部的监督与制约,而我国的检察机关上下级之间是领导与被领导的关系,因此这种监督与制约效力非常有限。二是直接向法院提起自诉,这是法律赋予被害人的一项新的权利,但这种情形存在诸多弊端,当被害人没有不立案决定书而向法院提起自诉时,人民法院不予以受理。或者被害人限于举证的困难,而不能立案。此时,被害人的合法权利难以得到实际的保护。

(三)审判阶段

《刑事诉讼法》赋予被害人在审判阶段享有一系列诉讼权利,但是却没有规定当被害人的这些请求权得不到实现时相应的救济途径。

1. 不完整的诉权。《刑事诉讼法》第182条规定,被害人在公诉案件中既不是起诉人,也没有上诉权,构不成完整的诉权。被害人只有请求权,而没有上诉权,不能直接启动二审程序。被害人的请求抗诉权如果得不到实现,便只能依赖审判监督程序,而在司法实践中审判监督程序的提起相当困难。因此,当被害人不服一审判决时,其合法权利很难通过审判监督程序得以保护。

2. 没有辩论权。实践中,被害人不能在法庭上就不同的意见和公诉人进行辩论。这不利于维护被害人的利益,也不利于法庭全面了解案情。被害人的法定代理人及其委托的诉讼代理人在审判过程中许多权利的行使有很大局限性,其意见不能引起足够重视。

3. 代理权限不明确。《刑事诉讼法》对被害人委托代理人权限的规定不够明确。虽然规定了被害人有权委托诉讼代理人参与刑事诉讼,并享有对这一规定的知悉权。但是,《刑事诉讼法》对被害人委托诉讼代理人仅规定了诉讼代理人的范围,没有涉及诉讼代理人的权限,使被害人的诉讼代理人与被告人的辩护人的权限不对等、不均衡。

4. 其他缺陷,如《刑事诉讼法》对被害人的法律援助等方面规定不足。

(四)执行阶段

在刑事附带民事诉讼判决的执行程序中,问题更为严重。根据现行法律的相关规定,民事诉讼是受制于刑事诉讼的,被害人没有将刑事诉讼与民事诉讼进行适当分离的权利,其权益往往得不到保障,与司法救济的合理性相去甚远。[①]

1. 附带民事诉讼判决的执行难。目前,我国现有刑事法律法规中并无关于附带民事诉讼判决执行工作的规定。由于无法可依,从而导致附带民事诉讼判决的执行工作在司法实践中不得不参照有关民事裁决执行相关规定进行。然而我国现行民事诉讼法关于民事裁决执行立法却存在着操作性差的缺陷,导致被执行人利用法律漏洞抗拒判决的执行。

2. 对被害人的赔偿不重视。虽然《刑事诉讼法》有明确规定,但被害人的损失往往因被告人经济困难等原因,得不到补偿或不能得到有效的补偿。在许多案件中,被害人的损失不仅包括物质损失,还包括其精神上、心灵上受到的创伤。因而,仅仅是用赔偿、补偿的方法往往难以完全弥补被害人所受的痛苦。有人称这种被害人有心理上自我谴责或者自我摧残的过程为"第三次被害"。为了使其尽早恢复正常生活,避免被害人在社会生活中"再次被害",除了从财产上对其进行赔偿和补偿外,还需要向其提供他们所需的服务。

3. 被害人的权益得不到切实保护。有的被害人为了得到经济上的补偿,放弃对犯罪人的追诉,而与犯罪人"私了",使被害人的权益得不到实际保护。由于司法人员的观念、素质的差异,往往对人身权利遭受侵害的被害人的诉讼权利较为重视,而对财产权利遭受侵害的被害人仅作一般证人对待,

---

① 王祥磊,金瑞芳. 刑事诉讼的人权保障:被害人的视角. 安庆师范学院学报,2005(2).

剥夺或者变相剥夺被害人应享有的当事人的诉讼权利。

四、法律应当更加重视保护被害人

被害人是受犯罪行为直接侵害的人，是刑事诉讼的主要因素，也是刑事诉讼保护的中心当事人。司法实践情况表明，被害人的保护必须引起高度重视。

1. 日本山口县光市的本村家杀人事件。[①] 案件发生于 1999 年。日本男子福田××，冒充自来水公司人员进入公司职员本村家，当时本村家只有妻女二人。女主人逃入室内，即被福田扑倒，因抵抗激烈，遂起意将女主人掐死，随后奸尸，又用绳子将小女孩勒死。5 天后凶手落网。本来判死刑毫无疑问，但是辩护团却费尽心机为凶手辩护，结论是因为"恋母"才发展到伤害。经过激烈辩论，一审判决为无期徒刑。此案成为日本瞩目话题。被害人家属本村×，强烈要求保护被害者权利，甚至为了所有被害者的权益，发起成立了日本"犯罪被害者协会"，他担任了干事长。本村主张法律不能只保护被告方的权利，也要尊重被害者的意见，要求判处福田死刑。历经 9 年，直至 2008 年，三审最高法院判决驳回了辩护方的主张，判处被告死刑。以此案件为契机，日本社会重新认识到被害者的权益，国会通过了《犯罪被害者保护法》。

2. 药家鑫杀人案件。西安音乐学院学生 21 岁的药家鑫，2010 年 10 月 20 日深夜，驾车撞倒妇女张某，下车后发现张在看自己的车牌号，药家鑫拿出刀子，对张连捅 8 刀，致其死亡。23 日，药家鑫在其父母陪同下投案。2011 年 4 月 22 日，西安市中级人民法院一审宣判，药家鑫犯故意杀人罪，被判处死刑。药家鑫的辩护人及有学者提出，其行为属激情杀人，建议对其从轻处罚。被害人张某的亲友和代理人坚决反对"激情杀人"一说。5 月 20 日，陕西省高级人民法院对药家鑫案二审维持一审死刑判决。6 月 7 日，药家鑫被执行死刑。

[①] 马道山. 日本版"药家鑫案". 现代世界警察，2011（7）：72.

3. 李某奎故意杀人案件。云南昭通李某奎奸杀女青年王某飞，又将其3岁的弟弟王某红活活摔死。其后，李某奎在四川投案自首。2010年7月15日，昭通市中级人民法院以故意杀人罪、强奸罪判处李某奎死刑。但云南省高级人民法院二审改判李某奎死缓。理由是其有自首情节。被害人家属不服该判决，并引发轰动全国的舆论风暴。云南省高级人民法院对此案的公开回应"标杆论"则又引发网友质疑。由于被害人家属不服，以及云南省检察院认为此案"量刑畸轻"，建议法院再审。2011年8月22日，省高级人民法院进行再审，撤销原二审死缓判决，判处李某奎死刑。再审程序正当，实体公正，维护了法律的尊严和法治权威，体现了法意和民意的统一。

4. 既是被害人又是犯罪嫌疑人的特殊情形。在洛阳"性奴案"中，4名被害女性既是被害人又是犯罪嫌疑人，惩罚犯罪和保护人民这两项法治目的价值在她们身上出现了矛盾，此时该以何者优先，如从保障人权的角度而言，无疑应当优先选择保护女性被害人的权益。笔者认为，社会与法律应当尊重生命，法律保障人权，既要保障犯罪嫌疑人的人权，更要保护被害者的权益。"法律保护人，但不该保护加害人！"

第二节
国外对被害人权利的保护

西方各国注重被害人的权利保障的立法与司法实践，给予我们许多有益的启示。[①]

[①] 郭天武，刘晓光. 刑事被害人权利保护的诉讼法视角探析. 刑事被害人保护问题研究. 人民法院出版社，2007：20.

一、各国对被害人权利的保护[①]

法国传统上一直承认刑事被害人作为当事人参与诉讼的权利。法国的诉讼理论认为，被害人是犯罪行为的受害者，拥有将罪犯交付刑事司法的权利，被害人可以不受检察官的帮助，甚至与检察官的意见相反而发起公诉。从 20 世纪 70 年代开始，在立法上就一直重视对被害人的保护问题，赋予被害人能够积极参与诉讼所需要的权利。1977 年，在《刑诉法典》中增设了对刑事被害人的国家补偿制度。其主要以私诉权制约公诉权的方式来保障被害人的权利。

美国 1982 年制定了《被害人及证人保护法》，确认被害人以一定形式参加刑事诉讼和在财产方面恢复因犯罪遭受的损失为主要内容。该法规定，检察官对联邦刑事案件的处理听取意见时，应当与被害人及其家属协商。答辩交易中检察官的量刑劝告，应征求被害人的意见，并告知被害人在量刑时有向法官陈述意见的机会。检察官提交给联邦法院的调查结果报告必须包括一份"被害人状态的陈述"，从被害人的观点描述犯罪过程及其结果，使人们能够注意到犯罪的结果，被害人所遭受的社会、经济、生理和心理损害。根据美国 1985 年《刑事诉讼法》的规定，被害人要求起诉，而警察不同意时，被害人可以请示检察官起诉，由检察官作出决定。

德国 1986 年制定了改善刑事被害人诉讼地位的《被害人保护法》。该法强化了参加人的权限，参加人即便作为证人受询问时也享有出席法庭的权利，在其他情况下适用自诉人地位的规定。同时赋予被害人排除案件公开性的请求权，以保护被害人的隐私权；被害人有权在刑诉过程中辅助检察官；被害人及其律师有权查阅法庭案卷。

英国 1988 年在《刑事审判法》中把寻求国家补偿规定为被害人的一项法定权利。立法非常强调赔偿令的使用，并切实保证被害人获得赔偿权利的实现。大法官、总检察长和内政部长 2002 年共同签署的政府白皮书《所有人的正义》，将向有利于被害人的方向重新平衡刑事司法制度的权利保护，

[①] 王维. 刑事被害人的权利保护. 政法学刊，2006（5）：80-84.

作为刑事司法改革的三项目标之一。该书的第二章名为"给被害人和证人以更好的待遇",该章列出了英国自 1997 年以来改善刑事被害人待遇方面的成功和不足之处,以及对以后的工作提出的建议。[①]

欧盟关于刑事被害人地位的提高表现在多方面,如尊重和认识,听取和提供证据知情权,对被害人的具体协助,在指控犯罪行为中为被害人提供经费、必要时给予保护的权利、补偿的权利、专家协助、培训、援助等。欧美国家以不同的法律形式增强被害人在刑事诉讼中的权利,以积极、有效地参与诉讼的方式,从而加强对被害人权利的保护。

韩国亦非常重视被害人地位,《刑事被害人救济法》《刑事被害人保护法》先后于 1988 年、2005 年颁布。两部法律旨在直接或间接保护被害人权利。

我国台湾地区的"犯罪被害人保护法"(1998 年施行,2002 年修正),不仅仅对被害人的金钱补救作出规定,还对构建完整的被害人保护制度加以规范。

二、"恢复被害人权利活动"

20 世纪 60 年代以来,随着国际性人权保障运动的广泛开展和被害人学的兴起,加强刑事被害人在刑事诉讼中的权利保障成为各国刑事司法改革的重要目标,各国越来越注重加强刑事被害人的权利保障。这种现象被称为"恢复被害人权利活动"。联合国大会为此通过了《为罪行和滥用权力行为受害人取得公理的基本原则宣言》。该宣言作出多项关于刑事被害人诉权的规定。

[①] 最高人民检察院法律政策研究室.所有人的正义——英国司法改革报告.检察出版社,2003.

第三节
完善被害人诉讼权利的保护

"被害人权利保障的核心应是加强并保证他的程序参与权。"[①] 应当在诉讼各阶段加强被害人权利的保护，诉讼各阶段涉及被害人权利的内容非常广泛，在此，只能择其主要方面加以阐述，包括侦查阶段的权利、诉讼知情权、上诉权、请求赔偿权等。

一、侦查阶段对被害人权利的保护

在传统的诉讼活动中，比较多的关注被害人的是侦查部门。刑事法学理论当中关注度较高的是侦查学，侦查部门承担刑事案件的立案、侦查程序，在其中各个环节都与被害人有密切的联系。

（一）被害人要求立案权

我国《刑事诉讼法》规定了犯罪嫌疑人享有许多的权利，其中包括要求立案权。被害人首先是当事人，应当享有作为当事人应有的诉讼权利，其中包括具体行使要求立案权或者立案监督权。

（二）被害人知情权

在侦查阶段第一次询问被害人或者其到场时，侦查人员应当向其说明被害人享有的诉讼权利，在认定被害人可能遭受财产损失的情况下，还要向他说明作为民事原告人的权利，以及对侦查信息的知情权。在立法上，相应地规定侦查机关对犯罪嫌疑人采取刑事拘留、逮捕等强制措施，告知犯罪嫌疑人的亲属或者他所在的单位，同时相应地要告知被害人或者被害人的法定代

---

① 陈光中，江伟. 诉讼法论丛. 法律出版社，1998：28.

理人，以更好地保护被害人的合法权益。①

（三）被害人协助调查权

《刑事诉讼法》虽然已经赋予了被害人一定的案件调查权，如"可以吸收他们协助调查"。其行使的前提条件是侦查人员"吸收与否"，如果不"吸收"，则被害人就不能行使该权利。当他们提供的有关证据或者证据线索被侦查人员以各种理由不予依法查证时，法律应当赋予其一定的补充调查权。相对于侦查调查权，其性质应当具有相对的独立性，相对于现行的协助调查权，则具有主动性，对查明犯罪事实有积极意义。

（四）被害人申诉权

侦查机关对犯罪嫌疑人采取逮捕等强制措施，或者作出不批准逮捕决定，应当告知犯罪嫌疑人的亲属或者他所在的单位，同时相应地要告知被害人或者被害人的法定代理人。批准逮捕决定与被害人利益息息相关。特别是对不批准逮捕决定，要告知被害人或者被害人的法定代理人。这是被害人的诉讼当事人主体地位参与性的体现，同时也是诉讼平等原则的要求，通过"权利制约权力"，满足"程序正义"的基本条件，是防止检察机关滥用逮捕权的有效措施，以更好地保护被害人的合法权益。

从国外立法看，在侦查起诉阶段赋予被害人以申诉权也是有先例的，如《俄罗斯联邦刑事诉讼法典》中就明文规定了被害人有权对侦查人员、检察人员的行为提出申诉。②

（五）被害人名誉权和隐私权

为了防止被害人受到司法过程中所谓的"第二次伤害"或者多次被害、重复被害，还应赋予公诉案件被害人以下权利：尊重被害人，要求对被害

---

① 郭天武，刘晓光. 刑事被害人权利保护的诉讼法视角探析. 刑事被害人保护问题研究. 人民法院出版社，2007：20.
② 杨正万. 刑事被害人问题研究. 中国人民公安大学出版社，2001：35.

调查次数的控制，改变被害人被动的态度，被害人询问方式的改善等，保护名誉权和隐私权；要求发问者在询问时尊重人格；由于法庭审判的不当行为造成损害的，可以要求责任者赔偿等。

二、庭审阶段对被害人权利的保护

从现行法庭审判程序来看，只有检察官、被告人、法官在"唱主角"。有学者提出，传统的"三方构造"对被害人不公正，应当构建"四方构造"模式。传统的"三方构造"只有检察官、被告人和法官三个主体，没有被害人的参与。"四方构造"模式的刑事诉讼关系为被害人与警察、被害人与检察官、被害人与法官、被害人与被告人的关系。形成一种被害人、检察官、被告人在法官主持下，相互制约、相互对抗的诉讼格局。①

（一）完善公诉案件被害人法定代理人及其委托的诉讼代理人的权利

现行《刑事诉讼法》虽然赋予了一些权利，但仍然有许多不完善。例如，诉讼代理人的权利要得到审判长的许可、其意见不能引起足够的重视等。因此，应赋予公诉案件被害人的法定代理人有单独提出控诉的主张，并要求法院在裁判中给予回答的权利。

（二）赋予公诉案件被害人在法庭上与公诉人辩论的权利

在司法实践中，一些复杂案件在认定事实和适用法律上是比较困难的，可能会出现公诉人、被害人、被告人对案件各持互不相同意见的情况。允许公诉案件被害人与公诉人、被告人辩论有利于法庭更全面地了解案情。

（三）赋予被害人在庭审中的量刑建议权

控诉方的量刑建议权在我国没有引起足够的重视，这与我国没有独立的量刑程序有关。将公诉案件被害人排除在量刑主张之外，无疑有损司法的透

---

① 房保国. 被害人的刑事程序保护. 法律出版社，2007：141.

明性从而损及司法的公正性。国外立法不仅赋予了检察官量刑建议权，公诉案件的被害人在一定程度上也拥有量刑建议权。从根本上保护被害人的权利出发，我国也应赋予公诉案件被害人以量刑建议权。

（四）赋予被害人在公诉案件中的上诉权

作为犯罪侵害的直接对象，不能以主体的身份来主张权利，其权利没能得到应有的重视。虽然法律规定被害人可以请求人民检察院提出抗诉，但由于公诉人员对客观事实认识的方法、手段和程度可能会受到主、客观因素的影响和限制，不可能具有同被害人一样的对犯罪过程的感知和对犯罪后果的感受。这些情况在实际中难以实行，如万一检察机关不抗诉，被害人的主张就不能实现。同时，赋予被害人公诉案件的上诉权利，对于刑事司法制度也是一种促进。

三、执行阶段对被害人权利的保护

司法实践中，执行阶段体现对刑事被害人权利的保护，涉及获得赔偿等方面的权利。根据我国《刑事诉讼法》的规定，对被害人的损害赔偿是通过刑事犯罪附带民事诉讼的途径来解决的。一般采取一次性赔偿原则，如果被告人经济上有困难，则予以减免。由于被害人能否获得赔偿，在很大程度上取决于被告人的经济能力。被害人往往得不到赔偿，或其得到的赔偿十分有限，不足以弥补犯罪行为对其造成的损害。因此，有必要制定国家补偿政策。

同时，还应完善对拒不执行生效的附带民事诉讼判决行为的刑事制裁制度。《刑事诉讼法》及相关司法解释规定，附带民事诉讼被告在收到执行通知书后通过转移、隐匿财产等行为来抗拒执行和暴力妨害执行工作的行为以拒不执行法院判决裁定罪论处。同时，人民法院还可以"严重妨碍诉讼秩序"为由对拒不履行生效的附带民事诉讼判决行为采取司法拘留的制裁措施。为保证该刑事惩罚措施在司法实践中正确适用，必须完善我国公民个人财产监控体系，建立个人信用档案，使附带民事诉讼被告无法通过转移、隐匿财产等方式来逃避赔偿责任。

四、新型诉讼模式——"四方诉讼构造"

传统刑事法律关系主体就是国家与犯罪人的"二元结构模式"。在刑事诉讼中,刑事法律关系是指由刑法规范调整的,"国家(或国家机关)、罪犯(或被告人)"之间的"二元诉讼模式"。逐渐有学者提出应当形成的是"控诉、辩护、裁判三方构造模式",或者建构成"国家(或国家机关)、被害人、罪犯(或被告人)三元结构模式"。[①]

刑事诉讼构造(Criminal Procedural Structure)是刑事诉讼法学理论研究的重要课题,它是"真正从纯粹'诉讼'的角度,将控诉、辩护、裁判三方主体的地位作为分析的重心,将三方的法律关系作为诉讼程序的整体框架"的一种理论体系。[②]传统上,现代各国的刑事诉讼构造总体上可以概括为"三方诉讼构造"的模式,这种构造忽视了被害人的作用,被害人在控、辩、裁的三方法律关系中丧失了主体的地位,被害人成了国家控诉机关的附属品。因此,我们有必要反思传统"三方诉讼构造"模式的缺陷,吸收被害人的参与,并在此基础上构建一种新型的诉讼模式,有学者称之为"四方诉讼构造"。[③]

所谓"四方诉讼构造",就是在传统的控、辩、裁三方的基础上加上被害人的参与,形成被害人、检察官、被告人在法官主持下相互制约、相互对抗的诉讼格局。"四方诉讼构造"模式有助于维护被害人的个体利益,加大被害人权利的保护,增强被害人对检察官权力的制约;有助于被害人与被告人权利之间的良性互动,标志着从"以被告人为中心"的刑事司法到"被告人与被害人保护并重"的刑事司法的迈进。它体现了刑事诉讼中的主体性原则和参与性原则,有助于法官查明案件事实,能够加强被害人与刑事司法机关的合作;它既具有极强的程序内在合理性,是程序正义原则的体现;也有助于案件实体结果的正确性。

---

① 许永强.刑事法制视野中的被害人.中国检察出版社,2003:72.
② 陈瑞华.刑事诉讼的前沿问题.中国人民大学出版社,2000:222.
③ 房保国.被害人的刑事程序保护.法律出版社,2007:100.

第十二章 被害人与恢复性司法

第一节 恢复性司法的基本内容

第二节 恢复性司法的价值

第三节 恢复性司法与刑事和解

恢复性司法的理念与做法发端于20世纪六七十年代的西方,对我国司法界来说是一种新的法治理念。国内的研究从21世纪以来方兴未艾。随着司法体制改革的推进,利用本土"和合"文化资源,借鉴、吸收西方合理的司法理念,恢复性司法在我国也具备了相应的理论平台和实践基础。这对于减少犯罪的发生,预防被害,修复加害与被害的关系会产生积极的作用。

第一节
恢复性司法的基本内容

恢复性司法与被害人研究有密切的关系。恢复性司法(Restorative Justice),源于刑罚观念的变迁及被害人保护运动的兴起。恢复性司法是美国学者巴尼特(R.Barnett)提出的。后来越来越多的国内学者使用了多个相关的概念,如"理性司法""积极司法""重整司法""修复性司法"等。香港地区学者译为"复合公义",台湾地区学者译为"复归正义",都是用来强调较传统的司法模式更加理性。恢复性司法的实践证明,对于被害人的作用也是明显的。

一、恢复性司法的内涵

什么是恢复性司法?由于恢复性司法是一种新兴的犯罪处理模式,目前尚未出现被普遍接受的定义。

(一)恢复性司法的含义

在国际上比较有代表性,且接受程度较为广泛的观点是英国犯罪学家托尼·马歇尔在其《恢复性司法概要》一文中的定义,"恢复性司法是与某一特定的犯罪行为有利害关系的各方会聚一起，共同解决如何处理犯罪后果及其对未来的影响问题的过程"。① 有利害关系的各方，当然包括被害人一方，而且是主要的一方。

恢复性程序是指通过犯罪人与被害人之间面对面的协商，并经过以专业人员或社区志愿者充当的中立的第三者调解，促进当事方的沟通与交流，并确定犯罪发生后的解决方案。恢复性司法模式通常有4个步骤：承认错误；分担并理解有害的影响；在赔偿方面达成协议；就将来的行为构筑理解。其结果是通过道歉、社区服务、生活帮助等使被害人因犯罪所造成的物质精神损失得到补偿，使被害人因受犯罪影响的生活恢复常态。同时，也使犯罪人通过积极的负责任的行为重新获得被害人及其家庭和社区成员的谅解，并使犯罪人重新融入社区。

恢复性司法旨在对刑事犯罪通过在犯罪方和被害方之间建立一种对话关系，以犯罪人主动承担责任消弭双方冲突，从深层次化解矛盾，并通过社区等有关方面的参与，修复受损社会关系的一种替代性司法活动。故恢复性司法也被称为"关系型司法"（Relational Justice）。② 德斯蒙德·图图认为，适用恢复性司法程序的结果为：被害人"把自己从受害者的状态下解放出来，不再心怀怨言，死抱住创伤不放，从而开创出崭新的人际关系。他们给予罪行的制造者以机会，从内心的愧疚、愤怒和耻辱中解脱出来，这样便形成了双赢的局面"。③ 因此，在理想的恢复性程序之下，恢复性司法可以达到"3R"：认同（Recognition）；弥补（Recompense）；抚慰（Reassurance）的结果。④

荷兰刑法学教授约翰·布拉德说，对恢复性司法所作的最新诠释是，恢复性司法是重在修复犯罪行为所造成的损害的司法理念，而这一理念只有通过将所有当事人及相关人员全部吸纳进来的合作性程序才能得到最好的实现。

---

① 和谐社会与恢复性司法.福建公安专科学校学报，2007（1）：3.
② 许春金.修复性司法正义的理论与实践.台北学林出版社，2002：11.
③ [南非]德斯蒙德·图图.没有宽恕就没有未来.江红译.上海文艺出版社，2002：2.
④ 新西兰司法部.新西兰恢复性司法概况.刘方权译.群众出版社，2006：227-228.

（二）恢复性司法的特征

恢复性司法具有以下基本特征：

1. 恢复性。恢复性司法最主要的特征，即通过一系列司法活动，努力恢复到犯罪前的个人状态和社会秩序。在恢复内容上，主体方面包括被害人身心状态和财产的恢复、社区因犯罪行为造成损害的恢复、犯罪人守法生活的恢复，具体包括物质形态、社会秩序和人际关系的恢复。

2. 参与性。在处理犯罪案件的过程中，主体将不再局限于国家公诉机关和犯罪人，而是接受和鼓励遭到犯罪侵害的各方面人员，包括被害人、犯罪人及其家庭成员，甚至相关人员都参与犯罪的定罪量刑、赔偿及矫正。

3. 社会性。恢复性司法强调社会环境的作用。在恢复性司法过程中，人们不是将犯罪人和社会环境隔离开来，而是通过将犯罪人重新整合进社区生活中，通过建立有效社区，预防他们重新犯罪。

4. 合意性。恢复性司法中与犯罪有关的各方，特别是被害人和犯罪人之间达成的合意对恢复性结果具有决定性的作用。司法机关对各方或多方达成的合意结果予以监督和确认。

5. 前瞻性。恢复性司法不是着眼于对已经发生的犯罪行为进行报复，不是寻求如何对犯罪人进行有效的惩罚，而是着眼于未来，千方百计地解决已经发生的问题，恢复犯罪所造成的损害，防止未来可能发生的犯罪行为，以构建和谐有序的社会。

（三）恢复性司法的内容

恢复性司法的具体内容包括：

1. 见面（Encounter）：为有意愿的被害人、犯罪人和社区成员创造见面的机会，讨论犯罪及其所造成的后果。

2. 赔偿（Amends）：期待犯罪人采取步骤修复所造成的损害。

3. 重新整合（Reintegration）：寻求使被害人与犯罪人重新整合为完整的社会成员。

4. 内容（Inclusion）：为特定犯罪的各方当事人提供确定的机会参与犯罪问题的解决方案。

可见，恢复性司法是一种关注被害人遭受的损失的恢复程序。它的具体责任方式有经济赔偿、无偿劳动、公益劳动、特殊管制、减轻处罚、获得谅解、暂缓追究等。①

二、恢复性司法的历史渊源

恢复性司法的历史渊源可以追溯到 20 世纪 70 年代。1976 年，美国最为知名的法律家，其中包括联邦最高法院首席大法官沃伦·伯格，参加了全美关于公众不满司法当局原因的研讨会。此次研讨会旨在纪念美国著名法学家罗斯科·庞德 70 年前在美国律师协会所作的题为"公众不满司法当局的原因"的演讲，该研讨会重提庞德当年的主题，意在推动相关的政策。会议上，弗兰克·桑代尔提交了题为"纠纷解决程序的多样化"的论文，提倡采用灵活多样的纠纷解决程序，诸如在适当案件中使用仲裁或调解等技巧。②这次研讨会之后，美国司法部及美国律师协会开始探索替代传统法院解决纠纷的机制或方式。

世界上第一个恢复性司法案例发生在 1974 年，加拿大安大略省的基奇纳市（Kitcheners）。当时，该市的两个年轻人实施了一系列破坏性的犯罪，他们打破窗户，刺破轮胎，损坏教堂、商店和汽车，共侵犯了 22 个被害人的财产。在法庭上，他们承认了被指控的罪行，但后来却没有将法院判决的对被害人的赔偿金交到法院。在当地缓刑机关和宗教组织的共同努力下，这两名犯罪人与 22 名被害人分别进行了会见。通过会见，两人从被害人的陈述中切实了解到自己的行为给被害人造成的损害和不便，并意识到赔偿金不是对自己行为的罚金，而是给被害人的补偿，于是 6 个月后，两人交清了全部赔偿金。这种"被害人—加害人和解程序"被视为恢复性司法的起源。霍

---

① 冯仁强，李益民.恢复性司法之若干问题研究.四川警察学院学报，2008（6）：30-31.
② Sander, F.E.A. "Varieties of Dispute Processing" Federal Rules Decisions 80: 111-134.

华·德泽赫被誉为恢复性司法的开山鼻祖，他负责主持了全美第一个"被害人－加害人和解"会谈项目，是恢复性司法概念的开拓者之一。

恢复性司法的理念与做法发端于20世纪六七十年代，英国、美国、加拿大等国适用较早。美、加的最初形式是"被害人－加害人和解计划"，其方式通过专门组织的工作，促使被害人和犯罪者形成对话关系，加害者承担责任，修复受损关系，恢复原有社区秩序。英国的恢复性司法发端于少年矫正制度，警察发现犯罪人实施犯罪后，并不直接送交法庭，而是先进行面谈，然后带少年犯去作案现场，与被害人面谈，使其认识到其行为的危害性，使之得到被害人谅解，最后形成协商补偿方案，从而使犯罪人免予起诉。

近年来，许多国家都在积极探索恢复性司法程序，联合国有关机构对此也相当关注，应当说，恢复性司法的实践也是与联合国有关文件的要求相吻合的，联合国1985年11月29日批准的《为罪行和滥用权力行为受害者取得公理的基本原则宣言》第7条指出："应当酌情尽可能利用非正规的解决争端办法，包括调解、仲裁、常理公道或地方惯例，以协助调解和向受害者提供补救。"2002年4月，联合国预防犯罪和刑事司法委员会第11届会议在维也纳通过《关于在刑事事项中采用恢复性司法方案的基本原则》的决议草案，鼓励和会员国在制定和实施恢复性司法程序时利用该决议。根据这个决议草案可知，所谓恢复性司法程序，是指在调解人的帮助下，被害人和加害人及酌情包括受犯罪影响的任何其他个人或社会成员，共同积极参与解决由犯罪造成的问题的程序的总称。根据联合国经社理事会《运用恢复性司法方案于犯罪问题的基本原则》宣言草案，恢复性司法是指运用恢复性过程或目的实现恢复性结果的任何方案。

20世纪以来，恢复性司法已在西欧国家及北美的美国、加拿大，拉美的巴西、智利、阿根廷，亚洲的新加坡，大洋洲的澳大利亚和新西兰等数十个国家得到不同程度的发展与应用。据估计，截至20世纪90年代末，欧洲共出现了500多个恢复性司法计划，北美有300多个恢复性司法计划，世界范围内已达1000个恢复性司法计划。恢复性司法计划日益成为西方刑事法学界的一大"显学"。[①] 在英美法系，恢复性司法并不限于轻罪案件，一些重罪案也逐步尝试恢复性司法模式，英国 2000 年就有 1700 名重罪案，如强奸、抢劫等仅仅通过"告诫"这种非常简单的恢复性司法程序结案。美国对未成年犯注重非监禁刑适用，有 90% 的未成年被告人未入监，其中绝大部分以恢复性司法方式结案。恢复性司法在许多非西方文化背景的国家也得到适用，如新西兰、北美的一些土著民族等，他们适用"社区司法""家庭组会议"等刑事和解方式，强调家庭或社区在犯罪处罚中的作用，以之平抑社会对正式司法的依赖。

三、恢复性司法典型模式

国际上对恢复性司法较为通行的定义是，恢复性司法是指在一个特定的案件中，关涉各方共同解决犯罪问题，处理犯罪后果的过程及其对未来的意义。恢复性司法是一种新的刑事处理方式，其目的在于：

（1）犯罪人主动承担个体责任，对自己的犯罪行为所造成的危害结果进行赔偿。

（2）被害人利益得到救济、补偿，既包括物质财产方面，也包括精神人格方面。

（3）受损的社会关系得到修整、恢复。

（4）促进犯罪人早日回归社会，恢复一种正常的生活秩序。

最著名的恢复性司法项目或典型模式是：

（1）"被害人－加害人会谈"模式。它一般有三个阶段：准备阶段、会议阶段和后续阶段。

（2）"家庭成员会议"项目。

（3）社区恢复委员会，即"圆桌会议""会商"项目。关注被害人和关注加害人的社区成员均受邀参加会议。

[①] 狄小华，李志刚．刑事司法前沿问题——恢复性司法研究．群众出版社，2005：25．

第二节
恢复性司法的价值

恢复性司法的法治价值,主要是司法、执行、社会、公平公正的价值,实现法律效果与社会效果的统一。

一、恢复性司法的意义

1. 体现了刑罚的终极目的。刑罚并不单纯是为惩罚犯罪,不论对犯罪人的威慑还是对一般社会成员的教育预防,执行罚则的根本目的在于化解既已冲突的矛盾,修复被犯罪行为破坏了的社会秩序,最终价值取向是建立一种和谐的社会关系。在现代法制观念中,刑罚已由报复主义向目的主义转变,不少执法者,甚至包括被害人已不再强调对刑事犯罪的严厉惩罚,越来越理性地倾向刑罚的目的以教育、挽救、修复为主。

2. 符合"刑事便宜主义"的要求。执法追求简约、经济,追求尽可能以较小的成本获取法律的最佳效益。恢复性司法使被害人、加害人面对面地直接对话,在司法诉讼之前沟通、交流、化解,使矛盾直接有效地得到修复。"恢复性司法,是在寻求抚慰、宽容与和解中伸张正义的。"[1]

3. 符合"刑事谦抑性"原则。按照"刑事谦抑性"的要求,在适用刑法时,如果能适用较轻的法条就不要适用较重的法条,刑事法律适用宜轻不宜重。

4. 符合法律"亲和化"的要求。"做中劝和,息诉宁人"是中华民族的优良传统,"冤家宜解不宜结"。中华民族讲究"和为贵",被害人虽然在违法关系中受了损,但在自身权益得到维护的同时,希望自己生活的环境更安全。恢复性司法让犯罪者和被害人交流沟通,通过犯罪者的悔罪和被害人

---

[1] [南非]德斯蒙德·图图.没有宽恕就没有未来.江红译.上海文艺出版社,2002:51.

的谅解化解或修复旧的矛盾，借以重新建立一种和谐的关系。①

我国社区矫治、民间调解与恢复性司法理念不谋而合，是具有恢复性司法特征的独特模式。在执法机关，根据不同的案件，可以积极开展创新探索。

例如，江西赣州南康区检察院与公安机关创新落实恢复性司法，共同会签了《关于对涉嫌交通肇事、危险驾驶罪案中拟不起诉驾驶人开展交通协勤体验教育活动的实施方案》，在现实中开展恢复性司法教育。2017年以来该院办理交通肇事、危险驾驶案件30多件，大多数违法犯罪人员事后都后悔莫及。为切实创新法制教育工程，推进社会治安综合治理和法治建设，在全社会辐射形成交通违法犯罪警示惩戒作用和营造浓厚的文明交通氛围，该院就强化对涉嫌交通肇事、危险驾驶罪案中拟不起诉驾驶人的文明交通学习体验教育和形成惩戒工作，与公安机关达成了上述《方案》。在具体操作上，该《方案》要求，涉嫌交通肇事、危险驾驶罪的拟被不起诉的驾驶人，接受交通协勤体验教育活动的重点是参加交通安全法律法规的学习、协助民警站岗执勤、指挥维护交通秩序、劝纠轻微交通违法行为等，其中协助民警站岗执勤、指挥维护交通秩序的时间不少于40学时（小时），并在30天内完成。上述举措是创新落实恢复性司法、对轻罪犯罪嫌疑人进行社区服务、开展普法教育、参与社会综合治理工作的一项重要措施，也是推进法制教育工程、倡导全民遵法学法守法用法良好风尚的具体举措，在实际工作中受到极大欢迎，成效明显。

二、恢复性司法的适用条件

1. 双方忠诚自愿。加害人的悔罪和赔偿必须是出于自愿，必须完全认识到自己的错误并真诚表示歉意，不能是一种虚伪动机；被害人接受对话形式而放弃对加害人的追究，也是出自真实意愿，并非外力施压或强迫而为，被害人应该具有个人意愿下的自主选择权。

---

① 任克勤.和谐法治理念：恢复性司法与被害人学.广东公安报（理论版），2005-9-22.

2. 双方平等。被害人必须和加害人站在一个平等对话的平台上，双方不能存在权利压迫或其他直接利益的牵制，如果被害人碍于某种权势可能违心放弃自己的合法权利，将不适用此模式。同时被害人也不能报复性地向加害方提出不合理的或非法的要求。

3. 公权适度介入。类似的"私力救济"是不能取代"公力救济"权力的。恢复性司法虽然缘于被害人和加害人的沟通，在双方合意的基础上中止诉讼程序，以非诉讼的方式修复破损的社会关系，但这种中止必须经由司法机关介入，对双方地位和权利让渡进行许可性审查，要防止被害人被威慑不敢主张权利的现象出现。

笔者认为，恢复性司法不应当"完全去专业化"或"反专业化"。从实践上来看，大量的恢复性司法项目来源于刑事司法专业人士的倡导。例如，江苏、辽宁、山东等地的检察院、法院先后制定了"恢复性司法操作规程"，并分别引入公诉、审判实践当中。刑事司法专业人士应当成为恢复性司法专业人士，他们成了"调解人、问题的解决者和社区参与的促进者"。[①] 有的积极提供相应的司法保护和法律援助。因此，恢复性司法并非刑事司法的代替，而只能是刑事司法的补充。即使是选择恢复性司法，一旦最终无法修复，势必还得回到刑事司法程序上来。

三、恢复性司法的评价

被害人学与恢复性司法理念的出发点和目的是一样的。被害人在自诉案件中、刑事附带民事诉讼中，加害人与被害人都可以适用恢复性司法。

（一）恢复性司法的优势

恢复性司法是当今世界各国积极探索的一种新的刑事司法模式，与传统刑事司法相比，恢复性司法更加重视犯罪给被害人造成的损失和伤害，因而在被害人保护方面有着传统刑事司法无可比拟的优势。作为刑事案件处理方

---

① 江潮. 论恢复性司法中的刑事司法专业人士. 公安学刊，2007（3）：31-33.

式，与正式审判程序相比有着显著的优势。①

（1）合乎诉讼经济原则的要求，可以疏解公安、检察官、法官的案源，从而使他们可以集中精力处理更为重要的事项。

（2）提升被害人在刑事追诉程序中的地位，使被害人有更多的发言权，而不只是充当证人角色。可以说，在该程序中，在某种程度上，被害人居于检察官或法官之角色。

（3）确保被害人的实质利益，使被害人可以获得完全或适度的赔偿，而且加害人真诚的道歉也可以弥补被害人精神上的损害，有助于被害人的再社会化。

（4）恢复性司法理念以犯罪者认罪悔改、赔偿损失为条件，换取被害人的谅解和宽容，以之放弃对犯罪者的从重追究，这一价值取向符合司法改革的方向。

目前，在国外已经有不少实证研究。根据考德（P.McCold）和沃乔泰尔（B.Watchtel）的报告，在美国的宾夕法尼亚州、明尼苏达州，由真正正义组织进行的两项研究发现，在参加协商会议的被害人、犯罪人及家长中，96%以上的人感到满意，94%的人兑现了在协商会议上对被害人做出的承诺。调查结果普遍表明，恢复性司法对被害人、犯罪人、社区以至整个社会都具有积极的效果。应指出，恢复性司法作为一项替代性司法模式，不能过分夸大其效力，恢复性程序不可替代司法程序，不能借恢复性程序贬低审判程序的应有功能，恢复性司法必须限定在一定的范围内。

（二）恢复性司法的缺陷

尽管恢复性司法已经成为当今世界的一种潮流，但也有许多学者对于这种新的案件解决方式提出了种种非议。首先，恢复性司法混淆了刑事诉讼与民事诉讼的区别。其次，恢复性司法存在着损害被害人利益的可能性。最后，恢复性司法也存在着损害犯罪人利益的可能性。有的学者认为恢复性司法具

---

① 张庆方.恢复性司法；陈兴良.刑事法评论（第12卷）.法律出版社，2003：439-440.

有局限性，主要观点是恢复性司法受到适用对象限制，具有可操作性不强、实际效果尚待论证、理论基础尚要探索等不足。

第三节
恢复性司法与刑事和解

恢复性司法与刑事和解这一组概念，经常被联系在一起。恢复性司法的理论发端于20世纪六七十年代的西方，并迅速在英美法系国家付诸司法实践。其核心思想是"恢复"，不同于传统司法的"惩罚"。国内一些法学学者也将该理念运用于未成年人犯罪研究和刑事和解案件办理中。笔者认为，二者虽有联系，但也有差别。学界研究和司法实践试行的"刑事司法和解"，正是恢复性司法在实践中的应用。

一、恢复性司法与刑事和解的联系

牧野英一博士曾说："法律是冷酷的，但我们可以用温暖的方法来处理。"[①] 据2006年11月9日《法制日报》报道，上海市闵行区人民检察院首次借鉴"恢复性司法理念"处理一起盗窃案件，犯罪嫌疑人和被害人坐在一起商谈如何处理犯罪后果，双方最终握手言和。检察院作出刑事和解的处理决定，未成年犯罪嫌疑人悔过自新，免受法庭审判。恢复性司法在我国司法实践领域的悄然破冰，蕴含着刑事司法从"有害的正义"到"无害的正义"的转变。对威海市的轻伤案件的统计调查显示，大约有40%以上的案件是以

---

① 李海东. 日本刑事法学者. 中国法律出版社、日本成文堂联合出版，1995：77.

"和解"的方式撤案。中国不仅具有刑事和解的文化底蕴,而且存在广泛的刑事和解实践。

(一)刑事和解的内涵

刑事和解又称被害人与加害人(犯罪人)的和解、被害人与加害人(犯罪人)会议、当事人调停或者恢复正义会商。它的基本含义是指在犯罪行为发生后,经由调停人的帮助,使被害人与加害人直接商谈、解决刑事纠纷;对于和解协议,由司法机关予以认可并作为对加害人刑事处分的依据。

刑事和解是恢复性司法模式的主要组成部分。恢复性司法有多种实践模式,主要有"被害人-加害人会谈""家庭成员会议"和"圆桌会议"等几种模式,但不论何种模式,其基本主体都离不开被害人和加害人。相对于其他模式,被害人-加害人调解模式因参加的人数较少,容易组织。相对于其他模式来讲,刑事和解是恢复性司法的核心部分和主要措施。刑事和解体现了恢复性司法理念。恢复性司法的基本理念就在于"恢复",刑事和解既重视被害人的利益,又促进犯罪人回归社会,并致力于恢复被破坏了的社会关系。[①]

首先,尽最大努力恢复被害人遭受的物质和精神损害。在刑事和解中被害人和犯罪人经过面对面的交谈和沟通,被害人可以提出一个较为合理的赔偿、补偿要求,加害人也能自觉地给予受害人赔偿、补偿。

其次,有利于恢复犯罪人的守法生活,预防其重新犯罪。通过刑事和解,犯罪人从内心深处进行反省、悔悟,唤醒了其道德良知,其对受害人赔偿,反映出其对守法生活的认同。

最后,有助于恢复被破坏的社区关系和社会秩序。通过刑事和解,加害人对受害人自觉自愿进行了赔偿、道歉,同时通过社区服务等方式对其他社区居民进行补偿,有助于消除被害人、社区居民对加害人的恐惧感,淡化了被害人、社区居民和加害人之间的隔阂,有利于恢复平和的社区关系。

---

① 贾继钟.恢复性司法与刑事和解的关系.云南法院网.

（二）刑事和解的理论基础

美国犯罪学家约翰·R.戈姆（John R.Gehm）在其"刑事和解方案：一个实践和理论构架的考察"一文中提出了刑事和解的理论基础，分别是"恢复正义理论""平衡理论（或成本理论）""叙说理论"。三大理论均从个体人际关系角度恢复正义的人性化模式。

（三）刑事和解的基本特征

一是公权介入性。刑事和解性质上与民间存在的刑事案件"私了"有根本的不同，其范围要限定，程序有要求，必须接受公权力机关的监督与审查。二是范围有限性。刑事和解具有犯罪一般预防的目的与意义，但不是所有的刑事案件都可以进行和解处理。三是双方自愿性。刑事和解的当然主体加害人（犯罪人）必须真诚认错道歉，自愿赔偿被害人的损失，获得被害人谅解，被害人的谅解必须真实自愿，才有可能进行和解。四是协议合法性。和解协议应是双方意志的自由表达，是双方的真实意愿表示。

从以上内容可以看出，刑事和解是恢复性司法的产物，它兼顾了被害人与加害人的合法权益的保护，最大限度地恢复了被犯罪破坏的社会关系。

二、刑事和解与恢复性司法的区别

刑事和解在西方被称为"加害人与被害人的和解计划"（Victim-Offender Reconciliation Program，VORP）。我国有学者认为刑事和解最早产生于我国。樊崇义教授认为："中国博大精深的和合思想就蕴含着和谐司法的理念，这种理念较之恢复性司法理念，在内涵上更加全面和科学。"

陈瑞华教授认为，我国的刑事和解与恢复性司法的关系并不是特别大，二者间存在比较明显的差异：第一，恢复性司法是以社区作为一个基本的被害人，并以此作为理论基础；而我们的刑事和解没有过多地强调社区的作用、社区的参与。第二，恢复性司法更多地强调一种交流、沟通、对话，达到心灵的回归，甚至提出了被害人回归社会概念；而目前在中国大多数地方试行的刑事和解，这一点还不是很明显。第三，刑事和解方式多种多样，非常灵活。第四，恢复性司法是对传统性对抗模式的一种替代、一种补充。目前刑事和解更多的还是围绕着赔偿问题来展开，它是一种基于控辩双方赔偿问题所进行的和解、对话、协商乃至交易过程。

二者的主要区别如下：

（一）源头不同

刑事和解的源头要比恢复性司法久远得多。恢复性司法则源于对传统刑事司法制度和刑罚制度的反思。刑事和解侧重于纠纷解决，恢复性司法主要关注纠纷发生后人际关系和社会秩序的恢复。

（二）主体和方式不同

刑事和解中的"被害人－加害人会谈"主要是被害人和加害人，他们经调停者分别做工作后，在他们愿意继续进行会谈、协商的情况下，由调停者组织双方会面商谈，调停者只以中立者的姿态对他们进行引导。在恢复性司法中，"圆桌会议"的模式明确地扩大了参加者的范围，除被害人、加害人外，其他一些人被邀请参加，是因为他们与被害人或加害人有利害关系，或者与具体的犯罪行为有利益上的关系。

（三）具体适用不同

1.适用范围不同。刑事和解适用范围，主要是未成年人犯罪案件和一些有关个人权益的轻微成年人犯罪案件。刑事和解的适用范围应严格限定在依法判处三年以下有期徒刑和情节轻微的刑事案件，刑事和解的适用范围应以自诉案件为突破口，逐渐扩大到公诉案件，公诉案件则仅限于轻微刑事案件，包括轻伤害、交通肇事、数额不大的财产性犯罪等，至于严重的暴力性犯罪不能进行和解。恢复性司法则没有对法定刑的限制，也没有提出何种罪行不能适用恢复性司法。

2.适用对象不同。一般认为，刑事和解的适用对象包括未成年人，以及成年人犯罪中的过失犯、初犯、偶犯。由于恢复性司法的适用范围相对较宽，其适用对象也相对较广，既针对未成年犯罪者，也针对成年人犯罪，而且都适用于二者中相对严重的犯罪。恢复性司法是指与特定犯罪有利害关系的各方共同参与处理活动的司法模式，与传统的报应性司法模式在犯罪的惩罚方式、审判程序、正义的实现方式等方面都有较大区别。恢复性司法理念注重恢复被犯罪破坏的社会关系，对犯罪人、被害人及社区的利益进行全面关注，有利于节约司法成本，并体现了司法文明及用刑宽缓的趋势。在司法实践中对少年司法较为适用。①

3.适用阶段不同。联合国《关于在刑事事项中采用恢复性司法方案的基本原则》第6条规定，恢复性司法方案可在刑事司法制度的任何阶段适用，可以适用于犯罪实施后至刑事司法程序结束的各个阶段。我国多数学者认为，恢复性司法方案可在刑事司法制度的任何阶段适用，可以适用于犯罪实施后至刑事司法程序结束的各个阶段。刑事和解的适用应限制于审查起诉阶段或者审判阶段较为妥当。有学者认为，"侦查阶段不宜和解。侦查阶段和解，会产生诸多问题，如对正义的减损、对效益的减损、对控制犯罪和保障人权的减损、对预防犯罪的减损"。②也有学者提出了不同的意见，认为"在侦查阶段适用和解有其必要性与可行性"，提出适用范围之列是，"轻微刑事案件、未成年人实施的非严重暴力犯罪案件、自诉转公诉案件"。③笔者认同陈光中教授的观点，刑事和解作为一种精神和原则，应该贯穿于刑事诉讼整个过程。事实上，最早在刑事司法中实施恢复性司法的是英格兰和威尔士的牛津警察局。

笔者认为，刑事和解强调的是同侦查、起诉、一审、二审乃至执行各阶段全方位的、各方的参与。在侦查阶段，刑事和解可以使侦查机关撤销案件或者不移交起诉；在起诉阶段，刑事和解可以使检察机关作出不起诉或者有条件起诉的决定；在审判阶段，刑事和解可以作为适用缓刑或从轻量刑的条件；在执行各阶段，刑事和解甚至还可以作为对罪犯给予减刑或

---

① 董颖.恢复性司法理念与我国少年司法实践.河北青年管理干部学院学报，2012（1）.
② 邹娅.析侦查阶段不宜刑事和解.公安学刊，2010（3）：57-60.
③ 吴兵，文波.试论公安机关侦查阶段的刑事和解.南粤警坛，2008（3）：70-72.

者假释的依据。[①]

三、刑事和解实施的现实基础

一项制度的移植与建构，需要有社会舆论的营造、文化的吻合、观念的准备、法律制度的协调、恢复性司法模式的实施及效果，更取决于本国的具体国情和司法体制。刑事和解是随着恢复性司法理论的提出而产生的。恢复性司法理念的倡导与贯彻，主要体现在刑事和解制度实施上。[②]

（一）文化基础

刑事和解制度与我国的传统法律思想有一种天然的亲和性，为其提供了文化基础。这些历史的文化传统与当代刑事和解所追求的削弱公权表现出某些相近似的观点，这是最大有利之处。

（二）心理基础

正如澳大利亚学者约翰·布雷斯韦特所言，无论其外表是多么冷酷的犯罪人，当他们看到自己的母亲在程序进行中失声痛哭时，都会因自己的行为而深感懊悔。恢复性司法正是基于笃信普通人的真实感受和真实情感最能打动人，最能激发人的道德情感，提供一个当事人双方坦诚交流的机会。能使事情的是非曲直一目了然。我国民间事实上存在的大量"私了"案件，为刑事和解制度奠定了心理基础。伴随着被害人保护运动的兴起，以及行刑社会化理论的提出，刑事和解逐渐被认可确立。

（三）组织基础

我国传统的调解机制与各地基层普遍设立人民调解组织，为刑事和解制度奠定了组织基础。刑事和解制度可以依托"社会矛盾调解处理中心""调

---

① 韩东成. 刑事和解制度简论. 江西公安专科学校学报, 2007（1）: 15.
② 李飞. 论刑事和解制度在我国的建构. 江西公安专科学校学报, 2007（1）: 18.

解委员会"等基层组织，使"调解"无处不在，无时不有，及时化解矛盾。

在我国，民间调解作为基层社会的一种权利保护机制，与国家行政机制和司法机制相比，它在解决民间纠纷保护公民权利方面，具有一些突出的优点。民间调解广泛存在于中国民众生活之中，有悠久的历史传统，有深厚的群众基础。民间调解具有简易性、灵活性、普遍性和自治性等优点，它仍是中国社会解决民间纠纷、保护公民权利的重要方式。

在传统刑事诉讼程序中，以往人们认为不存在调解的空间，随着价值的多元化、司法资源的稀缺和对被害人权利的关注，人们的观念开始发生变化，在刑事诉讼中实行调解或和解也同样有其充分的依据和重要意义。2000年4月第十届联合国预防犯罪与罪犯待遇大会的有关决议中，将恢复性司法作为一种有效的刑事政策向各成员国推广，毕竟有其一定合理性，既不能盲目排斥，也不能全盘否定，其对我国司法活动方式无疑具有积极的借鉴意义。

面对当前社会矛盾的高发态势，传统的司法模式在犯罪人矫正、社会关系恢复等社会效果方面显得力不从心，司法机关所面临的社会治理压力逐渐加大。例如，检察机关在恢复性司法理念的指导之下，依据法律规定妥善行使不起诉权，做好司法监督，从而促使加害人和受害人乃至普通社会人士都积极参与到司法程序当中，促进社会关系和社会秩序的恢复，以此达到社会治理的目的。笔者认为，我国的刑事司法活动方式，一方面要坚持与完善传统刑事司法模式；另一方面也应当在刑事司法中注入"恢复性"元素，逐步形成整体刑事司法机制下的统一协调、良性互动、功能互补、程序衔接、相互支持的我国特色的刑事司法运行模式。

四、恢复性司法的实践应用

经过实践探索，在基层组织、公安司法机关运用恢复性司法处理案件，主要适用以下情形：

（一）犯罪情节较轻、危害结果较轻的

并非所有类型的故意犯罪都适用恢复性司法制度，只有对他人损害程度较轻，受害方除需要精神上的慰藉和物质上的救济外，对追究加害方的刑事责任要求不强烈。由此受害方在得到道歉和经济赔偿后，主动向司法机关提交要求免予加害方刑事处罚的申请。一些公安机关运用恢复性司法理念处理故意伤害案件的做法取得成效。故意伤害案件在近年的刑事案件中占有较大比例，犯罪人年龄呈低龄化趋势，在一定的范围内发生，突发性犯罪占多数，伤害行为事先无预谋，主观恶性不大，加害人事后后悔。例如，王某某故意伤害案：王某某，男，20岁，某工贸公司工人。因其在工作中与同事徐某发生口角产生矛盾，在被对方打了一拳后，产生报复心理，遂买菜刀一把，将正在工作中的徐某捅致轻伤。当提讯王某某时他反复说着一句话：我当时太冲动了。

（二）可以得到被害人谅解的

案件可以得到被害人谅解的，同当事人和解后，受损社会关系基本得以修复。由于双方已经不存在激烈的矛盾，所以有坐下来面对面谈话的心理和感情基础，在这种情况下，运用恢复性司法处理自然是水到渠成。例如，某日，赵某某在家门口遇见赵某，双方发生口角，赵某某的哥哥、赵某的家人也出来助阵，双方发生撕打，赵某某的哥哥、赵某的父亲被打致轻伤。如果运用恢复性司法的理念处理该案，使双方当事人面对面地接触、对话交流，取得对方的谅解，更会使双方化解矛盾，心理受到慰藉。同时，这种双方的对话交流，也有助于减轻双方的焦虑和仇恨，求得对方的宽容和误解，相互接纳对方，从而有利于矛盾冲突的及时彻底解决，维护社会稳定。

（三）犯罪嫌疑人主观恶性不深、具有悔罪表现的

运用恢复性司法程序，更能促使犯罪嫌疑人改过自新，给犯罪嫌疑人重新改造的机会，让他们从心理上消除仇恨情绪，重新融入社会。最高人民检察院新闻发言人肖玮表示，检察机关积极探索，把恢复性司法理念运用于生态环境司法保护实践。许多破坏生态环境的刑事案件，犯罪分子被判入狱，受到了应有的惩罚，但受损的生态环境仍旧得不到修复。对于破坏生态环境的犯罪案件，检察机关在依法批捕起诉的同时，根据案件具体情况，可以要

求犯罪嫌疑人依法停止侵害、排除妨碍、恢复原状或者修复环境、赔偿损失，切实将资源破坏和环境污染对国家、集体和人民群众的损害降到最低程度。例如，福建省检察机关探索建立了林业案件"补植复绿"机制，既惩罚了犯罪，又使受损的生态环境得到及时、有效修复与补偿，办一个案件，恢复一片青山，挽救一个家庭，实现了惩罚犯罪与保护生态环境的双赢。同时，检察机关还在积极探索建立对生态环境领域的突出问题提起公益诉讼制度。探索通过督促起诉、支持起诉等多种手段，更好地维护社会公共利益。江苏、福建、贵州等地检察机关均对此进行了有益探索。

（四）案件事实清楚、证据确实充分、处罚较轻的

案件事实清楚、证据确实充分，侵害人应判处三年以下有期徒刑、拘役、管制或免予刑事处罚的。例如，2016年9月，浙江省淳安县屏门乡隐将村章某指使他人在本村开挖林道，在未取得林木采伐许可证的情况下，滥伐林道途经之处的林木。案件经淳安县检察院审查起诉后，淳安县法院对其作出有期徒刑一年六个月、缓刑两年的判决。同时，淳安县森林公安局和县检察院结合当前司法改革中要逐步实施生态公益补偿修复的精神，对案件当事人开展释法说理，使章某认识到滥伐林木的危害性，并自愿承担起生态修复的责任，在淳安县森林公安局和县检察院工作人员的见证下，章某在《生态公益补偿承诺书》上签了字，承诺因自己无力补种树木，自愿缴纳补种费用，申请淳安县林业局代为异地补种树木。这是淳安县森林公安局首次引入"恢复性司法"理念办理破坏生态资源犯罪类案件，实现了震慑犯罪与修复生态一举两得，起到了"教育一群人，恢复一片绿"的社会效果。但是对于侵害人主观恶性较深、犯罪情节恶劣、具有前科劣迹、具有从严情节等案件不能适用恢复性司法程序。

（五）遵循当事人自愿原则

运用恢复性司法理念处理轻微危害程度案件，也只能是选择性的而非必然性的。因此，必须建立在双方当事人自愿调解的意思之上，排除任何形式的强迫和施压。加害人必须完全认识到自己的错误，其悔罪和赔偿行

为必须出于自愿；受害人谅解了加害人，且出于个人意愿进行自主选择。在调解过程中，主要由双方当事人自行进行沟通、交流，承办案件的公检法专业人员对此过程进行事先调查、事中调解、事后监控，以便对社会关系是否得到恢复进行监督。

第十三章 被害人救助

第一节 被害人救助制度概述

第二节 被害人救助制度的法理基础

第三节 被害人救助制度的内容

第四节 被害人社会援助服务

被害人救助，以往多数学者又称被害人补偿。被害人救助是法治社会建设中的重要组成部分，但现实情况是，绝大部分地区以政策作为开展刑事被害人救助工作的依据，导致救助工作的随意性，标准的不确定性，与法治社会的要求相差甚远。早在1989年，我们在《刑事被害人学》一书中就有专章（第十六章"立法与政策"）探讨过被害补偿问题。我们认为，"应当建立刑事侵害补偿的立法和制度"。同时，提出补偿的原则及途径，主张设立刑事侵害补偿基金，拟定《刑事侵害补偿暂行条例》。[①] 对被害人救助研究，既是被害人学创立开始就关注的基础理论，更是现实社会司法制度变革的务实话题。

第一节
被害人救助制度概述

被害人救助，既有理论基础，又有实践前提。"犯罪是个人和社会的一种病态现象。"[②] 一个人也许可以保证自己终身不涉及犯罪，但是无法保证自己不成为犯罪被害人。我国自1984年开始研究犯罪被害人问题以来，多数学者对此问题进行了卓有成效的研究，提出了被害人救助的各种方案，绝大部分学者均主张建立被害人国家补偿制度，并对国家补偿法的设置，以及具体条文进行了详细分析和探讨。为了加强对刑事被害人的权益保护，安抚和救济不能通过刑事附带民事诉讼获得犯罪人赔偿的被害人，我国很有必要

---

① 汤啸天，任克勤. 刑事被害人学. 中国政法大学出版社，1989：400.
② [德] 汉斯·约阿希姆·施奈德. 国际范围内的被害人. 许章润，等译. 中国人民公安大学出版社，1992：2.

借鉴新西兰、英国、德国、法国、日本、韩国等国家，以及我国香港、台湾地区的被害人救济制度，由国家对遭受严重侵害的刑事被害人进行救助。该观点迅速得到众多法学理论和法律实践人士的赞同。学者们对于刑事被害人救助制度的研究内容也趋于一致，基本涵盖域外主要国家（地区）被害人补偿制度考察、被害人补偿制度的理论基础、我国建立被害人补偿制度的必要性及可行性分析，以及被害人国家补偿制度的具体设计方案，这些研究对于推进刑事被害人的权益保护、加快刑事被害人救助的立法进程起到了积极的推动作用。我国经济建设和各种制度的完善，以及各国实践的先例，使得救助制度的建立具有相当的可行性。从救助制度的含义上看，它是一种对被害人生活需要最低限度的满足，所以有其实施的必要性。鉴于我国目前的社会环境不适合出台刑事被害人国家补偿法，各地应当抓紧出台地方法规以规范刑事被害人救助工作，时机成熟时，再出台刑事被害人国家补偿法。

一、被害人救助制度的基本内涵

西方谚语："有犯罪必有被害，有被害必有救济。"在刑事司法活动过程中，刑事被害人"求偿不能""求助无路"的状况日渐引起社会的关注。对被害人救助，在理论界和司法界都有不同的提法，比较主流的有两种：一种是刑事被害人补偿；另一种则是本书的提法，即刑事被害人救助。两者相同之处在于：不管是救助还是补偿都是对刑事被害人所遭受损失的一种补救，尽管提法不同，但目的都在于保障刑事被害人的基本权利。[①]

（一）赔偿、补偿、救助与援助的概念

被害救助，是国家从道义上对遭受犯罪行为侵害而又没有得到充分赔偿的被害人及其家属，通过法律程序给予一定的物质补偿救济。广义的"刑事被害人救助"体现刑事被害人权利保护的多元性，反映刑事被害人救助的多种形式。主要包括刑事被害人赔偿、刑事被害人补偿（补救）、刑事被害人

---

① 兰琴.刑事被害人救助的中国模式.福建警察学院学报，2010（3）：88.

救助、刑事被害人援助等方式。

被害人赔偿主要是指,在犯罪行为同时侵害刑事被害人合法民事权益的情况下,由同时作为民事侵权责任主体的刑事被告人,以及应当承担该项民事侵权责任的其他主体,对同时作为民事赔偿请求权的刑事被害人,以及依法享有该项民事赔偿请求权的其他主体,依照民事法律规范所进行的赔偿。

被害人补偿与赔偿有区别。"补偿"的本意是指抵消(损失、消耗)、补足(缺欠、差额)等[①]。在实际生活中,补偿一般有两种概念:一是对损失或损害的弥补,也有赔偿之意;二是补助,是不以损失或损害的存在为必要的。被害人补偿是在刑事被害人未能获得或者难以获得赔偿的情况下,由国家或具有行政主权之地区政府基于法律规定的替偿义务,以给付刑事被害人或其他法定权利人一定额度的补偿费用的形式,弥补其因刑事犯罪所遭受的经济损失。

被害人救助与援助亦不一致。"救助"之意在于援助使脱离灾难或危险[②],是一种救困助贫,解决生存危机等问题的措施。被害人救助是在刑事被害人未能获得或者难以获得赔偿的情况下,由国家或具有行政主权之地区政府基于法律规定的"恩恤"义务,酌情给付刑事被害人或其他利益相关主体一定额度的补助费用的形式,向其"治下"社会成员提供的一种关怀性保护。

被害人援助,是国家机关或社会组织基于法律规定的义务或者倡导,为在诉求赔偿、申请救助过程中遭遇困难的刑事被害人提供帮助的行为,以及社会组织、成员基于道义扶助刑事被害人或其他利益相关主体的行为。[③]

社会救济,则是指人们在其不能维持最低限度生活水平时根据有关法律规定,有权要求国家和社会按照法定标准向其提供满足最低生活需求的资金或财物救助的一种社会保障制度。

因此,从概念上分析,救助一词更趋向于具有救济性质,而补偿一词还

---

① 中国社会科学院语言研究所词典编辑室.现代汉语词典.商务印书馆,2002:100.
② 新华辞书社.新华词典.商务印书馆,2001:526.
③ 陈彬,等.刑事被害人救济制度研究.法律出版社,2009:6-10.

包含赔偿的含义。被害人救助,从实质上来看是一种社会救济方式。

从广义角度而言,笔者现在的观点主张使用"刑事被害人救助"一词。2009年3月9日,中央八部门联合印发《关于开展刑事被害人救助工作的若干意见》,标志着刑事被害人救助工作在全国范围内全面展开。意见统一使用了"刑事被害人救助"的术语,对"刑事被害人救助"的基本问题作了原则性规定。最高人民法院在《人民法院第三个五年改革纲要》中提出要建立"刑事被害人救助"制度。

总之,所谓刑事被害人救助,是指国家对遭受犯罪侵害但是无法从犯罪人处获得赔偿的被害人给予的一定金额的经济救助,是国家对刑事被害人进行救济的一种方式。有关被害人救助的对象、范围、原则、机构及程序等一系列法律规定的总和,就被称为被害人救助制度。

(二)域外的相关经验

被害人获得补偿是其参与刑事诉讼的基本需求之一,与犯罪人回归社会的权利相当,获得赔偿是被害人的基本人权。犯罪给被害人造成的损害是巨大的,在犯罪人无法赔偿被害人的情况下,国家对刑事被害人予以补偿是被害人的基本权利之一,这在国际公约中有明确的体现。比如,《联合国被害人人权宣言》第12条规定,被害人因严重犯罪行为导致身体遭受重大伤害或者身心健康受到重大损害,因犯罪行为导致发生被害人死亡或者造成身心残障,被害人的家属,特别是依靠被害人收入维持生活的受养人,倘若犯罪人或者通过其他途径不能给予充分赔偿时,国家应当提供补偿。第13条在前述条文的基础上进一步规定,为保障国家补偿的顺利实施,各成员国应设立专门的被害人补偿基金。犯罪被害人救助制度的由来,可以追溯到公元前1700年左右的《汉谟拉比法典》。法典规定,"未能捕获罪犯的,地方政府应当赔偿抢劫犯罪被害人的财产损失"。在谋杀案件中,政府从国库中付给被害人的继承人一定数额的补偿。在西方国家,早在19世纪末,刑事实证学派就提出了建立被害人国家救助制度的主张。通过研究发现,不少被害人因为种种原因得不到赔偿便转而通过犯罪来维持生存。20世纪50年代,英国就开始重视被害人救助问题。1957年英国大法官玛格丽·弗瑞就提出要建立被害人救助制度。①1963年,新西兰率先制定了《犯罪被害人救助法》。英国随后制定了《犯罪被害人救助纲要》。70年代以后,欧美的许多国家都制定了该项制度,如美国的《联邦犯罪被害人法》,在财政部内设立一项被害人特别基金。英国的《刑事审判法》则明确规定,得到国家赔偿委员会的补偿是被害人的一项法定权利。日本甚至成立了专门的国家赔偿委员会,并设立了《犯罪被害者等给付金支付法》。②印度被害人学者V.N.拉吉恩在《印度被害人学》一书中,着重介绍了被害人赔偿制度。他认为,刑事被害人应当在刑事司法制度和诉讼活动中占有合法的地位,使其损失能得到赔偿。③

除国际公约,一些国家在刑法、刑事诉讼法中规定了国家补偿制度。以瑞士为例,2003年《瑞士联邦刑法典》第60条规定,(1)被害人因犯罪行为导致财产损失,犯罪人不能赔偿损失或者保险公司不能予以赔偿的,被害人提出要求,法官可以在法律规定或者当事人通过和解达成的赔偿数额的范围内,在罚金、没收的财物中全部或者部分给予被害人。(2)如果被害人将其要求的相应部分转让给国家的,法官始为上款之命令。(3)在此等判决在刑事判决中不可能做出的情况下,各州规定一个简易程序。④还有一些国家,直接制定了相应的法律对被害人补偿制度进行专门的规定,如德国1976年制定的《暴力犯罪被害人补偿法》,以确保被害人及其遗属在无法经由其他途径获得有效协助与损害照顾时,借由社会法的途径,由国家互助团体提供辅助。⑤不过,从实践的数据分析,德国有高达90%的人损害由医疗保险机制填补,因此这部法律在实践中应用并不多。在亚洲,日本1980年制定了亚洲第一个国家补偿法,2001年进行修订,不仅扩大了给付范围,

---

① 许永强.刑事法制视野中的被害人.中国检察出版社,2003:170.
② 宋英辉.刑事诉讼的目的.中国人民公安大学出版社,1995:131.
③ [印] V.N.拉吉恩.印度被害人学.刘信平,周健,熊选国译.杨杜芳校.西南政法学院,1981.
④ 瑞士联邦刑法典.徐久生,庄敬华译.中国方正出版社,2004:198.
⑤ 兰跃军.刑事被害人人权保障机制研究.法律出版社,2013:103.

提高了给付金额，而且增设了重伤病给付金。①

二、被害人救助制度的基本特征

被害人救助，作为特殊的社会司法援助制度，是指对一定范围内因受犯罪侵害而遭受损害的且又无法通过刑事附带民事诉讼获得损害赔偿的被害人及家属，通过法律程序给予一定经济援助。被害人救助最核心的是刑事被害人国家补偿，被害人国家补偿是指被害人在遭受犯罪行为侵害后，由国家给予被害人经济补偿的一种机制。它是指国家对一定范围内受到损害，且又无法通过刑事附带民事诉讼获得损害赔偿的被害人及其家属，通过法律程序给予一定的物质弥补的方式。其基本特征如下：

（1）补偿主体应当是国家。具体是特定的国家机关、政府机构。

（2）补偿对象的特定性。必须是被害人及其家属。

（3）补偿的物质性。该补偿仅限因犯罪而引起的物质损失，不包括精神损失。

（4）以刑事诉讼的存在为前提。也就是与犯罪事实行为相关联。

（5）具有特定的补偿程序。刑事被害人必须通过特定的补偿程序才可受偿。补偿随意，就会产生新矛盾，也易助长攀比心理。所以，对补偿加以规范是有必要的。

（6）补偿的有限性。物质弥补的方式总是有限量的。

三、被害人救助制度建立的意义

任何制度的建立都具有价值，刑事被害人国家救助制度也不例外，否则该制度就会失去存在的基础。刑事被害人国家救助制度的价值取向恰是公平、秩序与正义这三种价值取向在刑事司法运作中的具体展开。构建国家、犯罪人、被害人三位一体的刑事领域新视界，充分实现刑法防卫社会的刑事政策

---

① [日] 大谷实. 犯罪被害人及其补偿. 黎宏译. 中国刑事法杂志, 2000（2）.

诉求，是建立刑事被害人救助制度的重要价值所在。① 首先要具备必要性，同时还必须具有现实可行性，才有建立的现实基础。

（一）被害人救助制度建立的必要性

被害人国家救助制度具有控制犯罪、保障人权、维护社会正义、促进刑罚轻缓的重大刑事政策意义。我国作为世界人权保护运动的积极拥护者，应当将其纳入被害人权利保障的议事日程，在刑事司法活动中努力寻求一种被告人利益与被害人利益、国家利益与个人利益协调共存的和谐、均衡状态。② 长期以来，我国被害人及其家属面临着赔偿难的问题。一方面，刑事案件可能无法破案，或法院判决嫌疑人无罪，使赔偿无从谈起；另一方面，刑事附带民事诉讼判决后可能遇到"执行难"的问题，无法得到赔偿。就连张君、马加爵、邱兴华等震惊全国的特大恶性刑事案件，被害人及其亲属都未能得到赔偿。因加害人无力赔偿，刑事附带民事诉讼判决都成了"空判"。实际上，有的犯罪分子已经被处死，生前又无遗产，根本没有赔偿可能；有的虽曾掠取了大量财物但已挥霍一空，其面临着长期监禁，即使承诺了赔偿责任也无法兑现；在刑事案件实践中，被害人往往由于种种原因得不到应有的赔偿：

（1）犯罪人畏罪自杀，不可能且实在无赔偿能力。

（2）犯罪人的经济能力不足，远不能达到法院判决的要求。

（3）因为破案时间过长，导致被害人久久得不到及时的赔偿。

（4）对于未成年人、精神病患者犯罪，其监护人无赔偿能力。

（5）因为诉讼程序需时太长，被害人急需赔偿。

现有的法律在保障刑事被害人的国家补偿方面显得极其单薄。有鉴于此，我国应该立足于国情，借鉴国外经验，建立健全刑事被害人补偿制度。

我国每年刑事立案数在400万件以上，被害人群体庞大。据统计，我国目前刑事被害人及其亲属获得民事赔偿的比例不足10%，每年约有300万被害人及其亲属得不到任何赔偿，生活非常困难，被比喻为"黑暗中独自哭

---

① 马嫦云.论我国刑事被害人救助制度的建立.理论界，2007（10）：96.
② 孙运梁.刑事被害人国家补偿制度及其刑事政策意义.公安学刊，2006（10）：5.

泣的人"。

从实践来看，给予被害人必要的救济，有利于落实宪法保障人权的规定，也有利于实现被害人与被告人权利的平衡，对于依法解决涉法涉诉上访申诉，缓解社会矛盾，具有十分重要的作用。赔偿与补偿是根本不同的。有人认为，检察院的刑事赔偿办公室就是赔偿刑事被害人的，实际上是赔偿被告人。被告人如果被误判了给予国家赔偿，有《国家赔偿法》专款专用。

概括地说，建立国家救助制度，有其现实意义：

（1）有利于加强被害人的人权保障。

（2）有利于解决被害人的实际困难。

（3）有利于预防控制犯罪。

（4）有利于惩治犯罪。

（5）有利于维护社会的和谐稳定。

国家补偿救助制度，对被害人的赔偿心理的满足具有重大作用，存在理论上的正当性。刑事诉讼中的人权保障，应该包括对犯罪嫌疑人、被告人的保障，更应该包括对被害人的保障。建立刑事被害人国家补偿救助制度，无疑是依法保障被害人基本人权的一种富有积极意义的探索。减轻受害人的痛苦，矫正被破坏的公平与正义，是国家和社会的责任，也是司法公正的应有之义。通过发放一定数额救济金的办法，来对生活特别困难的受害人进行救助，体现了司法为民的人文关怀精神。

1957年，被尊为"被害人救助制度之母"的英国社会活动家、大法官玛格丽·弗瑞发表了经典文献《为了被害人的正义》，主张对被害人救助的必要性。

被害人救助，属于社会救助范畴，对维护社会公平、正义，对维护社会稳定都有积极意义。许多案例表明，被害人得不到赔偿，可能会采取非常规手段，如上访、闹访等，甚至可能报复，从被害人变为加害人。对他们进行救助，可以有效地防止类似事件的发生。建立刑事被害人救助制度，就是变被动救助为主动救助。

实践中，大约有80%以上的被害人是无法从被告人方得到赔偿的；由政府或有关单位进行补偿，由于没有法律调整，存在随意性和很大的差别性，缺乏常态性、规范性和公平性。统计数据显示，在我国，近八成的刑事赔偿都难以兑现，多数被害人家庭为此陷入了人财两空的艰难境地。在犯罪嫌疑人权益保障立法已经日趋完善的今天，被害人权益保护却停留在空白的状态，是一种令人难以接受的尴尬。构建国家补偿机制，加强对受害人的权利保障，需要学术界和司法界的共同努力，也是司法改革的具体目标。

建立被害人国家救助制度恰恰能够为达到上述目的提供一种重要的机制保障。就刑事司法实践来看，被害人因犯罪而遭受损失，获得赔偿和补偿的途径主要有两个：一是通过刑事附带民事诉讼，由犯罪人进行赔偿；二是通过政府协调，由政府或有关单位进行补偿。

国家救助制度建立的模式目前学界有不同的观点。一是补偿法模式，即制定单独的《刑事被害人补偿法》。二是保护法模式，即制定综合的《刑事被害人保护法》，涵盖被害人补偿、赔偿、援助等。三是混合立法模式，被害人补偿的部分程序规定纳入刑事诉讼法，实体内容以单行法形式出现。四是阶段性专门立法模式，即先制定被害人补偿法，条件成熟再制定保护法、援助法。五是分阶段专门立法模式，即"先实行被害人救助政策，后实行补偿立法"的模式。①

因此，有必要将国家对刑事被害人的补偿法律化、制度化。建立被害人国家救助制度是在刑事诉讼领域内体现宪法"国家尊重和保障人权"规定的现实需要。

（二）被害人救助制度建立的可行性

任何一项制度的存在和建立，除具备充分的理论依据和必要性之外，还必须具有其建立的现实基础。

（1）国民经济的增长是建立被害人国家补偿制度的财力保障。

（2）各地的经验探索是建立刑事被害人国家补偿制度的实践基础。

（3）公民认识水平的提高和中外法律文化的融合是建立被害人国家补偿制度的思想基础。

---

① 陈彬，等. 刑事被害人救济制度研究. 法律出版社，2009：54-55.

（4）世界各国被害人国家补偿制度的不断发展和完善是我国建立被害人国家补偿制度的良好借鉴。

不过，也有人认为，被害人救济制度并没有积极意义。一是会使被害人不关心预防与制裁犯罪，而注重向国家申请救助；二是放弃犯罪者的个人责任，使社会道德感下降。

然而，笔者与大多数意见认为，建立被害人救济制度，是基于国家和社会的责任及人道主义，其实质是国家和政府对被害人进行的救助，体现了政府和社会对弱势群体的关怀。

四、我国被害人救助制度的探索

救助工作对于帮助刑事被害人及其近亲属克服生活困难，保障司法机关公正执法，全面有效贯彻落实宽严相济刑事政策，化解社会矛盾，减少涉法涉诉信访，提高人权保障水平发挥了积极作用。1984年，我国学界开始研究刑事被害人问题，目前绝大部分研究成果对于刑事被害人问题的解决方案为建立被害人国家补偿制度，学界对刑事被害人进行救助的理论呼吁很快在实践中获得了一些积极响应。刑事被害人救助工作的实践始于地方，山东省淄博市在2004年就通过了《关于建立刑事被害人经济困难救助制度的实施意见》，这是全国最早的关于刑事被害人救助的政策。2004年底，浙江省宁波市在两级法院建立司法救助基金。

（一）地方制度与立法

2004年2月山东省淄博市率先尝试实施对刑事被害人的救助工作。走在地方立法前列的是江苏省无锡市，2009年10月1日起施行的《无锡市刑事被害人特困救助条例》，成为我国首部对刑事被害人进行司法救助的地方立法。宁夏回族自治区则于2010年1月出台了我国首部对刑事被害人进行救助的省级地方立法——《宁夏回族自治区刑事被害人困难救助条例》。2012年5月30日，内蒙古自治区第十一届人民代表大会常务委员会第二十九次会议批准公布了《包头市刑事被害人困难救助条例》（自2012

年7月1日开始施行）。与此前的一系列政策文件不同，无锡、宁夏、包头等地的刑事被害人救助立法，使该项工作由此步入了"法"的领域，也为我国将来对刑事被害人救助进行全国性立法积累了宝贵的经验，打下了重要的基础。除了无锡、宁夏和包头外，还有一些地方的人大常委会也启动了关于刑事被害人救助的地方立法的审议程序。例如，2010年湖北省人大代表周治陶等11名代表提出的《关于制定〈湖北省刑事被害人困难救助条例〉的议案》。2011年2月，辽宁省人大代表罗力彦等12位代表提出的《关于制定〈辽宁省刑事被害人救助条例〉的议案》。2015年2月，海南省五届人大二次会议对董治良等5名省人大代表提议的关于由省人大或省人大常委会以地方立法的形式制定《海南省刑事被害人救助条例》的议案进行了审议。

我国香港特区《暴力及执行伤亡赔偿计划》自1975年5月1日修订至1997年历经13次，台湾地区"犯罪被害人保护法"从1998年10月1日起施行。

现对无锡、宁夏、包头等地的被害人救助立法特色内容扼要介绍，也为我国将来对刑事被害人救助进行全国性立法提供经验。

1.《无锡市刑事被害人特困救助条例》之主要内容。《无锡市刑事被害人特困救助条例》（以下简称《无锡救助条例》）共计25条。涵盖了立法目的和依据、适用范围、刑事被害人特困救助的概念、救助部门、救助对象、救助金的来源与发放、救助程序、救助监督等方面的内容。第1条开宗明义地指出了该条例三个方面的立法宗旨：一是规范刑事被害人特困救助活动；二是缓解刑事被害人的家庭生活困难；三是维护社会和谐稳定。这三个立法目的既相辅相成，又各有侧重，明确界定了刑事被害人特困救助的概念。该条规定："本条例所称刑事被害人特困救助，是指本市有关国家机关对符合本条例规定的救助申请人给予的一次性经济救助。"具体规定了以下三个原则：一是与经济社会发展水平相适应的原则。二是与社会保障和其他救助相结合的原则。三是公正、公开、救急、便捷的原则。这三项原则贯穿于《无锡救助条例》始终，体现了以人为本，维护社会和谐稳定的需要，也考虑了此类救助活动的特点和本市的实际。

2.《宁夏回族自治区刑事被害人困难救助条例》之主要内容。2010年1

月，宁夏回族自治区出台了《宁夏回族自治区刑事被害人困难救助条例》（以下简称《宁夏救助条例》）。关于刑事被害人困难救助的含义，《宁夏救助条例》第3条规定，刑事被害人困难救助，是指因严重暴力犯罪造成被害人严重伤残或者死亡，刑事被告人无力支付赔偿，刑事被害人或者由其赡养、抚养、扶养的近亲属（以下简称近亲属）无能力维持最低生活水平所必需的支出，确有特殊生活困难，给予的一次性临时救助。关于救助金额，《宁夏救助条例》第9条规定，救助金额应当根据刑事被害人实际损害后果和犯罪嫌疑人、被告人及其他赔偿义务人实际赔偿情况，以及刑事被害人的家庭经济状况、维持最低生活水平所必需的支出等情况确定。救助金额一般不超过1万元。生活极其困难的，最高救助金额不超过5万元。

　　3.《包头市刑事被害人困难救助条例》之主要内容。《包头市刑事被害人困难救助条例》（以下简称《包头救助条例》）共计23条。主要内容如下：关于立法宗旨和适用范围。关于立法宗旨，《包头救助条例》第1条规定，为了帮助刑事被害人或者其赡养、抚养、扶养的近亲属（以下简称近亲属）解决特殊生活困难，规范刑事被害人救助工作。《包头救助条例》第4条规定了刑事被害人救助应当遵循的三个原则：一是与经济社会发展水平相适应；二是与社会保障和其他社会救济相结合；三是公正、公开、及时、便捷。关于依职权主动救助，《包头救助条例》第16条规定，符合本条例规定的救助条件，由于刑事被害人或者其近亲属因无民事行为能力、限制行为能力或者其他原因没有提出救助申请的，办案机关可以根据案件的具体情况，决定给予救助。关于追偿制度，《包头救助条例》第18条规定，刑事被害人或者其近亲属获得救助后，办案机关发现犯罪嫌疑人、被告人或者其他赔偿义务人有能力履行民事赔偿义务的，应当依法向犯罪嫌疑人、被告人或者其他赔偿义务人追偿。追偿的资金应当扣除救助资金。

　　不可否认，上述三部刑事被害人救助的地方立法彰显了保护刑事被害人权益的时代精神，缓解了被救助刑事被害人的特殊生活困难，开创了对刑事被害人救助立法的先河，为后续立法积累了宝贵经验。《无锡救助条例》的颁布不仅实实在在地救助了一部分刑事被害人，而且作为全国第一部对刑事被害人进行司法救助的地方性法规，无疑具有开创性的积极意义，它为其他地方的相关立法提供了一个范例,也为将来的国家立法积累了宝贵经验。《宁夏救助条例》是继《无锡救助条例》之后我国又一部关于刑事被害人救助的地方性法规,是我国第一部关于刑事被害人国家救助的省级地方性法规。尤其可贵的是,它为经济欠发达的中西部地区的刑事被害人救助立法树立了信心和榜样。《包头救助条例》出台时间较前两者靠后,但它较好地吸取了前两者的立法经验,是三部关于刑事被害人救助的地方性法规中文字数量最多、内容相对详尽、立法技术相对较高的一部。

但是,由于我国的刑事被害人救助总体上尚处于初期发展阶段,并且囿于政策导向和司法机关资金实力的局限,上述三部地方性法规都存在一些不足之处。这些不足,有些属于制度层面的"先天设计"所形成的固有缺陷,有些是实践层面的"后天运行"导致的偏差。主要体现在,一是定位不准,理念落后。无锡、宁夏、包头等三地已经出台的刑事被害人救助条例的立法定位均为一种临时缓解刑事被害人生活困难的救助立法。这与国外许多国家实行的刑事被害人救助措施具有较大区别。虽然我国的刑事被害人国家救助与外国的刑事被害人救助都以被害人不能从犯罪人那里获得损害赔偿为前提条件,都是一种补充性的救济措施,在这一点上有共同之处。但是,国外的刑事被害人救助着眼于"损害补偿",意在补偿和抚慰因严重犯罪遭受重大侵害的刑事被害人,至于被害人是否因被害而面临特殊生活困难则不予特别考虑。其背后的理论基础均为"社会福利说",而"国家责任说""社会公正说"等现代理念完全未被体现。根据"社会福利说",对刑事被害人的经济资助应被视为国家对生活困难的刑事被害人的一种抚恤、关怀和照顾,其本质是一种特殊的"社会福利",而不是刑事被害人应然享有的权利。这种保守的理论基础学说必然导致相应的立法和实践也是保守和谨慎的。二是救助范围狭小。从立法规定来看,无锡、宁夏、包头等三地的刑事被害人救助地方立法对救助对象范围和实体条件的规定是基本一致的,都是规定只针对因受犯罪行为侵害造成被害人重大伤害(或曰严重伤残)或者死亡,被害人或者其近亲属无法及时获得犯罪人的赔偿,确有生活困难的人员。三是内容粗疏。无锡、宁夏、包头三地都制定了各自关于刑事被害人救助的地方性法规,但是与全国其他地域一样,其刑事被害人救助工作存在过度政策化的问题。

主要表现如下：① 政策文件主导刑事被害人救助。② 地方立法要受制于上级的政策文件。③ 政策驱动型的刑事被害人救助，必然具有较强的政策性、灵活性、内部性，也偏重个案处理的具体目的和个别效果，而不像法律法规那样比较注重规范性、稳定性、公开性、统一性。④ 无论政策文件还是地方立法，都把维稳作为开展被害人救助工作的重要政策目标。四是统一标准缺失。无锡、宁夏、包头三个地方关于被害人救助的立法都属于地方性法规的立法形式。五是救助资金短缺。从全国的整体情况来看也存在类似问题，根据1997年至2014年最高人民法院的工作报告，不难看出救助资金的困窘状况。以2005年为例，每名被救助人员平均仅可得到4742.59元救助金。这点救助金远不足以解决其现实困难，聊胜于无而已。[①]

（二）国家立法层面

2008年3月，对刑事被害人实行救助的议题被列为十一届全国人大一次会议人大代表的重点建议。全国政协社会与法制委员会、民革中央也就此进行了专题调研并向中央提出报告。相关立法草案，正式纳入下一个五年立法计划。

2009年3月9日，中央八部门联合印发的《关于开展刑事被害人救助工作的若干意见》（以下简称《被害人救助意见》），标志着刑事被害人救助工作在全国范围内全面展开。在当前相关法律制度尚未建立的特殊时期，这是为解决刑事被害人特殊困难而采取的一种过渡性安排，对于统筹兼顾被告人的人权保障与被害人的权益保障，实现司法公正，具有重要意义。自《被害人救助意见》印发以来，目前已有山东、北京、上海、浙江、江苏、福建、广东、海南、江西、四川、河南、陕西、甘肃等省市，包括一些经济欠发达的中西部地区，相继出台了省级刑事被害人救助工作实施办法。一些省将被害人救助纳入司法救助、涉法、涉访、涉诉救助或执行救助范畴积极落实，同时也在研究制定专门的刑事被害人救助实施办法。其实，一些地市早已有了尝试，救助工作已经在部分地市有序开展，如青岛法院、淄博市法院的探索。

---

① 莫洪宪.如何让司法救助资金更充裕.人民法院报，2015-3-30（3）.

被害人救助工作在全国展开的标志是2009年中央政法委员会、最高人民法院、最高人民检察院、公安部、司法部、财政部、民政部、人力资源和社会保障部联合下发的《关于开展刑事被害人救助工作的若干意见》（以下简称《救助工作的意见》）。该意见对刑事被害人救助工作进行了全面的规定，内容涉及宏观与微观两个层面，宏观方面，如工作意义、指导思想、总体要求、基本原则等内容；微观方面包括救助对象、救助标准、组织机构及职责分工等涉及刑事被害人救助工作的方方面面。《救助工作的意见》为各地制定具体实施办法提供了指导与蓝本，据统计，自《救助工作的意见》出台以来到2012年，全国共有20个省（市、自治区）和130余个地市，针对刑事被害人救助出台了专门的政策，刑事被害人救助工作在我国逐渐形成了一定的工作机制。在国家政策文件的引导下，刑事被害人救助工作得以迅速地在全国各地启动和展开。

近年来，国家对于司法救助问题高度重视。党的十八届三中全会更是明确提出了"完善人权司法保障制度，健全国家司法救助制度"的要求。在此时代背景下，中央政法委、财政部、最高法、最高检、公安部、司法部在2014年1月联合印发了《关于建立完善国家司法救助制度的意见（试行）》（以下简称《司法救助制度的意见》），将刑事案件中因犯罪行为侵害而死亡的被害人，因案件无法侦破造成依靠被害人收入为主要生活来源的近亲属生活困难的；或者因加害人死亡或没有赔偿能力，或者被害人的近亲属（仅指依靠被害人收入作为主要生活来源的）通过诉讼仍然无法获得赔偿而导致生活陷入困难的情况列入《司法救助制度的意见》的救助范围，吸纳并修改了2009年中央政法委等八部门印发的《救助工作的意见》，将刑事被害人救助纳入广义的大司法救助格局之中，极大地推动了刑事被害人救助制度的发展，在《司法救助制度的意见》颁布后，全国共有31个省（区、市）和新疆生产建设兵团以《司法救助制度的意见》为蓝本，在结合本地区实际的前提下，相继出台了本地区司法救助的具体实施办法。统计数据显示，截至2014年，各地救助当事人8万余名，救助资金实际使用16.6亿元。

随着《司法救助制度的意见》的发布实施，我国司法救助制度的内涵发生了重大变化，概括起来主要有以下两大变化：① 司法救助的内涵和外延发生了重大变化,大司法救助的格局得以建立。根据《司法救助制度的意见》,司法救助的概念从2000年最高人民法院《关于对经济确有困难的当事人予以司法救助的规定》中规定的狭义司法救助概念扩展为广义的司法救助概念,即从此司法救助不仅包括诉讼费用的缓、减、免,还扩展到了对刑事被害人、侵权受害人的救助,以及执行程序中的救助等。② 该《司法救助制度的意见》实际上吸纳并修改了2009年中央政法委等八部门印发的《被害人救助意见》,刑事被害人救助的内容被纳入了广义的司法救助制度之中。此前虽然刑事被害人救助不被认为是司法救助的组成部分,但是实际上两者均属于对弱势群体的国家救助,属于广义社会救助的范畴,两者的共通性决定了将刑事被害人救助纳入司法救助的范围并不存在理论上的障碍。

(三)司法实践

1. 法院系统的实践。自2004年以来,一些地方法院就相继开展了刑事被害人救助工作的探索。到2007年,北京、江苏等十几个省市的部分法院就建立了刑事被害人救助机制。上海市高级人民法院在制定的救助工作实施细则中,特别规定了区县法院救助资金使用存在困难时,市级刑事被害人救助资金可以用于协助基层法院开展救助,以保证救助工作均衡开展。

2. 检察系统的实践。为解决刑事被害人面临的实际生活困难,2007年以来,最高人民检察院认真组织开展刑事被害人救助调研、试点工作。2007年6月,珠海市人民检察院率先在广东省检察机关推行刑事被害人救助制度,制定了《关于对部分刑事案件被害人实施救助的若干规定》。2009年4月,最高检下发《关于检察机关贯彻实施〈若干意见〉有关问题的通知》,就检察机关积极开展刑事被害人救助工作,以及职责分工、救助对象、工作程序等提出明确要求。2010年9月,最高检又召开了全国检察机关国家赔偿暨刑事被害人救助工作座谈会,要求进一步做好检察机关刑事被害人救助工作,制定规范性文件;化解社会矛盾,发挥救助工作的积极功能;推动建立多部门联合救助机制。通过实施这些措施,2010年全国检察机关救助刑事被害人及其近亲属人数和金额均有较大幅度上升。

3. 公安部门的实践。各地公安机关根据《司法救助制度的意见》的精神,在办理命案和伤害案等严重暴力案件中,针对家境困难的被害人及其家属,积极开展救助工作。北京、河北、辽宁等14个省、直辖市公安厅(局)会同当地政法部门,结合本地经济、社会发展状况,制定了刑事被害人救助意见和细则。一些地方公安机关还专门出台了公安机关开展被害人救助工作的具体办法。吉林省公安机关在2008年至2010年共补偿救助刑事被害人314件,共补偿救助963.9万元。据不完全统计,2009年3月至2010年10月,重庆市公安机关共救助160人,救助金额232万元。云南省宣威市公安局发起成立了以全市公安机关人民警察、社会相关单位组成的"刑事案件被害人帮扶协会"。2009年3月至2010年10月,云南省公安机关共救助刑事被害人230余人,发放救助金107万余元,帮助200余户家庭解决了生计问题。

4. 一些地方的政法委、综合治委亦积极开展被害人救助工作。将被害人的司法救助延伸到公检法司各环节的是浙江省台州市的创造。[①]

随着《司法救助制度的意见》的出台,我国的司法救助工作进入了大司法救助的新格局。在此背景下,梅传强教授认为,应当尽快制定一个统一的司法救助法。[②] 最高人民法院2015年2月发布的《人民法院第四个五年改革纲要》也提出"推动司法救助立法"。

第二节 被害人救助制度的法理基础

建立被害人国家救助制度是世界范围内的共识,这一制度的法理基础主要有相关的法学、社会学理论。在建立被害人救助制度方面,早在1989年,

---

① 陈彬等. 刑事被害人救济制度研究. 法律出版社,2009:171.
② 梅传强. 完善司法救助立法的构想. 法制日报,2016-7-6(9).

笔者在《刑事被害人学》一书中就呼吁要尽快"建立被害人的国家补偿制度"。被害人救助制度体现了恢复被破坏的正义，符合理性的要求，具有理论依据。刑事被害人救助究竟建立在何种理论基础之上，域外关于被害人救济理论基础的学说林林总总，包括"国家责任说""社会福利说""社会契约说""政府利益说""社会保险说""社会防卫说"等多种学说。国内学术界对刑事被害人救济的理论基础问题也是众说纷纭，其中影响较大的主要有"国家责任说""社会福利说"等。

一、国家责任说

"国家责任说"是基于公平正义的理念。该理论认为，国家负有为公民提供安宁、太平的生活环境，防止刑事犯罪发生的责任。国家责任分为两种，一是国家直接责任，负责赔偿；二是国家间接责任，负责补偿。如果公民的权益遭受犯罪的侵害，则说明国家对公民权益的保护不力，对犯罪的预防、打击不力。因此，国家理应对刑事被害人所遭受的损失承担适当补偿责任，亦即公民具有受国家补偿的正当权利。正如法国哲学家皮埃尔·勒鲁所言，"平等创造了司法和构成了司法"。罗尔斯认为，"正义是社会制度的首要价值，就像真理是思想体系的首要价值一样"。[①]通过被害人救助制度的架构以矫正被破坏了的正义，平复被害人失衡的心理，使其恢复与其他社会成员平等的经济和社会地位，不至于因受害而陷入贫困潦倒的境地，有利于防止和避免被害人逆变，从而控制社会犯罪总量，建立起被害人对刑事司法的信任和稳定的预期，实现刑事诉讼中人权保障的衡平。

古罗马法学家乌尔庇安首创的一个著名的正义定义为"正义乃是使每个人获得其应得的东西的永恒不变的意志"。在罗马历史早期，西塞罗也曾把正义描述为"使每个人获得其应得的东西的人类精神取向"。"正义是衡量法律之善的尺度。"正义本身乃是他者之善或他者之利益，因为他所为的恰是有益于他者的事情。先哲亚里士多德关于分配正义和矫正正义的范畴为各

---

① [美]罗尔斯.正义论.何怀宏，等译.中国社会科学出版社，1988：1-2.

人应得的归于各人（Suuuum Cuique）的原则在政治行动和社会行动中进行检验指出了主要的检验领域。分配正义所主要关注的是在社会成员或群体成员之间进行权利、权力、义务和责任的配置的问题。美国法律哲学家埃德加·博登海默认为，分配正义的意义不应只局限于无歧视，即人们应得到一种平等或不平等的相对地位，当政府未能提供安全与治安方面的基本保障时也可以认为是非正义的，为此发生的矫正正义就是国家也须为此承担一定的责任。

德国犯罪学家汉斯·冯·亨蒂格在其《论犯罪者与被害者的相互作用》一文中提出犯罪者与被害者是互动的观点，此后的犯罪被害人学研究结论已经证实，被害人与犯罪人之间可以发生角色转换，并可以发生逆变。在自由民主社会中，政府应当确保任何人都获得不会低于某一最低收入来确使所有的人都得到保护并免遭残酷的剥夺。当被害人遭受到犯罪侵害后，如果无法从罪犯处得到适当的赔偿并陷入贫困境地时，其经济地位已处于一种不平等的状态中，被害人经济的不平等状况，会导致其对犯罪人及其亲属和社会产生不满情绪。因此，国家应当给予被害人适当的补偿，以矫正被破坏的正义，抚平被害人失衡的心理，疏通其不满，防止逆变发生，加速社会的净化和正义的实现。

日本被害人学者藤本哲哉说："罪犯应该向被害人给予赔偿，违法者必须为自己的被害人做点什么。不能容忍他们仅做一些不得不做的事情。必须使罪犯在一定程度上认罪，以防止他将犯罪中立化或合理化。"但"罪犯的赔偿对于巨额的损失而言，只是象征性的"。罪犯的赔偿被认为是出于刑事政策学的考虑，并非出于民事赔偿角度的考虑。对于精神损害赔偿来讲，重要的不是从罪犯那里得到多少赔偿，而是如何使被害人尽早从被害的阴影中走出来，这远不是罪犯所能做到的，然而国家则负有责任。

二、社会福利说

社会正义还有一种要求，即赋予人的自由、平等和安全应当在最大程度上与公共福利相一致。国家对被害人适当的补偿是基于人道主义的一种福利。边沁指出：公共福利不能等同于个人愿望和个人要求的总和，而是构成此共同体的众多成员的利益总和。社会福利由社会成员共同创造，国家负有增进社会公共福利和确保公民基本需要平等的职责，某些社会成员的人身无辜遭到犯罪侵害时，国家理应运用社会福利机制予以救济，应当在个人权利与社会福利之间保持一种适当的张力。很多被害人本身并没有过错，是加害人的行为使他们受到伤害，同时又因侵害人的死亡、逃逸或贫穷无力支付等原因，使他们得不到应有的赔偿，从而陷入难以为继的困境。被害人受到犯罪侵害之后，由于身体受到损害或财产受到损失，就处于不利的地位，有的甚至成为社会的底层，法律就必须对他们进行保护，公共福利救济程序应当及时启动，通过给予被害人救助的形式予以援助，使其尽快摆脱不利境地。

被害人因遭遇犯罪侵害，不仅身心受创、财产受损、精神受挫，而且在刑事诉讼程序中又往往是弱势群体，随着社会的进步和发展、人类文明程度的提高，社会福利事业更应发挥保护、援助弱者的作用。因为"在现代社会，犯罪人即使被囚禁，也享受到人道的待遇。如果被害人虽有自由，但连起码的保障也没有，两者相比就显得不公平了"。[1] 政府应履行行善，即保护被害者的职能，从立法或行政上采取各项保护措施，为刑事被害人提供福利性保障，以补偿被害人悲惨的境遇。从我国无锡、宁夏、包头等三地关于刑事被害人救助的地方立法来看，它们所遵循的理论基础均为"社会福利说"，即在理论原理上认为，刑事被害人救助本质上是一种福利救济，是国家和社会对生活困难的刑事被害人的抚慰和恩惠，是社会整体保障体系在司法领域中的体现。而立法模式上的"救助模式"也正是以"社会福利说"为理论基础的。但是，"社会福利说"存在几个缺陷：① 将遭受犯罪侵害的被害人视为福利救济的对象，不太符合刑事被害人的实际心理感受和需求，甚至可能使被救助者产生被羞辱的感觉。因为遭受犯罪侵害的被害人通常不同于因失业、懒惰、患病而穷困的人员，他们可能并不愿意被视为享受社会救济的贫困者角色。② "社会福利说"必然将救助的范围局限于生活困难的刑事被害人，从而降低刑事被害人救济制度的积极意义。正如赵国玲、徐然

---

[1] 汤啸天，张滋生，叶国平，王建民. 犯罪被害人学. 甘肃人民出版社，1998：266.

两位学者所指出:"在被害人救助之中过分强调生活困难的要素,会模糊被害人救助和一般社会福利的区别,从而弱化被害人救助制度的独特性和重要性。"① ③依据"社会福利说",刑事被害人在获得救助金之前通常需要经过严苛的经济调查,可能造成"二次被害"。

三、社会公正说

根据社会公正说,在刑事被害人补偿对象的认定和补偿金额的裁量问题上,应当对诚实、无过错、积极协助司法机关工作的被害人给予更多的肯定和支持,在家庭内部犯罪被害的补偿问题上,应当防止犯罪人因犯罪反而获利的不公平现象出现。以"社会福利说"为基础进行的国家补偿往往将受补偿的被害人限于经济困难者,对于未陷入经济困难的刑事被害人往往排斥在国家补偿范围之外,此种刑事被害人国家补偿可能偏向于"贫困者"的公正正义。同时,对于被害人经济状况的调查可能造成刑事被害人"二次被害"。因此,对于"社会福利说"的不足之处,需要用"社会公正说"进行适当修补。根据社会公正说,对"贫穷被害人"与"富裕被害人"的国家补偿应当大体上一视同仁。虽然相互之间在自然意义上的确存在经济能力的不平等,但是在刑事法上,犯罪人的刑事责任和刑事附带民事赔偿责任不因被害人的经济状况的贫穷或者富有而有所差别,这是社会公平正义的当然要求。而刑事法上的公平正义要求应当在刑事被害人国家补偿制度上继续延伸,因此,刑事被害人国家补偿立法不应当对其厚此薄彼。刑事被害人国家补偿范围的公平正义要求,与刑事被害人国家补偿法的性质是相符的。刑事被害人国家补偿制度是具有刑事法色彩的新型社会法制度,既有社会法性质,又有刑事法性质。社会法性质主要体现在刑事被害人国家补偿法是对因被害而成为社会弱势群体并陷入困境的救助与倾斜保护;刑事法性质主要体现在刑事被害人国家补偿法实质是刑法保护的接续和延展,补偿制度和刑事实体、程序制

---

① 赵国玲,徐然.中国刑事被害人国家救助的现状、突围与立法建构.福建师范大学学报(哲学社会科学版),2015(1):4-5.

度具有密切的关联性。

四、社会契约说

该理论根据"政府独占防卫应有保护人免受攻击及失窃责任"的自然法则立论观点,[①]认为政府既然垄断了打击犯罪和处罚罪犯的权力,禁止公民持有或携带枪械作为防卫武器,就应确保公民不受各种犯罪侵害。此种确保公民财产及人身安全的责任,源于公民与政府间自然缔结的社会契约。因此,保护被害人是政府责无旁贷的义务。如果警察不胜任职责或渎职或政府不能履行其义务时,政府又禁止实施私刑,那么,被害人不能从罪犯那里获得赔偿时,有权要求政府对他们因受到犯罪侵害而造成的损失负赔偿责任。因此,"国家应该为其影响行为人赔偿能力的行为负责,弥补行为人赔偿能力的不足"。[②]

五、政府利益说

政府利益说,亦称政治利益说。该理论认为,政府保护刑事被害人是争取民众支持,凝聚民众与政府同心协力的重要手段。政府应从政治利益全局考虑,使民众感觉到其司法制度是服务于全体民众的,而非仅为少数人谋取利益的工作。保护被害人的立法,应着重在建立政府与被害人之间的公共关系上,通过政府对被害人的补偿体现社会公平,赢得众多的被害人对政府的认同与拥护。例如,马某爵一案,昆明中级人民法院在一审时,4位被害人的亲属共同提出刑事附带民事诉讼赔偿诉讼,要求高达81万元的民事赔偿。法庭上,马某爵却说:"我应该赔偿,可是我的个人财产只有一台二手电脑。"实际上,不但马某爵个人两手空空,其家里也是一贫如洗,赔偿只不过是一句空话。完善刑事案件救助制度,方能真正体现司法为民的精神。

---

① 张平吾. 被害者学. 三民书局总经销,1996:612.
② 杨正万. 刑事被害人问题研究. 中国人民公安大学出版社,2002:334.

六、社会保险说

社会保险说，亦称风险分担说。该理论认为，国家对被害人的补偿是一种附加的社会保险。各种社会保险的目的都是使人们能够应付威胁其生活稳定或安全的意外事故。对于受到犯罪侵害也应视为社会保险帮助被害人解决的意外事故情况，在被害人不能通过其他途径获得足够赔偿的情况下，理应由国家予以补偿，使被害人不必被迫独自承受这一事故带来的损失。

七、社会防卫说

该理论认为，为了提高破案率，应当鼓励被害人主动报案，揭露犯罪人，积极配合警察逮捕犯罪人，形成强有力的社会防卫体系，增强社会防卫功能。如果漠视被害人的存在，疏于被害人权利的保护，在追诉犯罪人的刑事责任时势必失去被害人的配合。根据美国实证研究得知，每年约有上百万之被害者被唤出庭作证，其中有44%之被害者宣称在出庭作证的过程中，给他们带来金钱损失、起居不便、遭人恐吓骚扰等，使其饱受心灵创伤。如果加强对刑事被害人的保护，国家补偿被害人的损失，能起到减少犯罪的积极作用。

此外，还有人提出"司法改革说"，认为现行的司法制度运作，仅注重赋予犯罪人的各种诉讼权利，却忽略了被害人在诉讼中应有的地位，对被害人权益的轻视，则造成司法不公。因此，为了扭转现行司法制度对被害人的不公，将被害人救助作为维护被害人权益的保障。也有人提出"公共援助说""被期待说""平衡保护说""预防犯罪说"等理论。从以上对被害人国家救助制度的法理基础上看，各种理论、观点呈现多样化。

从客观上说，学理上的"国家责任说""社会福利说""社会契约说""政府得益说""社会保险说""社会防卫说"均可从某一方面为刑事被害人救济提供一定的理论说明，但是单一的某种学说都难以为刑事被害人救济制度提供足够的理论支撑，而必须将几种单一学说结合起来，形成整合理论，才能更好地为刑事被害人救济提供比较完整的理论基础解说。有的学者认为，展望将来，我国被害人救助的理论基础应当转向"以国家责任说为起点、以社会福利说为限定、以社会公正说为导向"的三元整合理论。[①] 三元整合理论的逻辑思路如下：

（1）国家责任说从国家的责任与义务出发，被害人享有获得国家补偿的权利。换言之，基于国家责任说，对刑事被害人给予补偿是国家的应有责任和被害人的固有权利，而非政府给予的恩赐。

（2）由于国家责任说容易导致补偿范围过宽、国库入不敷出，因而需要社会福利说进行适当限定。根据社会福利说，需要从社会现实条件出发，根据具体社会的财政支付能力等因素来对刑事被害人补偿范围进行限制。

（3）那么，应该如何限定补偿范围才是合理的呢？这就需要根据社会正义论，要求国家在设定刑事被害人补偿范围时，应根据通常的公平正义观念，区分补偿需求的轻重缓急进行合理限定，从而为社会福利范围的选择设定提供正当引导，使特定社会条件下国家对社会福利范围的划定符合民众公平正义观念的要求。由于生命法益和重大人身法益无论是在政治哲学还是规范体系的话语中都十分重要，对之加以特别保护属于自然之理。根据重大性原则，宜将被害人救助的范围设定为因犯罪行为而死亡或重伤、残疾，且无法从犯罪人或其他途径弥补损害的被害人及其近亲属。这是因为被害人生命法益和重大人身法益在法益体系的位阶最高，具有优先保护特性。[②] 国家责任说、社会福利说及社会公正说三者构成一个有机联系的整体，结合起来正好可以达到扬长避短、优势互补的效果。三者之间是一种层层递进、依次修补的关系：社会福利说修补国家责任说的"补偿范围过于宽泛"的缺点，社会公正说帮助解决社会福利说的"为何补偿对象厚此薄彼"的问题。

上述关于刑事被害人国家补偿立法的理论有诸多，众说纷纭。但是，笔者认为，"以国家责任说为起点、以社会福利说为限定、以社会公正说为导向"的"三元整合论"，应当是我国刑事被害人国家补偿立法理论基

---

① 黄华生.三元整合论：我国刑事被害人救助立法的理论基础 // 陈兴良.刑事法评论第1卷.北京大学出版社，2015：500-515.
② 赵国玲，徐然.中国刑事被害人国家救助的现状、突围与立法建构.福建师范大学学报（哲学社会科学版），2015（1）：7-8.

础的应然选择。① 国家责任说从国家的责任与义务出发,构成刑事被害人享有获得国家补偿的权利;社会福利说从具体的社会现实需要出发,区分被害人国家补偿权的轻重缓急,限定一定社会条件下国家对刑事被害人补偿的适当范围;社会公正说考虑刑事被害人国家补偿问题对法律正义、社会公义和伦理道德的影响,从而为社会福利说的福利范围的划定提供一定引导,使特定社会条件下国家对社会福利范围的划定符合公平正义观念的要求。国家责任说、社会福利说及社会公正说三者构成一个有机联系的整体,三者之间是一种层层递进、依次修补的关系。三者融会贯通能够较好地发挥扬长避短、优势互补的功效。因此,应当以国家责任说、社会福利说及社会公正说三元学说整合理论作为我国刑事被害人国家补偿法的理论基础。

"制约刑事被害人补偿的最大瓶颈并非资金问题,而是无法可依,没有一部《刑事被害人补偿法》。刑事被害人补偿应及早从制度走向法律,从地方立法走向国家立法,这既是趋势,也是需要。"② "无论是从公众认知,还是从实践需求来看,被害人救助立法的时机业已成熟,处在需要'临门一脚'的关头。"③ 目前无锡、宁夏、包头等地的地方立法也为全国性法律的制定积累了重要经验。事实上,早在2007年3月,第十届全国人民代表大会第五次会议就决定将刑事被害人救助立法纳入国家立法规划。《国家人权行动计划(2009—2010年)》也指出,要推动刑事被害人国家救助制度立法工作,明确刑事被害人国家救助的条件、标准、程序等。然而多年过去了,"只闻楼梯响,不见人下来"。从实际的立法进程来看,国家层面的刑事被害人救助立法目前基本处于停滞状态。学者们都主张,应当尽快启动此前计划的全国性的被害人救助立法,由全国人大常委会制定一部全国适用的刑事被害人补偿法。理由是与地方性法规相比,法律这种立法

---

① 黄华生.三元整合论:我国刑事被害人国家补偿立法的理论基础.刑事法评论,2014(2):137.
② 郝建业,陈城.国家补偿,离被害人有多远?.大地,2008(15):18.
③ 赵国玲,徐然.被害人救助的公众认知与立法选择.国家行政学院学报,2014(6):68.

形式具有比较明显的优势。法律的效力等级更高，调整的范围更广，在法的权威性、统一性、稳定性等方面均胜出一筹，能够较好地弥补地方性法规这种立法形式的不足。当前，我国采取的是救助制度而非补偿，救助制度本身具有公共救济性、安抚关爱性、操作灵活性等优点，这些较之被害人补偿制度而言，更加符合我国经济社会发展状况，也更容易得到认同。有鉴于此，当前我国各地区应当根据本地区的实际考虑出台被害人救助地方法规，提高被害人救助制度的适用水平，在时机成熟时，再考虑出台刑事被害人救助法应当是不错的选择。

第三节
被害人救助制度的内容

被害人救助制度的内容主要包括救助的原则、范围、金额、机构、法律程序、经费来源，以及如何保障符合条件的被害人获得司法救助等。被害人救助在一个宽泛的意义上使用"福利模式"一词，以被害人为中心的措施都与"福利模式"有关。其中，两项最重要的措施是刑事损害赔偿方案和被害人援助方案。[①]

一、被害人救助的立法模式

纵观当今世界各国的被害人救济法律制度，立法模式可归纳为以下 3 种模式：

---

① ［英］詹姆斯·迪南. 被害人与恢复性司法. 刘仁文，等译. 中国人民公安大学出版社，2009：41.

(一)救助法模式

该模式是最早出现的初级的被害人国家救济模式,以"救急解困"为原则,救助目的在于针对严重受害且生活上具有急迫困难的刑事被害人给予一定的经济救济,并非将所有的刑事被害人纳入救助的范围,只将刑事被害人中的少数生活困难人员纳入国家救济的范围,对被害人权益保障的水平较低。韩国1987年制定的《刑事被害人救助法》(2010年被新颁布的《犯罪被害人保护法》所取代)即为典型的救助法模式。我国《无锡救助条例》《宁夏救助条例》及《包头救助条例》都属于此种模式。

(二)补偿法模式

按照补偿法模式,一般在立法上制定被害人救助法,规定被害人救助的条件、对象、原则等实体及程序内容。此种模式针对遭受严重损失而又不能从犯罪人那里获得有效经济赔偿的被害人实行国家补偿,目的是确保被害人获得一定的经济补偿,不至于"人财两空"。补偿法模式是当今世界上刑事被害人国家救济的主流模式,如德国(《暴力行为被害人赔偿法》)、英国(《刑事伤害补偿方案》)、荷兰(《暴力犯罪补偿金临时设置法》)等国家都采用了补偿法立法模式。

(三)保护法模式

按照保护法模式,一般在立法上制定被害人保护法,不但规定国家补偿的内容,也规定被害人心理疏导、被害人援助、被害人法律援助、被害人参与司法程序协助、被害人安全保障等其他被害人保护措施。保护法模式是比较前卫的模式,对被害人的权益救济更加周全。此种模式是从补偿模式发展进化而来的,对刑事被害人实行综合救济,救济措施不仅包括由国家给予一定的经济补偿,而且扩展到心理疏导、法律援助等多种救济措施。我国台湾地区("犯罪被害人保护法")、韩国(《犯罪被害人保护法》)等其他国家和地区都采用了保护法立法模式。不过在保护法模式下,经济补偿仍然是最主要的,其他救济措施一般处于辅助地位。

大多数学者提出,今后全国立法应当确立的立法模式是补偿法模式,补偿法模式是世界多数被害人国家救济的主流立法模式。从世界各国刑事被害人救济立法的总体情况和进化趋势来看，救助法模式是初级模式，补偿法模式是主流模式，保护法模式是前卫模式。韩国1988年制定的《刑事被害人救助法》，原本采取的是比较初级的救助法模式，但是该法已于2010年作了重大修改，修订为《犯罪被害人保护法》。补偿法模式进一步将国家对刑事被害人的经济补偿视为保护被害人合法权益、维护社会正义的措施。"补偿"是法律责任，而"救助"只是"政策性关爱"。[①]在补偿法模式之下，受惠的被害人不再以生活困难为前提条件，原则上因犯罪遭受重伤、死亡的被害人或其遗属，如果不能从犯罪人处获得赔偿的，均有权获得国家补偿。

二、被害人救助的基本原则

被害人救助制度的实施应量力而行，无论是我国还是他国，给每一个被害人以国家补偿显然无法实现。被害人救助制度的原则，一是救助制度建立的原则，这是基于宏观层面的；二是救助补偿运行机制的原则，这是基于微观层面的。

例如，在制度层面，有人认为应当提倡公平正义原则，损害和补偿均衡原则，赔偿为主、补偿为辅等原则。在目前的地方立法条例中，有的原则具体化了，如《无锡救助条例》规定了以下3个原则：一是与经济社会发展水平相适应的原则；二是与社会保障和其他救助相结合的原则；三是公正、公开、救急、便捷的原则。这三项原则贯穿于始终，体现了以人为本，维护社会和谐稳定的需要，也考虑了此类救助活动的特点和地方实际。笔者认为，应当确立、遵循的是在宏观指导下的具体救助运行机制的原则。救助制度必须坚持以下几个原则：

（一）维护被害人权益的社会福利原则

就是说被害人救助是一种法律规范且具福利性质的制度。保护被害人权

[①] 陈彬，李昌林，薛竑，高峰.刑事被害人救济制度研究.法律出版社，2009：62.

益应当成为刑事被害人补偿立法的宗旨。犯罪是一种社会冲突行为，它涉及国家、被害人和被告人三方面的利益，公正的刑事司法活动实际上是一项能调和各主体间利益冲突的制度，是一项寻求各主体间利益均衡并全面保障人权的制度。被害人作为刑事法律关系的主体之一，其利益是具体的，不能用被害人与国家利益的一致性抹杀被害人利益的独立性。近代以来，世界各国的刑事司法比较偏重保障犯罪人的人权，而忽视保护其实更需要保护的刑事被害人的人权。在当前各国立法上不断加强对刑事被害人权益保护的时代背景下，刑事被害人补偿制度也应当遵循保护被害人权益、实现刑事正义的立法宗旨。正如大谷实教授所言，对刑事被害人予以国家补偿的刑事政策意义在于，恢复由于发生犯罪而失衡的法秩序，抚慰刑事被害人因遭受犯罪侵害而担受的身心痛苦，以及国民对刑事司法的信赖，由此安定社会秩序。① 司法机关要用足用好现有法律规定，充分发挥刑事附带民事诉讼制度的作用，由被告人及其他赔偿义务人依法赔偿刑事被害人因被告人的犯罪行为所遭受的经济损失。在被告人及其他赔偿义务人无力赔偿的情况下，帮助刑事被害人解决基本生活方面的突出困难。在我国，对于遭受犯罪侵害的人给予适当援助，不仅体现国家对人民利益的保护，而且体现了国家利益与人民利益的一致性，是社会主义人道主义的体现。

（二）从实际出发量力而行原则

开展被害人救助工作要立足国情，应与经济社会发展水平相适应，充分考虑现阶段我国经济、社会发展的状况和人民群众的文化观念，充分考虑地区间经济、社会发展水平的差异等因素。既要积极推进，又要循序渐进；形成符合我国国情的被害人救助机制。就是在力所能及的前提下做好救助工作。随着经济的发展和社会财力的增强，不断加大对被害人救助的力度，使救助对象由暴力犯罪受害人的特殊救助逐步向遭受重大损害的被害人的普遍救助发展，救助的程度由"量力而行"的适度救助向"充分"救助发展，真正实现法律人文关怀。

---

① [日] 大谷实. 刑事政策学. 黎宏译. 中国人民大学出版社, 2009: 340.

（三）突出重点救急不救贫原则

我国被害人救助工作尚处于探索、起步阶段，救助应当突出重点，逐步推开。救急不救贫原则就是要明确救济不是普遍补偿，要确保有限的救助资金用于最需要救助的对象，通过救济解决的问题，是那些关系到被害人的基本生存条件和社会稳定所必须尽快解决的问题。随着我国经济、社会的发展，救助范围正在逐步扩大。

（四）补偿相当性原则

补偿相当性原则就是根据不同被害者的实际损害程度及实际、合理的开支等给予适当的补偿，与社会保障和其他救助相结合。在给予被害人救助时，还要根据其在犯罪发生中所起的作用及其责任的大小来确定是否给予补偿及补偿数额。

（五）个别救助原则

个别救助原则就是指并非每一起刑事案件都有救济，只有对那些身陷困境、生活极度困难的被害人，才能启动救济程序。要在符合基本原则的基础上，规定救济的对象范围。刑事案件所涉及的是无赔偿能力的被告人、被害一方生活特别困难急需救济的当事人及其相关的近亲属。

（六）公开公正及时便捷的原则

被害人救助工作要坚持公开、公正、及时、便捷。在保证被害人救助工作公开、公正、监督到位的前提下，启动救助要及时，救助资金的审批、发放程序要便捷，以利于被害人困难的及时解决，以利于顺利实现刑事诉讼的任务。

三、被害人救助范围对象和条件

被害人救助的适用案件范围、救助的对象和条件，都具有特定性。各国在立法上的规定不尽相同。

(一) 被害人救助适用案件范围

在国外,救助的被害对象范围大致有以下几种:一是把补偿的对象限定在暴力犯罪所引起的对人的生命、健康的损害上,如最早制定这类法规的国家新西兰,制定了《暴力犯罪被害救助法》。该法规定受补偿对象为:凡因特定的暴力犯罪而受伤害者或死亡者之遗属。采用这种划分的国家还有英国、美国等。二是补偿的对象不限于暴力犯罪的被害者,而是在最广泛的范围内给予被害者补偿,既包括侵犯人身权利的犯罪,也包括侵犯财产权利的犯罪。三是除规定对暴力犯罪的被害人给予补偿外,还规定对因无刑事责任能力的人犯罪而受侵害的被害者或因其他类似因素在法律上不构成犯罪之场合的被害者也应给予补偿。

从域外关于刑事被害人救助的立法情况来看,多采取全国性的立法,对于刑事被害人救助或者补偿的案件适用范围不尽相同,总结起来主要包括以下几种类型:

(1) 按照犯罪的主观方面来限定国家救助的范围,如奥地利《刑事被害人救助法》将救助范围限于"身体或者健康受到可能判处 6 个月以上徒刑的非法且故意的行为的伤害的刑事被害人"。

(2) 按照犯罪行为的性质来限定国家救助的范围,即将刑事被害人救助的案件范围限定为暴力犯罪。

(3) 同时从主观方面与损害程度两方面限定刑事被害人救助的范围,如日本《犯罪被害人等给付金支给法》将因故意犯罪造成被害人意外死亡或者身体受到严重损害者纳入有权申请国家救助的范围。

(4) 对主观方面、手段性质、侵害法益和损害程度同时加以限定,作为刑事被害人救助的适用范围,如荷兰《暴力犯罪补偿基金会临时设置法》规定的范围是,遭受在荷兰故意实施的暴力犯罪造成的严重身体或者精神伤害的人。

(5) 将刑事被害人救助的范围限定在侵犯特定法益的犯罪,对于犯罪的主观方面及损害结果不作限制,如法国在其刑事诉讼法中明确将侵犯人身法益的犯罪列为国家救助的范围。

早在 2008 年无锡就对 10 件交通肇事案件中的 12 名被害人进行了救

助;①2011年,广东省梅州市梅江区检察院联合区民政局对一起交通肇事案中的被害人给予救助。②如果将案件限于暴力犯罪,由于暴力犯罪这一概念本身就存在争议,存在最广义、广义、狭义与最狭义之分,进而必将导致被害人救助范围出现争议。如果将造成严重伤残作为条件,由于严重伤残的鉴定程序往往要在案件发生几年后才能作出,这样会导致救助延后,并且会将重伤但是经过治疗未伤残的被害人排除在外,显然是不合适的。

(二)救助的对象

救助的被害对象,借鉴国外的立法经验及结合我国的实际情况,我国未来的国家补偿立法确定的补偿对象应限定在:由于犯罪人的犯罪行为而遭受物质损失,并且没有得到补偿,而陷入生活困境的被害人,但对于在犯罪中,有严重故意过错的被害人应排除在外。至于引起损害的犯罪行为的性质,则不应仅限于暴力犯罪。目前,我国所能救济的对象仅限于那些因为犯罪的侵害而导致生活陷入困境的被害人。

从域外立法及我国目前的政策文件、地方性法规、司法实践来看,救助对象包括直接被害人与间接被害人。所谓直接被害人,也就是受到犯罪直接侵害、直接承担犯罪所造成后果的人;所谓间接被害人,是指与直接被害人存在亲属关系或者经济依赖关系由于犯罪行为间接遭受损害的人。制定刑事被害人救助地方立法时,对于救助对象的范围应当确定为因犯罪行为而导致重伤的被害人,以及因犯罪行为导致死亡的被害人的近亲属和其他具有赡养、扶养关系的人。近亲属的范围宜采取民法通则中关于近亲属范围的确定,即配偶、父母、子女、兄弟姐妹、祖父母、外祖父母、孙子女、外孙子女。之所以将具有赡养、扶养关系的人纳入救助对象,原因在于:我国社会上确实存在着这种不具有婚姻、血缘关系但是事实上具有经济扶持关系的情况,并且这种情况与日俱增,如果仅以近亲属作为救助的对象,只会认为缩

---

① 袁金彪,陈绍斌.刑事被害人救助地方立法探索.国家检察官学院学报,2009(3).
② 邓颂安.广东梅江:首次对刑事特困被害人实施经济救助.[2017-2-27].http://news.jcrb.com/jiancha/jcdt/201005/t20100531_362826.html.

小刑事被害人救助的范围,并无任何益处。关于间接救助人的顺位问题及分割比例问题应当参照《继承法》的规定。

(三)请求救助的条件

并非所有的被害人都有权请求国家救助,请求救助必须具备一定的条件。对被害人救助适用的前提条件问题,域外立法主要存在两种类型:第一种是将救助作为加害人补偿的补充,也就是在刑事被害人及其遗属在不能获得加害人赔偿时,有权申请国家救助。有些国家则直接规定,在被害人获得损害赔偿的范围内扣除已经获得的赔偿金。换言之,如果被害人从加害人处得到的赔偿金达到或者超过救助金标准的,国家就不予救助;如果不足的,则国家救助金额的数额为不足部分,如果被害人没有在加害人处获得赔偿的,则会获得国家救助。与第一种条件相比,这种不以加害人是否有赔偿能力、是否会予以赔偿为条件的国家救助制度会加快被害人拿到补偿的速度,对被害人来说更为有利。

我国政策及地方性立法对于被害人救助之适用条件必须落实到法律层面,必须明确规定。具体拟列出以下若干规定:

(1)必须是因受犯罪侵害,身体或精神受到重大伤害而陷入严重困境;

(2)没有收入来源或现有的经济收入无法维持基本的生活需要;

(3)被害人已提起附带民事诉讼,人民法院已审理完毕;

(4)犯罪人确无赔偿能力,被害人无法获得足额赔偿,或者赔偿金额低于相关法律规定之金额的;

(5)被害人尚未在加害人处获得赔偿,尚未通过其他途径受偿;

(6)被害人无明显过错;

(7)被害人愿意同司法机关合作等。

四、被害人救助的经费来源

国家补偿经费,各国、各地区的做法不尽一致,其中美国主要来源于两个渠道:对罪犯的罚金和国家税收。1985年联合国通过的《公正对待因刑事和滥用权力而受害的被害人的基本原则宣言》第13条提出应当鼓励设立、加强和扩大向受害者提供补偿的国家基金的做法，在适当情况下，还应为此目的设立其他基金，包括受害者本国无法为受害者所遭受伤害提供补偿的情况。日本则设立了刑事被害人救援基金。我国台湾地区规定补偿金的来源为"法务部"编列预算。

现阶段，我国可以考虑采取多种方式，如通过国家税收、财政拨款、社会捐助、罚没收入、罪犯收缴的罚金等多种渠道建立基金，主要来源渠道是罪犯罚金和国家税收。救助金来源应当以政府财政预算作为救助金额的主要来源，并在此基础上探寻多元化的资金来源渠道。

五、被害人救助的额度

首先，应当明确，被害人损害救助，是国家对被害人损害的福利性补偿，而不是赔偿其所有损失。因此，对于被害人的救助金额，就不可能同其实际所遭受的损害相对等。

其次，补偿金额的多少，既要看被害人的被害性质，也要考虑实际受损害的程度，以及被害人的其他状况，如被害人完全无辜，或是有责任等。

再次，对于在被害过程中对自己的被害负有一定责任的被害人要分清情况，再决定是否给予其损害补偿。一般来说，对于责任很小的被害人应当根据具体情况给予适当补偿，而对于那些本身责任等同于加害人，或者本身责任大于加害人和负有完全责任的被害人，不能给予他们损害补偿。

最后，对于那些已经通过其他法律程序和其他形式的规定，获得部分损害赔偿的被害人，不再给予损害补偿。

从各国的实践来看，对救助金额有一个最高限额的规定。无论被害人的被害程度有多么严重，补偿金额不能超过这个最高限额的规定。例如，新西兰的补偿法规定，金钱损失及费用开支的补偿不得超过1000英镑，精神痛苦补偿不得超过500英镑。英国补偿法规定，最高补偿限额原则上为被害发生时平均工资的两倍。美国加利福尼亚州法律规定，补偿总金额为10万美金。当然也有例外。考虑我国国情，目前对补偿金额也应有一个最高限额，并且该限额应授权于各省、市、自治区根据自身情况自行制定。

其实,关于救助金额的规定,不宜采取固定模式,如果采取确定性数额的规定,无法紧随时代的发展,会造成立法的滞后性。数额标准应以当地上一年度平均工资的适当倍数作为标准,这样概括性的救助金额可以使法律在保持确定性的同时,具有适应性,并且更加贴合本地区的人均生活水平。

六、被害人救助的程序

在确立刑事被害人救助立法实体方面的问题以后,要保证该法的良好运行,必须构建一套完备的程序机制。应当设计一整套完善的申请救助管理程序,拟从申请、审核、发放、复议、监管等多方面,作出详细的规定。

(一)管理机构设置

关于被害人救助管理机构的设置,被害人救助机构应由具有一定司法行政权的机构来负责补偿金给付的裁决工作。刑事被害之补偿金由国家支付,因此国家要设立相应的补偿机构,其任务是负责支付经过法庭裁决的补偿金额。美国大部分州成立了被害救助委员会一类的机构,专门负责被害人补偿事宜。现在有关地方,应当在各人民检察院内部设立专门的被害人救助委员会,理由是:人民检察院代表国家对刑事犯罪的被告人提起公诉,其承担的角色与被害人具有一致性,并且人民检察院在调查取证方面相比其他机关更有优势,有利于将被害人救助工作落到实处。[1]从目前的实际情况来看,多数也一直是由各地的检察机关主导被害人救助工作,所以今后立法可以继续延续这种模式。关于管理机构,应当在各人民检察院内部设立专门的刑事被害人救助委员会,具体负责刑事被害人救助工作,具体管辖宜采取刑事案件惩办模式,应当规定由相应刑事诉讼案件的一审法院管辖。

---

[1] 柳建华,李炳烁.权力视野下的基层司法实践——刑事被害人救助制度研究.江苏大学出版社,2010:155.

（二）管辖权

关于管辖权的问题，总结起来有三种立法模式：①被害人住所地、居住地模式；②住所地、居住地及犯罪发生地模式；③刑事案件惩办模式。无锡、宁夏、包头三地地方立法均采取此种模式。在立法时应当规定由相应刑事诉讼案件的一审法院管辖，采取第一种、第二种模式容易产生管辖机关之间互相推诿，并且由不同法院分别处理案件与救助问题，移送相关法律文书和案卷材料必定需要一定的时间，这样会影响救助的快捷性。

（三）程序启动

国外被害人救助一般采取申请制度，因为国外相关理论认为获得国家救助是被害人享有的权利。我国大部分地区是依据职权启动救助，无锡、宁夏与包头三地法规是依据被害人是否申请启动救助程序。今后立法应当采取相关人员申请启动救助程序，所谓相关人员具体指被害人及其近亲属，其他具有赡养、扶养关系的人。同时为了便于当事人行使权利，司法机关在办理案件过程中，发现被害人及相关人员具备申请救助的条件的，应当告知被害人和相关人员有依法申请救助的权利。考虑到促使刑事被害人及时行使权利的问题，今后救助条例应当规定申请时效的条款。关于申请时效的问题，参考《国家赔偿法》申请国家赔偿的时效规定，以2年作为申请救助的时效时间，并且应当考虑规定时效中止的情形。

对于审查主体，应当为各人民检察院内部设立的被害人救助委员会，该委员会应当及时审查核实相关情况，决定是否予以救助，考虑到被害人的情况，应当在受理申请后2个月内作出；对于疑难复杂案件，可以适当延长时间，但是最迟不应超过3个月。

补偿金的给付由民政局执行。专项基金具体可由同级民政部门管理，赔偿委员会抄送补偿决定书后，基金管理部门应及时支付。

（四）提前补偿、追偿及返还

考虑到刑事案件需要经过立案、侦查等相当长的时间，很多案件久拖不决，所以有必要在立法中考虑提前补偿条款的规定。对于立案后，存在犯罪人长期在逃等情况，而被害人生活严重困难的，可以提前向有关部门申请救助。救助金应当一次性足额发放，在对被害人予以救助以后，有关部门有向负有赔偿责任的加害人的追偿权利，其追偿的范围以救助金额为准。如果在发放救助金后，发现申请人以不正当手段获得救助金的或者救助部门错误给予救助金或者存在其他应当返还救助金的情况的，人民检察院被害人救助委员会应当要求申请人及时返还，申请人到期未返还的，依法强制返还。

（五）被害人救助的资金来源

应当参照我国现行社会救助基金的保障模式，由县级以上人民政府将刑事被害人补偿纳入国民经济和社会发展规划，将政府安排的专项资金纳入财政预算，由各级人民法院具体管理使用，实行专项管理、专款专用。资金来源除了地方财政拨款之外，还可以从司法机关执行刑事罚没所得中提取一定比例，以及以个人或者单位的捐赠资金予以补充。刑事被害人或者其遗属有受领救助金的权利，不得强制扣押、冻结、划拨，不得用于担保。人民检察院刑事被害人救助委员会不得向申请人收取任何费用，对申请人取得的补偿金也不予征税。申请人弄虚作假，骗领救助金的，或者从事被害人救助工作的人员弄虚作假、滥用职权或者贪污受贿的，应当依法追究其法律责任。

第四节

被害人社会援助服务

现代国家重视被害人的权利保障，不仅体现在国家救助程序上，还涉及社会援助服务制度、措施等方面。要将被害人救助作为社会建设的重要方式，在有效缓解被害人因犯罪造成经济生活困难的同时，被害人救助工作与民政救助、法律援助、就业帮扶、医疗救助、精神疏导等多项措施衔接，对于被救助后仍面临生活困难的被害人，应努力协调多种途径解决其生活困难；符合城乡低保、农村"五保"条件的,纳入低保、"五保"范围;对救助对象,在缓解其精神压力的同时,加强心理救助,努力抚慰其心灵的创伤。应帮助救助对象排忧解难,增强其自救能力,切实解决实际问题。①

一、建立被害人服务机构

对被害人的服务需要有固定的机构或组织来实施。自 1975 年美国成立第一个被害人服务机构"全国被害人支助组织"之后,许多国家和地区都成立了这类机构。这些机构可以是政府机构,也可以是社会团体、民间组织。我国目前还没有这类机构,我国拥有庞大的被害人队伍,很有必要建立这类组织。

二、提供及时的医疗服务

由于社会中存在的对犯罪事件的反感,医护人员无论是对犯罪人还是被害人,都存在一定程度的歧视。因此,被害人常常得不到应有的同情和及时的医治,或在医药费用上受到不公平的对待。这样,不但被害人的伤情得不到有效的治疗,其心理还会受到进一步的创伤。各级医疗机构和医务人员对待被害人应比一般的病人更重视,因为医疗的效果直接影响到被害人对社会的回归程度,治疗人员应当注意到这一点。

三、提供有益的心理咨询支持

被害人受害之后,不但身体和财产会受损,心理上也会受到很大的伤害。短期的症状包括委屈、气愤、无助等,长期的症状包括神经症、生命周期缩短和生命质量下降等。被害人受到侵害后,首先需要的是感情上的支持,多数人都希望向他人诉说其受到侵害的经过,取得他人的理解和同情。因此,应当及时向被害人提供心理咨询服务,消除和缓解其所受的心理损害,被害

---

① 吴为民. 完善我国刑事被害人救助制度的思考. 江苏法制报,2011-4-18(6).

人的亲友、邻居、同事、司法人员、医疗人员、新闻媒体及其他人员应对被害人表示理解与同情，应给予情感关怀。

一般来讲，隐私案件的被害人不同于其他犯罪被害人。他们不像诈骗案的被害人那样，可以向人倾诉内心的委屈，也不像抢劫案的被害人那样可以得到大多数人的同情，更不能像伤害案件中的伤者那样顺利地愈合伤口。同样是遭受伤害，此类被害人不仅遭受身体的创伤，还要遭受心理上的伤害，这种心理上的伤害要比身体上的伤害来得更为严重、更为持久、更为痛苦；同样是遭受伤害，此类被害人不仅要面对犯罪嫌疑人的侵害，还要面对司法、媒体及社会舆论一次次地揭示自己的"伤疤"，此类被害人显得更为孤独、无助和弱势。然而，现实中有些警察仅把被害人当作证据或线索的来源，忽视被害人的心理感受，缺少对被害人的关爱。这显然与尊重人格的社会文明原则相悖，与体现人文关怀的法律精神不符。

四、警察应负的责任

警察往往是被害人最初接触的刑事司法人员，其对被害人身心的恢复往往起着关键作用。保护被害人是警察、检察官、法官与律师共同的职责。除了现场危机干预和寻求急诊帮助之外，还应当向被害人提供有关其权利、相关援助机构，以及能够帮助被害人治愈的各种资源信息。警察既要对侦查程序进行解释，又要告知被害人如何保护证据；既要在被害人生命受到严重伤害的情况下送被害人去急诊治疗，又要告知被害人因被害而被传染和怀孕的可能性；既要向被害人提供法律援助基本知识和途径，又要在案件的侦破取得重大进展并抓获犯罪嫌疑人后，及时告知被害人。警察要以一种更加细致、更加同情的方式对待被害人。警察需要对被害人提供完善的保护，给被害人更多的信心，使被害人更愿意与警方合作。J.沙鲁兰、D.科恩强调警察和法院应当从改善态度、提供便利环境、赔偿损失等方面"为被害人提供方便"。[①]

[①] 仲慧.被害人学研究文集.山东公安专科学校图书馆编.情报与信息，1989（增刊）：145.

五、社会工作相关援助

保护被害人是全社会共同的责任。被害人是社会的弱者,应当得到来自全社会的关怀与帮助。社会应当向对待自然灾害受害人那样,向被害人提供"应急贷款"。为被害人提供及时而准确的相关诉讼信息、援助弱势被害人、弥补被害人经济损失、帮助被害人提起附带民事诉讼等多项措施。社会团体、民间机构、热心人士对被害人的援助,社会更为完备的援助体系的构建,与国家的被害人立法、政策密切相关,与公民的被害人权利救助意识相关,与国家经济发展水平和公民的生活富裕程度相关。应对司法人员、医疗保健人员、志愿机构、社会服务机构及其他有关人员进行培训,使他们认识到尊重被害人人格,对被害人不应抱有轻蔑甚至是指责的态度。对涉及被害人隐私的案件不应传播,并限制新闻媒体公开报道。通过法制宣传教育,动员社会力量为被害人提供各种形式的帮助,包括生活、就业等方面,以促进被害人人格尊严的恢复,使其重归社会。

"安得万里裘,盖裹周四垠;稳暖皆如我,天下无穷人。"全面小康是全体中国人民的小康,随着我国全面建成小康社会目标的实现,社会必然会给被害人更多的援助。从现在到2020年,是全面建成小康社会决胜期,随着经济社会的发展,国力的增强,法律制度的完善,公民法律意识的提高,建立中国的刑事被害人"救助机制",以及立法的时机已经基本成熟。无论是国际人权法,还是我国宪法、法律,国家给被害人一定的补偿救助已经不存在理论上的障碍。地方立法的不断推进,使得对被害人救助进行全国性立法的呼声越来越迫切。许多学者、人大代表建议全国人大制定"被害人补偿救助条例"。从实践出发,顺应世界潮流,建立被害人国家救助制度指日可待。

诚如汉斯·约阿希姆·施奈德所说:"为了我们自己的利益,我们应当给予被害人以帮助和支持!"

主要参考文献

1. 汤啸天，任克勤.刑事被害人学.中国政法大学出版社，1989.
2. 赵可.被害者学.中国矿业大学出版社，1989.
3. 张智辉，徐名涓.犯罪被害者学.群众出版社，1989年.
4. 曹中友.被害者心理.湖北省新闻出版局，1989.
5. 任克勤.诈骗及其对策.陕西人民出版社，1990.
6. 任克勤.被害人心理学.警官教育出版社，1997.
7. 任玉芳.刑事被害人学.中国人民公安大学出版社，1997.
8. 郭建安.犯罪被害人学.北京大学出版社，1997.
9. 汤啸天，张滋生，叶国平，王建民.犯罪被害人学.甘肃人民出版社，1998.
10. 赵可，周纪兰，董新臣.一个被轻视的社会群体——犯罪被害人.群众出版社，2002.
11. 张昌荣.绑架被害预防.群众出版社，2002.
12. 杨正万.刑事被害人问题研究——从诉讼角度的观察.中国人民公安大学出版社，2002.
13. 麻国安.被害人援助论.上海财经大学出版社，2002.
14. 许永强.刑事法治视野中的被害人.中国检察出版社，2003.
15. 王大伟.中小学生被害人研究.中国人民公安大学出版社，2003.
16. 麻国安.青少年被害人援助论.中国人民公安大学出版社，2005.
17. 赵国玲.中国犯罪被害人研究综述.中国检察出版社，2009.
18. 李伟.犯罪被害人学.中国人民公安大学出版社，2010.
19. 欧卫安.被害人陈述问题研究.法律出版社，2009.
20. 张剑秋.刑事被害人权利问题研究.中国人民公安大学出版社，2009.
21. 莫洪宪.刑事被害救济理论与实务.武汉大学出版社，2004.
22. 房保国.被害人的刑事程序保护.法律出版社，2007.
23. 田思源.犯罪被害人的权利与救济.法律出版社，2008.
24. 陈彬，李昌林，薛竑，高峰.刑事被害人救济制度研究.法律出版社，2009.
25. 肖建国，姚建龙.女性性犯罪与性受害.华东理工大学出版社，2002.

26. 杨玉章. 三定侦查法——犯罪心理画像实证研究. 群众出版社，2008.
27. 任克勤. 普通诈骗犯罪案件侦查与防范要略. 群众出版社，2007.
28. [英]詹姆斯. 迪南. 解读被害人与恢复性司法. 刘仁文，林俊辉，等译. 中国人民公安大学出版社，2009.
29. [美]安德鲁. 卡曼. 犯罪被害人学导论. 李伟，等译. 北京大学出版，2010.
30. 李伟. 犯罪被害人学教程. 北京大学出版社，2014.
31. 任克勤. 被害人学新论. 广东人民出版社，2011.
32. [波]布鲁诺·霍利斯特. 比较犯罪学. 高明，王政，等译. 辽宁人民出版社，1989.
33. [美]特里萨.S.弗里，玛里琳.A.戴维斯. 救救受害者. 高琛，等译. 警官教育出版社，1990.
34. [德]汉斯·约阿希姆·施奈德. 国际范围内的被害人. 许章润，等译. 中国人民公安大学出版社，1992.

编辑说明

为彰显改革开放以来公安理论创新和学术研究方面的成就，全面展示公安院校广大教师在公安学术研究、公安实践及公安改革方面的新理论、新经验、新成果，提升理论水平，推进成果转化，鼓励学术繁荣，发现优秀人才，我们于2017年面向全国公安院校征集公安学理论研究优秀作品。此举在全国公安院校中产生了很大反响，公安院校教师踊跃投稿。为保证首批推出的作品充分展示学术作品的经典特色，充分体现专业特点，充分关注热点问题，我们邀请了长期从事公安学术研究、在公安系统具有较高声望的专家学者对作品进行审定，遴选出各9部作品入选《公安院校知名教授学术文库》《公安院校青年学者学术文库》第一辑，将于2018年6月正式出版。

《文库》的作品充分体现了"经典、精品、创新"的特点。入选《公安院校知名教授学术文库》的作者均为长期从事公安理论研究、在全国公安院校乃至全国公安系统具有较高声望的知名学者，入选的作品也是这些学者在相关领域多年潜心研究的代表性成果。例如，《英美警察科学》《公安经济学》《警管区制研究》《社会转型与秩序重建》等，都是近年来在公安学领域产生较大影响的原创性学术著作。而入选《公安院校青年学者学术文库》的作者目前均活跃在公安教学科研的第一线，他们才华出众，思想敏锐，观点新颖，入选的作品如《袭警行为的预防与处置》《新型合成毒品滥用监测与控制实证研究》《弱势群体权利保障中的国家反拐行动研究》等，直面当前执法热点，深入剖析，探索新理论、新措施。

服务公安中心工作，服务公安队伍建设，服务公安教学科研，充分展示作品的社会价值和学术价值是我们推出两个《文库》的初衷。相信随着第一辑作品的出版，必将推动在公安院校中形成深入公安学理论研究，活跃公安学术创新的良好氛围。这是我们的追求，也是各位作者的期待。

　　《文库》的出版是一项长期工程，我们力争通过几年时间，出版100部学术专著，使两个《文库》成为新中国公安教育史上具有里程碑意义的首部公安理论名家学术作品大系，使之成为面向全社会展示改革开放以来公安学理论研究成果的最佳平台。

公安院校知名教授学术文库
公安院校青年学者学术文库
编辑委员会
2018年6月

图书在版编目（CIP）数据

被害人学基本理论研究 / 任克勤著 . — 北京：中国人民公安大学出版社，2018.5
（公安院校知名教授学术文库 / 总主编：樊京玉　闫继忠）
ISBN 978-7-5653-3272-2

Ⅰ . ①被… Ⅱ . ①任… Ⅲ . ①被害者学 – 理论研究　Ⅳ . ① D917.9

中国版本图书馆 CIP 数据核字 (2018) 第 081485 号

被害人学基本理论研究

任克勤　著

出版发行：中国人民公安大学出版社
地　　址：北京市西城区木樨地南里
邮政编码：100038
经　　销：新华书店
印　　刷：天津盛辉印刷有限公司

版　　次：2018 年 6 月第 1 版
印　　次：2024 年 8 月第 2 次
印　　张：28
开　　本：787 毫米 ×1092 毫米　1/16
字　　数：425

书　　号：ISBN 978-7-5653-3272-2
定　　价：96.00 元

网　　址：www.cppsup.com.cn　www.porclub.com.cn
电子邮箱：zbs@cppsup.com　zbs@cppsu.edu.cn

营销中心电话：010-83903254
读者服务部电话（门市）：010-83903257
警官读者俱乐部电话（网购、邮购）：010-83903253
教材分社电话：010-83903259

本社图书出现印装质量问题，由本社负责退换
版权所有　侵权必究